中华文化与传播研究

第一辑

谢清果　钟海连　主编

九州出版社

图书在版编目（CIP）数据

中华文化与传播研究. 第一辑 / 谢清果，钟海连主
编. -- 北京：九州出版社，2017.6
ISBN 978-7-5108-5581-8

Ⅰ. ①中… Ⅱ. ①谢… ②钟… Ⅲ. ①中华文化—文
化传播—研究 Ⅳ. ①G125

中国版本图书馆CIP数据核字(2017)第162529号

中华文化与传播研究. 第一辑

作　　者　谢清果　钟海连　主编

出版发行　九州出版社

地　　址　北京市西城区阜外大街甲 35 号（100037）

发行电话　(010)68992190/3/5/6

网　　址　www.jiuzhoupress.com

电子信箱　jiuzhou@jiuzhoupress.com

印　　刷　三河市九洲财鑫印刷有限公司

开　　本　720 毫米 ×1020 毫米　16 开

印　　张　23

字　　数　388 千字

版　　次　2017 年 7 月第 1 版

印　　次　2017 年 7 月第 1 次印刷

书　　号　ISBN 978-7-5108-5581-8

定　　价　68.00 元

《中华文化与传播研究》

主办单位：

> 厦门大学传播研究所
>
> 中盐金坛盐化有限责任公司

协办单位：

> 福建省传播学会
>
> 厦门大学国学研究院
>
> 四川大学老子研究院
>
> 厦门大学道学与传统文化研究中心
>
> 厦门箕笔书院
>
> 厦门伟纳机电技术有限公司
>
> 两岸关系和平发展协同创新中心
>
> 中国新闻史学会新闻传播思想史研究委员会

"中央高校基本科研业务费专项资金资助"（Supported by the Fundamental Research Funds for the Central Universities）（项目编号：20720171005）

陈嬿如（厦门大学新闻传播学院）

张惠晶（美国伊利诺大学芝加哥分校）

邵培仁（浙江大学传播研究所）

林升栋（厦门大学新闻传播学院）

罗　萍（厦门大学新闻传播学院）

岳　淼（厦门大学新闻传播学院）

居延安（美国康涅狄格州州立大学）

单　波（武汉大学新闻与传播学院）

（新加坡）卓南生（北京大学新闻学研究会）

宫承波（中国传媒大学电视与新闻学院）

赵月枝（加拿大西门菲莎大学传播学院）

赵振祥（厦门理工学院）

赵晶晶（浙江大学传媒与国际文化学院）

胡翼青（南京大学传播学院）

郝　雨（上海大学影视学院）

贾文山（中国人民大学、查普曼大学）

郭肖华（厦门理工学院数字创意学院）

阎立峰（厦门大学新闻传播学院）

黄　旦（复旦大学新闻学院）

黄合水（厦门大学新闻传播学院）

黄鸣奋（厦门大学人文学院）

黄星民（厦门大学新闻传播学院）

程曼丽（北京大学新闻与传播学院）

董天策（重庆大学新闻学院）

谭华孚（福建师范大学传播学院）

戴元光（上海政法学院）

贾　兵（广州大学新闻与传播学院）

黄春平（深圳大学传播学院）

潘祥辉（华东师范大学新闻传播学院）

戴美玲（厦门筼筜书院）

校内编委（以姓氏笔画为序）：

叶　虎　史冬冬　朱至刚　孙慧英　苏俊斌　李德霞　周建昌

汪晓云　宫　贺　黄永锋　黄含韵　黄　勇　唐次妹　谢晓东

熊　慧

卷首语

回望历史，华夏传播研究在中华民族自主性意识推动下不断拓展，成果斐然。港台的余也鲁、徐佳士等前辈学者在传播学传入中国（首先是港台地区）伊始，便提出研究中国传统文化中的传播问题。前辈学者意识到传播学研究中国不能缺席。既然社会即传播，传播与人类相伴随始终，那么，中国拥有五千年的文明，理应拥有丰富的传播实践、传播思想，甚至经过提升，可以提出华夏传播理论来。正是在这种民族情怀的感召下，两岸及港澳的学者开始了"传播学中国化"的探索，后来，其中部分学者于20世纪90年代集聚在"华夏传播"的旗帜下，探讨中国传统文化中的传播问题，并以厦门大学传播研究所为组织机构，举办学术研讨会，出版论文集——《从零开始》，合著概论性著作——《华夏传播论》，推出《华夏传播研究丛书》（三卷：郑学檬的《传在史中：中国传统社会传播史料选辑》、李国正的《汉字解析与信息传播》和黄鸣奋的《说服君主：中国古代的讽谏传播》，文化艺术出版社，2001）。进入21世纪，厦门大学传播研究所的研究团队秉持前辈学者的发愿，一方面继续给本、硕、博学生开设"媒介发展史""华夏传播概论""中国传播理论研究"等课程，另一方面创办《中华文化与传播研究》刊物，推出《华夏文明传播研究文库》，开设"中华文化与传播大讲坛"，努力推进华夏传播研究的发展和创新，期望继续聚集和引领各方同道之力，早日实现学界先贤创建华夏传播理论的宿愿，在国际传播界鸣响中华民族传播之德音。

2017年1月25日中共中央办公厅、国务院办公厅印发的《关于实施中华优秀传统文化传承发展工程的意见》开篇便明确指出："文化是民族的血脉，是人民的精神家园。文化自信是更基本、更深层、更持久的力量。中华文化独一无二的理念、智慧、气度、神韵，增添了中国人民和中华民族内心深处的自信和自豪。"中华优秀传统文化是中华民族共同的精神支柱，是维系海内外中华儿女的情感纽带，是激发民族创造力的重要思想资源。当代中国以实现"天下大同"为愿，着力谋全人类的和平发展，提出了建构"人类命运共同体"、打造"互联互通、共建共享"的"一带一路"等"中国方案"，这些倍受世界瞩目的"中国方案"所以能横空出世，无不体现着其背后的文化自信。同时，我们的文化自信，还必须在推动中华优秀传统文化的创造性转化与创新性发展中，不断得到世界各民族的信任和期许。为此，本期邀请上海大学的许正林教授主持"中国文化对外传播研究"专栏，围绕"中华文化软实力的增强路径""中国故事如何讲好""媒体融合时代中华文化如何走出去"等问题展开讨论，以之为对国家关于传承发展优秀传统文化要求的积极回应。同时，四川大学的张放教授倾力主持"符号学视域下的中国文化文本研究"专栏，对《阿Q正传》《百鸟朝凤》为代表的传统符号以及网络"女强小说"的女性符号进行了细致解析，别开生面。

2017年5月7日，中共中央办公厅、国务院办公厅印发的《国家"十三五"时期文化发展改革规划纲要》明确提出："传承振兴民族民间文化。加强对民间文学、民俗文化、民间音乐舞蹈戏曲、少数民族史诗的研究整理，对濒危技艺、珍贵实物资料进行抢救性保护。扶持民族民间文化社团组织发展。规范和支持非国有博物馆建设。把民族民间文化元素融入新型城镇化和新农村建设，发展有历史记忆、地域特色、民族特点的美丽城镇、美丽乡村。打造一批民间文化艺术之乡。"本期，我们特邀中国社会科学院新闻与传播研究所的沙垚老师主持"乡村传播与文化空间研究"，意在倡导传播学者更多地参与到乡村文化的传播研究中去，更好地传承与弘扬乡村文化这一民间文化的重要元素，使之更好地服务于社会主义新农村建设，更好地服务于两个一百年目标的早日实现，推进传播学"中华学派"的形成与发展。

最后，特别需要说明的是，厦门大学传播研究所与中盐金坛盐化有限责任公司开拓校企合作新模式，共同推动中华优秀传统文化的研究与传播。研究所方面负责打造"华夏传播研究"这一重点研究方向，兼顾新闻传播研究领域的新动向、新成就；企业方面负责"盐文化研究与传播""贤文化管理与组织传播"这两个方面，探讨网络媒介时代古老的行业文化与现代企业文化的传播问题，双方优势互补，精诚合作，共同为实现中华民族的伟大复兴而鼓与呼！

　　我们感恩各位主持人的鼎力加盟，感谢各位作者奉献的佳作，更期待大江南北，长城内外，世界各地的各位学界同仁，共同打造"华夏文明传播研究"这一研究领域，为建设有中国特色的哲学社会科学话语体系贡献我们的绵薄之力！

主编　谢清果 钟海连

2017 年 5 月 9 日

目　录

一、乡村传播与文化空间研究

　　近年来，传承与传播中华传统文化的呼声一浪高过一浪。正如 2017 年 1 月印发《关于实施中华优秀传统文化传承发展工程的意见》中所说："文化是民族的血脉，是人民的精神家园。文化自信是更基本、更深层、更持久的力量。"如何发现并激活文化的力量并赋予其时代内涵，如何将传统文化作为方法来应对当前社会出现的种种问题？这是我们传播学者义不容辞的文化责任与时代使命，也是本组稿件试图讨论与回答的问题。

　　文章以乡村／民间文化为切入点来讨论中华文化的传播，作者们均有丰富的民族志经验，文章也是基于大量一手田野调查资料写作而成，因此生动、鲜活、故事性强，却也不乏思考的深度。其中有两个关键词：内生性视角和文化空间。

　　在新媒体众声喧哗的情况下，王昊和张西昌认为要发掘乡村文化空间内部的传统媒介，以及它们与民众交流方式与生活结构的关联，这才是民俗的价值之所在，或许我们会感动于一种简单的文化符号所内涵的文化秩序和组织力；或许我们会震撼于一种传统的民俗活动所内涵的当代社会治理思想和行动。郭凌燕有感于此，她聚焦一项具体的非物质文化遗产形态，关注其对和谐社区建设和乡民精神重建的积极作用。学术需要争鸣，关琼严认为乡村传统媒介是对乡村文化空间的重复生产，不会产生新的感知形式和审美体验，他呼唤具有信息传播和现代宣传功能的传播形态。但是秦红雨讨论的乡村戏曲传播中所反映出的多重媒介文化空间恰好回答了他的问题，多种媒介和文化空间的交叠带来多重想象、多重活力与多重张力的碰撞，为乡村文化重建提供一个有益的契机。

译林出版社 2014 年翻译了威廉斯的《希望的源泉》，有这样一句封底语："要让希望具有可行性，不要让绝望具有说服力。"尤其是在近年来媒体上对乡村文化一片唱衰之声中，我们更要砥砺前行，从作为文化主体的农民的日常生产生活中、从历史文化传统、社会主义文化传统，以及媒介形态、文化空间与社会结构的互动中寻找可以作为动力的文化资源和"潜在于生活世界的实践性能量"，涵养世道人心，诚如张炼红所说的"达致人心所向的政治复苏、文化创造和价值重建……开显出中国之道，真正体现吾土吾民的历练与担当。"

沙垚（中国社会科学院新闻与传播研究所）

手机画《花》

手机画《梅》

作者：赵洁（厦门大学新闻传播学院副教授）

乡村观看场域的变迁与视觉空间重构

秦红雨*

（西南大学，重庆，400715）

摘　要：中国的乡村形成了一个独特的视觉系统，但是在各种视觉媒介和社会力量的作用下，乡村视觉空间日益的城市化、消费化和个体化，不仅影响到了农村文化形态，也在潜移默化中改变着乡村的社会结构和文化生态，需要根本性的文化反思和空间重构。

关键词：乡村；观看场域；视觉空间

本文系文化部项目"大众媒介与乡村戏曲文化变迁"阶段性成果，项目编号：15DH62。

从 2010 年梁鸿《中国人在梁庄》的热议，到 2015 年《一个博士生的返乡笔记》，到 2016 年"上海媳妇逃离江西"、"东北农村妇女约炮"的假新闻，到"一个视频软件里的中国农村"，再到 2017 年被网络热议的浙江缙云县的乡村春晚，农村社会的无望与挣扎、农村道德的坍塌与重建、农村文化的破败与新生在不同的媒体空间中被不断渲染和传播，农村文化在不同媒体中的"表达"与"被表达"始终成为"二元悖论"，无法破解，而农村、媒介、农村文化的关系更是值得深思。而早在 2005 年 12 月 11 日，中共中央办公厅、国务院办公厅曾联合颁布了《关于进一步加强农村文化建设的意见》，提出了要重点推进以广播电视、电影、数字化信息服务、"三农"出版物发行、媒介文化资源倾斜等相关的农村公共文化建设，以其实现"文化在促进农村生产发展、生活宽裕、乡风文明、村容整洁、管理民主等方面发挥重要作用"。自

---

　　* 秦红雨，男，河南禹州人，西南大学新闻传媒学院副院长、副教授、硕士生导师。

党的十八大以来，乡村媒介文化建设不仅是建设社会主义新农村的一个非常关键指标，更是全面推进农村的经济、政治、文化、社会和党的建设的重要保证。因此，打破农村文化与媒介文化的对立，深入认知农村媒介文化社会再生产的现实，发掘农村内生的媒体力量和文化力量，更新农村文化建设的文化资源和理论维度，成为一个急需的课题。

一、乡村、媒介与视觉场域变迁

社会学者吉登斯曾经提出过场所（locate）的概念，他认为："所谓场所，不是简单意义上的地方（place），而是活动的场景（setting），意味着人在特定的 place 里展开的场景（setting）"[①]。吉登斯把社会场景和人的行为结合起来，而梅罗维茨则把"场景"概念进一步引入到媒介社会下人的行为的分析中，他认为"电子媒介打破了物理空间和社会场景的传统关系。电子媒介创造了新的场景，破除了旧的场景"。[②] 场景通常是根据有形的地点中的行为来定义的，但是电子媒介的出现却跨越了以物质场所为基础的场景界限和定义，梅罗维茨认为新媒介带来新场景，而新场景带来了新行为。并且他认为"社会现实并不是存在于人们行为的总和中，而是存在于所有场景行为模式的总体之中。"[③] 那么，以此来看，不同的媒介首先会形成不同的"场景"，其次是不同的场景会带来人的行为的变化。无论是麦克卢汉将媒介看做一种"环境"的启示，还是尼尔·波兹曼对传统文化没落的担忧；无论是本雅明对"灵韵"消失的哀叹，还是 Q·D·利维斯为乡村文化所唱的挽歌，都能看到西方批判学者对大众媒介崛起的批判和对乡村文化的担忧。而通过对印度乡村的实际调查，发现电视媒介的侵入正在缓慢改变乡村文化和传统艺术生存状态（柯克·约翰逊，2005）。而在国内无论是费中正、田阡的《手机与西江苗民的生活：城乡转型发展中的文化传承》（2016）、仇学英的《社会主义新农村发展传播模式论》（2011）、李永健的《大众传播与新农村建设》（2009）、方晓红的《大众传媒与乡村》（2002）、李春霞的《电视与彝民生活》（2007），还是郭建斌的《独乡电视：大众传媒与少数民族乡村日常生活》（2005）都是试图

---

① ［英］安东尼·吉登斯. 社会的构成 [M]. 李猛、李康译. 北京：三联书店，1998. 第 45 页。

② ［美］约书亚·梅罗维茨. 消失的地域：电子媒介对社会行为的影响 [M]. 肖志军译. 北京：清华大学出版社，2002. 前言。

③ ［美］约书亚·梅罗维茨. 消失的地域：电子媒介对社会行为的影响 [M]. 肖志军译. 北京：清华大学出版社，2002. 第 38—39 页。

运用民族志传播学的方法去考察作为大众媒介如手机、互联网、电视、电影乃至广播进入到农村、少数民族地区之后，如何对该地域的乡村文化、人们的行为和日常文化生活产生影响。尤其在视觉文化占据主导地位的时代，"在观看的现实情境中，由视觉媒介的嵌入所建构的不同的时空情景构成了不同的'视觉场'。"[①] 所谓的"视觉场"，只不过是由交流和观看的双方共同构成的，是表述互动关系的一种状态，什么样的互动关系就能够表明处于什么样的语境之中。正是不同的"视觉场"构成了我们今天所谓的视觉文化，而视觉文化反过来又成为一个大的"媒介环境"，影响着生活在这个环境中的人，更影响着存在于这个"媒介环境"中的艺术。而通过不同媒介传播的艺术又反过来构成了新的混合的"媒介环境"，建构着新的"看"与"被看"的关系，影响着人们的情感体验与生活行为。而在乡村空间中，观看场域在潜移默化中塑造着农村文化、农村人的精神，以及是如何和农村人的能动性相契合的。而观看场域的变化，一方面彰显了不同文化力量在乡村的博弈和传统的嬗变；另一方面，也体现了农村社会的沧桑巨变，包含着巨大的进步或者发展的因子。

二、乡村传统观看场域与视觉空间

在农村传统的文化空间中，各种民俗活动是重要的观看场域，也是乡民们重要的文化活动空间，尤其是戏剧盛行。笔者曾经对河南许昌、洛阳的农村戏剧活动做过调查，发现这是一个非常重要的观看场域和活动空间，正如嘉靖《许州志》的记载，"祀神报赛以酬钱演戏，封羊列豕为诚敬，计一岁中自非刈麦之期，合乐飨之举，村村相继……"（《许州志·典礼·风俗》）[②] 而舞台演出这种艺术形式能将人们集结在一个场所，一起交流情感，观者演者相互协作并共同进行创作。

剧场是戏剧的重要组成部分，也是戏剧传播活动的重要媒介，麦克卢汉认为，媒介作为人体的延伸，其改变带给人们的更多的是心理影响和社会后果。就戏剧而言，剧场的改变，不仅仅是空间概念的变化，更主要的是带来了观演关系的更新，乃至戏曲审美心理的变化（这和审美"心理场"有着内在的联系）。在"戏场儿"里面，和在正规的剧场里面看戏，环境差别很大，

---

① 曾军. 观看的文化分析 [M]. 济南：山东文艺出版社,2008. 第 142 页。
② 《许州志》[Z]. 上海古籍书店，1982. 卷七。

剧场里面看戏，有一套约定俗成的规范，需要遵守基本的剧场秩序，剧场成为一种新型的"仪式"。而农村戏曲还是"撂地为场"，在任意的一块空地上，或者说在"场儿"上就可以搭台，四方百姓都可以看戏，通常还能够吸引来众多的小摊、小贩，异常热闹。自中国戏曲形成开始，戏曲的演出就主要是以民间戏班的形式出现，戏曲艺人被成为"路歧"（或作"行院"、"散乐"等），戏班子则称为"江湖班""草台班"。宋代周密的《武林旧事》载"戏有路歧人，不入勾栏，只在要闹宽阔之处做场者，谓之'打野呵'"（《武林旧事·瓦子伎艺》）[1]。在清代张择端描绘的开封繁盛景象的《清明上河图》中，可以清晰地看到人们在热闹、繁荣的市井街头看戏的情境。但是这并没有妨碍"戏场"里面的观众看戏，因此，草台演出更加独特，它构成了农村独特的集体空间，"戏曲作为中国传统社会民间意识形态的表现，活动于民间和市井，是构成乡间与市井聚落或社区公共空间的重要组织方式"[2]。

特殊的国情、特殊的环境、特殊的社会形态等多重因素决定了戏曲演员与观众间的特殊关系，也决定着农村传统的观看场域是以民俗为基础的，以集体交流与认同为诉求的视觉空间。每有演出，无论是演员，还是观众，都进入一种热烈闹腾、相互感染的环境中，形成一幅安贫乐道、歌舞升平的独特景观。因此，每年村民以看戏为"由头"，走出闺门、家门、店门，从不同的方向、从不同村落聚集在一起，来到"戏场儿"，看到演员在舞台上有模有样、有腔有调、有声有色的表演，长期的紧张获得释放的机会，压抑、积郁在心且带有一定破坏性的能量被释放、发泄出来[3]。农民戏场儿看戏，不仅起着解除日常劳动疲劳的作用，还调节着平淡无奇的枯燥生活，更丰富着村庄的文化和社会活动，发挥着独特的社会功能。

三、现代媒介构建下的观看场域与视觉空间

随着国家的媒介战略的推进和媒介技术的发展，多种媒介与乡村的传统戏曲、非物质文化遗产等一些传统乡村文化并存、共生，并且在乡村生活中

---

① （南宋）周密. 武林旧事 [M]. 杭州：浙江人民出版社，1982. 卷七。

② 周宁. 想象与权力：戏剧意识形态研究 [M]. 厦门：厦门大学出版社，2003. 第47页。

③ 朱光潜先生也认为"净化的要义在于通过音乐或其他艺术，使某种过分强烈的情绪因宣泄而达到平静，因此恢复和保持住心理的健康。……总之，人得到净化之后，就会感到一种舒畅的松弛得到一种无害的快感。"（朱光潜. 朱光潜美学文集 [C]. 上海：上海文艺出版社，1984. 第四卷，第92页。）而戏曲发生学里面就有"净化宣泄说"，笔者认为民间戏曲之所以能够长久存在和葆有活力，和它的这种情感"净化宣泄"功能有重要的关系。

经历了一个"从仪式性到社会建构性"①的变化过程。从二十世纪八十年代中后期起，伴随着政治伦理型文化范式向商品经济型文化范式的整体过渡，中国社会各阶层间、各文化场域间发生了建国以来程度最深范围最广的一次裂变与重组活动。农村的观看场域也在发生着变化，从集体"场"的围观，到占据的客厅电视，再到个人卧室的电脑，以及日益普遍的手机，构成了农村层次化的视觉空间和观看场域。当前，在中国广大的农村，传统文化还比较兴盛，以电影、电视、网络乃至手机为代表的视觉文化也侵入到乡村的文化空间之中，以戏曲为代表的乡村文化也具有了多重的视觉空间，由视觉媒介的嵌入所建构的不同时空情景塑造了不同的戏曲"视觉场"，并改变了戏曲艺术的形态；同时，对于观众来说，人们的看戏行为已经"不局限于亲眼所见（肉眼之看）和心中玄想（心眼之看），高科技已将镜头（机械之眼）延伸到了人们心向往之而无法亲历的地方"②，这也使观众的戏曲审美感知和戏曲观看乃至文化行为都发生了明显的改变，这都需要我们用视觉文化理论去把握，"毫无疑问，视觉文化为我们理解中国社会文化的转变提供了一个有价值的视角"。③对于农村视觉视域的变迁同样如此。在全球化与媒介化的双重视域中，乡村视觉空间的变迁，是对农村社会变迁与文化嬗变的思考，更关乎农民精神变化、乡村道德重建、乡村文化重构等深刻的社会话题。对乡村视觉空间的研究，将改变对某一媒介的研究，关注农村媒介环境变迁与乡村文化嬗变的互动关系。在乡村现代视觉空间重构中，一方面有中国农民对于现代生活与未来情感的归属与追求，更蕴藏着都市文化与乡村文化的矛盾，传统文化与现代文化的冲突，商业文化与精英文化的碰撞，性别文化与权力文化的交织等，引发我们对于视觉文化与乡村变迁的深切关注与思考。在社会价值上，乡村观看场域和视觉空间变迁的探讨，能透视中国现代化进程中传统与现代、文化与商业、他者与自身、农村与城市等在现代进程中复杂的纠结，在不同的视觉场域中渗透着的农村社会制度与文化肌理的历史景观与现实愿景。

值得注意的是，乡村视觉文化空间的变迁，是以个人化的视觉空间扩展，消费化的视觉空间垄断为基础的。陈昕先生几年前就在关注中国的消费主义问题，通过对华北农村的调查，提出"消费主义生活方式已经通过城市、大

---

① 何君. 村戏功能的延续和嬗变 [J].《乡村文化和新农村建设》[C]. 北京：社会科学文献出版社，2008. 第 249 页。

② 曾军. 观看的文化分析 [M]. 济南：山东文艺出版社,2008. 第 65 页。

③ 周宪. 反思视觉文化 [J]. 江苏社会科学,2001(5).

众传媒以及城乡交流等途径扩展到了乡村地区。"①更早时候陈昕先生在《救赎与消费：当代中国日常生活中的消费主义》一书中曾对中国消费主义的出现做过深入的分析。阎云翔先生也从一个村庄这个更微观的角度观察到"消费在农村家庭生活中具有了新的重要性，越来越多的农村青年开始用消费的满意度来衡量他们自己和他们的生活质量"。②同时，随着农民工纷纷涌入城市，城市的生活方式也逐渐向农村渗透，王晓明先生在一篇《L县见闻》中写道"文化的一个基本表现，是日常生活方式，而L家湾及其周边地区，衣、食、住、行各个方面，都强烈地表现出一种嫌弃农村、向往城市的趋向"③。快速流动的城市化图像，被动、感性、消极的图像消费主义者，正在逐渐改变着农村的观看场域，也在刷新着农村视觉文化空间样貌。"现代传播手段已经极大地改变了人们的体验与意识，改变了人们的兴趣和感觉的构成，改变了通常人们对活着与对所处的社会关系的认识。"④

　　因此，我们看到以戏曲为代表的农村文化和农村视觉空间，因为"它遭逢了一个无论是传统还是地域文化活动都受到歧视的年代"⑤，电子媒介几乎统治了整个农村的视觉空间，甚至改变了农村人的观看场域，其背后则受着都市文化工业"看不见的手"的统领。因此，农村视觉场域变迁的背后，是眼球经济时代视觉空间的争夺，农村视觉空间的争夺背后是与城市空间的塑造和农村空间的压制密切相连的，源自城市的视觉媒介通过各种的视觉媒介和城市化的视觉内容对农村视觉场域进行着重构，诱发着农村传统文化的"视觉转向"，"农村空间已非昔日日出而作、日落而息的静止空间，相当数量的农民游走于城乡之间，中心城市对边缘乡村构成了空前严重的挤压"⑥。而伴随着城市文明产生的视觉媒介又何尝不是如此，其明显的城市化、消费化特征也正在激荡着农村不安的情绪和焦躁的心灵，并撕毁了他们对于戏曲，对于乡村美好的体验，并诱使他们不断向城市、向消费、向欲望靠拢。因而，

　　① 陈昕，黄平.消费主义在中国社会的出现[J].薛毅.乡土中国与文化研究[C].上海：上海书店出版社，2008.第324页。
　　② 阎云翔.私人生活的变革：一个中国村庄里的爱情、家庭与亲密关系1949—1999[M].上海：上海书店出版社，2006.第249页。
　　③ 薛毅.乡土中国与文化研究[C].上海：上海书店出版社，2008.第353页。
　　④ [美]詹姆斯·W·凯瑞.作为文化的传播——"媒介与社会论文集[C].丁未译.北京：华夏出版社，2005.引言。
　　⑤ 傅瑾.夕阳回望——稀有剧种的命运与前景[J].二十世纪中国戏剧的现代性与本土化[C].台北："国家出版社"，2005.第437页。
　　⑥ 吴宁.列斐伏尔的城市空间社会学理论及其中国意义[J].社会，2008(2).

有人就提出，"我们必须以空间流动的视野来把握新农村建设的难点，促进城乡发展呈现出更为明显的你中有我、我中有你的复杂发展态势。"[①]

四、农民多重视觉空间下的"穿越"与再造

1926 年，晏阳初先生在河北定县发动了一场包括了"文艺教育、生计教育、公民教育和卫生教育"的中华平民教育运动，在文艺教育中，他们也许是中国最早有意识地运用了图画、摄影和工具来推动农村文化的发展，正如他们所说："拍照优良风景使感觉天然之美丽丰富，拍照戏剧风俗使唤起民族之精神与习惯，以为传播艺术及民间娱乐之用。"[②] 同时，他们结合现代话剧和戏曲，运用现代摄影技术，对农民进行教育和启蒙，一方面保留了地方的传统文化，另一方面确实丰富了农民的文化生活，也创造了一个多层面的视觉空间，开启了戏剧演出和现代科技结合的序幕。但是，颇有意味的是，李景汉先生在《定县社会概况调查》中记录了当时在农村进行影像教育的情景："编者记得前二年中华平民教育促进会某次给农民演了一短篇外国电影。他们看到一个青年男子与一个青年女子拉手的时候，一个农人说，这样片子是荤的，及至看见父亲和他的女儿亲嘴，都以为是了不得一桩事，在他们看来是大荤而特荤了。他们对于秧歌的判断，也不过就是这种中国旧礼教的观念。"[③] 这是中国农民较早接触电影的开始，更是以城市文化为特征的现代媒介技术深入传统农村文化空间的开始。从作者只言片语的回忆中还是透露出几点信息：第一、影像表演的是外国人，这也许是全球化下文化传播的一个很好的明证；第二、影像所营造的空间和农民的生活空间充分地拉开了距离，超越了他们的文化想象，给他们不仅带来的是视觉的冲击，更是文化的冲击；第三、影像进入农村，并充当了启蒙或者说开启民智的工具，这是以现代科技作为手段的视觉文化对农村影响的开始。而这种影响，在一个世纪的发展中，不仅重塑了农村人的视觉习惯和观看方式，更重构了农村的视觉空间，改变了农村的文化构成，也影响了乡民的文化和集体认同。更为重要的是，乡村先贤们通过先进的视觉媒介构建的多层乡村视觉空间，"来唤起民族之精神与习惯，以为传播艺术及民间娱乐之用"的良苦用心，难道在多重的媒介空间穿梭中真的变得"不堪一击"吗？真如我们媒介不断渲染的那样，充满堕落，

① 吴宁 . 列斐伏尔的城市空间社会学理论及其中国意义 [J]. 社会，2008(2).
② 孔雪雄 . 中国今日之农村运动 [M]. 中山文化教育馆 .1934. 第 83 页.
③ 李景汉 . 定县社会概况调查 [R]. 上海：上海书店，1992. 第 338 页.

没有希望了吗?

这当然不是,在媒介文化进入乡村的过程中,不仅改变了乡村文化的结构,也改变了乡村人的行为习惯、情感表达和生活重心,并且还在进一步重组着乡村的社会组织结构。无论是浙江的亿元"电商村",中原村庄的文化再造和实验(何慧丽在兰考陈寨村、贺村、南马庄村等进行的乡村文化建设实验,许昌兴源铺的农民工拍电影实践),还是西南部农民的"文化自觉行为"(如重庆北碚区蔡家岗镇天印村的刘映升自办农耕文化博物馆,并举办"乡村文化节"),我们发现不论是否还能保持着文化的原真性与本土性,乡村文化已经被裹挟进现代社会中,在时代造成的大熔炉中不断被漂白与染色,也实现着多重媒介空间的穿越,借助不同的媒介实现了传统农村文化的再造和更新。因此,"乡村文化的再生,并不是指死亡后的重生,而是在新的社会土壤中培育出来的新的观念……在社会转型的时代背景下与其他文化碰撞、融合、衍生出新的文化类型。"① 因此,笔者在河南、浙江农村的调查中发现,以独特的戏曲文化为例,农村借助不同的媒介形成了戏曲舞台演出、戏曲电影、戏曲电视、自发的戏迷活动等不同的看戏"场景",在这个以戏曲文化为核心的不同"视觉场"中,村民收获了不同的视觉经验和审美感受,并且种种视觉经验和视觉感受相互融合,互相影响,成就了当代农村独特的视觉文化氛围,并且激发出更多具有农村特色的文化创造力,也才涌现了农民拍电影、农民演电视剧、农民自办剧团、农民开启互联网商业新模式等一系列值得思考的现象,这无疑是农村文化发展过程中的一种新现象,并且包含了农村文化发展的新的可能。

在中国背景下,乡村作为漫长中国的基本形态,不仅有着丰富的视觉观看场域,也有着不同于城市文化的视觉文化形态,形成了一个丰富的视觉文化系统,不同的视觉媒介形态构成不同的视觉"场",并对农民形成了一个立体的视觉传播网络②,这为我们观察视觉文化在中国的影响以及观看的"视觉机制"提供了新的可能,也为我们理解今天的农村媒介文化乃至农民文化创新的可能提供了新的路径。同时,这种可能也许会成为我们丰富视觉文化理

---

① 赵旭东,孙笑非. 中国乡村文化的再生产:基于一种文化转型观念的再思考 [J]. 南京农业大学学报(社科版),2017(1).

② 以乡村文化的代表——戏曲为例(不同的地方存在着文化差异),从文化形态上来看,有别于印刷文化,作为综合的视听艺术在现时代发生着"视觉化"的转向;从戏曲传播的媒介形态角度来看,其也在这个立体的戏曲视觉传播网络中,使观众不停地穿越"场域",调整戏曲的视觉欣赏状态和方式,在潜移默化中改变着他们的戏曲审美。

论和农村文化传承的新的资源，正如周宪先生所说，"中国传统文化具有深厚的历史和丰富的视觉资源，因此当代中国视觉文化对这些传统资源的吸纳和改造必然造就中国当代视觉文化的特色，这就要求我们发展出一些独特的视觉文化理论来"①。

---

① 周宪.视觉文化的转向 [M].北京：北京大学出版社，2008.第 25 页。

滋泥水人的空间记忆

关琮严 *

（湖州师范学院，浙江，湖州，313000）

摘　要： 在传统乡村社会，村庙是主要的公共文化空间，承担着公共职能。正是这些职能的发挥成就了村民对乡村公共文化空间的所有记忆。传统乡村社会媒介文化的传承与公共文化空间的复制有相互促进的内在关系，在传统乡村相对封闭的状态下，二者保持着循环重复的文化实践，村民很难产生新的感知形式和审美体验。

关键词： 乡村社会；文化媒介；空间记忆

由于传统的乡村社会游离于国家行政管理体制之外，基本上处于一种宗族管理与宗法管理的状态。在此背景下，村庙作为传统乡村社会的民间信仰中心，便承担着村庄文化整合的重要职能，统筹着整个村庄的公共文化生活。滋泥水地处甘肃省靖远县境内，村内有四大姓，即马、赵、关、徐，各宗族都有自己的居住领地，均位于村庙所在地双龙山的周边。除了各家族之间以通婚结成社会关系网，维系滋泥水这一村落共同体的当属各家族共享的村庙了，村庙成了唯一能够覆盖全村的公共文化生活空间。村庙中有独特的文化形式，包括民间信仰仪式以及与民间信仰相关的各种活动，如秦腔戏、牛皮灯影、庙会、赐福等。这些传统的文化形式，塑造了土生土长的媒介文化，在这种熟悉的媒介环境中，很难产生新的感知形式和审美体验。而且，在这样的公共文化空间中，媒介主要体现的是一种娱乐和文化召唤的功能，信息传播与宣传功能未能充分发育。空间内的文化媒介形成对传统的召唤，维系

---

* 关琮严，湖州师范学院文学院副教授，清华大学新闻传播学博士。

着村庄传统公共文化空间的秩序和重复生产。

一、以村庙为中心的空间文化

（一）村庙选址的权威确认

乡村社会中，人们的精神世界有两大权威，一个是神灵，一个是阴阳先生，二者合力完成了对村庙空间的赋权。滋泥水的村庙在地理空间上位于三村交汇的双龙山，无论在哪个方位都能望见村庙，这种居中临下的空间布局不但保有一种威严气场，还保证了三村空间共享的公平性。这样的"圣地"绝非凡人选定，通常都是由"神灵"指定，滋泥水村庙的位置据说是"三官大帝"钦定的。由于是"神灵钦定"，在村民眼中，村庙所在的位置都是风水宝地，凡人难以承受，这种观念早已深入人心。滋泥水村庙的风水，也得到了乡间风水权威——阴阳先生们的肯定。很多阴阳先生都盘算过滋泥水村庙的风水，认为村庙所在位置乃"将军坐帐"，气象非凡。

（二）由村庙空间形成的心理嵌合

村庙空间貌似封闭，实则开放，村庙之间因"方神"和"辅神"的角色交叉，构成了村民心理空间上的嵌合。村庙内部的空间布局有主次之分，一般主山的"方神"居于正殿，正殿正中为"方神"造像，其下台子上摆放轿子，前方的供桌上整齐陈列着祭器、香火、贡品。正殿内的左右两侧一般供奉着"辅神"，他们不主山，扮演着"方神"助理的角色，有各自专门的分工，问事者可按照来意进行选择。条件好些的村子会将这种布局进行放大，在正殿的左右两侧盖偏殿供奉"辅神"，陈设如前。村庙内空间布局所映射的神灵主辅关系，也充分表现在了他们的职能变换上。一村之"方神"，管一村大小事情，事无巨细，就像丢东西这类小事也会在"方神"那里得到"点拨"。但若是"辅神"就只能负责自己职责范围内的事情。一村的"方神"同时也可能是其他村庙的"辅神"，而且在分工上也有相应的变化。如黄湾村庙是"药王爷"主山，村民有大小事情都可以求助，但在滋泥水村药王爷只是辅助神灵，他只管"治病"，其他事务一概不管。当然有时候，"方神"的职能会与"辅神"的职能有所重合，但这并不冲突，因为村民常常会多方求助，相互印证以确保问题得到"解决"。

（三）村庙空间秩序的社会复制

村庙中的空间秩序是乡村社会公共秩序的一个组成部分。"公共秩序简单地说就是大家或多数人都基本遵从的秩序。"① 一般说来，公共秩序既有以法制为基础的，如强制性权力建立的公共秩序，又有按照自治逻辑与经验自然确立的公共秩序。后者基本上是基于一种共同社会利益诉求，也更符合乡村社会的历史与现实。对于乡村社会而言，公共秩序的一个重要方面就是空间秩序。

村庙往往以本村所在的地理空间为蓝本进行选址，村与村之间天然的地理区隔也基本上是村庙"势力范围"的大致界限，有时也有几个相邻村庄分享一座村庙的情况，但其前提肯定是村庄之间存在密切的地缘或血缘关系。不管怎样，村庙的位置在村庄所辖范围内都是独立、显见且高高在上的。村民的日常生活空间，因此也与村庙保持着一定的距离。这种距离不但体现在空间布局的高低分隔上，还体现在村庙的种种相关信条和规矩上。例如，在村民看来，村庙是一处圣洁的空间，任何来自日常生活中的污秽都不得接近，像戴孝之人、怀孕妇女、流产妇女等皆不得走进村庙。再如村庙是"神的领地"，任何改变空间样貌的行为都要经过"方神"的容许，否则会被视为大不敬而遭天谴，包括不能在村庙附近兴土木，不能偷、拿村庙的器物，不能破坏村庙设施等。与此同时，村庙的空间秩序与乡村社会空间秩序又有内在制度上的一致性。一方面，村庙空间布局所体现的等级关系同时彰显在村民日常生活空间之中，如农家院内也有"上房"与"耳房"之分，类似于村庙中的"正殿"与"偏殿"。"上房"与"正殿"一样，乃空间之核心，权威之所在，"上房"为家长居住，"耳房"为年轻人居住，院中间是祭拜天神的地方。另一方面，村庙的空间纪律也同时被复制到了村民的日常生活之中，"神规"转化为"民约"。如村庙中戴孝之人、流产妇女等不洁之物不得入内，而对于家庭空间也有同样的禁忌。村庙中的男权主义也会在家庭中得到体现，女子不但被止步于村庙正殿之外，在家族的祭祖活动中，也被排斥在"上房"之外。

二、村庙中的"国家"

如上文所言，村庙构建起了颇为严格的空间秩序，并将这种空间秩序内化为村民的生活日常。除此之外，在少有国家行政管理介入的传统乡村社会，

① 刘军宁.市场社会与公共秩序［M］.北京：生活·读书·新知三联书店,1996.第18页.

国家的本应承担的公共职能被村庙承担，国家角色被村庙扮演，村庙成就了村民对于公共文化的所有记忆。

（一）村庙的公共职能

村庙作为西部农村主要的公共文化空间，在很大程度上承担了村民的文化教育、社会扶助等方面的公共职能。这些职能通常是由基层国家机构或部门承担，在传统乡村社会，公共职能由于缺少国家载体，只能转由村庙这一民间信仰组织承担。而且，由村庙承担公共职能非国家受命，已经融入村民日常生活教化之中，是在民间信仰基础上的内涵性延伸。村庙这一公共文化空间拥有很强的集聚力和同化力，其公共职能均与民间信仰相裹挟，被转换为乡间的朴素教化与扶助。

村庙的公共文化职能：滋泥水的公共文化生活与村庙活动紧密联系在一起。尽管村民们平日里都忙于农事，无暇顾及与农事无关的活动，但村庙组织的公共文化活动都会积极响应参加。在滋泥水人的观念中，所谓的公共文化活动就专指村庙组织的集体活动，包括看秦腔戏、牛皮灯影、过庙会和耍社火。在村民的观念中，参与这些公共文化活动非但不会妨碍农事，反而是该做的正事，因为他们相信这会给他们带来福祉，保佑一年平平安安，风调雨顺。

这些活动之为公共文化，除了因为这些活动举办场所的公共性以及参与的公共性之外，更重要的理由还在于这些活动主题所表达的公共性及其精神信仰的普遍性。例如，"还愿请戏"是求神者愿望达成而必须进行的谢神仪式，这是村民共知的事实。而与此相关的救死扶伤、祛病救灾、生儿育女、风水、驱邪等故事也将形成一次全村范围内的人际传播。更为重要的是，村庙成了地方性知识的生产机构。村民通过求神者的故事一方面获取生活经验，如"挂红避邪""水碗送冲气"等等，另一方面也强化了信仰和共同体意识，"还愿"就是对村庙公信力和权威的确认，村民对还愿者故事的分享，实际上增加了在本村的安全感和认同感。当然，如果"还愿"者是个外村人，还有另外一层意思就是彰显本村人的文化自信。

村庙的公共交际职能："人际关系是被形成的，而不是天生的。"① 作为一

---

① ［美］迈克尔·E·罗洛夫. 人际传播：社会交换论 [M]. 王江龙译. 上海：上海译文出版社，1991. 第60页。

个社会人，都有与他人进行交际、发展关系的社会需要。即便在同村的"熟人世界"中，大家仍需要经常保持交流沟通。新中国成立之前的滋泥水村，村民们为了混饱肚子一直勤于农作，加上缺少聊天的公共场所，村民们一直没有聚众闲聊的习惯。公共交际通常发生在两种情况下：一种是以村里的婚丧嫁娶等事情为契机，在私人家中的村民聚会，这种聚会一般没有固定的周期；一种是以村庙公共文化活动为契机的聚会，此类聚会有两部分组成，一部分是有固定周期的村民聚会，如庙会、社火等，一部分是不定期的以还愿唱戏为契机的临时聚会。相比之下，村庙是村民参与公共活动的固定场所，成了一个公共交往空间。在这里，除了进行民间信仰活动外，还有观看秦腔戏和皮影戏等公共文化活动，妇女们在一起拉拉家常，男人们聊些逸闻趣事，小孩子们玩耍嬉戏。

村庙的公共事业职能：传统乡村社会，公共事务都由村庙承担。例如，村民们若是有个小病小灾、头疼脑热的，一般都凭借自己的经验处理解决，解决不了就求助于"方神"。这种看似脆弱的医疗模式在村里已经维持了很久，直到新中国成立后，情况才开始慢慢改变，特别是有了赤脚医生和医疗站，村里的医疗卫生才纳入到国家统筹之中。这种以村庙为中心建立起来的农村社会保障体系，之所以能够在长期的乡村生活中发挥重要作用，主要有两方面的原因：一方面是由于村民对民间信仰的笃信，认为"方神"无所不能。村民日常生活中遇到的所有问题，包括疾病、避灾、驱邪，甚至丢了东西、小孩哭闹、两口子吵架等琐事，都能在"方神"那里得到求助和解决。另一方面与村民头脑中强烈的"地方观念"有关。囿于传统的生活习惯以及牢固的"地方观念"，村民往往不愿意出外行医问药，寻求救助，而是尽可能在本村范围内解决问题。这正是杨念群所说的"地方感培育的治疗心理"。[①]由于村民心中这种强烈的地方感，他们对村庙所承担的责任与义务自然有更多的期许，包括医疗、安全、社会评价以及教育的需求等等。例如，每年开庙会的时候，"方神"都会在赐福或是答疑解惑之前有一段很长的训诫，其中的内容大都是劝人从善、孝敬父母、尊老爱幼等。除此之外，村庙还会介入村民日常生活，表现得无微不至，如家中动土求神"掐日子"；出远门之前求神看看"黄道吉日"；小孩受到惊吓"求神叫魂"；看风水选阴宅等等。

---

① 杨念群.再造"病人"：中西医冲突下的空间政治 (1832—1985) [M].北京：中国人民大学出版社，2006.第 199 页。

村庙的公共教育职能：村庙承担公共教育，主要表现在两个方面：一是对村民的教化，二是对未成年人的教育。对村民的教化通常渗透在一系列的仪式和文化活动中，有时"方神"也会在特定场合就村民个人进行"教导"，如叫人向善，孝顺父母，爱护子女等。同时，村庙还承担了对未成年人的文化教育。尽管滋泥水村庙地方紧张，村民仍然把正殿旁边的一间耳房腾给了村校作教室，另外还腾出一间靠近大门的小屋供先生住宿，有时孩子们晚上来庙里背书也住在那里。村庙的公共文化活动对村校教育影响很大，这主要表现在除基本的课程教学外，学生的课间活动与村庙活动重合叠加，空间上的共生造成了文化上的浸润，传统乡村教育深受村庙民间信仰文化的影响。例如，学生常在课间动员起来为庙里抬水、搬砖，做一些力所能及的义务劳动；庙里要是念经，学生们也会被发动起来捧捧人场，围成一个圈念上几句简单的经语。据第一任公办教师老马回忆，当时他们在庙里读书，不管是先生还是学生都非常"信神"，参加庙里的文化活动也是村校文化活动的一部分。

（二）由村庙凝聚的共同体意识

按照滕尼斯的说法，地缘共同体主要表现为居住在一起，可以被理解为一种生活上的相互关系。而精神共同体作为较地缘共同体更高的发展阶段，被理解为心灵生活的相互关系，它"所涉及的是被视为神圣的场所或被崇拜的神。"① 也就是说，以地缘为纽带形成的共同体在长期的社会生活中，总会以某种方式形成心理上的相互认同，进而达到精神共同体的稳定状态，这种精神共同体塑造于特定的空间之中，也塑造于特定的活动之中。例如庙会、求雨、赐福、社火、娱神娱人的戏曲表演等，而村民的共同体意识则首先表现为对这些集体活动的积极参与意识，就像春节期间村里社火队浩浩荡荡的游村队伍，村庙戏台下熙熙攘攘的观戏人群以及春祈秋报时村庙院子里乌压压的跪香村民，都集中体现了这种参与意识。另外，共同体意识还着重表现为一种自觉的集体观念。每逢村庙有庙会等重大活动，村民都会出钱出粮出力，集一村之力办活动。每逢初一、十五村民们都会来村庙进香，自觉为村

---

① ［德］滕尼斯.共同体与社会：纯粹社会学的基本概念［M］.林荣远译.北京：商务印书馆，1999.第 65 页。

庙印制"往生"、^① 打扫卫生等。

（三）村庙：集体记忆生成之所

所谓"集体记忆"，即群体成员对过往或传统历史、经验、价值、事件等记忆的分享。莫里斯·哈布瓦赫认为，"集体记忆"存在于人的聚合体之中，"进行记忆的是个体，而不是群体或机构，但是，这些根植在特定群体情境中的个体，也是利用这个情境去记忆或再现过去的"。^② 按此理解，村庙作为传统乡村社会民间信仰活动的主要场所，也承担了召唤和建构集体记忆的功能。村庙对村落集体记忆的传播旨在追溯过去，实现村庄的文化整合，这种集体记忆也使乡村观念很难超越传统，除非有强大的外力推动。莫里斯·哈布瓦赫按照集体记忆的存续方式，将其区分为"历史记忆"与"自传记忆"。^③ "历史记忆"可以通过固定的仪式存续下来，因为周期性的仪式具有聚焦作用。"自传记忆则是对我们在过去亲身经历的事件的记忆……随着时间流逝，自传记忆会趋于淡化，除非通过与具有共同的过去经历的人相接触，来周期性地强化这种记忆。"^④ 村庙空间再现的集体记忆，也大体通过这两种方式进行情境定义和再现。一方面是"历史记忆"的再现，主要通过周期性的典礼和仪式，例如庙会、社火等再现。另一方面是"自传记忆"的再现，主要通过村民之间的相互接触和分享经验，例如村民们对村庙禁忌与民间信仰常识的分享再现。

1. "历史记忆"的再现

如上所言，"历史记忆"的再现主要通过仪式来表达。康纳顿认为仪式表达的是一套意义和价值，重复进行的仪式旨在将这种意义和价值赋予并渗透到非仪式的社群生活中。^⑤ 由于中国传统乡村社会中的民间信仰与村民的世俗生活保持着紧密联系，民间信仰提供的知识框架成为村民应对日常生活的参

---

① 往生：当地认为往生是神灵专用的纸币，手工制作往生一方面表凡人诚心，另一方面也是与神灵沟通的有效手段。通常与上文、问事、治病等配合，焚烧使用。

② ［法］莫里斯·哈布瓦赫.论集体记忆［M］.毕然，郭金华译.上海：上海人民出版社,2002.第42页。

③ ［法］莫里斯·哈布瓦赫.论集体记忆［M］.毕然，郭金华译.上海：上海人民出版社,2002.第42页。

④ ［法］莫里斯·哈布瓦赫.论集体记忆［M］.毕然，郭金华译.上海：上海人民出版社,2002.第42页。

⑤ ［美］康纳顿.社会如何记忆［M］.纳日碧力戈译.上海：上海人民出版社,2000.第50页。

考，如民间信仰中的"叫魂"仪式在村民生活中就有简化版，当小孩受到惊吓后，家人总要进行简单的"叫魂"仪式以求安抚。由于村民长期生活在这样的情境之中，早已熟知其内在的意义框架和知识体系，村庙的各种仪式表达都能在村民中引起意义的共鸣。村庙对"历史记忆"的再现主要有两个不同层次：一是民间信仰仪式，这是"历史记忆"最原始的表达方式，保持了较强的稳定性。如"请老爷"呈现的是"神人"之间的交流，凡事都可以通过"请老爷"得到神灵"指点"，这早已成为村里人处理日常问题的一个习惯性框架。二是周期性的民间信仰文化活动，如庙会。此类活动更注重文化氛围的营造和情境的再现，以此折射先辈们生活的镜像。村民的大多数时间都是在平凡的日常生活中度过，而每年的庙会就成了一种非常态的事件，这里有不同于日常生活的情境，对全村人开放并鼓励其参与，每年这种周期性的情境再现，成了村民感受共同的地方性体验并进行代际传播的重要机制。

2."自传记忆"的再现

"在一定意义上，每个人的日常生活对于其个人而言都是独特的。但是另一方面，绝大部分人每天都有着许多相同的经历，这些经历使得我们每天的生活日程变得'普通'，这种普通不仅仅是就其世俗性而言的，它还指出这些经历即使不是被所有人，也是被大部分人所共享。"① 正是这些相同的经历构成了人们共同的记忆，而对于相同经历的分享则成了传达共同记忆的方式。村里人"信神"都有很强的功利心，多是出于生活中难以解决的问题才到村庙求助"方神"。此外，一些从神灵那里得到的知识和经验，也会在村民之间分享与交流，逐渐沉淀为村民的集体记忆。据村里老人回忆，新中国成立前，滋泥水村医疗条件非常差，没有一个能看病的大夫，只有十几里外的马庄有个"半杆子"兽医，最早是给牲口看病的，后来也给人看，找他看病要看病人的造化，大多数时候开的药都是吃不死人也治不好病，因此，村民们也懒得往那里跑。村民若是得病就不指望大夫，第一反应是求助于"方神"。"方神"治病的手段通常有两种："化符"和"开药"，村民们都说"疗效不错"。

三、稳定的媒介文化与重复的空间生产

传统乡村社会相对封闭，政治、经济因素对其影响不太显著，媒介形态

---

① ［英］英格利斯．文化与日常生活［M］．周书亚译．北京：中央编译出版社,2009.第2页。

与文化相对稳定。从文化传承的角度讲，乡村公共文化空间的重复生产在很大从程度上维持着媒介文化的传承，媒介文化的传承也在不断推动乡村公共文化空间的重复生产。这种关系对文化传承有一定的积极意义，但从媒介文化创新的角度讲，在没有新的变量加入的情况下，媒介文化与空间生产之间的关系保持着相对恒定的状态，这既不利于媒介文化创新发展，也不利于乡村公共文化空间的增殖拓展。

（一）媒介文化的传承与空间的重复生产

我们谈媒介文化的传承与空间重复生产的关系问题，首先需要明确空间的主体性，即空间不是僵死之物，而是处在社会关系变动中，它凸显的是人的主观能动性。乡村社会公共文化空间主体性主要通过村民的媒介文化活动来实现，村民在文化活动中的各种行为共同构成了公共文化空间。媒介文化的传承需要在相对固定的空间中习得，空间在不断的重复生产中传递既定的文化基因。看秦腔戏是滋泥水村民最主要的一项文化活动。在新中国成立之前村里就有了自己的秦腔戏班，这在周边实属少见，有"文化窝窝"之称。戏班子是由村里爱好秦腔且粗通音律的戏迷组成，尽管他们水平业余，只能唱"眉户"，但在村里已然是最高水平，只要村里有庙会等重大活动，戏班便会演上几出折子戏热闹热闹。村里有自己搭建的简易戏台，就在村庙前，只要村庙有重大活动，这里都会唱戏。由于村里的经济条件较差，戏班的装扮都由成员自己制作，五颜六色的戏服是用粗白布画的，帽子是用硬纸壳糊的，假胡须是用马尾扎的，行头虽显简陋，但装备起来不逊色于正规剧团，这也成为了滋泥水村对外炫耀的资本。由村里秦腔戏班与村民合力构建的公共文化空间已经嵌入到乡村日常生活中，在村民文化生活中占据重要位置。空间的复制性不单表现在形式上的复制性或仪式上的复制性，还表现在空间内容的复制性和时间的周期性。每逢重大活动都要唱戏，这已经成了村里的惯例，村民们对一年中几个重要的时间点特别关注，如农历四月初八与七月十二的庙会。除此之外，每年正月都会唱戏，一唱将近半月，戏班最拿手的有《辕门斩子》和《武家婆剜苦菜》，题材都是些反映古代王侯将相的，也是村民们喜欢的，经典反复诵唱，村民耳熟能详。特定的时间、特定的空间、特定的媒介、特定的内容再加上村民的共同参与，共同构筑了乡村公共文化空间的主体性实践，随着年复一年的重复，积淀成了村民的遥远而又现实的空间记忆。

（二）媒介文化的惰性与公共文化空间的重复生产

"媒介的关键特征是它们引入了一种文化原则"，^①当这种文化原则与既有的观念体系、习俗习惯、生活框架以及社会性质不符时，媒介就会带来一种新的感觉和认知，否则只能是对原有传统的加固和完善。村庙空间中的"文化媒介"传承发展并非政治、经济和技术规律推动，而是文化逻辑使然。固定的传播场景、固定的传播内容、固定的媒介形式，构成了村庄既定的文化情境与期待，由此带来的媒介体验没有文化新鲜感，只是感官的循环刺激和文化时间轴上的线性重复，周期性的文化"狂欢"造成的却是毫无生机的媒介"日常"。村民们已经习惯于秦腔戏、牛皮灯影、社火等"文化媒介"，并"一直保持着它们传统的样式而对其传统性没有自觉"。^②由于缺少刺激因素，从媒介的内容到形式难有创新，村民也难以超越已有的媒介文化，对"文化媒介"与已有的公共文化生活保持高度期待和依赖。这些传统的文化媒介有着悠久的传承历史，积聚了强大的文化惯性，成为推动乡村公共文化空间重复生产的强大动力，也正是这种媒介文化的惰性与公共文化空间重复生产之间的相互作用，将乡村社会锁定为一种非常稳定的文化状态，经久不变，除非有新的力量打破这种循环。

---

① ［美］马克·波斯特.第二媒介时代［M］.范静哗译.南京：南京大学出版社，2000.第20页。
② ［英］纽博尔德.媒介研究的进路：经典文献读本［M］.汪凯，刘晓红译.北京：新华出版社，2004.第101页。

喇叭、旗语、口哨：民俗传播方式的承传与发展

——基于陕西省关中地区的乡村田野调查

王昊 *

（西安工业大学 人文学院，西安 710021）

摘　要： 在陕西省关中地区民俗活动的田野调查中发现，相对于现代媒介，传统媒介仍大量被使用，尤以喇叭、旗语和口哨为代表。因其广泛性和日常性，促成了传播主客体之间的平等性关系和乡民的主体性表达。在凸显人际传播和自我传播的基础上，融合着大众传播与组织传播的功能，克服了弊端，实现了优势互补与共荣共生。同时，传统传播方式随着社会变迁，兼容和吸纳着现代的传播方式，显出其强大的生命力、稳定性和延续性，从而展示出乡村传播的独特方式和属性。

关键词： 传统；传播方式；喇叭；旗语；口哨

基金资助： 本文为西安工业大学校长基金项目（XAGDXJJ16026）阶段性成果。

　　当今现代传播与通讯日益发达，数字技术、多媒体、国际互联网、电脑等信息传播的新方式深入大众生活，人类进入了社交媒体、大数据、云计算的新时代，但当我们把目光投向乡村民俗活动，却发现其组织中却一直沿用着传统的传播方式，这突出表现在喇叭、旗语和口哨的大量使用上，并且具有不可替代性。喇叭，虽然现今乡村民俗组织中所使用的喇叭基本都是配用电池或者充电型，但是其功能仍与传统的喇叭无异；旗语，是在民俗表演中，

---

* 王昊（1979—），女，西安工业大学人文学院副教授，主要研究方向为乡村传播学。

由引领者使用旗帜，调节、控制、规范众乡民的表演，犹如指挥棒；口哨，主要用于开始结束的提示，节律标准上。它们所传递的信息极为丰富，或传神、或言事，既能调控规范大场面上的高低起伏，又能将表演中隐性的精气神发挥得淋漓尽致，所以在民俗组织中发挥着重要的作用，显示出强大的生命力。本文将探讨以喇叭、旗语和口哨为代表的传统传播方式在乡村文化建设中所展现出的时代特征及其作用和意义。

一、平等性与主体性

乡村的民俗活动，是由"共同的目标所支持的活动"，所以"不一定需要依靠强制力量而使别人服从"①。目前陕西省关中地区乡村的民俗活动，无论组织者还是参与者都是义务性劳动，完全没有任何的酬劳，并且演出服装和道具采买的资金全部是村民自主集资所得，这使得以喇叭、旗语与口哨为代表的乡村民俗传播方式体现出极大的参与性与主体性的特点，这突出表现在传播主体和客体的关系上。

虽然传播主体即指挥者通过喇叭、旗语、口哨掌握着信息的生产、存储与传播，体现着"信息既可以作为物质生产和再生产的手段而成为配置性资源，也参与社会时空的组织而成为权威性资源"②，但这不是强制性的权利控制，而是一种协调，更多地体现为传播主客体在平等基础上的互动、协商和妥协，因此以喇叭、旗语和口哨为代表的传统传播方式具有了开放、平等、双向的平等性的特点，从而保障了信息的正常、快速流转，不会出现"滞留""截留"（"截流"）的现象。也正是因为这种参与的平等性，使得传播主体与传播客体之间的界限在某些时段是模糊的，传播主体是多元的、流动的，而不是固定的，即传播客体因为合理的建议和意见很容易反客为主，所以两者随时可以彼此互相学习、借用和改造。换言之，民俗活动中的组织者、传播者和参与者，其角色和主客关系可以自如切换，各尽所能，提高传播效率，显示了乡民在传播过程中的极强的主体性，推动着和谐共生多元化传播模式。传播主体迫切需要接受客体的反馈，从而确定下一步的行动。以平等性和主体性为基础的传播与反馈模式构成了完整的乡村民俗传播机制。喇叭、旗语和口哨这种传播方式的即时性，有效地融合和汇聚着各方乡民的智慧，整合

① ［美］詹姆斯·N·罗西瑙.没有政府的治理［M］.张胜军等译.南昌：江西人民出版社，2001.第5页。

② ［英］安东尼·吉登斯.社会的构成［M］.北京：三联书店，1998.第378页。

着他们的表现与信息，最终能够在全面和深刻的意见和建议基础上，形成最佳的判断和决策，强有力地保证着传播的效果，促成了合作与信任。合作即传播，乡民在民俗表演中体现出良好的责任感、高效的组织性和优质的展演效果。

究其传统传播方式平等性和主体性特点的缘由，归根到底是乡民认同心理推动的结果。可以说无论组织者还是参与者，"认同是更强烈的意义来源，因为认同涉及了自我建构及其个别化的过程"。①这种认同心理分为三个层次，首先是对民俗活动本身的认同，现存的乡村维持活性的民俗活动，大多具有悠久的历史，是乡民们自小耳濡目染、喜闻乐见的，"在一切的事物中，传播是最为奇特的了。……在有相互沟通的地方，事物就有了意义，因而也就有了代表、代理、记号和含义"②。同样衍生出来的传播方式亦然，乡民成年之后都会成为乡村民俗活动的主力（如图）。

乡民对传统传播方式的认知比例

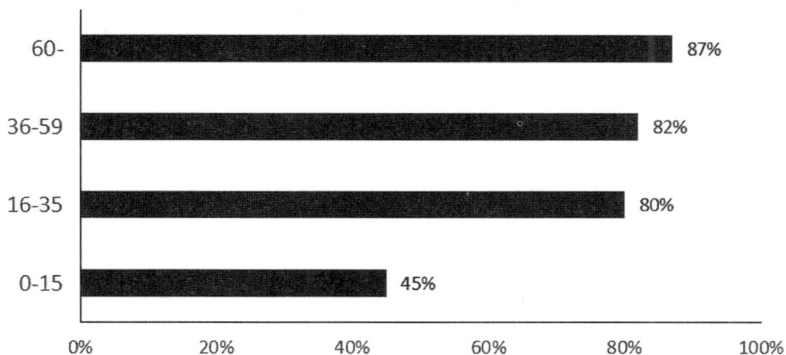

他们对于传统传播方式都会渐趋熟悉掌握，从图中可以看出从 16 到 35 岁，乡民对于这些传播方式能够熟练掌握的比例已经激增至 80%，大大超过了 16 岁之前的 45%，而在这之后，这一比例还会缓慢提高，60 岁以上达到 87%。这种对民俗活动和其传播方式的广泛熟知是平等性和主体性的文化基础；其次是对社会关联度的认同。现今乡村的民俗活动大多在年节举行，进

---

① ［美］曼纽尔·卡斯特：认同的力量 [M]．夏铸九，黄丽玲等译．北京：社会科学文献出版社,2003．第 3 页。
② ［美］杜威．经验与自然 [M]．傅统先译．南京：江苏教育出版社，2005．第 108 页。

入腊月外出务工的乡民就陆续返乡，一般至正月十五方才离开。在这段时间内，乡民出于凑热闹的心理，也迫切需要联络感情、交流信息等。在乡村田野中，一位乡民的话就十分具有代表性："过年回来了，闲着也是闲着，不过是打打牌、打打麻将、看看电视，长了也没趣，倒不如聚在一起耍耍热闹的好，不常见的人都能见见，还能问问在哪里的钱好赚一些。"可见年节乡村民俗活动满足了这些情感、信息的需求，建构着乡民的交往平台。使用传统的传播方式也基于此，因为彼此熟悉，容易沟通，通过传播有效地加强着乡民之间的社会关联强度。在其中也充分展示了乡民人际关系平等性的诉求，"一个时代的交往的性质和水平，不在于交往什么，而在于怎样交往，用什么中介手段交往"①，平等是保证社会良性发展的根本条件，每个社会成员有平等的社会地位才能人尽其才，推动社会的进步和经济的发展。民俗活动中展示出的这种平等性正植根于乡村人际关系的平等性，也正是这种平等性推动了主体性的参与和表达，每个乡民在平等的关系中极大地激发出个体力量和智慧的贡献。当然其中也包含着地缘认同心理。很多年节民俗活动竞技的性质由来已久，尤其以村为单位的锣鼓比赛在关中大为盛行，乡民出于地缘认同，加之在这些比赛中拔得头筹，不单扩大了本村在区域范围内的影响和声望，个人亦可以从中受惠不少。

二、融合性与互补性

乡村传播中常见的类型包括大众传播、组织传播、人际传播和自我传播。大众传播和组织传播"均是一种自上而下的传播模式，传播者控制着信息的内容，无论传播什么信息，受者只能被动地接受。传者具有话语权，而受者却被有意无意地剥夺了话语权。由于缺乏受者的信息反馈或者说对信息反馈重视不够，在信息的传播与沟通的过程中，双方很难消除和修正各种内外干扰带来的问题"②，因此，既会造成信息供需错位，又会造成与乡民生产、生活的脱节，进而影响到乡民参与到民俗传播活动中的积极性和主动性。

表面上看，喇叭、旗语和口哨为代表的民俗活动中的传播方式属于非制度化的人际传播和自我传播，其负载的信息具有广泛的认知性和高度的操作性，具有反馈及时、互动频繁的双向通道，使得传播流转自如，很好地满足

---

① 郭湛. 主体性哲学——人的存在及其意义 [M]. 昆明：云南人民出版社，2002. 第269页。

② 旷宗仁，谭英，左停. 中国乡村传播及其优化模式研究 [J]. 农业经济问题，2006（8）.

了乡民沟通情感、加强交往的心理需求，能够有效地促成合作、化解矛盾，建立相互信任的合作关系，保证了传播效果。但从更深层来看，实际上他们融合了四种传播方式，在凸显人际传播和自我传播优势的基础上，更符合了大众传播和组织传播，不单克服了其弊端，也突破了人际传播"其自身的传播弱势如受个人活动能力的限制、信息传递的时空制约，致使传播面比较窄，传播速度比较慢，信息在传递的过程中容易失真"①的局限，显示出外来信息与乡村文化的深度融合，展示了以喇叭、旗语和口哨为代表的乡村传统传播方式的勃勃生机。

很多大型民俗活动已经成功申报为不同等级的非物质文化遗产项目，所以每次举行，所在县、区、市文化管理系统都会出台相关文件借以宣传和促进民俗活动的开展，这样在民俗活动启动伊始，通过各级的广播电视传播网络就已经将开展民俗活动信息传播给了各个村镇。当相关文件下达到村中，村干部会亲自或请乡村文化精英在专门安排的时间在村广播室进行宣讲，其中语言风格不断转变常常出现极为戏剧化的效果。目前的乡村仍处于一个相对的熟人社会，虽然通过广播传达文件时大家不需要聚合在一起，但是广播者仍然着意营造出一种恰似见面般的人际传播的感觉，这就使得读文件前一般村干部都会拉（聊）上几句。比如说，"乡亲们，天这就黑了，进了腊月，大家就忙活开了，都忙年，白天都没得功夫，晚上才能坐下来歇息歇息，人也能耐得下性子来啦，就趁着这个功夫，我给大家把县上传达下来的文件给乡党们念一念，就是正月里我们这个锣鼓大赛的事情……"但一旦进入文件，声音一般会由很家常的地方方言，变成普通话，尽管他们的普通话都程度不等地带有乡音，但这种格外的语调特别能够引人注意，由于朗读的内容是书面文字，所以和之前的说话也完全不一样，语速平和稳重很多。文件每念一段，他们都会加上自己的解读，这个时候语调又自如地转化成为方言，比如念完号召乡民积极参加一段后，都会如数家珍讲到之前民俗活动村里的各种荣誉，鼓励村民再接再厉，再创佳绩。经过这样二级传播，使得执行大众传播的村喇叭广播，具有着人际传播的效果，又由于村干部往往在朗读文件中不时加入对文件的自我解读，而这种解读多为对于村庄珍贵岁月的回忆，唤起乡民对于村庄荣誉的记忆，加强了乡村认同感，使得乡民又受到了一次传统文化、村庄历史的洗礼，其中饱含着"地域社会历史背景、乡村内部关

---

① 旷宗仁，谭英，左停.中国乡村传播及其优化模式研究[J].农业经济问题，2006（8）.

系和村际关系，以及乡民日常生活等多方面的信息"，是对农民文化实践富于"同情性的理解"[①]，从而又实现了自我传播。

在民俗活动开展过程中，喇叭又实现着组织传播的功能，突出表现在排练开始前的召集工作。一般民俗排练开始前半个小时到二十分钟，喇叭就开始频繁地宣布每个排练队在村里的排练地点和集合时间，村民吃饭完毕收拾妥当就要前去参加排练。但时常总有村民不到，影响到正常的排练，这个时候每个队伍的负责人就会通过电话把没有到的人汇报给村长，村长会通过喇叭再次召唤他们尽快到队，无论是首次还是再次召唤，往往都伴随着传统文化、集体荣誉感及责任感的宣传和教育，如果拖延时间太长，而且并没有提前说明理由，点名召集往往会变为斥责，非常严厉。有一次在田野观看民俗排练，一刻钟过去了，还有几个乡民未到位，村长就忍不住站在喇叭前大声责骂起来：（前面是人名）"你们几个窝在什么地方，从开始叫到现在，都快四十分钟了，你饭也该吃了，屎也该拉了，也不吱声也不言语的，你就不来了，这么多老的小的，等你这几个，都快点蹦出来，赶紧的。"

在民俗活动排练过程中，四种传播类型充分实现了交融和互补。传统的民俗活动，其承继性表现明显。参与的乡民们与指挥者依据喇叭、旗语与口哨，双方进行着人际传播和自我传播。同时我们看到民俗活动的竞技性质，使得乡村的民俗活动在承继传统的基础上，都自觉进行着创新。对于新编的民俗因素，一般由指挥者使用喇叭、旗语和口哨指导几位表演资质优异的乡民，进行组织传播的示范性表演，其他观摩学习的乡民，则实现着自我传播。当我们回到"历史事件"和具体实践中，从"民众的角度和立场"[②]来分析喇叭、旗语和口哨所代表的传统传播方式，发现它们融合着四种传播类型，一方面借助人际传播、自我传播的主动参与性，克服了大众传播和组织传播自上而下的单向性；另一方面借助大众传播和组织传播的多元性和迅捷性，克服了人际传播和自我传播的时空局限性，在互补中实现了传播效果的优化。

---

① 陈春声、陈树良. 乡村故事与社区历史的建构——以东凤陈氏为例兼论传统乡村社会研究的若干问题 [A]. 杨念群、黄兴涛、毛丹主编. 新史学：多学科对话的图景 [C]. 北京：中国人民大学出版社，2003. 第 485 页。

② 赵世瑜. 小历史与大历史：区域社会史的理念、方法与实践 [M]. 北京：三联书店，2006. 第 26—27 页。

三、兼容性与吸纳性

中国社会正在经历着深刻的社会转型，因其承载着工业化、城市化、信息化、全球化的多元内涵，其重要性和影响范围远远超过西方社会自工业革命以来的城市化所带来的从传统到现代的转型[①]。但是，社会制度的变迁和人们的意识转变并不是同步的，村落和村民以一种从未有过的方式解读和吸纳着城市文明，解构和重构着现代的村落生活[②]。而喇叭、旗语和口哨等传统媒介以其巨大的张力和生命力，显示出对现代媒介的强大兼容性和吸纳性。

首先我们看到传统传播方式对现代传播方式的引入。为了使本村的民俗表演有亮点、更突出，组织者无不自觉、积极而广泛地关注网络和电视上同类型的民俗表演，以期寻找到可以加入到本村民俗表演中的新元素，从而将现代传播方式自然引入到民俗表演的过程中。文化精英找到适合与本区域民俗相契合的新民俗元素后，通常会以会议的形式分享各自寻找的创新亮点，大家聚在一起反复观看，最终确定哪一些新元素将会使用在本次民俗表演中。一旦确定后，又会同村中有电脑的家庭集合附近参与的村民共同观看学习，村干部和文化精英还会使用村中的面积较大的活动室或会议室，利用投影设备进行集体观看学习。此外，期间还会使用腾讯和微信等社交媒体向参与的乡民征求意见集思广益。表演是用传统传播方式进行的，因此接下来的关键是，如何对现代传播方式进行消化和吸收，实现所有参与村民的完全内化，从而达到整齐划一的演出。民俗活动组织者，即乡村的文化精英——包括体制精英、非体制精英和普通村民[③]——扮演着重要角色。他们因掌握着优势的资源，因而在村庄生活和村务决定中具有举足轻重的影响力，同时他们对乡民的行为方式、思维观念又极为熟悉，能够利用喜闻乐见的传统方式将异质区域的民俗元素与本区域的成功对接。我在 H 村进行田野调查时看到，夜晚乡村文化精英将大型的投影幕布树立在参与人群正前方，利用多媒体播放需要学习的民俗活动视频，文化精英则站在投影幕布前，将之熟练转变为乡民熟悉的旗语、口哨，让乡民一边听从旗语和口哨的指挥，一边从视频上确定自己学习的动作是否准确无误。经过几晚这样的学习，全部的新动作乡民就

---

① 李友梅等.快递城市化过程中的乡土文化转型 [M].上海：上海人民出版社，2007.第 1 页.

② 李培林.村落的终结——羊城村的故事 [M].北京：商务印书馆，2004.第 2 页.

③ 贺雪峰，仝志辉.论村庄社会关联——兼论村庄秩序的社会基础 [J].中国社会科学，2002（3）.

能运用自如，熟练表演。

乡村精英利用自己在村庄广泛的人脉和威望，使得生活圈子相对封闭的乡民很自然和顺利地接受和使用着现代传播方式，很多乡民表示正是在乡村精英的带动下自己开始使用互联网、腾讯和微信等现代传播方式。同样在民俗活动的组织中，乡村文化精英也将现代的传播方式以简单灵活的方式纳入到传统的传播方式中来，实现了区域民俗活动的多元化和丰富化，并且不会花费巨大的改造成本和机会成本。在乡村精英的手中，喇叭、旗语和口哨成功实现了对异质民俗文化的解码与重新编码，将之自如地转化为本区域乡民耳熟能详的传统传播方式，显示着传统传播方式对现代传播方式的兼容与吸收，两者互相支持，互相融合。从中我们也可以看到这些乡村精英完全不同于"小传统"中依靠辈分和阅历排序的有宗族威望的长者或世族乡绅，而是一批有干劲、有能力又阅历丰富、带有现代色彩的精英[①]，正是在他们的带动下，村庄实现着传统与现代多维的互动与融合，实现着两者的双向选择和相互依托。

可见传统的传播方式并没有被现代的传播方式所消解和吞噬，它经历着蜕变和变迁，在乡村文化中反复被利用和强化，仍旧具有一定的生存空间，发挥着不可替代的作用，显示着顽强的生命力。我们从中可以看出，首先传统的传播方式对于村落文化组织仍具有较好的适应性和契合性；其次，虽然现代传播方式正在强势占领着乡村，但它不是彻底的和无懈可击的，这为传统传播方式留下了发展的空间，具有生存的优势；再次，传统的传播方式不断进行自我调整和自我完善，使自身具有转型的适应性，这使得它可以运用原来的体系去兼容和吸纳现代的传播方式，这一维持生存的方式本身也是一种自我建构，从而获取自我生存的动力源泉。

四、结语

中国村落程式化的进程中，以喇叭、旗语和口哨为代表的传统传播方式不断调整自身，依然具有着自生产、自组织的强大生命力，并在与现代传播方式的对比中，显示出独特的稳定性与延续性。在传播的主客体关系上，因其日常性和广泛性特征，消融着传播主客体之间泾渭分明的界限，在平等的

---

① 籍颖.城市化过程中的村落小传统生命力研究——以北京市石景山区衙门口村为例[J].青年研究，2010（1）.

关系上促成了乡民的广泛参与，显示出乡民饱满的主体性；在乡村传播的类型上，以人际传播和自我传播为主体，融汇了大众传播和组织传播，并促使四种传播类型克服了各自的局限性，优势互补，共荣共生；在传播方式自我发展上，能够吸纳和兼容现代的传播方式，成功地对之进行解码和重新编码，不断汲取自我生存发展的源泉动能。可见，传统的传播方式对于乡村精神的培育具有重要的作用和意义，体现着乡民的情感交流和精神诉求，积极促进乡民"对本地公共事务的参与、决定"和"依恋热爱"[1]，认识乡村传统传播方式的个性、有效性和独特性，能够更好地探索乡村传播的独特属性。

---

① 包刚升.乡镇精神：美国民主的灵魂 [EB/OL].世纪中国，www.cc.org.cn，2001-06-13.

乡民艺术与美丽乡村建设

——以重庆合川双槐善书为例

郭凌燕[*]

（西南大学教育学部，重庆，400715）

摘　要： 在中国向现代化转型的过程中，乡村社会原有的政治、经济、文化生态遭遇了严重的危机。自民国以来，无数先贤志士先后进行了一系列的修复乡村社会的努力，并取得了一定的成效。要使中国的治国理想真正落地，归根结底要为广大的底层民众所认可并由他们来实践，通过修复乡村社会的传统智慧，重新唤醒民众内心深处的仪式感和脉脉温情，修复乡土社会的行事逻辑和文化机理，才能在更深的层次上重建乡土社会的伦理和秩序世界。本文即是以重庆市合川区双槐镇的说唱善书为例，探讨乡民艺术对美丽乡村建设的积极意义。[①]

关键词： 乡民艺术；美丽乡村建设；双槐善书

本文系重庆市社会科学规划项目"城乡统筹背景下渝东南民族地区乡村建设与生态文明研究"（项目编号：2015BS056）的阶段性成果。

一、乡土传统与社区再造

在中国向现代化转型的过程中，乡村社会原有的政治、经济、文化生态遭遇了系列危机，乡村原有的传统也不断接受着解构与再造，部分民俗消失，部分民俗改头换面以一种新的形式保存并传承下来。纵观二十世纪，革命性

---

[*] 郭凌燕，1984 年生，女，山东莱芜人，西南大学教育学部讲师。

[①] 在本论文调查及资料整理过程中，重庆邮电大学移通学院的彭伟老师及其学生、双槐善书传承人黄华清以及双槐镇的部分民众都给予了大量支持和帮助，在此一并感谢他们！

与现代转型成为整个社会的主流话语，随着政治运动的展开，以及资本的进一步介入，这些构成民众日常生活的民俗不可避免地经历了多次的改造与再造，很多民俗呈现出严重的式微甚至是缺位，乡村社会由此呈现出日益衰败的现象。

在日益严重的危机面前，拯救乡村社会与拯救民族国家紧密联系在一起，作为传统知识生产核心并承载大部分人口的乡土社会就成为近代以来民众持续关注的焦点，随之而来的是各种团体围绕乡村进行的各式各样的"救亡图存"运动，"南北各地乡村运动者，各有各的来历，各有各的背景。有的是社会团体，有的是政府机关，有的是教育机关；其思想有的'左'倾，有的右倾，其主张有的如此，有的如彼。"① 乡村建设的内容林林总总，建设的方式也各有不同。

晏阳初认为，进行乡村建设就必须要先开发民众的"脑矿"，而要调动民众的积极性，则必须要"照顾到农民心理和农村风俗、习惯等民间生活状况"②；梁漱溟认为，"中国的问题不是什么旁的问题，就是文化失调——严重的文化失调"，③ 并提出要对民众进行教育，改进民风民俗，重视传统礼俗的力量，真正动员广大的人民群众进行乡村建设。当代社会很多学者也意识到了这个问题，他们认为，乡村建设历来有着文治的传统，唤醒、重建乡村社会的礼俗，实现文化的持续性发展，"遵循乡土社会的内生逻辑，而不是移植的外部逻辑"，④ 才能更好地进行乡村建设。要使中国的治国理想真正落地，归根结底要为广大的底层民众所认可并由他们来实践，通过修复乡村社会的传统民俗及智慧，重新唤醒民众内心深处的仪式感和脉脉温情，修复乡土社会的行事逻辑和文化机理，才能在更深的层次上重建乡土社会的精神内核和秩序世界，也才能真正使民众动起来，自觉自愿地加入到当前的美丽乡村建设中来，为乡村注入源源不断的动力。

历史上众多乡村建设的实践证明这是一条非常值得尝试的路径。吕氏的

① 中国文化书院学术委员会.梁漱溟全集[C].济南：山东人民出版社，2005.第2卷,第164页。
② 周逸先.晏阳初平民教育与乡村改造方法论初探[J].教师教育研究，2002（3）.
③ 中国文化书院学术委员会.梁漱溟全集[C].济南：山东人民出版社,2005.第2卷,第164页。
④ 邓小南，渠敬东，渠岩，王南溟，郑振满，张圣琳，赵世瑜，王铭铭，李人庆，周飞舟，王长百，马琳，梁钦东，李华东，吴飞，毛丹，江湄，张志强，陈进国，任强.当代乡村建设中的艺术实践[J].学术研究，2016（10）。

《蓝田乡约》、朱熹的《朱子家礼》，以及彝族地区著名的"虎日"，这些都是利用传统文化力量成功进行乡村建设的个案。在当前乡土社会日益衰败的语境下，唯有真正从乡土社会出发，直面乡村建设中的各种矛盾与冲突，将传统文化融入社区的发展，真正将作为主体的农民发动起来，切实将新型城镇化的核心放置于"人的城镇化"，通过修复、传承、创新地方的传统文化，比如人生礼仪、传统节日、游艺民俗等，尤其是地方的一些"标志性文化"，并按照当地的乡土逻辑与文化机理编制意义之网，民众才能在更广、更深的层次上被凝聚起来，才能实现转型时期乡土社会的无缝对接，实现整个社会的平稳过渡和发展。

当前社会，随着国家一系列乡村建设政策的出台，以及各地乡村建设的进行，乡土社会也被越来越多的学者所关注，研究成果丰硕。但是，如何发挥相关学科的学以致用精神，在国家和乡土社会平稳发展的前提下，将传统民俗的链接作用更为彻底地发挥出来，使之为所在社区的发展服务，与此同时利于民俗的传承与创新，仍是一个摆在我们面前的重要任务。我们只有真正深入了解乡土传统文化，真正深入感受民众对发展的诉求，获得民众的大力支持并把他们动员起来，乡村建设才有可能取得预期的效果。

本文即是这样一种尝试。双槐善书是重庆市合川区一种以单人说唱众人帮腔的劝人向善的民间说唱文学，当地民众将其称之为劝善文、劝善书、劝世文等，主要在年节、庙会、婚丧嫁娶等时段演出，本文即以重庆市合川区双槐镇的讲唱善书为例，尝试通过分析善书的内容以及在当地的传承、流传以及变迁状况，探究其怎样影响当地民众的日常生活，以及乡土社会化的运作，并对当今的美丽乡村建设起到积极的作用。

二、国家声音与民俗的回应

"民间的礼俗，作为基层社会中用于维持生活秩序的政治文化传统，对于国家礼治目标的实现具有决定性作用"，[①]在很大程度上，民俗很好地弥合了国家与乡土社会之间的缝隙，对国家政令的宣传和推行作用重大。传统文化与国家权力以及主流文化体系之间有一种天然的亲和力，传统文化并不完全是乡土社会的产物，一定程度上是在长期的历史过程中与国家政策以及主流

---

① 赵世瑜，李松，刘铁梁."礼俗互动与近现代中国社会变迁"三人谈 [J].民俗研究,2016(6)。

文化相互借鉴、切磋、妥协，并经过长期的沉淀与筛选成为现在的民风民俗。双槐善书也不例外，

谈及双槐善书，就不能不提及宣讲圣谕。历朝统治者为了实现社会控制，达到社会稳定，都会采取一系列教化民众、匡扶民风的措施，尤以明清为甚。明代，朱元璋颁布了著名的"圣谕六言"，也即"孝顺父母，尊敬长上，和睦乡里，教训子孙，各安生理，毋作非为"，之后统治者为了使之深入民间，还专门进行"宣讲圣谕"活动。顺治皇帝继位之后，照搬明代的宣讲圣谕活动，后来康熙帝更是将其扩展为"圣谕十六条"，并专门设立讲约处所，规定要在每个月的朔望两日进行宣讲，甚至将其作为地方官考核的重要内容。①

而四川、重庆等地由于地处边陲，民间巫术及祭祀之风很盛，很多文献中都可见"蜀地辟陋而有蛮夷风"之类的记载，明清时期，这些地区更是因为经历了宋末元初以及明末清初的大乱，社会经济文化遭受严重破坏，尤其是明清时期两次大规模的移民运动，族群混杂，民风彪悍。当时的统治者因此加大宣讲圣谕的力度，政府设立专门的处所，并配备专门的人员进行宣讲活动。除此之外，当时四川、重庆这两个地方的印刷业较为发达，刊刻善书的数量很多。至康熙年代中期，就已经形成了岳池、绵竹、四川、重庆四大刊刻基地。②清末时期四川更是成为当时全国著名的出版重镇之一。这些现象的出现都大大促进了四川、重庆等地善书的普及，以及宣讲活动的盛行。

随着政府不遗余力的推行，清代四川、重庆等地的民间宣讲活动已经较为普遍，至清末则更为盛行。《善恶案证》有言："宣讲之风，蜀中最盛；宣讲之书，蜀中最繁。"③《蜀游闻见录》也有云："川省习俗，家人偶有病痛，或遭遇不祥事，则向神前许愿，准说圣谕几夜。"④但是，宣讲圣谕主要是围绕

---

① 圣谕十六条：朕惟至治之世，不以法令为亟，而以教化为先。盖法令禁于一时，而教化维于可久。若徒恃法会而教化不先，是舍本而务末也。朕今欲法古帝王，尚德缓刑，化民成俗，举凡：

敦孝弟，以重人伦；笃宗族，以昭雍睦；和乡党，以息争讼；重农桑，以足衣食；

尚节俭，以惜财用；隆学校，以端士习；黜异端，以崇正学；讲法律，以儆愚顽；

明礼让，以厚风俗；务本业，以定民志；训子弟，以禁非为；息诬告，以全良善；

诫窝逃，以免株连；完钱粮，以省催科；联保甲，以弭盗贼；解仇忿，以重身命。

以上诸条，作何训迪劝导，及作何责成内外文武该管各官督率举行，尔部详察典制，定义以闻。

② 汪燕岗.论清代圣谕宣讲与白话宣讲小说——以四川地区为考察中心 [J]. 文学遗产，2014(6).

③ 转引自游子安.劝化金箴：清代善书研究 [M]. 天津：天津人民出版社,1999. 第42页.

④ 徐心余.蜀游闻见录 [M]. 成都：四川人民出版社,1985. 第95页。

"圣谕十六条"的相关内容进行，这样的说教显然太过枯燥无味，难以吸引民众，日久容易让人生厌，"惟圣谕十六条，无论如何详加解说，亦不免重复絮叨，使人沉闷；单调无味，令人生厌。村里细民尤不习于申说道理。……因此宣讲圣谕通行民间，在内容上，知书之士多予附加民间流行善书，尤其故事性的短篇说唱，……并在民间兴盛流传"。①

上文提及的善书，又名劝善书，就是"宣说伦理道德、以劝人为善为宗旨的书籍。"②考古发现了四川的天日镇以及重庆市合川区出土的汉墓群中石质说书俑，说明善书的历史可回溯至汉代，中间经过"俗讲""说唱宝卷""说唱文学"等的发展，最终到清代才形成了比较成熟的曲艺。③

当时的宣讲圣谕要想吸引更多的民众，达到其目的，就必须在内容和形式上有所改进，在此语境下，宣讲圣谕者主动吸收善书的部分内容，添加进一些民众喜爱的善书中的小故事，语言也更为通俗化，更容易为地方民众接受。大致清中期，宣讲圣谕与善书就已经相结合，④宣讲圣谕者在宣讲时主动将善书的劝善故事融合进来，至清朝末期将两者混合宣讲的模式已经为官方和民间同时接受了。

宣讲圣谕因为添加了善书的部分内容显得诙谐有趣、贴近民众生活，更容易为听众接受，从而实现了其教化民众、匡扶民风的目的；相应地，善书因为官方的肯定也获得了某种正统性、权威性的符号，本身也有一个主动向所谓的主流文化靠拢的过程，融合了宣讲圣谕的某些内容和符号，比如，在说唱善书前要先读圣谕，然后才开始讲故事等等。

随着清朝的结束，民国时期宣讲圣谕者已经比较少见，说唱者也开始由官员、知识分子转变成贫民，甚至是盲人，再加上当时政局混乱，一些艺人仅仅依靠务农很难养家，于是就将说唱善书变成了一种谋生的手段。据相关史料记载，湖北地区从民国时期"一些为了养家糊口的艺人、灾民，也组成讲善书的班子讲善书，就要由组织者（茶馆、善堂、会馆公所或大户人家）付给酬金了，听众则不付钱"。⑤

具体到双槐善书。重庆位于中国的西南部，山区面积广大，有"山城"

---

① 王尔敏 . 近代文化生态及其变迁 [M]. 南昌：百花洲文艺出版社 ,2002. 第 17 页。

② 袁啸波 . 民间劝善书 [M]. 上海：上海古籍出版社 ,1995. 第 1—2 页。

③ 游子安 . 从宣讲圣谕到说善书——近代劝善方式之传承 [J]. 文化遗产 ,2008(2)。

④ 同上。

⑤ 章开沅 , 张正明 , 罗福惠 . 湖北通史 . 晚清卷 [C]. 武汉：华中师范大学出版社 ,1999. 第 613 页。

之称。合川区位于重庆的三环位置，因三江汇流（嘉陵江、渠江、涪江）而得名，双槐镇处于合川区的东北部地区，境内历史旅游资源丰富，是合川东北部地区的门户。合川区历来民间信仰浓厚，寺庙众多，说唱善书是每年庙会的必演项目之一。据《合川县志》记载："合川县……各寺庙均有如来佛与十八罗汉殿，有的寺庙建大雄宝殿与天王殿，还有转轮经藏的设置。……至清末，境内计有 100 余处……定期举办佛事，接收信徒招献……为富户人家诵经祈福和做超度亡灵的各种佛事"。① 时至今日，除了周边无数的大小佛寺之外，合川区还有香火非常旺盛的涞滩二佛寺。由于地处四川盆地，长久以来环境相对封闭，说唱善书活动就成为民众了解信息、娱乐的重要方式之一，而且由于土壤肥沃，自然资源非常丰富，有更多的闲暇时间进行娱乐活动，说唱善书活动在当地非常盛行。

据双槐善书的第五代传承人黄华清介绍，② 双槐善书的第一代传承人唐新增当时家庭条件不是很好，说唱善书也主要是为了农闲期间赚钱以补贴家用，为了挣更多的钱，他们当时除了在年节时段演出之外，还将这种活动发展成了经常性的活动，演出的地点也没有什么限制。但是，由于艺人们大部分是贫民，改写、创造善书的能力非常有限，因此，当时的善书内容主要是以佛歌内容为主，只是唱的曲调更为多样。

---

① 四川省合川县志编纂委.合川县志 [Z].成都：四川人民版社,1995.第704页。
② 双槐善书黄氏传承谱系表(该表格由黄华清提供)。

双槐善书传承谱系表								
代别	姓名	民族	性别	出生年月	文化程度	传承方式	住址	现工作
第一代	唐新增			光绪年间	不详	师徒传承	原双槐乡头桥村赵家湾	务农
第二代	黄志开			1878	不详		原双槐宏恩村	务农
第三代	黄亮成			1921	不详	亲族传承		务农
第四代	黄华清	汉	男	1941	初中			务农
	黄远秋			1949	初中			务农
	黄远云			1949	初中			务农
	黄远贵			1956	初中		双槐宏新村四社	务农
第五代	黄会云			1965	初中			保安
	黄会明			1966	小学			建筑工
	黄会强			1969	初中			自由职业
	黄会超			1972	小学			建筑工
	黄会伦			1975	高中			商人

　　上世纪四十至六十年代，双槐善书发展较为缓慢，"文革"期间对一批珍贵善书的焚毁无疑更使这种情况雪上加霜。直到八十年代初，黄华清才开始着手进行善书的恢复工作，"我只是觉得，传了这么多年的双槐善书，不能在我这断了，否则我对不起祖宗"。对于改革开放初期的乡土社会来说，传统文化满目疮痍，乡村社会秩序亟待重建，被压抑已久的民间信仰活动也重新获得发展的空间，善书作为地方社会的标志性文化，在很大程度上可以唤醒民众内心的温情与仪式感，其中的佛歌就是一个值得尝试的路径。黄华清当时自己写作了大量的佛歌，与之前的佛歌相比，在基本保持了传统调式与内容的同时，这个时期的佛歌更为通俗易懂。

烧香之人听十劝

（序言）

人间佛教群安乐　高驾慈航度众生
佛教以善为本，是扬善弃恶，可以
减少社会上的一些丑恶现象，利于构建和谐社会。

第一劝　听我说　善男善女念弥陀
平时你不去烧香　有病你去抱佛脚
第二劝　佛门中　人不行善一场空
黄金白银带不走　有粮有钱命归终
第三劝　修行的　行善之人早皈依
人人都有生死路　查你善恶依不依
第四劝　修行来　佛堂姊妹一堆来
人恶人怕天不怕　行恶的人早安排
第五劝　佛门开　人满花甲你吃斋
杀生害命罪过满　观音修行坐莲台
第六劝　佛门宽　说话做事心要端
今晚脱鞋在床边　不知明日穿不穿
第七劝　佛门经　有权有势和平心
念佛本是求忏悔　菩萨自然有眼睛
第八劝　大慈悲　行善之人你莫推
长江哪有回头水　人死福寿都全归

第九劝 气莫歇 旅游圣地烧香客
阳间坏事你做尽 只有来得去不得
第十劝 心莫焦 乐山大佛修得高
四大名山朝佛祖 磕头作揖把香烧

作为一种谋生的手段，双槐善书的艺人们需要通过服务于一方水土获得报酬，借此贴补家用甚至安身立命。从传承人的谱系上，我们可以看到，艺人们都是农民，除耕种外很少有别的副业，说唱善书是他们改善生存境遇的重要方式。因此，在遵循善书大致轨迹的基础上，满足民众的需求是他们的最大追求，艺人们较为青睐针对民众当前关注的社会现象，并使用当地的方言进行创作。

劝赌歌

有个汪老五	外号齐忏忏
是个坏习惯	就是喜欢赌
金花三个帽	麻将喊下叫
不是打长牌	象棋车马炮
输了不想干	赢了现对现
天天都赌钱	后来怎么办
输了闹场伙	赢了花生剥
到处都去过	哪个敢来说
有回赢得多	他就充大哥
餐馆有雅座	就喊烫火锅
散酒扯几斤	吃的醉熏熏
路也走不稳	话也说不伸
酒醉心明白	脸红正吃得
输了莫杀赖	不是日高白
老五很得意	有人打主意
气得汪老五	不知天和地
老五不听说	继续搞赌博
如果不自觉	那们来杀各
晚上回了屋	老五气得哭

> 钱也输光了　　心头还不服
>
> 打牌是娱乐　　在不紧倒说
>
> 钱粮都输了　　硬是划不着

这首唱词通过幽默诙谐的语言对以赌博为业的汪老五进行了形象的描述，批评了赌博这一陋习，也劝诫民众不要赌博成瘾，形象活泼，民众更容易接受劝诫。至此，双槐善书已经发生了较为明显的内部置换，其民间信仰的成分逐渐淡化，而其中表演的成分明显增多。

容世诚先生认为"决定一出仪式剧的内容主题的……是现实世界中的除煞、祈福、还愿、超度等不同性质的仪式因素"。[①] 流传时间较长的乡民艺术从来不是在乡土社会中野蛮生长的，而是主动与当时所处的社会语境进行切磋与调适，"以保证它所拥有的艺术合理性与社区权威性，这是一种活生生的、自然但非自由的生长态势"。[②] 所以，正是因为艺人们对双槐善书所做的改变都以当时当地的社会语境为背景，又不失善书应该遵循的艺术传统，同时又能在一定程度上与村落及地域社会发展的诉求紧密结合，双槐善书也才能真正实现"社区落地"，并流传至今。

三、双槐善书的当代变迁与社区建设

回溯双槐善书的历史变迁过程发现，双槐善书在长期的发展中早已与国家的主流文化交互影响并互相作用，在国家与民间之间起到了很好的衔接作用，说唱善书的活动在地域社会中也显然已经形成了很多稳定的文化场域，对民众文化认同感的形成有着深远的影响，有利于国家维系乡土社会的秩序。即使在一些历史时段由于国家的强力干涉，善书活动暂时搁置，但是之后的恢复能力相当惊人，这与当地民众渴望重建一种充满温情而尊卑有序、善恶有报的乡土社会生活秩序不无关联。

很多时候，双槐善书所做的这些改变，显然在一定程度上维护了当地的文化生态平衡，可以让民众从现有的社会规则中暂时脱离出来，进入善书所描绘的世界中去经历一种充满温情和仪式感的道德洗礼，实现心灵的净化，具有浓厚的人文关怀。只是，乡民艺术多多少少都会粘连有现实世界的生存

---

① 容世诚．戏曲人类学初探——仪式、剧场与社群 [M]．桂林：广西师范大学出版社，2003. 第 6 页。

② 张士闪．乡民艺术的文化解读 [M]．济南：山东人民出版社，2005. 第 69 页。

观念，在尚不需要为艺人谋生时，善书是自由的，但是当善书变成艺人们的谋生手段之后，善书的发展变迁便与现实世界、民众需求紧密联系在了一起，善书艺人也就从业余的爱好者转变成为专业的表演者，要进入新的游戏语境并遵循其新规则。

上世纪八九十年代，双槐善书进入一个新的发展阶段。首先善书文本有了一个较大的更新，除原有的传统曲目之外，还创作了一大批与时事相关的作品。如以宣传计划生育为主题的《计划生育》、以党的相关政策创作的《群众路线是传家宝》，还有劝诫不要赌博的《两口子打牌莫吵架》等作品，语言轻松活泼，诙谐有趣，且其中掺杂有较多的方言土语，朗朗上口，通俗易懂；其次，随着现代娱乐方式的普及，他们还添加进了一些当代的民间艺术以及专业歌舞的艺术形式，尤其是加入了一些独具巴渝民间特点的艺术形式，比如连箫、金钱板、快板、狮舞等中的元素，如此一来就使得双槐善书在保持其传统精髓的同时，也最可能地与当地民众的口味相符合；再次，传承方式有一个较大的改变。由于善书很大程度上是民间艺人一种谋生的手段，因此通常情况下，艺人们一直采取的是家族式传承，但是，随着社会的发展，善书的传承难以为继，由是出现了"自内而外""男女均传"等发展趋向。据黄华清讲，远在 1981 年，他就收了第一位外姓子弟——彭冬群，而且是位女徒弟。之后，周边地区更多的民众也前来拜师学习，至今已有 200 余人，其中年长者唐词亮已是耄耋之龄，而李军有则不到三十岁。

进入二十一世纪之后，国家开始将某些传统民俗挑选出来并给予相应的荣誉和资助，将部分传统民俗置于国家规定的非物质文化框架之内，将国家层面展开的乡村建设与社区传统民俗的传承结合起来。2011 年，合川区成立非物质文化遗产保护中心，积极开展非物质文化遗产的挖掘与资料收集工作，之后将其申报为区级非物质文化遗产项目，结合其地理称谓，将其原有称谓"劝书文""劝善文"改成"双槐善书"，并在 2011 年入选重庆市第三批市级非物质文化遗产代表作名录。2012 年，黄华清被评为市级非物质文化遗产传承人。

进入非物质文化遗产名录之后，双槐善书实现了从民间艺术向国家遗产的转变，而传承人也实现了从民间艺人向"艺术家"的转变，由此双槐善书也开始主动向国家、政府靠拢，在唱本中添加进了更多的时事内容，并积极与国家及当地政府宣扬的忠孝节义、文明社区等相结合，有些文本已经带有明显的政治性色彩。如《歌唱槐城社区新风尚》：（开场白）双槐场镇新区建

于 2008 年，动工建成了一座小中城，三纵三横，新区路网，电梯楼房，远望
瞩目，屹立东方，双目观景渠江水啊！明镜清亮，好山好水。一遍风光，崭
新街道，几万平方，不少的人啊，来来往往，我们槐城，美丽大方，交通便
道，四面八方，一言难尽奔小康。（唱本正文）火红的太阳当空照，五星红旗
迎风飘，槐城社区搞得好，全靠党委好领导，宣传学习，贯彻条条重要，防
火防盗，一定管好，坚决把坏人坏事消灭掉，严肃活泼我们做到，巩固条款
制度，条条要记牢，为了安定团结，为了和谐平安，槐城社区，让大家管好。
他们还成立了自己的"双槐善书表演队"，专门在传统节日以及人生仪礼等
时段进行演出，诸如此类，等等。与此同时，当地政府也开始将双槐善书纳
入到乡村建设中来，依托善书进行"和谐善行·德润槐情"的"五善"建设，
以善为中心，建立了善书大讲堂、善德大舞台、善行大展厅、善心大视野、
善果大阵营等，在全镇范围内积极宣扬善的理念，将双槐善书与当地的乡村
建设紧密结合，目前已初见成效。

　　双槐善书在进入非物质文化遗产名录之后，从内容到形式都迅速做了调
整，而国家、政府、专家学者、善书爱好者等群体的出现与介入，都给双槐
善书带来了非常大的影响，当然这中间不排除会有一些不利的影响，但是，
作为一种在当地流传时间较长的乡民艺术，双槐善书对应着并满足了当地民
众的心理诉求，而且一直依托庙宇、民众以及政府运作良好。近两年也有周
边民众前来拜师，试图影响或者重建所在社区的仪式传统，双槐善书体现出
较强的活力与张力。

　　调查中发现，说唱善书的报酬对传承人来说只是他们收入中较少的一部
分，艺人们的付出与收入不成正比，即便如此，双槐善书还是得到了顽强的
传承。这样一种有助社区发展，可以满足民众精神需求，给人以温暖和仪式
感的传统对艺人以及当地民众来说，在一定程度上超越了经济的拘囿，看淡
了正统、权威等标签的诱惑，实现了发展的"大自在"。唯有如此，乡民艺术
才能真正掌握在当地民众手中，顶着非物质文化遗产光环的传统民俗才能真
正在社区落地，与社区的发展融为一体。"如果说，已有的中国新农村建设主
要是从经济与政治的层面入手，那么，非遗保护工作则应开辟一条以乡村文
化传承助推社区发展、以社区发展葆育文化传统的新路径，探索如何通过社
区民众的广泛而强有力的主体参与，消除乡村社会发展过程中的隐患和风险，

弥补国家行政所可能存在的疏漏"。①

四、结语

当代的乡土社会正面临前所未有的挑战与机遇。除了国家层面上所开展的轰轰烈烈的乡村建设运动之外，知识分子、艺术家、各种志愿团体等也都介入到了乡村。乡土社会已经成为各种群体的试验地，部分怀旧者的悼念场，外来资本的博弈地……乡村的衰败、乡村建设等话题，俨然已经成为很多中国人的谈资和心事。

反观二十世纪三十年代的乡村建设运动，当时的乡村也是严重衰败，在现代化的裹挟之下很多原有的生活和生产方式已经跟不上时代的发展，传统文化面临现代化的很多挑战，出现严重的文化失调，需要建设新文化，在传统文化的老树上长出"新芽"以适应时代的发展。但是，今天的乡村在一定程度上出现了过度现代化的问题，传统文化与乡土社会的发展出现断裂现象，如何更好地保留传承传统文化，勾连好乡村——城市、传统——现代之间的缝隙是急需解决的问题。费孝通先生在其名著《乡土中国》中将滕尼斯归纳的"共同体"等概念相区分，认为中国社会应该是一种"礼俗社会"，所以口国的乡土社会与西方的工业社会有一个很大的不同就是，西方国家是依靠法理来实现秩序的建构与维持，而作为礼俗社会的中国则需要通过"礼治"的路径来整合社会。当代中国传统文化传承发展的脉络依然清晰，礼俗传承链条依然坚韧，只要给它合适的资源和空间，将传统文化融入当今的社区发展，传统文化是可以进行自我调整与更新的，自下而上的社区建设与自上而下的国家乡村建设相结合，两个层面的乡村建设才能达到完美对接、相得益彰的效果。

只是，要想真正将礼俗制度融入当今的社区发展，实现"以人为中心"的城镇化建设，最终要依靠民众的认可与实践，"无论我们把保护非物质文化遗产的口号喊得多么高调，也无论我们把非物质文化遗产的热潮鼓吹得多么热闹，最后都必须落实到它们所依托的社区，都必须是使它们在民众生活中得以延伸或维系……归根到底，它是地域的，若是脱离了地域的基层社区，它就会变质，就会营养不良或干枯而死"。② 只有将传统文化真正融入社区发

---

① 张士闪.非物质文化遗产保护与当代乡村社区发展——以鲁中地区"惠民泥塑""昌邑烧大牛"为实例 [J].思想战线,2017(1)。

② 周星,廖明君.非物质文化遗产保护的日本经验 [J].民族艺术,2007 (1)。

展，让民众成为文化的持有者，"还鱼于水"，乡村建设才能在很大程度上变成他们自己的乡村建设，获得大部分民众的支持和参与，在乡村运动中真正动起来，否则"假如农民力量老开发不出来，老是我们主动，则乡村运动终无前途"。①

————————
① 梁漱溟.乡村建设理论 [M].上海：上海人民出版社,2006.第 375 页。

"野蛮"的文化释读

——陕西省大荔县王马村烧社火民俗解析

张西昌 *

（中国艺术研究院，北京 100029）

摘　要： 烧社火是留存于某些乡土空间内，用以组织、调整和完成社火游演活动的前备环节，随着乡民生活行为的现代性变迁以及整体社会文明语境的变更，其"野蛮"的形式外表也逐渐遭受臧否。虽然该民俗并不具有普遍性，但它却是当地风俗民情的直接反映，同时也与村落民众的生活片段及社火仪式共同构成了颇具特色的行为方式和文化空间。因此，剥除本民俗的"野蛮"外衣，进而探究其与民众交流方式及生活结构之间的深度关联，应是具有一定的学术价值。

关键词： 烧社火；乡俗规约；文化空间；民众关系

基金资助： 本文为"中国博士后科学基金资助"项目——《陕西关中地区血社火民俗生态及保护研究》的阶段性成果之一，项目编号 2016M601227。

烧社火并非一种社火样式，而是指社火组织程序中的前备环节。[①] "烧"在陕西关中方言中接近于酝酿、鼓动和怂恿的意思，大荔方言中将其解释为"燎

＊　张西昌（1976—）男，陕西扶风人，中国艺术研究院博士后，西安美术学院美术史论系讲师，研究方向：工艺美术及非物质文化遗产理论研究。

① 烧社火民俗在大荔县境内并不广泛，在关中其他地区则更少见。本文的主要调查点是陕西省大荔县石槽乡（现改为官池镇）的王马村，同时，笔者还对邻近有该民俗形式的阿寿村以及冯村镇的南堡村均进行了考察，首次考察时间为 2012 年正月，第二次考察时间为 2017 年 4 月。

火"。烧社火民俗的核心肯定在于"烧"，但方言中对于"烧"字的解释远远不能涵盖该民俗环节中的丰富信息。烧社火民俗并非在每场社火的组织过程中都有，而是要视具体情况而定，具有不定期的突发性特征，通常在晚间举行。

一、烧社火民俗及其原发性

大荔县位于陕西关中东部，是渭河与洛河交汇的冲击地带，地势平阔，条件优越，素有"三秦通衢""三辅重镇"之称，是渭南地区经济文化较为发达的县区之一。由于自古经济相对发达，民风剽悍，迄今为止，大荔县境内的部分乡村仍然有年关自发举行社火的习俗。

烧社火作为社火演出之前的鼓动与沟通环节，并不具有普遍性，在笔者的家乡宝鸡地区即无此民俗。因此，该民俗所具有的特殊组织方式与该地民众的集体性格和生活行为有关。以下是大荔县王马村烧社火民俗的采访录音整理：①

烧社火在我们这一带流传的时间已经很长了，到底啥时候开始，谁也说不清，反正我小的时候，就跟着大人们闹活呢，等长到十几岁，就直接参与了。社火不闹就没意思，过年不闹，也没意思，这就是图个高兴。为啥要烧社火？主要就是为了统一人心，把社火要好。因为要社火之前，首先要商量，讨论、组织，这是社火会的职责，决定下来以后，要要了，内部就要一致，大家齐心协力，才能把对方的社火压下去，比下去。社火会的主意拿定了，还要有群众的支持，群众不支持，这活动就搞不好。烧社火就是为了统一群众思想。但是，咋样烧，咋样闹，这里面有方法，有技巧，也要有组织。

烧社火的具体时间也没有定规，只要一过年，就可以开始了。但在初五到十五之间的还是比较多。在我小时候，"烧社火"比较普遍，主要也是年轻人闹活呢，但要有人组织，就是要有靠得住的领头的人，一般是社火会里的成员出面，当然这里面也有跟着胡掺和的人。烧社火是自己人内部的活动，关系不熟，不属于一个"社"的，之间不闹，要知根知底，关系熟，才不至于红脸粗脖子，

---

① 由于烧社火民俗的突发性特征，调研者往往难以及时介入现场。所幸的是，笔者的大学同学郗峰为我提供了一个重要信息，他们学校的校警敬高昌是个极其热心的社火活动组织者，此前参与过多起烧社火民俗活动，由于他自小就喜欢热闹，因而对于当地社火中的诸多细节，几乎如数家珍。

要不然弄不好就出乱子咧！一个社一般有好几个队，比如我们王马村，原来是一个村，四个社，后来分成两个村，就是南王马和北王马。要社火是两社之间的事，双方是竞争对手，就是民俗意义上的敌人，所以，烧社火就只限于本社之内的人，外社人不能参加。一旦发现有外人加入，绝不客气，立即赶出去，如果对方不服从，也有流血事件发生的可能，把人打伤的事常有发生。

烧社火通常在晚间进行，天一黑就开始，但是事先要先准备好东西，主要工具是火把，火把要长、要旺，不能太短，会伤着自己，而且持续时间要久，不能一会会儿就灭了。我们通常是用汽车外轮胎、棉纱、烂衣服等来制作，先是要找个比较长的把子，把棉纱、衣服以及类似于车辆轮胎的橡胶皮破开、扎好，然后蘸上汽油、煤油或柴油等，点着了拥起来。冬夜里，天寒地冻，小伙子觉得很威风，还有锣鼓队伴奏，锣鼓是搞气氛哩，家伙（指锣鼓）一打起来人就精神了。另外，还要准备好车，火把手、锣鼓乐手站在车上，也有骑摩托的人，还有跟着跑的，我小时候见到的，烧社火的人主要是骑马，那种感觉更威风，也灵活，能钻巷子能进家户，就像土匪进了村子一样。把这些东西准备好以后，参与的人员要在一起商量好路线，也要通知村里人，有专门的人敲着锣走一圈，大家就知道咋回事了。

这烧社火说的文雅一点就是征求大家意见，村里闹社火，你是个啥态度？支持不支持？咋样支持？有车出车，有钱出钱，没钱出人，有人出力，但是不能不理不睬。表态的方式可以有多种形式，有的人在门口放上点心、毛巾、香皂、白酒、麻花等礼物，有的人放一挂鞭炮，穷人家出来说个话也行，这样热热闹闹就过去了，有的人躲在家里不吭气，烧社火"烧"的就是这号人。比如不开门，烧社火的人就在外面砸门，敲锣打鼓、喧闹呐喊，主人还不出来，拿火把的就放在门上烧，现在是铁门多，过去是木门多，有些把人家门都烧坏了，或者有些人拿火把在门上乱戳乱画，给他做个标记，让邻居知道他不支持集体活动，人客啬。有的没院墙、没头门的人家，烧社火的小伙子直接就进到屋里去了，话要说得不好，就有人搞恶作剧，比如把包谷掺掺到面粉里头，把鞋塞到水桶里头，或者把你家的东西给藏起来，等等。人多嘴杂，有时候也就闹得有点过火，甚至双方也会发生争执，但是参与烧社火的人员都是站在集体和正义立场上的，也都是小伙子，身强力壮，再说大家知道是为村上的热闹事，基本没人敢来对抗。

烧社火的人挨家挨户往过走，打着火把的小伙子星星点点在街道上站着，有点灯火通明的意思，敲锣鼓、放鞭炮、人呐喊，有时比看社火还有意思。社火是装扮好了，大人娃娃跟着看哩。烧社火过程中却有人和人的斗智斗勇，更有意思。其实，有时候也是人和人耍呢，人人都要顺顺的、乖乖的、客客气气的，这就没啥闹头了！

通常，烧社火活动会持续三几个小时，等人吃过晚饭开始闹，有时闹到半夜还意犹未尽的。当然，这种活动也危险，有火、有炮、有武力，作为参与人员一定要注意安全，看着拿火把烧别人，那是要呢，如果真的不小心失了火，那就真的把事情闹大了，就没意思了！作为主要人员，需要胆气正，脑子灵活，善于和人沟通的能力，才能把这事情搞得有意思。这事情听起来野蛮，实际上把握好度，就是要个高兴哩！

现在，国家讲和谐社会，所以，行政上也开始干涉，不鼓励弄这些事情。说是如果出了啥事，干部觉得不好交代。还有，现在的年轻人基本上在外面打工上学的多，和村子里的人员不是很熟，缺乏情感交流和相处技巧，也就导致中间的度不好把握，耍起来意思也就不够，所以，现在的烧社火比过去淡多了。

据笔者了解，甘肃省的部分地区也流传有"烧社火"风俗，两处社火民俗的称谓虽然相同，但内容却迥然各异。在《仪式与信仰：甘肃中东部的傩祭"烧社火"》一文中，对该地的"烧社火"民俗有这样的描写：

社火队在庙前广场蘸马，之后就去各家拿"瘟神条子"，敲锣打鼓，挥鞭呐喊，逐家赶瘟神，驱逐邪恶到河边，然后把耍社火用的纸物及其他用品，如绣球、"金鞭""金砖"（两者均用黄纸做成）堆起来，烧得一干二净，纸灰倒进河里让水冲走，这叫"烧社火"，可以说，烧社火是整个耍社火的高潮，也是结束。[①]

这段文字所描写的"烧社火"是在社火游演中烧掉纸扎一类的物件，具有祭祀神灵的性质，可见，该民俗是作为社火游演的活动本身而存在的，具有强烈的"驱傩"意味。类似的社火样式，在陕西省扶风县和岐山县的交界

---

① 杜高鹏. 仪式与信仰：甘肃中东部傩祭"烧社火"[J]. 鸡西大学学报,2011（12）.

处（也就是传统意义上的周原）也曾有流传，当地人称为"纸社火"。① 而大荔县石槽乡王马村的"烧社火"② 是作为社火组织程序的前奏环节进行的，不属于正式的社火游演活动本身。

社火是一项兼具祭祀和娱乐功能的盛大民俗活动，参与人员多，费时耗财，因此，起兴和筹划的前备环节就尤显重要。但值得注意的是，烧社火民俗虽然具有明确的目的性，但是其行为的原发性、原始宗教心理和娱乐功能等要素，却是更为深厚的人文底色。

就目前多数对于社火民俗的界定来看，社火活动是对于火神和土神的祭祀仪礼。但在现今的社火游演中，已经越来越淡化了对神灵进行祭祀的意味，也即说，这种原本具有重要精神意义的核心要素，逐渐被外在的艺术化语言所掩盖。

笔者认为，在烧社火民俗中具有对火神进行敬祀的遗痕。

民间对于火的信仰是在实用基础之上延伸出来的精神认同，在长期的生活中，人们发现火具有驱逐野兽、烹饪食物、取暖采光、治病消灾、指路照明等的实用性，遂由此衍生出对其代表光明、快乐、幸福等精神含义的附加，从而产生了火能驱逐恶魔、超度亡魂、调节阴阳等的宗教性认同。从而贯彻在日常饮食、居住习俗、婚嫁生育、丧葬祭祀、岁时吉庆等方面。如关中地区对灶神的敬祀，是最为鲜明的火神祭祀方式。迎娶新娘子时，须燃起一堆火，让新娘子从其上跨步而过，方能进家门，然后到厨房祭拜完灶神方能进屋。以遵循"妇入夫家必先跨火，乃与夫见"的古训。过去，关中地区有每年除夕燃火燎院，守岁之习，由燎院火祭所逐渐引发出来的灯火习俗，则也

---

① 纸社火属于纸扎艺术的一种。原流传于陕西宝鸡岐山、扶风和西安周至一带，尤以岐山县京当乡和周至县哑柏、四顿等乡镇18个堡子组织的"十人会"为人所称道，而岐山县西观山龙泉寺的纸社火祭演最为有名，但今已不存。纸社火的游演比其他的社火要庄严，一般以二十四转为宜，一转即一台，置于方桌或扎制的台子之上，八个小伙一组，民间谓之"八抬大轿"，以示崇敬之心。神会会长行于首位，一般由德养威信的长者担任，身着黑袍，帽缀红缨，有侍童随左右，一名手捧祭盘，置黄表香烛，一名挑红纱灯，十余位少年怀抱神牌（神牌高约50厘米，宽约10厘米，上书神灵封号），分为两列。再后为旗队，数量四至八面，旗面长两丈，宽六尺，用红纸裱糊而成，旗杆高约两三丈，下承石磨盘，顶端攀坐一青年，八名小伙子将之抬起，之后紧随锣鼓队，曲牌有《风搅雪》《什样锦》《三槌》《长兴》《跑鼓》等，击鼓飞锣，气宇轩昂。锣鼓队后便是二十四抬社火，列两队行进，每队前有马角，相貌凶悍、气势逼人。手握皮鞭，为社火队开道。会长焚香、燃表、磕头、作揖，带领队伍徐徐前进，进行游演。至山顶寺庙祭祀完毕后，纸社火全部焚毁。该内容引自张西昌. 宝鸡社火 [M]. 西安：西安交通大学出版社，2015，第66—77页。

② 除了本文调研地王马村，该民俗在大荔县不少乡镇村落还有留存，其方式基本近同。

与火的崇拜、祭祀火神有渊源上的连带关系。包括在神灵祖先祭祀活动中的焚香烧纸，以及春节里燃放烟花爆竹、送灯游灯的习俗，都是对火神敬祀的演化。由此可见，人们对火神的祭祀已经从火延伸到了与其相关的发光体，这些对于火神祭祀的行为中，寄托了人们向火神祈求吉祥如意、兴旺发达、薪火相传、绵绵瓜瓞的民俗心理。

在烧社火民俗中，众人手持火把，是一种晚间照明的需要，也是一种对于歪邪心理的武力警示，笔者认为，在这里，火把还具有通神敬神的精神意念，烧社火的成员们有点"以神命众"的意味，要不然如何解释烧社火活动为何要放在夜晚并且手持火把呢？因为此"烧"非彼"烧"，乡民何尝不知暴力与火焰会给村庄造成怎样的潜在性危害？对于自然之火或者火神的崇祀，是否有着这样的民俗心理——冬季阴冷封冻，火代表光明温暖，代表与阴潮相合的阳光，由此万物才能萌发，生命开始繁衍。这也是土神与火神同时祭祀的核心意图。人们拿着火把，就是沟通人间与火神的联系，让火神能够看到人们家丁兴旺、生龙活虎、团结一致、生活安康的精神状态，以此获得来年的兴旺发达和丰足平顺。因此，笔者认为，烧社火民俗中的"烧"，除了对乡民精神的鼓动作用之外，还有对神灵敬祀，以及对自身生活的精神性期盼。这样，"烧"的民俗意义才更加完整。

二、烧社火的村落空间及社群基础

关于王马村村名的来历，当地流传有一则故事：相传唐广明年间，苗、李两姓人由山西迁移到此，因地处沙苑地带，是皇家牧马监喂养御马的地方，于是王马村因此得名。而且，王马村附近的村落，村名中皆与"马"相关，如"马一村""马二村"（原名马坊渡）、"石槽村"等。石槽村据说是皇上御马的马厩，经常在此晚食草料，故名石槽村。

千余年过去了，如今这几个村落内已经很难看到马的身影，只有在年关时节的社火民俗中能够看到他们对骡马的情感以及男性善于驾驭骡马的剽悍性情。王马村及其附近的村落，社火形式通常以骡马车、芯子社火、车社火、花苫鼓、高跷、秧歌等组成，最有区域特色的就是骡马车，通常是30岁左右的青壮年，赤身裸体，寒风凛冽，不惧严寒、翻身上马，敲锣击鼓，气宇轩昂，他们头绑红布，挥动马鞭，抽打骡马，牲畜则在乡道上奔跑，欢悦奔腾，通过对人的力量的展示，来达到对来年生活的祈愿，因为在农事观念中，人丁兴旺是农业丰收和家族昌隆的重要因素，同时也意在"告慰"神灵，在其护佑之下的子民状态。这种宣释和表达是基于长期磨合及约定俗成的习惯基础之上的。

从王马村及有此类民俗的村落来看，其行为和心理生发的基础通常是在具有相互依赖而又稍有摩擦的共同利益的基础之上的。从村落关系上来看，即是所谓同村不同社，这也是熟人社会相对性的一种体现。

南王马和北王马原属一个小村落——王马村。王马村原有东西南北四个社，王马村族群的不断繁衍，到1983年，为了便于管理，政府将王马村合并调整为南北两社。一、二、三、四、五村民小组为北社，六、七、八、九、十、十一为南社。南社中，以孙、安、乔三姓为大姓，目前总户数110余户，人口约500余人，其中，孙姓占到南社总人口的25%左右，安姓占到15%左右，乔姓占到近60%，占到两社人口的90%。北社中以苗、李为大姓，共计240余户，人口近千人。其中苗姓约占总人口的近90%，李姓约占5%，另有孙、张、敬、贾、安等姓约占5%。①

在王马村，作为人口最多的苗姓，无论在合村还是分社时期，都占有绝对性的主导权。而村落规则的形成和"游戏"（娱乐活动）方式，通常都是在几个大姓之间互动。比如烧社火的参与者，就是在苗和孙、安、乔诸姓之间，其他小姓无权参与。其实，民俗活动某些规则即是村落权力的一个缩影，也可以将其看作具有不同话语权之间的巧妙较量与调整。有些村民说："这些不同社，不同姓氏之间的村民，有时候跟个仇人一样，耍一耍，闹一闹，可就好咧！"在不同的社与姓氏之间，存在矛盾比较多见，究其原因，则是"熟人"与"自己人"的微妙差别所造成。在乡村，五服以内的同族人员多在年节或重要节日时共同进行祖先的祭祀，这种祭祀活动一是为了追根认祖，同时也是统一利益和思想，另外也在昭示乡土社会中的"集团化"现实。由于这种不同血缘和社会关系的重叠错落，构成了村落空间中的微妙关系，当然这种关系也会受到地缘关系的影响。在居住空间上，王马村的姓氏基本都是形成凝聚力较强的小聚落，也就是说，同姓人员住的都比较近，以便"抱团"形成合力。因此一位苗姓的社火会组织者告诉我："咱村里姓苗的人最多，来得最早，心齐，其他姓的人都还轻易不敢惹我们，基本上是我们说了算！"因此，人数稍少的孙、安、乔三姓于是也就有所联合，形成合力来对强大的

---

① 该数据为笔者2017年4月20日在大荔县官池镇王马村调研时，由该村孙进贤（1936—）口述提供。

苗姓形成持衡。社火会组织者苗和堂告诉我："有时候，孙、安、乔的人也和我们较量呢。有一年耍热闹（社火），社火队伍要经过人家的乡道，死活拦住不让走，说是人多会把他们庄稼踩坏，多少还是有些借口，主要是让我们难堪呢。冬天的麦地踏一下本身也就没有啥。我们姓苗的年轻人就喊叫，说要打！因为是过年，我也就绕着走了。这种摩擦关系，几百年上千年，自古存在。"① 这就是不同姓氏及不同社之间的利益关系的折射。而"烧社火"及"耍热闹"（社火）的民俗活动正是为了调节这种摩擦关系而自然产生的"艺术"手段。通过相互之间的"逗闹"，来打破和润滑可能扩大或严肃化的人事摩擦。而这一民俗游戏的规则也是他们之间的默契所形成的。

从以上的资料中可以发现，烧社火的"野蛮"行为是建立在"熟人圈子"的基础之上的。熟人是一个相对的概念。费孝通先生对此有这样的认识，"以农为生的人，世代定居是常态，迁移是变态"。"乡土社会在地方性的限制下成了生于斯、死于斯的社会。常态的生活是终老是乡。假如在一个村子里的人都是这样的话，在人和人的关系上也就发生了一种特色，每个孩子都是在人家眼中看着长大的，在孩子的眼里周围人也是从小就看惯的。这是一个'熟悉'的社会，没有陌生人的社会。"② 在熟人社会里，有熟人社会的交往法则和社会规范。熟人社会是"一种没有具体目的，只是因为在一起生长而发生的社会"，③ 不是一种"为了完成一件任务而结成的社会"，④ 一种依靠礼俗维持日常秩序的社会。因而，在这个圈子内部所发生的被他们所接受的民俗行为，须得是由这个圈子经过长期适应而被大家所接受的一种特定规则。而这种规则并不一定能被圈外的人所接受，但在"社"内，却成为乡民生活凝结的一种合理手段，带着根深蒂固的乡土社会特征，与农业生活相联系，顽强地延留至今。

三、烧社火民俗的乡土性阐释

"烧社火"是不是一种"野蛮"的民俗行为？目前，我们对于"野蛮"的基本解释是：不文明，没有开化（《现代汉语词典》）。不难看出，该解释具有

① 笔者于2017年4月20日在大荔县官池镇王马村调研时，由该村社火会组织者子苗和堂（1940—）口述提供。
② 费孝通．乡土中国 [M].北京：人民出版社，2008.第3—6页。
③ 费孝通．乡土中国 [M].北京：人民出版社，2008.第6页。
④ 同上。

模糊性，同时也具有相对性，对于"野蛮"性的判断，往往是基于对社会文明的不同阶段或立场而生的，而且评价基本来自于外部。以烧社火民俗来看，它之所以能够在自我的民俗语境中形成并存在，自有其合理的民俗文化土壤为床体。对其略加分析，就会发现其中的诸多民俗细节对于理解一个区域内乡民生活的精神特征及人际关系结构，具有相当鲜活的现实依据。

由于生产协作及社内的民俗宗教等活动，使社内成员形成了地缘关系之外的人为性划分，不同社群之间除了竞争关系也有依赖与合作。社火民俗即是这种关系的外化。烧社火是社与社之间竞争比赛的前奏，打败敌方最有利的因素就是自身的团结。因而，在共同的文化纠结以及一致对外的目标之下，使烧社火的存在具有了可能性。这样，也要求社内成员在一定舆论和精神力量的控制下，不计较个人利益的细节纠纷。比如，有钱出钱，有力出力，有车出车，有马出马，这种为了公共利益而贡献自我力量的做法，其实质来源于群体空间内部公共利益的一种心理认同。这种团结性并非一定发于功利，但其指向性却是功利性的，这种功利性的目的指向是为了保证此单元之内人们生活的共同利益。而当有些成员不遵从这种潜移默化的规则时，利用公共舆论的权威对其进行友善惩罚的行为便有了理由。比如，用火烧对联，涂抹痕迹等。但是，在民俗演化的过程中，这种惩戒性发生了变化，并不真正代表一种民间力量的评判和惩戒。而成为一种情绪宣泄和民众同乐的游戏活动。大家在这样的氛围中，对于公众利益的认同心照不宣，但依然会扮演不同的角色而强化民俗的气氛。

当然，不可否认，烧社火习俗也的确存在表达过激的地方，比如，有"热家子"①将烂鞋扔到人家面瓮里，把尿壶淹到人家水缸里，把好好的席子拿出来给人家烧了，把人家的木门头给烧坏……大约在20世纪80年代，"热家子"在点火把的时候，不小心把装柴油的塑料桶引爆了，飞出去六七米，烧伤了三个人。政府所担心的也就是这些安全问题。苗和堂告诉了我一些情况：

从我小时候到现在，政府一直在监督，甚至不主张有烧社火，20世纪60年代间，当时公安局来抓社火组织者，由于我当时是队长，属于干部，躲避了一下没被抓走，另外两个人被拘留了一段时间。我们当然也很为难，乡风民俗总不能不照顾，所以两头为难。当然万幸的是，这几十年来，也没有发生大的

---

① "热家子"也叫"好家子"，就是热心于社火活动的人员。

伤亡和破财事件，但政府总是在提心吊胆。而且，认为烧社火不文明，尤其不符合当下和谐社会的要求。这几年，社火会也进行了一些提醒教育和规则警告，不允许进家门，也不能用火把烧门，不能和人发生肢体冲突和言语伤害。而且也尝试用在门口放鞭炮来代替'烧'，当然，这民俗的味道也就淡了。当然也有一个客观因素，现在这村民之间的关系，也不如过去那么皮实（牢靠）了。一个是不好闹，另一个也没必要闹。为啥说没必要闹呢？是因为现在大家基本上经济条件好了，你稍微一"烧火"，人家就给些钱，少则二三百，五六百，还有给一两千的。烧社火的目的就是为了寻求钱财和人力的支持，钱好要，也就不大闹了。

由此，我们可以看到烧社火民俗调整和约束人际关系的核心要素——集体价值观和公众利益。但是我们还要看到烧社火民俗与社火民俗的共同性，即精神的狂欢和娱乐。如果不能理解乡土社会中民众情绪的合理性释放，就无法解释这种形式上并不精美，情感和行为方式略显粗糙的民俗活动，为什么能够在历史的长河中历经风雨飘摇而顽强传承的真实原因。

主流文化的精致化，对于村民而言只是"隔岸花"，而只有在自我营造的生活中，由自己创作出来的"艺术"形态，才能成为他们表达和诠释自己生活和精神认同，以及在自然和人文环境中塑造出来的性情的宣泄。对于自我的文化方式，乡民应该有自主权。所以，"自娱自乐"的直接参与价值，在乡土生活中的自发性需求会胜过主流或"他者"文化在艺术语言上的精致和优雅。而且，这些看起来颇为"野蛮"的行为方式恰恰与人类的"艺术童真"相应和。在乡民自我营造和把控的文化空间内，富于个体血性释放的民俗行为也自然更能调动起自身的表达欲望，同时也与自己族群的集体性格和关系规则相契合。

烧社火的功利性目的在于保证社火活动的保障性，因此，烧社火针对的对象通常有三种，一是经济基础较好的人家；二是家里有车辆或牲口的人家；三是具有一定号召力和威望的人家。另外值得注意的是，烧社火民俗基本是在同村不同社的群体之间展开的，"村"与"社"、"熟人"与"自己人"、"联系"与"摩擦"之间相糅的复杂关系，为该民俗的存在提供了"佐料"和动力。这些也是烧社火行为如何把握"度"的心理基础。在亲近关系的框架下，利益摩擦与心理较量有时会表现为一种难以激化的挑衅，或者也可以将这种行为看作是被特殊乡俗关系所默许的本能释放。在日常的秩序化生活中，看似散漫的乡民生活其实受制于整体社会的儒家规范，在采访中过程中苗和堂也感叹："农村这事情，你要说没有样样行行（规矩），有时候，人家却清晰严格得很！"在笔者看来，类似于烧社火民俗的这种规则性打破，其实也就是乡民自身对于这一压抑性秩序的暂时性破坏。同时我们也要看到，这种暂时性和零碎性非正常行为的最终指向，其实是为了刺激和调整一种新的心理关系和乡俗规约。就如马尔库塞所说的："人的本能需要的自由满足与人类的文明社会是相抵触的，因为进步的先决条件是克制和延迟这种满足。"①这也是人们为什么觉得烧社火民俗不够"文明"的心理基础，也就是说，人类本能的真实性表现得越充分，在社会化的认知体系中可能越觉得它远离文明。基于这样的舆论要求，王马村的村民也进行了一些改良尝试，比如用放炮这一间接性的信号来代替村民之间的直接性接触，还有一些避免可能会发生肢体冲突的假设性建议。这些做法都在很大程度上淡化了该民俗的"野蛮"意味，使其"文明"化了，但该民俗的本真性及其所可能产生的人际关系的交互性却失去了。笔者认为，基于生理本能满足的生活内容若以更加间接化的"文明"方式对其进行"阉割"，其文化的强度自然会趋于萎缩。

结语

"烧社火"与通常社火活动中的"下帖"环节形式有别，但目的相同，相对而言，"下帖"更加形式化和礼仪化，烧社火则更侧重于调动乡民们真实的参与性，使男性阳刚奔放、粗朴大气的生命活力和激情得到展露，同时也将社火民俗中的原始宗教性含蓄地转移到了更为艺术化的形式之中。从形式上而言，烧社火似乎具有野蛮的外壳，而且也的确与社会常规不相符合，但是在特定的文化空间里，它又被部分人群所接受，而且从宏观的角度而言，这种方式也并未对人们的日常关系产生破坏，相反在一定层面上还会有所促进。它是一种通过集体族群精神来感染和统摄个体意志的试验与调整，因此，它不仅仅是一种娱人的方式，也是一种调节人际关系，加固底层规范的人文途径，在这一点上，它可能比某些行政手段更接地气。对于某些偶发的"不文明"行为，乡民的内部理解和围观者的外部理解可能并不一致。或者说，我们在民俗文化的认知上，不要进入因噎废食的误区。

① ［美］赫伯特·马尔库塞.爱欲与文明：对弗洛伊德思想的哲学探讨 [M].黄勇，薛民译.上海：上海译文出版社，2006.导言第 1 页。

在社火民俗不断简化和消退的时下，烧社火习俗能够延续存在，在某种程度上已经印证了这一民俗事象的承传韧性和生活适应性。它与乡土空间中人的情感、利益和精神诉求直接相关，一切外围的观看者和干涉者或都没有亲切和善意地对其进行认知和理解，当然，时代文化所导致的人际关系的演变也在内部细节上潜移默化地消解和软化着该民俗的精神系统。这不仅是烧社火民俗所面临的问题，也是乡土民俗的普遍语境。

二、中国文化对外传播研究

　　本专题共有 3 篇论文,《中国道路：国家文化软实力理论态势与现实难度》是本主持人承担的 2016 年度国家社科重大课题的前期开题成果，对"文化软实力"这一热点概念、策略与问题对策进行了全景扫描;《基于关联理论的"中国故事"传播效果认知研究》一文提出应尽可能地利用智能化的传播方式，在效应模型理论及分析方法中认识到"中国故事"传播的影响力;《循环与复调——社交媒体与中国文化传播研究的格局与可能》则提出在媒介融合背景下建构中国文化对外传播循环系统。

　　许正林（上海大学上海电影学院教授，博士生导师）

中国道路：国家文化软实力理论态势与现实难度

许正林　石　娜*

（上海大学电影学院，上海，200444）

摘　要：文化软实力提出至今，在国际范围内形成了广泛共识。提升国家软实力，已经成为全球化、信息化时代国际间竞争的主流趋势。我国学界对这一问题的研究始于 20 世纪 90 年代，并在之后成为国内学术研究的焦点与热点。目前国内学者关于文化软实力的研究成绩斐然，有关文化软实力的专著与论文不断推陈出新。中国文化软实力研究在官方、学术和媒体话语中流变衍生，文化软实力的理论内涵建构于中国语境当中，其意义价值研究将国家战略作为逻辑指向，我国文化软实力实践锐意进取并有软肋，智库型研究将现况研究和对策研究相结合，在借鉴国际成功经验同时，我国文化软实力建构研究坚定地走出了中国发展道路。

关键词：文化软实力；中国道路；文化传播

基金资助：本文系国家社科基金重大项目"当代中国文化国际影响力的生成研究"（编号：16ZDA219）阶段性研究成果。

"软实力"是源自政治学领域的概念，近年来这一概念颇受众多国家学术界乃至政界的高度关注。推广民族文化，提升国家软实力，已经成为全球化、信息化时代国际间竞争的主流趋势，"重视发展软实力与振兴民族文化的关系，也是对其他国家软实力的回应"①。中国关于软实力的研究出现了两个发展趋势，即由解释说明性研究逐渐转向结合中国实际的研究，由纯理论研究

---

　　*　许正林，男，（1958—），文学博士，上海大学上海电影学院教授，博士生导师；石娜，女，（1992—），上海大学新闻传播学专业硕士研究生。
　　①　[美]迈克尔·巴尔.中国软实力：谁在害怕中国[M].中信出版社,2013.第 32 页。

转向如何指导软实力建设的研究。本文就中国软实力相关研究状况进行综述和评价。

一、中国文化软实力研究概况

"一个国家的实力由'软实力'和'硬实力'两部分组成。其中'软实力'包括国家凝聚力、文化被普遍接受的程度和参与国际机构的程度"[①]这一小约瑟夫·S·奈论断在 1990 年所撰《仍是竞赛中的强者》中的论证，将雅尔塔体系失衡后的综合国力研究上升至综合战略高度。值此之际中国学界也开始了综合国力理论研究，逐步聚焦于软实力，并在国家文化战略的指引下开辟出中国文化软实力研究道路。

1. 中国"文化软实力"会议概况

二十世纪末，世界发展格局开始呈现出多元化的趋势，在全球和地区性的多边关系中，国家实力的影响更为突出和重要，承接西方进入全盛时期的综合国力研究，我国学术界开始梳理和关注综合国力及标准评估理论，但此时我国相关研究处于起步阶段，内容以引进和批判思考外国理论为主，研究形式也限于期刊专著，鲜见学术会议召开。进入新世纪以来，党和国家历届领导集体对提升文化认识问题一脉相承，党的十七大报告中，胡锦涛同志提出要"提高国家文化软实力"第一次直接正式地提出"文化软实力"概念。国内对于"文化软实力"这一中国命题在此推动下，呈现跨学科、跨文化、高水平深入研究态势。"文化软实力"成为学界热点还表现在，此后每年高校研究机构等举办"文化软实力"主题相关的学术会议成为常态。

学术论坛主题紧跟"文化软实力"研究前沿，推动学界业界交流共建。根据《文化软实力》《文化软实力研究》《马克思主义研究》《现代传播》和各学院学报等所刊载的会议统计记录信息，2000 年到 2016 年内所举办的全国范围内的"文化软实力"研究会议主要有 16 个（见表 1）。其中，中国文化软实力研究高层论坛由国家文化软实力协同创新中心推动，已形成每年一度文化软实力研究的学术盛会。

从主办单位来看，大多数文化软实力研究会议由国家研究中心发起，高等院校和传媒组织积极承办，体现了会议的专业性和权威性。从会议主题来看，论坛从对文化软实力的基础理论建构、现实问题和方法论等的探究，到

---

① 施祖辉. 国外综合国力论研究 [J]. 外国经济与管理,2000(1).

关注传统文化、科学发展、民族复兴和中国梦等时代议题与文化软实力的关系，现今注入当代中国崛起、文化自信自省等国家文化传播课题，始终聚焦文化软实力建设前沿的重大理论与现实问题。

表 1 2000—2016 年中国"文化软实力"研究会议一览

名称 / 时间 / 地点 / 举办者	会议主题内容
第八届中国文化软实力研究高峰论坛暨《文化软实力研究》创刊发布会 /2016 年 6 月 5 日 / 武汉 / 武汉大学国家文化软实力协同创新中心、《文化软实力研究》编辑部、马克思主义理论与中国实践协同创新中心、武汉大学马克思主义学院共同主办	与会专家学者分别从哲学、历史、文学、语言、艺术、教育、政治、国际关系、新闻传播等多学科角度，聚焦文化软实力建设前沿的重大理论与现实问题，努力深化文化软实力基础性、战略性、前瞻性研究，探讨中国特色文化软实力发展道路，为提升国家文化软实力贡献智慧。并高度评价了《文化软实力研究》的创刊意义，纷纷发言，建言献策。
第七届中国文化软实力研究高层论坛 /2015 年 5 月 / 北京 / 国家文化软实力研究协同创新中心主办，湖南大学承办	与会专家学者围绕文化软实力的研究内容、研究方法以及协同创新等问题进行了深入讨论，提出应不断丰富和完善文化软实力研究的内容，综合运用多种方法，逐步实现和加强定量研究，以协同创新开启国家文化软实力研究新征程。
第六届中国文化软实力研究高层论坛 /2015 年 2 月 6 日 / 北京 / 中国文化软实力研究中心、人民日报理论部、光明日报理论部、经济日报理论评论部、中国社会科学报联合主办	来自中央有关部门、高校、党校、社科院等四十多个单位共 130 多位专家学者出席论坛。与会专家一致认为，习近平同志关于"提高国家文化软实力"的系列重要讲话，既给文化软实力研究提供了明确的指导思想，也带来了强大的动力，使中国特色软实力理论研究进入了新境界。
中美俄三国学者谈软实力与国际关系及社会主义问题论坛 /2014 年 12 月 / 长沙 / 湖南大学主办	论坛邀请了中国文化软实力研究中心主任、知名学者张国祚教授，俄罗斯杜马议员、俄共中央主席团成员、《真理报》总编鲍利斯·奥列格维奇·科莫茨基教授，美国共产党经济委员会成员瓦迪·哈拉比教授，三人同台互动演讲，围绕文化软实力、国际关系、全球化、社会主义发展、苏联解体教训、马克思主义教育等问题进行了坦诚交流，深刻论辩。

中国高校影视学会第十五届年会暨第八届中国影视高层论坛 /2014 年 11 月 1—2 日 / 南京 / 中国高等院校影视学会和南京艺术学院主办	论坛主题即"中国影视文化软实力提升：理念与路径"，包含国家社科重大招标项目"中国影视文化软实力提升的战略与策略研究"和第三届传媒艺术论坛两个特别论坛，以及影视文化与国家形象、新媒体时代的影视新理念、电视创新与价值传播、中国影视与文化软实力、电影艺术与中国故事等九个专题论坛。
第三届太湖世界文化论坛 /2014 年 6 月 18—19 日 / 上海 / 太湖世界文化论坛、中国文学艺术界联合会等主办	以"加强文化软实力互动，促进世界和平与发展"为主题，围绕"实现共赢依赖软实力"、"'和'是中国文化的核心"、"促进多样文明间的包容与合作"等议题，中外嘉宾精彩对话，畅谈文化软实力提升和实现"和谐共存的世界梦"。
第五届中国文化软实力研究高层论坛 /2014 年 6 月 13 日 / 北京 / 中国文化软实力研究中心、中国社会科学院马克思主义研究院等主办	会议的主题是"文化软实力与中国特色新型智库建设"。与会专家围绕文化软实力与智库的关系、中国特色新型智库的界定、如何建设新型智库、建设什么样的新型智库等主题发表了演讲，主旨鲜明，讨论热烈，观点新颖。
第四届中国文化软实力研究高层论坛暨《中国文化软实力发展报告2012》新闻发布会 /2013 年 6 月 22 日 / 北京 / 中国文化软实力研究中心、人民日报理论部等	会议的主题是"软实力与中国梦"，三十多个单位近百名专家学者出席论坛和新闻发布会，与会专家学者认为该《报告》从"软实力"与"硬实力"的辩证关系出发，对如何界定中国文化软实力范畴、如何科学评价中国文化软实力发展现状，进行了十分有益的探索，不愧为中国文化软实力研究领域的"开拓之作"。
第二届中国文化软实力研究高层论坛暨首部《中国文化软实力研究蓝皮书》发布会 /2011 年 2 月 18 日 / 北京 / 中国文化软实力研究中心、人民日报理论部、中国社会科学报等主办	论坛围绕做大做强中国文化软实力，来自各领域的专家学者总结了我国文化软实力发展的成就和面临的挑战，探讨了不同行业和区域加强文化软实力建设的路径和方向，并发布了 2010 年《文化软实力蓝皮书》）。
第七届中国文化哲学论坛 /2010 年 10 月 22—24 日 / 大连 / 大连理工大学人文与社会科学学部和中国社会科学院哲学研究所"哲学与文化研究室"联合主办	论坛以"文化软实力研究的方法论问题"为主题，集中围绕文化的本体性问题、文化软实力以及文化软实力研究的方法论问题展开讨论，回应了文化哲学的发展潮流，提出可以从与文化软实力相关的基础理论问题、文化软实力研究应处理好的关系等方面展开研讨。

"中国社会科学论坛 (2010)——软实力与中外关系"国际学术研讨会/2010 年 12 月 22—23 日/厦门/华侨大学主办	中外专家围绕"软实力与中外关系"进行分组讨论。中国社会科学院文学所研究员赵京华、意大利《新闻报》亚太地区主任郜士、德国全球和区域问题研究中心高亭亭、中国社会科学院美国研究所所长黄平，分别围绕主题：《冷战体制下日本国家软实力的展开及其问题——战后日本的亚洲经援外交》《中国和他的邻国》《人民共和国软实力建设经验》等阐述己见。
2009·学术前沿论坛/2009 年 11 月 21 日/北京/北京市社会科学界联合会和北京师范大学主办	论坛以"科学发展：文化软实力与民族复兴"为主题，专家学者 400 余人参加了主论坛，外交学院教授吴建民、复旦大学教授陈学明、北京大学教授张颐武等分别以"文化软实力与民族复兴"、"文化软实力与人的生活方式"、"全球化与中国崛起的文化内涵"、"现代民俗保护与传承策略"为题发表了精彩的演讲。
2009 文化哲学论坛：国家文化软实力建设学术研讨会/2009 年 5 月 16 日/武汉/武汉大学政治与公共管理学院和中国文化哲学论坛主办	研讨会汇集了国内马克思主义理论、文化哲学、国际关系学、历史学、军事学、传播学、心理学等多学科领域的 40 多位专家、学者，对国家文化软实力建设进行了跨学科、多视角、全方位的交流和探讨。与会代表主要围绕以下主题进行了研讨：文化软实力建设的基础理论问题；我国文化软实力建设的重大现实问题。
全国文化哲学发展论坛/2008 年 10 月 18—19 日/西安/西安交通大学文化哲学研究所和中国社会科学院哲学研究所"哲学与文化研究室"主办	论坛主题为"文化与人化——从文化软实力的角度来看"，来自全国多所高校、科研院所的近 30 位专家学者参加了本次论坛，论坛讨论的主要议题有：文化软实力概念的哲学解读；中国当代文化产业的发展困境；当代文化消费语境中的精英文化与大众文化的关系；当代文化现实中的文化与人化的关系等。
国家软实力建构与中国公共关系发展高层论坛/2007 年 1 月 27 日/上海/复旦大学国际公共关系研究中心和中国国际公共关系协会联合主办	论坛围绕"国家软实力建构与中国公共关系发展"这一战略问题进行了深入的学术研讨，议题主要有："强力公关"理论：国家软实力建构的理论指导；局部提升与整体滞后的并存：国家软实力建构的现存问题；国家公共关系战略：国家软实力建构的有效途径等。

2006 跨文化传播论坛 /2006 年 8 月 / 北京 / 中国外文局主办	以"跨文化传播与软实力建设"为主题，国务院新闻办公室主任蔡武做开场致辞，指出国家软实力建设的重要任务是进行跨文化传播与交流，提升中国文化的吸引力与影响力，嘉宾与会探讨了全球化趋势下跨文化交流的方式与渠道。

2. 中国"文化软实力"著作和论文出版概况

截至 2016 年 12 月，"文化软实力"相关研究著作 81 种（见表 2），其中，文化软实力理论研究是成果最多的种类，由此可知，文化软实力研究中基础理论研究占据重要地位，是学界最为关注和不断深化的研究领域。同时，文化与国家软实力、政治方略与文化软实力和文化软实力发展战略也是著作较多的分类，表明文化软实力研究议题与文化相关理论密不可分，国家政治战略尤其是领导人的文化指导精神在文化软实力相关研究中起引领和指导作用，而文化软实力作为综合国力的重要组成部分，其策略研究必然是不可忽视的一环。

除此之外，影视传媒业及其所属的文化产业与文化软实力结合生成的研究问题也是成果较多的分类，并且运用了中外软实力比较研究方法的成果占一定比例，而网络文化软实力近年来得到重视，表现出与时俱进的特点。在众多书籍中，有从宏观上研究文化软实力的，如张国祚的《中国文化软实力研究论纲》，有侧重文化传播角度研究的，如王海燕主编的《中国文化传播软实力研究》、李希光的《舆论引导力与文化软实力》，还有从文化指导思想切入研究文化软实力的著作，如王一川的《中国故事的文化软实力》、李希光的《软实力与中国梦》，从其他产业发展以小见大研究的，如赵玉宏的《影视产品跨文化传播与我国文化软实力建设》。约瑟夫·奈的《软实力》译本出版，则为文化软实力研究带来经典之作。

在"文化软实力"研究期刊论文方面，纵观《文化软实力》《文化软实力研究》《中国社会科学》《马克思主义研究》等核心期刊，文化软实力相关研究成果丰富且深耕创新。在 CNKI 知网期刊数据库中以"文化软实力""中国软实力""软实力"等为关键词，检索到 1990 年至 2016 年间总数为 3276 篇期刊论文，"国家文化软实力"概念的提出把中国的文化软实力研究推向了高潮，2007 年后关于"文化软实力"的研究增加明显。在中国知网上，以"文化软实力"为标题进行搜索，一共有 3276 篇与之相关的文章。

　　国内对于文化软实力的研究主要围绕着文化软实力的基础理论、文化软实力的重要性、文化软实力的发展现状、提升文化软实力的路径等几个方面展开。从目前掌握的文献数据看，研究的不平衡性和局限性主要体现在：一是研究的成果多为学术论文，研究专著较少，高水平的研究著作更少；二是研究多集中在文化软实力的概念、内涵，重视提升文化软实力的必要性和重要意义，提升文化软实力的路径和措施，中国文化软实力评估等方面；三是实用性的研究多集中在从软实力的角度谈部门、行业、地区的发展，理论与实践的结合十分牵强，缺乏理论到实践的逻辑推理。对一些基础性的、理论性的关键问题涉及较少，如：马列经典作家对文化的认识问题；中国文化软实力存在问题背后的深层根源问题 [1]；西方语境中文化软实力概念和中国语境中文化软实力概念的差异性问题等等。

表 2　中国文化软实力研究著作概况

序号	分类	数量（种）
1	文化软实力理论研究	12
2	文化与国家软实力	11
3	政治方略与文化软实力	11
4	文化软实力发展战略	10
5	影视传媒文化软实力	9
6	文化软实力年鉴报告	6
7	文化产业与软实力	5
8	中国梦与文化软实力	3
9	中外软实力比较研究	3
10	网络文化软实力	2
11	海外侨胞与文化软实力	2
12	品牌与文化软实力	2
13	文化软实力与出版业	2
14	其他	3
共计		81

---

　　① 刘德定 . 当代中国文化软实力研究 [D]. 河南大学硕士学位论文 ,2012.

二、学术、媒体和官方话语视角下的中国文化软实力研究进路

在现代中国，"软实力"在各种话语体系中普遍应用，已延伸至政治、经济、社会领域的方方面面，成为一个显在概念。探讨这一概念的研究的国家战略背景及引入流变具有相应的学术意义，不仅为理解相关理论和实践提供基础，更能借此对中国当代话语演变中的意识形态构成及其权力体系得窥一斑。

（一）文化软实力研究的国家战略背景

提升国家文化软实力战略决策形成的过程。通过梳理这一时期党和国家的有关文献可以看出，这是党和国家基于我国国情、洞察国际国内发展趋势所提出的具有深远历史意义的重大战略。其概念从提出到逐步完善，既是党和国家历届领导集体对提升国家文化软实力问题认识一脉相承不断深化创新的过程，又是其在我国改革开放战略全局中地位不断攀升、直至完全到位的历史过程。

这个过程实际上经历了三个阶段：第一，初露端倪阶段。早在 1997 年 9 月，党的十五大就已强调"文化是综合国力的重要标志"[1]；2003 年 10 月，党的十六大又指出："当今世界，文化与经济和政治相互交融，在综合国力竞争中的地位和作用越来越突出"[2]。第二，正式提出阶段。2007 年 10 月，在党的十七大报告中，胡锦涛同志明确提出要"提高国家文化软实力"[3]，这是党和国家第一次直接、正式地提出这一概念。第三，全面推进阶段。2012 年 11 月召开的党的十八大[4] 和 2013 年 11 月召开党的十八届三中全会都进一步强调要"提高国家文化软实力"[5]；特别是 2013 年 12 月，中共中央政治局专门就提高国家文化软实力问题进行了第十二次集体学习，习近平总书记深刻指出提高国家文化软实力的重要意义："提高国家文化软实力，关系'两个一百年'奋斗目标和中华民族伟大复兴中国梦的实现"[6]。建设社会主义文化强国是提

---

① 江泽民.高举邓小平理论伟大旗帜，把建设有中国特色社会主义事业全面推向二十一世纪——在中国共产党第十五次全国代表大会上的报告 [EB/OL]. 中国共产党新闻网，2014-5-7.

② 江泽民.全面建设小康社会，开创中国特色社会主义事业新局面——在中国共产党第十六次全国代表大会上的报告 [EB/OL]. 新华网，2012-11-4.

③ 胡锦涛.高举中国特色社会主义伟大旗帜 为夺取全面建设小康社会新胜利而奋斗——在中国共产党第十七次全国代表大会上的报告 [EB/OL]. 人民网，2007-10-25.

④ 胡锦涛.坚定不移沿着中国特色社会主义道路前进 为全面建成小康社会而奋斗——在中国共产党第十八次全国代表大会上报告 [M]. 北京：人民出版社，2012. 第 31 页。

⑤ 中共中央关于全面深化改革若干问题的决定 [M]，北京：人民出版社，2013. 第 38 页。

⑥ 习近平.提高软实力 实现中国梦 [N]. 人民日报（海外版），2014-1-1(1).

高国家文化软实力的重要目标，社会主义核心价值观是"是文化软实力的灵魂、文化软实力建设的重点"，关键取决于能否坚定不移地坚持中国特色社会主义文化发展道路。①并从"要努力夯实国家文化软实力的根基"、"要努力传播当代中国价值观念、要努力展示中华文化独特魅力"、"要注重塑造我国的国家形象"等多个方面进行了全面的阐述。

　　通过上述过程的回顾和梳理，可以清晰地看出：我们党和国家之所以在"软实力"概念的基础上，把西方政治学家为自己国家出谋划策所提出的建议创造性地"洋为中用""为我所用"，鲜明地提出了"国家文化软实力"的概念，做出了提升国家文化软实力的重大决策，从根本上来说，就是为了更好地应对我国在日趋激烈和复杂的国际竞争中面临的新环境、新特征和新趋势②，为实现和平发展，构建以合作共赢为核心的新型国际关系创造条件和谋篇布局。

　　（二）学术、官方、媒体话语基调的文化软实力研究阶段

　　"软实力"学术话语、媒体话语和官方话语的相关数据显示，其间发展轨迹基本重合，官方话语起着重要的"定调"作用，而学术和媒体话语则不断拓展出更广泛的内涵，三者构成了一种"复调"的效果。研究者通过中国知网（CNKI）和人民数据两个数据库分别以软实力为关键词进行了全文搜索，来获取该词在中国的学术话语、媒体话语和官方话语三个子体系中的流变。搜索结果发现，在1990年约瑟夫·奈提出该概念后不久，我国学者就有所关注，但发表的相关文章寥寥可数。但随着学术文章的逐渐累积，"软实力"概念在21世纪初得到学者、媒体和政府官员的普遍关注。2006—2007年，中央政府也加入这场合唱，更使得软实力话语呈现几何级数增长。值得关注的是，在2015年达到巅峰之后，这个概念的吸引力似乎有所下降。③（详见图1）将"软实力"概念引入中国话语的历史分为起、承、转、合四个阶段，也正是在这样的发展阶段中，软实力话语嵌入了中国的文化和政治进程，其面貌也不断发生变化。

----

①　韩振峰.习近平关于提升国家文化软实力的十个基本思路[J].文化软实力,2016(02).
②　聂黎,聂炳华."合作共赢"新型国际关系条件下提升国家文化软实力的再思考[J].东岳论丛,2016(06).
③　张磊,胡正荣,王韶霞."软实力"概念在中国的挪用与流变——基于学术话语、媒体话语和官方话语的分析[J].郑州大学学报(哲学社会科学版),2015(01).

1. 起——1990 年至 20 世纪末

最早一篇提及"软实力"一词的文章是 1990 年张正伦在《中国科技论坛》发表的《一场新的持久战：论"综合国力"的较量》。此后，学术期刊和一般报刊都有一些文章提及此词，但频率很低。1994 年 6 月 29 日，李小兵在《人民日报》发表《冷战之后的文明战略：亨廷顿的"文明冲突论"评介》一文，是该报首度出现"软实力"，但文中并未对此进行详细介绍，只是顺道提及。

这一阶段的软实力话语有三个特点。首先，它主要是学者们所使用的概念。它主要在学术期刊出现，即使在《人民日报》和其他报刊上露面，也往往见于学者们的理论性文章。其次，早期学术期刊和媒体一样，对这一概念主要是进行引介。这一时期内涉及软实力的文章基本上都未进行深入的论述和评价，多数文章是将之作为一种新概念和理论进行介绍，聊备一格；也有文章用它来评价美国等西方国家的综合国力；还有的文章直接斥之为西方的学术成果。总体上看，这一时期相关文章数量少，这个概念尚未在中国蔚然成风。

2. 承——21 世纪初至 2006 年

实际上，在前两个阶段之间并无明显区隔，中国学术界对于"软实力"的介绍一直在持续进行。2002 年，约瑟夫·奈的新书《美国实力的悖论：世界唯一超级大国为何不能单干》发表，给这类研究进一步加温。2002 年 5 月 1 日，《人民日报》发表朱梦魁的文章《孤胆骑警独行难》，从约瑟夫·奈的新书谈起，评价美国国际形象的下降及其硬软实力之间的矛盾。《现代国际关系》《国外理论动态》《美国研究》等重要学术期刊也就该书发表了书评或相关文章。 此后，学术文章的思路愈见开阔，不仅评介奈的软实力理论，更用它来思考中国问题，提出了关于中国软实力的构成、素质、发展策略与渠道等各种见解。出现在媒体上的软实力，也不仅仅是见于理论性文章，而是逐渐出现在关于国际新闻、经济和文化报道、地方发展等各种文章中。

"软实力"也开始获得官方的认可与应用。一些重要官员在党报党刊发表理论文章时，已经使用了这个词。2003 年 8 月 25 日《人民日报》第 9 版《理论版》上，发表了时任浙江省委书记习近平的文章《用"三个代表"重要思想指导新实践》，其中即谈及："我们要大力发挥浙江的人文优势，切实加强精神文明建设，弘扬和发展'浙江精神'，深化文化体制改革，推动文化与经济的相互交融，通过不断增强软实力提高综合竞争力，促进人的全面发展和社会全面进步。"值得注意的是，此处谈及的"软实力"已经不是约瑟夫·奈的原意了。类似的还有 2004 年 10 月 31 日《新民晚报》的一篇文章《提升国际竞争力——韩正思考：塑造追求营造构筑》）。2005 年，它还出现在一些地方的政府工作报告以及高级官员的谈话中。在这一阶段，关于软实力概念的普及工作已经基本完成。作为结果，越来越多的文章（无论是媒体报道、官方文件，抑或是学术文献），提到"软实力"时不再介绍它的来源，而是直接当作一个理所当然的概念加以使用了。

3. 转——2007 年至 2012 年

2008 年北京奥运前夕，"软实力"一词使用的风头越来越强劲，谈到它的学术文献和报刊文章以万篇为计数单位。相比于学术话语和媒体话语，软实力进入官方话语的时间较晚。一个可能的解释是，中国的政治性话语体系对于来自于体制外（甚至是国外）的新生概念和理论通常保持谨慎态度。然而经过学界与媒体的大量铺陈，这一概念已经在中国的社会文化体系中"日常化"了，政府对它的采用也就成为顺理成章的事情。一旦获得了官方的认可，它在学界和媒体界的应用就更广泛了。随着它的日渐流行，该词频频出现在政府官员的讲话以及一些会议报告中。官方话语一般不对该词进行介绍，也基本不谈及其学术来源，而是直接用于对中国状况的总结。典型一例是2006 年 11 月 10 日时任国家主席胡锦涛在中国文联第八次全国代表大会、中国作协第七次全国代表大会上的讲话，其中提到："增强我国文化的国际竞争力，提升国家软实力，是摆在我们面前的一个重大现实课题。"更早之前，时任文化部长孙家正在《谈 2004 年我国对外文化交流工作》中也提到了文化作为一种"软实力"具有不可替代的作用。此外，各地政府工作报告和领导讲话都广泛使用它。这些讲话和报告为软实力在 2007 年写入十七大报告奠定了基础。2007 年 10 月 5 日，时任中共中央总书记胡锦涛所作的十七大报告中，也出现了这个词。作为中国官方最重要的纲领性文献之一，党的全国性代表大会的报告起着旗帜性作用，它为某些词脱敏，为某些词加冕，也为某些词赋予新的意义。可以说，十七大报告对这个词汇的认可，正式宣告它在中国主流话语体系中拥有了举足轻重的一席之地。也正是在此之后，提到该词的学术文献和媒体文章呈现了爆炸式的增长。

尤其值得重视的是，此后官方话语通常在"软实力"之前附加一个定语"文化"，由此构成了"文化软实力"这一新的概念。它一方面借用了奈对"软实力"的原初界定，即基于非物质、非武力、非政治性的力量；另一方面又脱离了它的原初适用范畴，从国际政治和国际关系走向对于某一国家、城市乃至社会机构力量的判定。在这一时期，关于软实力的学术讨论也呈现出两个特色，一是展开了广泛的辨析与争鸣（例如软实力的本质），二是进行了更深度的本土化（例如中国色彩的挪用）。学者们对于这个概念的翻译、内涵和应用范围进行了讨论，它也脱离了国际关系和国际传播领域，走向了文化产业、城市形象、企业管理等原本距离较远的课题。

4. 合——2013年至今

不难看出，"软实力"概念在二十余年间在中国获得了普遍的认知，甚至掀起了一股热潮，在2015年达到巅峰，令众多社会思潮和理论概念相形见绌。党的十八大以来，习近平总书记多次在不同的场合，就国家文化软实力阐发了一系列重要论述，提高国家文化软实力被作为我们党和国家的一项重大战略任务。在习近平总书记的治国理政思想体系中，关于提高国家文化软实力的思想是一个重要方面的内容。学术期刊和媒体对"文化软实力"话题的重视达到新高度，并且在中国本土化理论建构基础上进一步深化，具体表现为在国际传播、文化产业、城市形象、企业管理等相关课题上，由解释说明性研究逐渐转向结合中国实际的研究，由纯理论研究转向如何指导软实力建设的研究。自2015年开始相关文章的数量均开始下降，这或许说明软实力研究逐渐走向深入，或者表明学者已经不断寻找新的替代性理论热点。总体来说，党和国家历届领导集体对提升文化认识问题一脉相承不断创新深化，国内"文化软实力"这一中国命题在此推动下，呈现跨学科、跨文化、高水平深入研究态势。

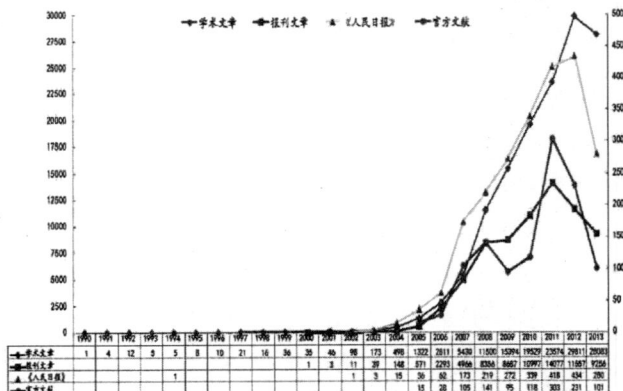

图1　软实力学术话语、媒体话语、官方话语发展趋势比较图①

① 参见：张磊，胡正荣，王韶霞．"软实力"概念在中国的挪用与流变——基于学术话语、媒体话语和官方话语的分析[J].郑州大学学报（哲学社会科学版），2015,(01).

三、何为文化软实力：中国学界对文化软实力含义的卓见

"软实力"（Soft Power）是源自政治学领域的概念，近年来这一概念颇受理论界重视，"文化软实力"作为"软力量"的派生词，是国内学界对"软力量"一词内涵的延伸，故而要全面阐述"文化软实力"，必须从清楚"软力量"内涵的机理构成开始。很多研究者就文化软实力的内涵提出见解，并从不同学科领域运用文化软实力的视角分析现实问题。

（一）具有广泛社会号召力的"软实力"

"软实力"（Soft Power）又称"软国力""软力量""软权力"，是美国著名学者、哈佛大学肯尼迪政府学院院长约瑟夫·奈在20世纪80年代与保罗·肯尼迪的一场围绕美国国力是否衰落的论战中首先提出来的。他1990年在《政治学季刊》（*Political Science Quarterly*）和《外交政策》（*Foreign Policy*）等杂志上发表的《变化中的世界力量的本质》和《软力量》等一系列论文一般被学界认为首先提出了"软力量"说；也有学者认为"Soft Power"第一次出现在1990年奈发表的《衰落隐喻的误导》一文中；而约瑟夫·奈本人则声称"在1989年撰写的《注定领导：美国力量的转变》（*Bound to lead*）一书中率先提出了'软力量'的概念"①。

冷战结束后，软实力理论进入美国学界的主流话语，成为西方国际关系理论之一，并对现实政治造成深远的影响。约瑟夫·奈不断对"软实力"概念进行补充、修正和完善。1999年，他认为"软实力是一个国家的文化与意识形态吸引力，它通过吸引力而非强制力获得理想的结果，它能够让其他人信服地跟随你或让他们遵循你所制定的行为标准或制度，以按照你的设想行事。"②2004年3月，他在《软实力——国际政治中的制胜之道》一文稍作修正，他写道："软实力是一种能力，它能通过吸引力而非威逼或利诱达到目的。这种吸引力来自一国的文化、政治价值和外交政策。当在别人的眼里我们的政策合法、正当时，软实力就获得了提升。"③

在2006年的一篇文章中，奈这样写道："实力，一定程度上是改变他人

① Joseph S. Nye, Jr. Soft Power: The Means to Success in World Politics[M]. New York: Public Affairs, 2004:2, 11.

② Joseph S.Nye, The Challenge of Soft Power[N], Time ,1999 ,February 22:21.

③ Joseph S. Nye.Soft Power: The Means to Success in World Politics[M]. New York: Public Affairs, 2004, pp.2,11,25.

行为以达到你的目的的能力……基本上有三种方式可以做到：威胁（大棒）、交易（胡萝卜）和吸引（软实力）。……一个外国人喝可口可乐或穿乔丹 T 恤并不意味着美国就对他有控制力。……而实力资源是否能够产生预期效果还要看背景因素。"① 同时，硬实力有时也可能起软实力的作用，如动用军队参加国际维和行动、国际灾难救援，向他国提供财力或物资援助等。国际贸易属于硬实力的范畴，但有时也会有软实力的作用，如品牌的文化效应。②

约瑟夫·奈之所以如此看重软实力，是因为软实力具有广泛的社会号召力。1990 年，他在一本书中写道："如果一个国家能够使其权力在别国看来是合法的，那么它在实现自己意志的时候就会较少受到抵抗。如果它的文化和意识形态具有吸引力，那么别的国家就会更愿意效仿。如果它能建立起与其社会相一致的国际规范，那么它需要改变自己的可能性就会很小。如果它能够帮助支持那些鼓励其他国家按照主导国家所喜欢的方式采取或者限制自己行为之制度，那么它在讨价还价的情势中就可能没有必要过多地行使代价高昂的强制权力或者硬权力。简言之，一个国家文化的共通性和它具有的建立一套管理国际行为的有利规则和制度之能力，是至关重要的权力源泉。在当今国际政治中，那些软权力源泉正变得越来越重要。"③

（二）中国语境下的国家"文化软实力"之含义

在"软实力"概念引入中国后，引发一系列研究，逐渐成为理论界的新兴热点。国内较早研究国家软实力的学者主要有王沪宁等人。王沪宁在 1993 年提出"政治体系、民族士气、经济体制、科学技术、意识形态等因素的发散性力量表现为一种软实力"④。阎学通认为，国家软实力是一个国家内部和外部的政治动员能力，是一个国家对物质实力资源的使用能力，而不是物质资源本身⑤。北京大学中国软实力研究课题组认为，软实力是一种改变博弈对手对现实感知的能力，它并不改变现实本身，而只是改变了现实在博弈对手眼中的价值，而这同样可以改变对方行动，并最终实现自己的目标。

早期也有一些著作出现，如门洪华主编的《中国：软实力方略》、李春生

① Joseph S.Nye, Jr., Think Again: Soft Power [N], Foreign Policy, 1 March, 2006, p. 1.
② 尹斌. 软实力外交：欧盟的中东政策 [M], 光明日报出版社,2010. 第 19—20 页。
③ Joseph S. Nye: Bound to lead. The changing nature of American power[M]. New York: Basic Books, 1990, pp. 32-33.
④ 王沪宁. 作为国家实力的文化：软权力 [J]. 复旦学报 (社会科学版),1993(3).
⑤ 阎学通. 中国软实力有待提高 [J]. 中国与世界观察 ,2006(1).

《修炼和发挥你的软实力》、王佐书《构建社会主义和谐社会的软实力》等。党的十七大，明确把"提高国家文化软实力"提升到国家战略这一新高度，并纳入"推动社会主义文化大发展、大繁荣"的整体战略中。作为衍生概念的国家文化软实力被提出并引起诸多领域的重视，但国内学术界有关国家文化软实力的研讨既是热点又尚处于起步阶段，对其含义的界说仍未形成一致定论，可谓"仁者见仁，智者见智"，其中不乏真知卓见，各位学者从不同角度对国家文化软实力的阐释构成了理解的互补，这种互补对文化软实力概念的界定是必要的和有益的。

1. 文化及文化力是国家文化软实力的基石

在论述软实力的内涵时，不少学者凸显出文化的重要地位。张小明教授认为约瑟夫·奈所提的国家软实力主要包括文化 (culture) 吸引力、意识形态 (ideology) 或政治价值观念 (political values) 的吸引力、塑造国际规则和决定政治议题的能力。① 邓显超对此详述为"文化 (culture) 的吸引力；意识形态 (ideology) 和思想观念 (ideas) 的感召力；制定国际规则 (international norms) 和建立国际机制 (international institutions) 的能力；恰当的外交政策 (foreign policy)。"② 俞新天研究员提出"软实力的核心是文化，而且主要是文化中的核心即价值观"。③ 门洪华教授将文化视为软实力的主要内涵和"内功"。④ 黄金辉和丁忠毅则把文化力作为国家软实力的基础之一，指出"文化是观念前提"。⑤ 刘家和教授曾言中国的软实力思想源远流长、资源丰厚，奠定了中国实现一统的大局面。⑥ 可知，文化在铸造国家文化软实力方面拥有核心基石作用。

2. 厘清文化和权力的内涵是探究国家文化软实力的前提

一些关注国家文化软实力研究的学者呼吁甚或提醒学术界应首要地对文化的含义作出必要而恰当的解释。如霍桂桓研究员再三强调："毋庸赘言，无法确切地把握'文化'本身的基本含义，显然也就难以准确地理解究竟什么是文化软实力。"⑦ "显然，确切地认识和把握文化的基本内容和本质特征，是

① 张小明. 约瑟夫·奈的"软权力"思想分析 [J]. 美国研究 ,2005(1).
② 邓显超. 提升中国软实力路径 [J]. 理论与现代化 ,2006(1).
③ 俞新天. 软实力建设与中国对外战略 [J]. 国际问题研究 ，2008(2).
④ 门洪华. 软实力与国际战略 [J]. 当代世界 ,2008(9).
⑤ 黄金辉，丁忠毅. 中国国家软实力研究述评 [J]. 社会科学 ，2010(5).
⑥ 刘家和. 关于中国文化软实力形成发展的两点思考 [J]. 文化软实力 ，2016(1).
⑦ 霍桂桓. 文化软实力的哲学反思 [J]. 学术研究 ，2011(3).

探讨和研究'文化软实力'及其一系列相关问题的理论基础和基本前提"。①根据政治学和国际政治对权力的细分概念和对"软权力"的关系定义，以及对国际传播的现实分析，"在用文化资源等潜在的影响能力指代 soft power 时，译为'软实力'；而以'控制关系''话语权'等无形的影响力来理解 soft power 时，则译为'软权力'；在以战略策略等实践方法可能预见的有效性来解释 smart power 时，可以译为'巧用力'"，②必须明确细化其所指。

3. 多视角地剖析国家文化软实力的含义

学者们所概括的国家文化软实力的内容值得借鉴。一是从国家内部和国际社会两方面阐释国家文化软实力，魏恩政和张锦认为"文化软实力则是指该国传统文化、价值观念、意识形态等文化因素对内发挥的凝聚力、动员力、精神动力和对外产生的渗透力、吸引力和说服力。"③张晶指出文化软实力"是文化、价值观、意识形态以及发展模式的吸引力、感召力与影响力。在国家、民族内部，它具有凝聚力；在国际形象上具有亲和力，因此，成为一国综合国力的重要组成部分。"④李宏宇认为"文化软实力是指精神文化对本国人民的凝聚力、动员力和对其他国家的人民、国际社会的吸引力和影响力的合称。"⑤

二是将文化品牌、文化形象和文化环境等纳入到国家文化软实力，"所谓文化软实力，当指软实力中与文化相关的部分，即核心价值理念的吸引力和凝聚力、文化品牌的影响力、文化形象的亲和力、文化环境的美誉度等"。⑥比如作为中国文化软实力基础的中华文化，其本身就是中华我者与外来他者之间长期的相互涵濡的产物。⑦红色文化软实力是红色文化的综合影响力，体现为以红色精神和红色基因为灵魂的文化凝聚力，以公益性红色文化事业为基础的文化服务力，以经营性红色文化产业为重点的文化竞争力，以红色文

①　霍桂桓.简论"文化与人化"和"文化软实力角度来看"的关系 [J].西安交通大学学报（社会科学版）,2009(3).

②　郭镇之，冯若谷."软权力"与"巧用力"：国际传播的战略思考 [J].现代传播（中国传媒大学学报）,2015(10).

③　魏恩政，张锦.关于文化软实力的几点认识和思考 [J].理论学刊,2009(3).

④　张晶.文化软实力彰显的特性与我国的提升策略 [J].学术交流,2009(6).

⑤　李宏宇.文化软实力的特征和外在形态 [J].学习与探索,2011(2).

⑥　龚政文.提升文化软实力 建设魅力新湖南 [J].新湘评论,2008(3).

⑦　王一川.我他涵濡：中国文化软实力的生成原理 [J].文化软实力,2016(02).

化传播和交流为途径的文化影响力[①]。

三是强调了传统文化和现代文化的魅力，即文化软实力指"一个民族国家的传统文化和现代文化所具有的、由于体现了鲜明的民族精神特质(ethos)及其发展态势而对其他民族国家的受众产生的精神魅力"。扈光珉从思想理论引领力、民族团结凝聚力、精神信念支撑力、文化宣传鼓动力、文学艺术感染力五个方面，全面系统地阐述和解析了抗日战争胜利的"文化软实力"密码。[②] 长征精神是绝不放弃，是不畏艰险，是不怕牺牲，是对革命的忠诚，是对共产主义的信仰，这种精神是国家文化软实力的重要组成部分。[③] 又如国学包罗至广，主要应弘扬其中的文化价值和民族精神，可以说国学就是文化软实力。

4. 对国家文化软实力的特征表现予以梳理

学界对国家文化软实力的特征表现所做的解说也具有启迪价值和重要意义。国家文化软实力就是指一个国家在一定的生产力基础上形成的、通过文化的形式在较长时期内对本国家公民以及其他国家产生的综合力量，其核心是价值观，其主要表现形式是吸引力、凝聚力、影响力、选择力和排斥力，其目的是通过非强制手段达到预期的目的。[④] 文化软实力是国家实力中以思想观念及附着于相关文化产品中的文化精神为主要内容，能够对国际经济、政治与社会发展起到推动性作用的非物质性力量。"[⑤] 国家文化软实力是衡量和反映一个国家文化发展的"发展度""满意度""协调度"和"持续度"。[⑥] 文化软实力是国家软实力的重要组成部分，它拥有内容结构的层次性、作用方式的隐蔽性和实施效果的不确定性等特征[⑦]。文化软实力作为一种实力，只有在传播中才能让人感知，并从而发挥其作为一种实力的意义和价值。

5. 赋予了国家文化软实力的中国语境

著名史学家保罗·肯尼迪(Paul Kennedy)系统地阐释了霸权国家由于政

① 邓显超，杨章文. 红色文化软实力的内涵及构成要素探析 [J]. 毛泽东思想研究，2016(02):106-110.

② 扈光珉. 抗日战争胜利的"文化软实力"密码解析 [J]. 文化软实力，2016(02).

③ 秦妍. 长征精神是当代重要的文化软实力 [J]. 文化软实力，2016(03).

④ 刘洪顺. 关于国家文化软实力的几点思考 [J]. 理论学刊，2008(1).

⑤ 有英. 中国文化软实力建设述评 [J]. 实事求是，2008(2).

⑥ 林丹. 解析国家文化软实力 [J]. 文化学刊，2010(6).

⑦ 项久雨. 论国际视野中文化软实力的关系范畴及结构特征 [J]. 学习与实践，2010(11).

治、经济、军事的过度伸展而导致优势地位丧失的"铁律"①，约瑟夫·奈提出软实力的理论框架之目的就是反驳这种"美国衰败论"。其"软实力"将主体由个人与机构替换为民族国家，但其权力的内涵是不变的，仍是一种让别国按照本国意愿行事的能力。只不过强调了让别国自愿主动地去服从，称其为"吸引力"和"感召力"。②国内学术界对国家文化软实力的研究和阐释在扬弃和发展中摒弃了霸权取向，③应该看到，无论就理论依据而言，还是就价值取向而言，我们所说的'软实力'与约瑟夫·奈所说的软实力都有很大不同。

软实力的采用有它的合理性基础。全球权力转移的新态势，使得中国拥有自信参与到日渐复杂的全球竞争中去。"中国不再仅仅满足于批评美国的文化帝国主义，而是大刀阔斧地采纳约瑟夫·奈的'软实力'概念，并通过媒体和文化机构努力使中国走向世界。"④党十七大明确指出："文化软实力是综合国力的重要组成部分。"这样强调的意义主要有两点：一是突出了"文化"在软实力中的核心地位，文化在软实力中处于"灵魂"和"经纬"的地位，而不是像约瑟夫·奈那样把文化仅仅看成是软实力中的一个方面；二是突出了"软实力"在综合国力中的地位和作用，它涵盖了社会主义精神文明建设、中国特色社会主义文化建设、社会主义意识形态与核心价值体系建设、社会主义文化强国建设，⑤而不是像约瑟夫·奈那样仅仅把软实力作为外交战略和国际权谋的手段。

此外，国内学术界还使国家文化软实力的内涵和外延展现出了中国特色，在中国学术的"话语"体系里，文化软实力概念是文化力和软实力概念的延伸，或者说是在文化力概念和软实力概念的基础之上发展起来的。⑥韩宝华和秦裕华概括了中国文化软实力的独特内涵，即核心价值体系是中国文化软实力的内核，和谐文化是中国文化软实力辐射凝聚功能的载体，中华文化是中国文化软实力在世界民族文化之林中的身份认同，文化创新则是保持文化软

———————

① 他在 1988 年出版的《大国兴衰：1500—2000 年的经济变迁与军事冲突》中认为，一个帝国为支撑其势力必然要支付巨大的军事开销，以至于帝国所赖以君临天下的财富会因此而消融殆尽，从而必然将帝国无可挽回地引向衰落和灭亡。

② 张磊，胡正荣，王韶霞．"软实力"概念在中国的挪用与流变——基于学术话语、媒体话语和官方话语的分析 [J]. 郑州大学学报（哲学社会科学版），2015(01).

③ 童世骏．文化软实力 [M]. 重庆：重庆出版社，2008.

④ 赵月枝．中国的挑战：跨文化传播政治经济学刍议 [J]. 传播与社会学刊，2014(28).

⑤ 张国祚．文化软实力研究 [J]. 中国高校社会科学，2015(01).

⑥ 贾海涛．文化软实力：概念考辨与理论探源 [J]. 红旗文稿，2008(3).

实力在现代世界中产生影响力的经典方式。① 国家文化软实力动力生成主要
包括社会基本矛盾、社会发展进步、社会主义核心价值观、文化冲突和融合、
人民群众文化需求等要素，② 构建起一个充满活力、富有效率、更加开放、有
利于文化科学发展的文化软实力生成体系，才能不断解放和发展文化生产力。

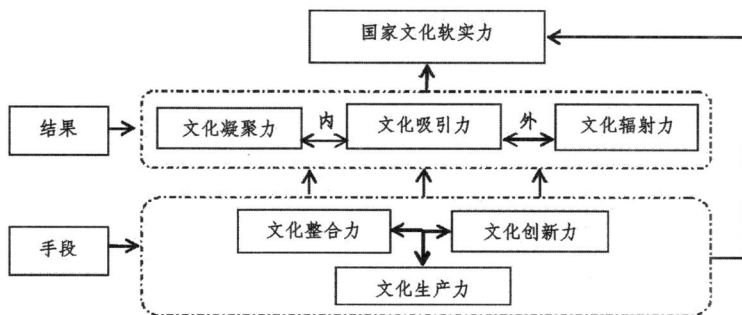

图 2　国家文化软实力动力构成要素示意图 ③

四、国家战略逻辑指向的"文化软实力"意旨研究

2007 年，"文化软实力"概念首次被写入十七大报告，"当今时代，文化
越来越成为民族凝聚力和创造力的重要源泉、越来越成为综合国力竞争的重
要因素"，"要坚持社会主义先进文化前进方向，兴起社会主义文化建设新高
潮，激发全民族文化创造活力，提高国家文化软实力"。④ 十八大后习近平总
书记更深刻指出提高国家文化软实力的重要意义："提高国家文化软实力，关
系'两个一百年'奋斗目标和中华民族伟大复兴中国梦的实现"⑤。建设社会
主义文化强国是提高国家文化软实力的重要目标，社会主义核心价值观是"是
文化软实力的灵魂、文化软实力建设的重点"，⑥ "要努力夯实国家文化软实力
的根基"、"要努力传播当代中国价值观念、要努力展示中华文化独特魅力"、
"要注重塑造我国的国家形象"。

衡量一个国家"文化软实力"的高低强弱，一个重要指标是文化创造力

①　韩宝华，秦裕华．当代中国语境下的文化软实力解读 [J]．实事求是，2008(2)．
②　黄意武．文化软实力的构成要素与路径找寻 [J]．重庆社会科学，2016(10)．
③　参见：黄意武．文化软实力的构成要素与路径找寻 [J]．重庆社会科学，2016(10)．
④　十七大报告 [R]，北京：人民出版社，2007．
⑤　习近平．提高软实力 实现中国梦 [N]．人民日报（海外版），2014-1-1(1)．
⑥　韩振峰．习近平关于提升国家文化软实力的十个基本思路 [J]．文化软实力，2016(02)．

的大小、创造成果的数量和质量及其在实现国家利益中所起的作用。这些举措充分证明"文化软实力"的命题已上升到国家战略部署的高度。以此为契机，学者及各行业代表纷纷从国际大环境出发，站在国家战略决策的高度来研究"文化软实力"的重要意义，从不同角度发表了真知灼见。主要逻辑指向基本上呈现出保障国家文化安全、助推中国和平崛起、促进世界和谐共生、助推"四个全面"、实现"中国梦"等几个方面。

"文化软实力"是一个具有鲜明国家意识形态性的概念，是国家政体的文化显现，是我们国家利益的独特呈现方式。在社会主义现代化建设进程中，文化软实力的发展对我国综合国力的提高有显著作用，同时也对维护国家安全和实现人民的全面发展起到促进作用。文化软实力是相对物质硬实力而言，一切无形的、难以量化的表现为精神力量的实力，都属于文化软实力。提高文化软实力、建设文化强国是"国家富强"的重要目标，是"民族振兴"的内在要求，是"人民幸福"的重要源泉。[1] 加强国家文化软实力建设，是全面增强国家综合国力的内在要求，也是实现国家和平发展的战略之举。

沈壮海主编的《软文化·真实力——为什么要提高国家文化软实力》一书较好地概括了文化软实力的重要性。作者指出，文化软实力总体上反映着一个国家综合国力的强弱，文化是制约和影响综合国力发展物质实体的重要方面，它是物质实力发挥作用的一个有利媒介，所以一个国家找准文化发展的方向，占据文化发展的制高点有助于该国提高其综合国力。[2] 文化软实力是协调推进"四个全面"的灵魂与经纬，全面提高国家文化软实力与协调推进"四个全面"的深度融合。[3] "四个全面"战略布局中建设文化软实力闪耀着马克思主义与中国实际相结合的思想光辉。

中国梦蕴含了强大的文化软实力。从内涵层面来看，中国梦是民族复兴之梦，具有增强执政党使命感的感召力；中国梦是人民幸福之梦，具有团结中华儿女的凝聚力；中国梦是和平发展之梦，具有提升国家国际形象的亲和力。从实践层面来看，中国梦是可实现之梦，具有激励民众为之奋斗的精神动力。中国梦所蕴含的文化软实力只有通过中国共产党领导广大人民群众脚

---

① 王庭大. 关于提高国家文化软实力的几点认识 [J]. 文化软实力,2016(02).

② 沈壮海. 软文化·真实力——为什么要提高国家文化软实力 [M]. 北京：人民出版社，2008. 第7—13页。

③ 张国祚. 协调推进"四个全面"战略布局必须着力提高国家文化软实力 [J]. 江海学刊,2015(05).

踏实地、真抓实干地去圆梦，才能被激活和释放。① 此外，文化软实力的支撑作用，主要体现在为国家创新战略提供核心价值、心理定势和新的传统、观念指引、创新自觉与创新自信，锻造国家创新战略所需的企业家精神，培育国家创新战略所依赖的创新创意阶层，为"大众创业、万众创新"提供实现空间和环境支持，营造国家创新战略所需的"鼓励创新、宽容失败"的氛围。② 文化形态的不同造成国家创新能力的迥异，国家创新战略在根本上依赖于文化软实力，强大的文化软实力将为中国的国家创新和全面崛起提供最为内在的支撑力量。

文化是国家的重要软实力，在综合国力竞争中的地位和作用越来越突出。核心价值观是国家文化软实力的内核，是推进国家治理现代化最根本的价值引领；中国特色社会主义是国家文化软实力的根本，推进国家治理现代化就是要进一步完善和发展中国特色社会主义制度；国家文化形象是国家文化软实力的体现，推进国家治理现代化必须注重塑造我国的国家形象。③ 提高国家文化软实力，有利于完善和发展中国特色社会主义制度、推进国家治理体系和治理能力现代化，有利于实现"两个一百年"奋斗目标和中华民族伟大复兴的中国梦。

五、锐意进取的中国文化软实力传播实践及软肋

在对中国软实力建构发展现状的分析总结上，一方面，近年来中国软实力蓬勃发展，文化外交是文化软实力提升的重要手段，而提升文化软实力则是文化外交的主要目标，比如和谐世界理念塑造了良好的中国国家形象，提高了国家亲和力④。另一方面，中国软实力发展面临的问题与挑战也层出不穷。文化软实力传播当以更加开放的心态将各类文化资源纳入文化外交视野，还应汲取对外交流的成功经验，以更加包容的胸怀促进文化产业发展，筑牢文化"走出去"的基础，并以"请送结合、以请为主"的手段，推动对外文化交流真正"渗入"人心，助力文化软实力的提升。

---

① 陈宇翔, 余文华. 中国梦与当代中国重要的文化软实力 [J]. 高校马克思主义理论研究 ,2016(01).
② 王京生. 文化软实力与国家创新战略 [J]. 文化软实力 ,2016(02).
③ 葛洪泽. 国家文化软实力与国家治理现代化 [J]. 文化软实力 ,2016(01).
④ 刘宝村. 和谐世界理念与国家软实力建设 [J], 南京政治学院学报 ,2007(6).

（一）多项文化外交助力中国文化软实力传播

近几年中国大力宣传经济、科技和军事实力的进步和飞速发展，但在展示中国的硬实力的同时，中国也注意打软实力的组合拳，如全力举办北京奥运会、广州亚运会和上海世博会，在全世界开办 500 多所孔子学院、700 多家孔子课堂，吸引外国学生到中国大学就读，并对东南亚邻国实行软外交，举办与其他国家的文化交流年，以巧实力向外界传递"和平崛起"不会打破全球力量均衡的理念。[①] 十八大后，中国对多边治理的态度更为积极，主动利用 G20、APEC 等原有的治理机制，还发起倡导建立亚投行、金砖国家银行、丝绸之路经济带等反映时代需求的新组织。

中国在非洲的政策，证实了通过硬与软两种手段展示外交的魅力，取得了较好的效果。一方面，中国加大对非洲的投资，修路建厂援建公共文化项目，提升了中国的经济硬实力。中国目前是非洲最大的贸易伙伴，中国的消费品、机械、汽车和电子产品大量输入非洲。到 2012 年年初，中国向非洲注入的直接投资达 153 亿美元，中国政府还承诺今后 3 年中国将向非洲提供 200 亿美元贷款。另一方面，中国在非洲还在参与国际维和行动，实行医疗保健外交，奉行不干涉非洲国家内政的原则，无条件对非洲国家进行援助，设立了中非发展基金，在政治、经济、教育和信息管理各领域开展和平对话行动；2000 年建立了"中非合作论坛"(FO-CAC)，鼓励文化交流，支持中国公司参与跨国跨区域基础设施工程和融资项目等等，第一座孔子学院于 2005 年在肯尼亚首都内罗毕建立，现在已达数十家。2008 年，中国为南非的教育项目提供 2 亿元人民币，在当地 50 所高中教授汉语普通话等，[②] 这些行动都有效地提升了中国在非洲的软实力。对此，华盛顿战略与国际研究中心非洲项目主任詹尼弗·库克 (Jennifer G. Cooke) 认为，中国实行改革开放以来，国际上对中国文化越来越感兴趣，促进中国领导人不断提升中国的文化影响力。通过兴办孔子学院、外国学生来华留学、举办文化节和友好文化年活动，中国强力扩展与非洲的文化交流。

有研究指出，在非洲，中国的声音不仅仅集中在精英阶层，即使在大众层面，中国的印象也较正面，这与西方主流媒体对"中国在非洲"的评价正

---

① 晋佳丽. 中国参与全球治理的软实力策略 [D]. 华中师范大学硕士学位论文,2015.

② See Jennifer G. Cooke，China's soft Power in Africa,pp.27-44, http://csislorg/publication/chinas-soft- power-africa. 转引自唐彦林：美国对中国在非洲软权力的评估及启示，原载于《西亚非洲》2010(5).

好相反。①2007 年，皮尤全球民意调查 (Pew Global Attitudes Survey) 要求 10 个非洲国家的老百姓把中国和美国对自己国家的影响进行比较。其中 9 个非洲国家的 61%—91% 的受访者表示，中国的影响对他们的国家比较好，比例上大大超过了美国。2009 年的皮尤调查抽查了 26 国的百姓对中国的态度。其中仅有的两个撒哈拉以南的非洲国家，尼日利亚和肯尼亚，分别有 85% 和 73% 的人对中国表示好感，好感率分别为 26 国中的第二 (仅次于中国本土) 和第四。不过值得注意的是，2012 年的有关调查显示，非洲人对中国的好感率有所下降 (图 3)。② 这可能与中国在非洲的工厂和工程项目频繁发生的劳工冲突事件有关。而近几年西方媒体的普及以及各种 NGO(指不以营利为目的的非政府组织) 活跃度的提高，再加上西方社会尤其是美国对中国在非洲各项行动的指责，也会在一定程度上影响非洲民众的舆论。

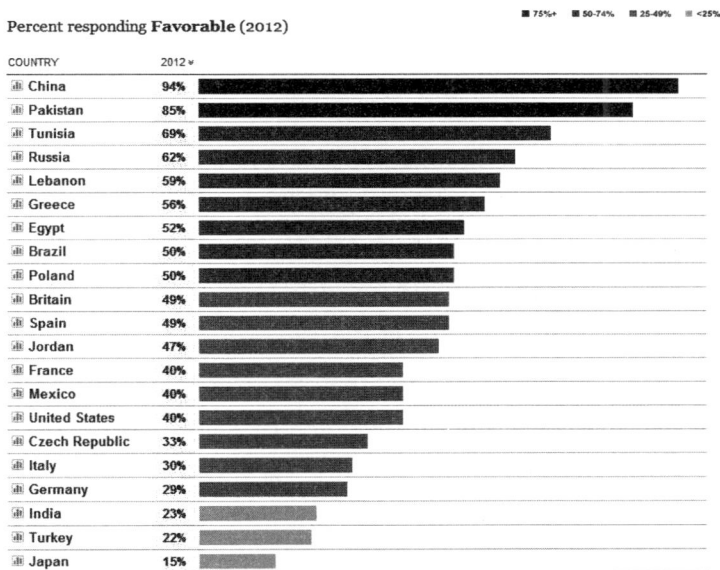

Percent responding Favorable (2012)

■ 75%+   ■ 50-74%   ■ 25-49%   ■ <25%

COUNTRY	2012
China	94%
Pakistan	85%
Tunisia	69%
Russia	62%
Lebanon	59%
Greece	56%
Egypt	52%
Brazil	50%
Poland	50%
Britain	49%
Spain	49%
Jordan	47%
France	40%
Mexico	40%
United States	40%
Czech Republic	33%
Italy	30%
Germany	29%
India	23%
Turkey	22%
Japan	15%

图 3   中国和美国对非洲国家的影响比较图 ③

此外，"一带一路"海上丝绸之路秉持包容开放的价值追求，采取和平合

———————————
① Barry Sautman, 严海蓉 . 中国在非洲：全球体系的困境 [EB/OL]，http://www.2lcth. com/HTML/2010-1-11/xOMDAwMDE2MTUxOA.htm1

② See Pew Global Attitudes Project，"Opinion of China"，http: //pewylobal. ory/ database/?indicator=24.

③ See Pew Global Attitudes Project，"Opinion of China"，http: //pewylobal. ory/ database/?indicator=24.

作、互学互鉴的方法，实现互利共赢的目标。培育海上丝绸之路精神有利于丰富国家文化软实力的因素来源，也有利于完善国家文化软实力作用机制。国家文化软实力作为国家实力的"第二张面孔"，是文化辐射力、文化整合力和文化感召力的有机统一。[①] 在国家"一带一路"合作共赢理念和反法西斯自由平等信仰的共享中，华语电影节展成为以电影的意义和价值共享来维系并建构人类共同体的文化软实力传播仪式。约瑟夫·奈在采访中作出了积极评价，"中国在经济方面的成功、中国对非洲和拉丁美洲的援助项目、中国通过建立孔子学院传播中华文化所作的努力，再比如像举办上海世博会这类活动，对增强中国的软实力都非常有帮助"。[②] 对中国有利的因素是中国经济发展的成功，对世界许多地方的援助，对国际重大问题的解决，比如世界气候问题、伊朗核问题、抑制国际流行病毒的传播等，在增强中国文化软实力上发挥了重大作用，以及促进了中国传统文化的传播。

（二）中国文化软实力传播中的软肋与挑战

中国的经济总量已经居世界第二并实现可持续发展，提高国家的创新能力是中国当下最有力的硬实力体现。与此同时，展示中国的航空航天以及军事工业自主创新的成果，参与国际维和行动，既可展示中国的军事硬实力，又是一种维护世界和平软实力的体现，中国显然已经明白了软实力的意义。国际问题研究知名学者阎学通和徐进基于约瑟夫·奈关于软实力要素的分类，细化得到以下量化模型：一国之软实力由其国际吸引力（国家模式吸进力＋文化吸引力）、国际动员力（战略友好关系＋国际规则制定权）和国内动员力（对社会上层动员力＋对社会下层动员力）三部分组成，得出中国的国际吸引力不足美国的 1/8；中国的国际动员力约为美国的 1/3 弱；中国的国内动员力约为美国的 9/10。[③] 上海财经大学世博经济研究院陈信康在受上海市政府委托所做的一份研究报告中称，上海的软实力不到纽约的 60%。[④] 中国文化软实力传播的问题在于对软实力构成的三要素——文化、价值观和政策的建设

① 黎远波，李国荣．"海丝精神"下国家文化软实力提高策略探究 [J]．经济与社会发展，2016(02)．

② 张梅，约瑟夫·奈．中国软实力的现状、发展与新时期的中美关系——访哈佛大学肯尼迪政府学院约瑟夫·奈教授 [J]．马克思主义研究，2016(05)．

③ 阎学通，徐进．中美软实力比较 [J]．现代国际关系，2008(1)．

④ 刘耿．中国向世界形象授权 [N]．望东方周刊，2010(22)．另见刘耿《中国需向世界"形象授权"》，载《今晚报》2010 年 6 月 13 日．

方面都存在严重不足。

1. 文化上尚未梳理出最具正能量和广泛影响力的元素

在文化上，中国尚未梳理出中国文化对于世界未来发展最具有正能量、而又可能有广泛吸引力的元素。中国的文化国力也处于"发展中"。[①] 在经济市场化以及文化世俗化和商业化这一大的历史背景下，中国原有的意识形态、价值观念和政治哲学等文化形态所具有的社会价值整合功能开始面临挑战。[②] 中华传统文化中强调的"天人合一""己所不欲勿施于人""民为上""克己奉公"等政治与社会文化智慧，乃至"天下体系"的治理模式对于现代社会的意义，都没有得到系统的梳理，更没有得到广泛的传播。

2006 年 5 月，美国《新闻周刊》评选出进入 21 世纪以来世界最具文化影响力的一些国家文化及其形象符号，其中代表中国的文化形象主要有：汉语、北京故宫、长城、苏州园林、孔子、道教、孙子兵法、兵马俑、丝绸、瓷器、京剧、少林寺、功夫、西游记、针灸、中国烹饪等。由此可以看出，外国人对中国文化形象的了解更多的还是中国传统文化，而新中国成立以来的成就基本上没有形成有效的符号体系。从更深一层分析，我们更会发现，这些符号缺少精深的价值意向，不太可能对他人的人生观、价值观产生深远的影响。

2. 道德和诚信缺失等"价值失衡"削弱中国文化软实力传播

道德功能弱化和拜金主义等错误思潮不断侵蚀着我国的文化软实力，道德问题集中爆发和诚信缺失剧增削弱了我国的价值观认同。中国正处于实现民族伟大复兴和全面深化改革开放的关键期，我们亟须通过文化软实力建设来强基固本、凝神聚气、增强中国人的骨气和底气。造成文化创造主体整体素质不高的深层次原因在于高速发展当中的"价值失衡"。从这一角度而言，国家文化软实力的提升首先在于使文化创造主体建立正确的价值规范和准则，这是当前应当着力解决的问题。但是，由于对文化和精神文明建设的长期忽视、传统文化与现代文明未能有机衔接、外来政治思想文化理念的冲击和侵蚀、文化传播力度不足和传播范围不广、缺乏文化自信和文化自觉等诸多原因，导致我国文化软实力过于"软弱"。只有克服文化价值观建设中的阻碍因素，文化软实力才能真正助力中国梦的实现。

---

① 罗建波 . 中国崛起的对外文化战略——一种软权力的视角 [J]，中共中央党校学报，2006(3).

② 张西立 . 加强文化建设 提高国家文化软实力 [J]. 马克思主义与现实，2007(6).

2008 年，美国一家品牌咨询公司曾经在 700 个美国公民中对中国制造的产品进行消费者调查，结果令人震惊。在受调查者中，仅有 6% 的人承认"我喜欢买中国商品"以及"我喜欢购买中国的品牌"。与此对应，一半以上的受调查者声称他们不喜欢中国制造的商品或者中国的品牌。这个调查显示，中国的品牌和商品还远没有赢得全球消费者的心，虽然中国商品充斥全球货架，但 66% 的被调查者认为，中国制造的商品和品牌正在损害中国的国际形象（见图 4）。[①]《纽约时报》曾公布一个由美国芝加哥全球事务委员会和韩国东亚机构所做的调查报告，该报告显示在亚洲五国和美国所作的民意调查显示，受访者都尊敬中国文化遗产，但对中国的政治和当代流行文化的影响力却印象较差。

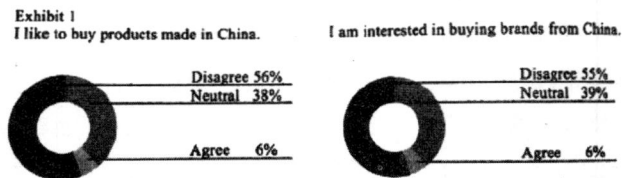

Exhibit 1
I like to buy products made in China.　　I am interested in buying brands from China.

Disagree 56%　　　　Disagree 55%
Neutral　38%　　　　Neutral　39%
Agree　6%　　　　　Agree　6%

图 4　美国公民对中国制造的印象调查[②]

3. 中国还未形成综合与连贯的国家软实力战略

中国政府虽然提出了文化多样性的主张，但未提出如何建立国际文化秩序的问题，因而缺乏相应的政策和机制建设，限制了中国传统文化优势的发挥。诚如 2007 年（香港）中评社发表社评文章对中国文化的国际地位做出的综合评价中所指出的："中国文化在世界的影响力，绝对不可以说是巨大的。与美国文化相比较，中国文化在世界范畴中许多方面都是不足的。一是未有在国际社会成为一种流行的文化。二是未有形成有相当影响力的文化。三是未有成为推动世界经济发展的一股力量文化。"[③]

在政策安排上，我们本可大有作为，因为这是软实力三个构成要素中最具有灵活性的元素。但因为中国一直没有建立强大的智库群，使得我们在国际交往中仍然处于"摸着石头过河"的自发试验状态，构成软实力的各部门

---

① 转引自：李雪．内对外王：软实力需从国内建设 [A]，软实力与中国梦 [C]，北京：法律出版社，2011. 第 67—75 页。

② 肖永明，张天杰．中国文化软实力研究的回顾与前瞻 [J]. 湖南大学学报（社会科学版),2010(01).

③ 中国的软实力有哪些不足？ http://theory.people.com.cn/GB/166866/10068388.html.

间经常独立作业，缺乏协调，有时不但未能成为合力，反而会相互抵消。而由于中国政府长期未能激发出非政府组织和广泛的民间社会力量，所以中国的软实力主要以政府主导，其不足之处是显而易见的。中国还没有形成一套综合与连贯的国家软实力战略，其软实力政策在很大程度上仍然是临时举措和应急性反应。

同时，中国软实力发展面临着很多问题与挑战，比如国家形象遭受西方发达国家的"软打击"。"软打击"阻碍一国对外战略以及国家整体战略的实施，直接影响一国的国家利益，并连带影响与这个国家相关的人群。例如，西方国家渲染"中国威胁论"，不仅伤害了中国的国家形象，还直接或间接地影响到海外华侨华人的形象。中国文化软实力的发展还面临着文明的隔阂、国际传播渠道不畅以及文化产品竞争力弱等三大障碍。以美国为首的西方国家为了推广所谓的"普世价值观"，不断加强对我国文化领域的渗透，进而影响和侵蚀我国的文化主权。改革开放以来，我国相对被动地接受西方文化，在传统文化、风俗习惯以及核心价值观等方面都受到了不同程度的冲击。同时，伴随着文化贸易逆差的不断扩大（见表3）[1]，使得瓶颈作用越来越凸显，抑制了国内文化产业的发展，阻碍了优秀文化的弘扬和文化理念的传播，削弱了文化服务和文化产品对文化软实力的引擎作用。

表3　2005—2012年中国文化贸易逆差统计（万美元）[2]

年份	音像制品、电子出版物		图书、报纸、期刊	
	出口	进口	进口	出口
2005	211	3 287.19	16 418.35	1 933
2006	284.99	3 631.44	18 093.5	3 079.31
2007	180.51	3 787.46	21 105.44	4 340.26
2008	101.32	3 487.25	24 061.40	4 556.81
2009	61.11	6 527.06	24 505.27	3 437.72
2010	47.16	11 382.70	26 008.58	3 711.00
2011	35.17	14 134.78	28 373.26	5 894.12
2012	219.15	16 685.95	30 121.65	7 282.58

六、打造中国文化软实力智库型策略研究

对于文化软实力建构过程中出现问题的应对策略，我国学者进行了一系列智库型研究。有从宏观上提出提高文化软实力的策略途径的，也有从微观

---

[1]　中国新闻出版网.全国新闻出版业基本情况［EB/OL］.http://news.xinhuanet.com/zgjx/2011-09/07 /c_131109727.htm，2012-05-02.

[2]　骆郁廷.我国文化软实力的发展战略［J］.马克思主义研究,2009(05).

上以个案分析提出治理意见的。这种现况研究和对策研究的结合，就是通常所说的"智库型研究"，是以服务国家为目的，以现实问题为中心，以理论与实践紧密结合为原则，以开展战略性、前瞻性、对策性研究为基本要求。其中，战略性研究主要指向顶层设计，前瞻性研究指面向未来的规划，而对策性研究则指向当下的举措。

1. 文化软实力的宏观策略研究

鉴于目前存在的核心价值观的整合凝聚力不强、文化产业发展水平偏低、公共文化发展不足以及文化建设与经济发展不协调等问题，加快推进社会主义核心价值体系建设，推动文化产业发展，大力发展公共文化事业将是提升中国文化软实力的主要路径。[①] 李齐全认为提升文化软实力的途径主要有四个方面的内容：一是增强社会经济实力——提升文化软实力的物质基础。二是建构核心价值体系——提升文化软实力的深层动因。三是规范文化管理行为——提升文化软实力的法律保障。四是创新中华文化——提升文化软实力的不竭动力。[②] 孙波认为提升文化软实力的政策和策略包括四个方面的内容：一是要注重建设社会主义核心价值体系，形成全民族奋发向上的精神力量和团结和睦的精神纽带。二是要注重建设和谐文化，巩固社会和谐的思想道德基础。三是要大力弘扬中华民族优秀文化传统，推动中华文化走向世界。四是要大力发展文化产业，满足人民群众多样化的文化需求。[③]

沈壮海认为提升文化软实力的策略有 5 种：一是硬化。软实力只有确立在强大硬实力的基础上才能"硬化"，也才能获得不断提升的物质基础。二是聚化。加强聚化能力建设，即有效地确立社会主义文化在多样化文化生态中的主导地位，突显社会主义核心价值体系在多样的价值生态中的"核心"意义。三是涵化。文化在相互涵化中实现新的发展。中华文化以其强大的涵化能力而延绵不绝，生生不息。四是内化。文化软实力的提升过程，同时也是民族文化素质的提升过程。五是转化。[④] 转化能力即文化指向未来，更新创造，不断实现自我超越的能力。

2. 中华民族的传统文化是中国文化软实力的独特优势

---

① 席珍彦. 新时期中国文化软实力建设的路径探讨 [J]. 四川大学学报（哲学社会科学版），2016,(02).

② 李齐全. 提升我国文化软实力的实现途径 [J]. 社会主义研究，2010(6).

③ 孙波. 文化软实力及其我国文化软实力建设 [J]. 科学社会主义，2008(2).

④ 沈壮海. 文化软实力的中国话语、中国境遇与中国道路 [J]. 马克思主义研究，2009(11).

中华优秀传统文化是国家文化软实力的独特优势。这种优势的激发，关键在于发挥中华优秀传统文化的有效性，即发挥中华优秀传统文化的传统美德所具有的文化凝聚力功能，培育和弘扬社会主义核心价值观；发挥中华优秀传统文化的伦理价值观所具有的文化吸引力功能，树立生态文明理念；发挥中华优秀传统文化的探索革新观念所具有的文化创造力功能，弘扬科学发展观；发挥中华优秀传统文化的普遍和谐观念所具有的文化整合力功能，构建和谐文化；发挥中华优秀传统文化的和而不同理念所具有的文化辐射力功能，[1]培养文化自觉精神。

从 2016 年春节期间"村晚""春晚"与"网民狂欢"之间犬牙交错的三台舆情戏间的对比中，可以看到作为唱衰农村舆论主体的城市小资的政治背叛和道德优越感，看到国家与社会的张力，看到乡土文化的希望，并且从中应当重新提炼软实力在乡土中国和在更广义的民间的意义。[2]欢乐春节"在中国当代社会结构中对文化本体发展需求的回应，可以为相关改革探索出具有可操作性的路径，为政府对软实力的权变提供依据。"欢乐春节"项目是一块探索中国当代文化叙述框架结构优化路径的试验田，从某种程度而言，也是对目前我国转型中的文化体制的有益补充。[3]传统蹴鞠非物质文化遗产的文化软实力包含吸引、整合力、辐射力等，[4]这些软力量都是中国整体文化软实力的重要元素。

中华传统文明具有连续未辍、世俗理性、开放包容、崇尚和平、伦理道德等特点，在这种文明中，中国人形成了仁爱民本、忧患担当、和合共生、厚德载物、敬老慈幼、重义轻利等价值观。经过"中国之中国""亚洲之中国""世界之中国"三个阶段，中国文明目前面临着全球化、网络化、文明冲突、文化认同等严峻形势。为了增强中国文化的软实力，在国家层面，必须大力传承和发扬中国传统文化，将中国优秀传统文化与全人类一切优秀文明

---

① 林丹.弘扬中华优秀传统文化增强国家文化软实力的核心内容探析[J].文化软实力,2016(03).

② 赵月枝,龚伟亮.乡土文化复兴与中国软实力建设——以浙江丽水乡村春晚为例[J].当代传播,2016(03).

③ 阎晓丹."欢乐春节"对中国文化软实力提升的作用与路径研究[D].中国戏曲学院硕士学位论文,2015.

④ 孙健,张辉.传统蹴鞠非物质文化遗产的"文化软实力"解析[J].沈阳体育学院学报,2015(01).

成果进行对接，① 在文明对话和国际事务中推介中国传统价值观并赢得国际话语权；在国民个人层面，必须做到有知、有礼、有耻。

3. 以核心价值观和意识形态为核心的话语体系建设

意识形态影响力是文化软实力的核心内容，是文化软实力的本质体现。以意识形态为核心提升文化软实力的逻辑基础在于，意识形态对文化软实力具有"定责、定向、定性"作用；以意识形态为核心提升文化软实力的逻辑要求在于，保持意识形态的客观性、警惕西方意识形态的渗透、坚持社会主义意识形态的主导性；以意识形态为核心提升文化软实力的实践要求在于，坚持社会主义意识形态的对内说服力、对外影响力和全球竞争力。②

文化具有的凝聚力和生命力，以及由此产生的吸引力和影响力。文化软实力的集中体现就是核心价值观，中华文化是我们提高国家文化软实力最深厚的源泉，文化软实力的传播和作用发挥必须借助于一定的物质载体，文化软实力建设必须高度重视话语权和传播能力问题：要加强话语体系建设，着力打造融通中外的新概念新范畴新表述。③ 要激发中国古典文明的现代活力，发现和培养"跨越时空、超越国度、富有永恒魅力、具有当代价值的文化精神"。④ 文化软实力建设要立足战略全局，文化软实力建设要突出价值核心，文化软实力建设要体现民族特色，文化软实力建设要凸显人民主体，文化软实力建设要坚持协同推进。⑤

海上丝绸之路精神秉持包容开放的价值追求，采取和平合作、互学互鉴的方法，实现互利共赢的目标。海上丝绸之路精神是我国国家文化软实力的有机组成部分。培育海上丝绸之路精神一方面有利于丰富国家文化软实力的因素来源；另一方面，有利于完善国家文化软实力作用机制。国家文化软实力作为国家实力的"第二张面孔"，是文化辐射力、文化整合力和文化感召力的有机统一。⑥"和"的思想在中国源远流长，是中华文化的精髓。在中华民

① 杨华.中国传统文化及其价值观如何转化为当代文化软实力[J].文化软实力研究,2016(02).

② 王永友，史君.以意识形态为核心提升文化软实力的实践逻辑[J].马克思主义研究,2015(04).

③ 孙业礼.关于文化软实力建设一些相关问题的思考[J].文化软实力,2016(01).

④ 习近平在中共中央政治局第十二次集体学习时强调 建设社会主义文化强国 着力提高国家文化软实力.人民日报,2014年1月1日1版.

⑤ 骆郁廷.新中国成立初期的文化软实力发展战略[J].文化软实力研究,2016(01).

⑥ 黎远波，李国荣."海丝精神"下国家文化软实力提高策略探究[J].经济与社会发展,2016(02).

族开拓经营海上丝绸之路的一千多年里，"和"文化作为"软实力"贯穿影响其中，为维护这条和平友谊之路做出了贡献，是支撑这条商路数千年不衰的精神力量①。

构建中国特色的文化软实力理论体系，需要我们在"文化软实力"这个基本概念上形成"中国话语"。这是我们构建中国特色哲学社会科学话语体系的重要任务，也是我们在实践中更好地推进国家文化软实力建设的战略要求。构建文化软实力的中国话语，要由当前文化软实力研究中的"跟着说""杂着说"走向"自己说"。做到"自己说"，要求我们立足中国实际，用活中国传统，激活当代中国人理论创新的自觉与智慧。②

4. 文化产业和文化制度的升级构建

依靠高效的文化制度建设去协调政府管理机构对文化建设实施有效管理，依靠合理的文化制度去规范和促进文化行为实施主体的文化行为，依靠科学的文化制度保证文化建设的正确方向。③传媒文化软实力的提升需要从充分了解传播对象、夯实产品质量、注重场景设计三个层面着手。从软实力塑造上升至巧实力塑造则是我国传媒文化实力建构的未来指向。④在文化软实力建设中有点务必做到，就是把握正确的舆论导向。⑤

影视文化软实力是文化软实力极为重要的组成部分，成为全球众多国家与地区塑造国家形象、传播文化理念、输出价值观的重要渠道和载体。如果说原创力是战略起点，那么，传播力是体系保障，竞争力是现实基础，影响力是主要动力，引领力是发展目标。立足国家战略需求，切实有效地提升影视文化的引领力，不仅是中国影视文化软实力建设的核心诉求，也是国家文化软实力建设的重要内容。⑥提高中国纪录片文化软实力需着力做好以下几个方面：一是积极融入全球化进程；二是大力创新中国文化价值观的世界表达；三是努力加强中国纪录片国际营销；四是深入推进中国纪录片产业研究。⑦坚持创新、协调、绿色、开放、共享的发展理念，以五大发展理念作为软实力

① 张磊."和"文化软实力在21世纪海上丝绸之路建设中的作用 [J]. 文化软实力 ,2016(01).
② 沈壮海 . 文化软实力的中国话语 [J]. 文化软实力 ,2016(02).
③ 蒲婷婷，张烨 . 文化软实力提升的制度之维 [J]. 人民论坛 ,2016(15).
④ 胡正荣，王润珏 . 中国传媒文化软实力的建构 [J]. 文化软实力研究 ,2016(02).
⑤ 赵新宇 . 文化软实力要把握正确舆论导向 [J]. 思想政治工作研究 ,2016(03).
⑥ 胡智锋，杨乘虎 . 引领力：中国影视文化软实力的核心诉求 [N]. 光明日报 ,2015-06-29.
⑦ 李太斌 . 产业化视域下提高中国纪录片文化软实力研究 [J]. 新闻界 ,2015(14).

建设的路径指引，是提升电视媒体软实力的关键。①

　　文化品牌的发展可以促进地方传统文化软实力的提升，加快国家文化经济的发展，而地方传统文化软实力的提升，可以促进文化品牌的发展与推广，两者相辅相成，密切关联。动漫创意产业品牌，实质是一个社会的商业品牌，也是一个国家的文化品牌。从某种程度上来讲，传统文化品牌包括动漫。② 版权意识作为一种文化，内含于文化软实力之中，其发展态势如何直接决定我国核心技术的产量和拥有量，也决定国家综合竞争力的状况，需要厘清我国公民版权意识发展态势，并对其进行文化反思，以期构建培养公民版权意识的有效路径。③

　　武术作为中国传统体育文化的重要组成部分，其文化软实力的核心表现为：武术的生命传承延续力、武术精神的民族凝聚力、武术的感召力、武术的艺术审美力、武技的创新力这五个方面。我们应该通过借助民族传统文化的力量、深化武术教育改革发展、以技击硬实力发展为依托、通过艺术审美力展现武术内涵、以武术的休闲养生价值为突破口，提升武术的文化软实力和促进其内涵式发展。④ 开展中医药文化国际传播对提高我国文化软实力和综合国力的重要意义，要有"民族的才是世界的"自信和注重中医药知识产权的保护等。⑤

　　5. 发挥组织机构力量和加强区域文化软实力建设

　　中国文化软实力建设目前主要由官方推动，机构力量和民间组织的力量还需汇入。发挥大学对国家文化软实力的引擎功效，大学需要铸造鲜明的大学文化软实力的特色，需要发挥大学所在地域的大学文化软实力的辐射功效，需要彰显大学文化软实力的国际竞争优势。⑥ 大学作为国家文化软实力的战略重镇，不仅具有其他组织不可比拟的教育、聚集、研究、创造、继承、传播、展示、辐射等独特功能，而且能够从无形的动力和有形的载体两个方面有力

　　① 慕玲. 从理念角度：提高电视媒体的软实力 [J]. 新闻界 ,2015(24).

　　② 裴洪炯. 动漫创意产业化推广与地方传统文化软实力的提升 [J]. 当代电影 ,2015(07).

　　③ 姜国峰. 文化软实力语义下的公民版权意识 [J]. 海南师范大学学报 (社会科学版),2016(01).

　　④ 周圣文 ,周惠新 . 文化软实力视角下武术的内涵式发展研究 [J]. 湖南科技学院学报 ,2016(11).

　　⑤ 肖玉婷. 中医药文化国际传播现实困境及其传播路径的研究 [D]. 黑龙江中医药大学硕士学位论文 ,2016.

　　⑥ 田联进. 大学提升国家文化软实力论纲 [J]. 教育与教学研究 ,2015(07).

支撑国家文化软实力建设。①

　　大学生是建设国家文化软实力的未来中坚，如何让这个年轻阶层所拥有的童年文化，通过大学文化建设的途径，融入传统故事资源，转化为文化创新使命，进入社会结构分层，是国家文化软实力建设的积极步骤。②充分发挥文学文本包括文化在内的各种软实力要素，必须遵循文学文化的译介传播与接受规律，系统挖掘、整合国外文化市场等的各类元素，同时对从事中国文学外译的各国汉学家在跨语言、跨文化实践中的行为特征和认知策略进行探究。③

　　在中国语境中，边疆与民族是可以互为隐喻的。空间（领土）与民族（人民）是理解国家文化软实力问题的两个最基本的维度④。平衡发展传播的渠道与内容，一方面，要大力扶持具有传播优势的文化产品；另一方面，要利用"弹性"的发行渠道。如以香港、澳门、台湾以及东南亚等具有中华文化接近性的地区和美欧等具有全球影响力的国家为突破口，通过各种授权方式走向全球。⑤城市文化软实力对城市的可持续发展和社会认同具有重要影响。建立完善的城市发展评价体系并纳入官员政绩考评、改善公共服务、坚持创新驱动和因地制宜的文化产业发展策略是提升城市文化软实力的主要途径。⑥

　　6. 讲好中国故事，塑造良好国家形象

　　中国故事对中国文化软实力的作用或效应，集中体现在中国故事的成功讲述正是中国人对自己的生活的想象力的发自心灵的勃发状态，而后者正是中国文化软实力的一种当然流露或展示。⑦良好的国家形象，是一种无形的力量，是吸引力、感召力和影响力，一言以蔽之，也是文化软实力。面对西方受众主观印象与中国真实形象之间的"反差"，我们必须通过讲好中国故事、传播中国声音着力塑造中国良好形象。要把握好"自信"与"他信"、"地位"与"定位"、"形象"与"印象"之间的关系，打造融通中外的新概念新范畴

---

　　①　王迎军. 大学应努力承担建设国家文化软实力的历史使命 [J]. 文化软实力,2016(01).

　　②　董晓萍. 故事文化软实力与大学文化建设 [J]. 文化软实力,2016(02).

　　③　陈伟. 中国文学外译的学科范式：软实力视角的反思 [J]. 清华大学学报 (哲学社会科学版),2016(06).

　　④　马翀炜. 从边疆、民族理解国家文化软实力 [J]. 西北师大学报 (社会科学版),2015(01).

　　⑤　郭镇之, 冯若谷. "软权力"与"巧用力"：国际传播的战略思考 [J]. 现代传播 (中国传媒大学学报),2015(10).

　　⑥　崔世娟, 付汀汀. 城市文化软实力测度与提升——基于多地的比较研究 [J]. 特区经济,2016(08).

　　⑦　王一川. 当今中国故事及其文化软实力 [J]. 创作与评论,2015(24).

新表述，以海外受众易于理解的语言、乐于接受的方式，构建对外话语体系，彰显我文明大国的"底色"、东方大国的"本色"、负责任大国的"亮色"、社会主义大国的"特色"，① 展示中国文化软实力的魅力。

值得注意的是，"互联网＋"的到来为中国文化软实力的发展带来了重要的契机和平台，中国文化软实力的发展就必须抓住机遇，顺势而为，推动"互联网＋"在文化领域的运用，拓展文化发展和传播的空间，不断加强网络监管，推动文化走出去，发展文化产业，加强社会主义核心价值观与中国传统文化的宣传，运用创新理念，实现高质量的文化软实力发展，增强中国文化的传播力、影响力，提升中国文化软实力的魅力。② 运用新媒体传播提升区域文化软实力的对策，利用数字信息技术，拓展公共文化服务领域；基于全媒体信息平台，带动区域产业发展；新媒体与传统媒体结合，形成强势品牌栏目；③ 依托特色资源整合，传播区域文化形象。

七、软实力传播的国际实践及其借鉴意义

2008 年年底，巴拉克·奥巴马 (Barack H. Obama Jr) 当选美国第 44 任总统后，美国对于软实力的重视逐渐提升。2009 年 1 月 13 日，在美国国会参议院外交委员会举行的听证会上，希拉里用一个"巧实力"的概念吸引了世界的目光。希拉里说："外交政策必须建立在原则与务实的基础上，而不是顽固的意识形态必须建立在事实和证据的基础上，而不是情绪化和偏见"。④ 她提出，"我们必须使用被称之为巧实力的政策，即面对每种情况，在外交、经济、军事、政治、法律和文化等所有政策工具中，选择正确的工具或组合"。⑤ 希拉里所谓的"巧实力"，实指希望通过灵巧运用可由美国支配的所有政策工具，包括外交、经济、军事、政治、法律和文化等各种手段，恢复美国的全

---

① 何平.国家形象塑造与文化软实力建设 [J].文化软实力,2016(01).
② 李明珠，朱婷婷."互联网＋"时代中国文化软实力发展研究 [J].长江论坛,2016(05).
③ 侯妍妍，李荣菊.新媒体传播助推区域文化软实力的提升 [J].青年记者,2016(08).
④ 亨利·基辛格曾指出，美国的对外政策中历来存在着一种显而易见的矛盾：一方面，没有一个国家"在日常外交活动中比美国更务实"，而另一方面，又没有一个国家像美国那样"一厢情愿地认定美国的价值观是放之四海皆准的"（参见亨利·基辛格《大外交》，海南出版社、人民出版社 2010 年第一版，第 10 页）罗伯特·达尔也认为："美利坚是一个高度注重意识形态的民族，只是作为个人，他们通常不注意他们的意识形态，因为他们都赞同同样的意识形态，其一致程度令人吃惊。"（转引自杰里尔·A 罗赛蒂.美国对外政策的政治学 [M]，北京：世界知识出版社,1997.第 35 页。）
⑤ 温燕，陈伟等."巧实力"外交欲改变美国 [N].环球时报,2009-1-16(7).

球领导力。

日本在战后，除了积极参与国际事务，充分展示其经济实力与军事实力外，也非常重视软实力传播。20 世纪 80 年代的大幕刚刚拉开，日本就积极介入欧洲事务。日本时任首相海部俊树在东西欧交界处的昔日日本驻第三帝国（指希特勒统治时期的德国）的大使馆内，发表了"对欧新政策"。"我们应积极地支持东欧的民主化，并帮助他们建立新秩序"，他说，"日本渴望不仅在经济方面而且也在政治方面发挥重大作用"[①]。这是日本力图在更广的空间施展其影响力的尝试。1972 年 10 月 2 日，为了推进日本的国际文化交流事业，设立了作为专门机关的外务省管辖的独立行政法人机构——日本国际交流基金会，其工作主要集中于"文化艺术交流""海外日语教育""日本研究和人文交流"这三个方面。1995 年，日本政府就确立了"文化立国"战略，直接组建、参与和支持文化创意基金组织，疏通、拓宽资金流入渠道，保障文化资金供给充足；小泉和安倍两任前首相曾把推广时尚文化作为重中之重，大力发展动漫产业。《2007 年中国动漫产业分析及投资咨询报告》显示，仅在 2004 年，全球数字内容产业（即文化产业，日本的说法）产值达 2228 亿美元，与游戏、动画相关的衍生产品产值超过 5000 亿美元。如今，日本已经成为超级动漫大国，柯南、灌篮高手等动漫形象为日本赚足了人气，而这不过是日本进行国际传播与对外交流的众多手段之一。[②]韩国《太阳的后裔》剧之火爆，绝不仅仅是又一波"韩流"卷土重来，其军事文化软实力的成功输出亦值得我们深思。军事题材影视作为大众文化的载体，要发挥军事文化软实力的作用，就不能只是闭门造车，要博采众长，"墙内开花墙外香"，[③]用广大观众喜闻乐见的方式把我文明之师、威武之师展现给世界各国人民。

2009 年，美国芝加哥全球事务学会公布了关于美国、日本、中国、韩国、印度尼西亚和越南的软实力调查结果。在韩、越、印尼对中国经济、文化、人力资源、政治和外交五个指标的评价中，除印尼和越南认为中国在文化领域软实力名列第一外，对中国在经济、人力资源、外交和政治方面的软实力

---

① 陈洁华.日本积极谋求参与欧洲事务 [J]，国际展望.1990(12).
② 吴飞.国家软实力传播战略分析 [J].中国广播,2013(11).
③ 林臻.从《太阳的后裔》火爆兼谈军事文化软实力 [J].国防,2016(04).

评价都低于美国和日本。① 斯科尔科沃一家新兴市场研究所根据其设定的指数，对各国软实力进行打分并排名。2010 年的排名中，中国的分数仅为 30.7 分。但该研究机构的学者指出，中国在新兴市场阵营中的排名主要得益于其跨国公司的发展与受瞩目程度、得到发展的旅游业及其大学的迅速扩展与排名的提升。尽管近年来中国经济实力不断增加，政治影响力也有所提升，但中国的软实力分数却未呈现线性上升趋势 (图 5)②。

Soft Power Rankings

Rank	Country	2005	2006	2007	2008	2009	2010
1	USA	84	85.5	86.3	88.1	87	87
2	France	49.7	48.4	50.3	49.6	49.6	49.5
3	Germany	44	46.6	46.6	45.8	44	43.2
4	United Kingdom	46	45.9	46.3	46	46.7	43
5	Canada	36	39.4	38.6	36.8	35.3	39
6	Italy	33	34.6	33.9	34.6	34.2	32
7	Japan	36.9	36.5	35.4	34.7	32.5	31.8
8	China	31.1	32.2	32.2	32.2	33.7	30.7
9	India	22.6	21.5	21.9	26.7	22.6	20.4
10	Russia	22.9	18.4	22.9	21	23.5	18
11	Brazil	5.9	6	9.3	12.7	9.7	13.8
12	Turkey	10.3	12.5	11.4	14.4	10.3	12.9
13	Mexico	10	11.8	11.8	17.1	19.3	11.5
14	South Africa	13	10	8.5	12.6	11.8	10.3

图 5 各国文化软实力排名研究

对世界不同地区来说，中国文化具有吸引力的方面并不相同。有些国家认为中国儒家文化历史悠久值得吸纳，有些国家会对中国艺术文化更为关注。

---

① Christopher B.Whitney & David Shambauah, "Soft Power in Asia: Results of a 2008 Multinational Survey of Public Opinion", the Chicago Council on Global Affairs, in partnership with East Asia Institute[EB/OL].http:// www.thechicayocouncil.ory/User...rt-%20Fina1%206-11-08.pdf.

② Peter Johansson, Seuny Ho Park and William Wilson, "Guest post: the rising soft power of the emerging world", Financial Times, 19 December 2011[EB/OL].http:/logs.ft.com 儿 eyond-brics/2011 giny-world/#axzzlon8nwfa3.

例如，作为美国人的约瑟夫·奈谈起中国文化时会首先认为中国艺术、中国食物很受欢迎。相反，根据美国皮尤特研究中心的调查，非洲和拉丁美洲对中国创新科技文化更欣赏，而对中国音乐、影视等艺术形式兴趣度不高[1]。由此可见，中国文化软实力的内容也应根据对方国态度而有所区别。对美国来讲，艺术和饮食文化内容应被作为侧重点，而对非洲与拉丁美洲来讲，创新科技文化内容则应被放在突出地位。[2]

　　他山之石可以攻玉。国际社会在推进文化软实力发展方面有许多宝贵的经验和做法，借鉴国际社会提升文化软实力的有益经验可以助推我国文化事业的发展。有些学者对这些做法做出了较好的总结。我国学界对韩国文化的研究存在软实力概念运用模糊、量化评估滞后、成果级别较低和对中国的"启示"同质化等问题。[3]但选择中韩影视剧贸易逆差视角，在比较中进行分析，可从中发觉"韩国经验"，调整文化政策，促进文化政策法治化，保护国产影视剧在国内的传播；确立市场定位；传播对象立足儒家文化圈；传播内容立足传统文化。[4]

　　当今世界一些国家在提高文化软实力方面创造出了不少好的做法和经验。"一是将提高文化软实力纳入本国的国家安全战略或国家发展战略之中。二是将文化视为一种创造财富增加价值的创造性产业。三是重视思想、观念和原则的生产和传播。思想、观念和原则等价值理念是文化软实力的核心内容，新思想、新观念和新原则的生产和传播是发展和运用文化软实力的重要渠道。"[5]

　　有西方学者希望中国的体育文化软实力朝着"普世价值"的观念发展，成为西方国家价值观念的组成部分。现实也表明，中国应借鉴西方国家的成功经验，坚定地走自己的发展道路。[6]在软实力建设的议题上，则应超越短

---

　　① Pew Research Global Attitudes Project. Attitudes of China[EB/OL]. http://www.pewglobal.org/2013/07/18/chapter-3attitudes-toward-china/,06-18-2013.

　　② 刘佳,常绍舜."软实力"理论的创新及其对中国发展的思考——基于对"软实力"之父约瑟夫·奈访谈的研究[J].辽宁大学学报(哲学社会科学版),2015(01).

　　③ 李策,魏珊.中国学界对韩国文化软实力的研究述评[J].青岛科技大学学报(社会科学版),2015(02).

　　④ 张馨月.文化软实力提升对策探析——基于中韩影视剧进出口比较视角[J].今传媒,2016(10).

　　⑤ 何增科.国际社会提高文化软实力的做法和经验[J].毛泽东邓小平理论研究,2010(1).

　　⑥ 黄卓,童艳,周美芳,张道林,William.H.西方学者对体育文化软实力问题的研究——兼评对中国的认识及启示[J].上海体育学院学报,2016(04).

视和功利，建立符合自身传统、社会现实和未来发展目标的理论话语和实践路径，以避开可能面对的西方话语"陷阱"。还应培育广阔、开放的"全球视域"，以"务实、自信、开放、多元"的文化观推进中国文化的现代化建设与对外传播，使本地传统、外部文化资源和国家意志得以"协调统合"，以弹性的、可持续的方式积累国际社会对中国的理解。① "文化软实力"的建构，既要"塑外形"，更要"练内功"。在此方面，同样应取"和而不同"的方略。② 这一方略的要义是，顺应人类文明发展的大潮流、大趋势，同时继承发扬中华文化的优良传统，让"自由、平等、博爱"与"仁、义、礼、智、信"交流融通。

从研究对象看，文化软实力研究可以分为理念、现状、对策三个层次，分别关注一种文化何以和怎样成为国家软实力、世界各国的文化软实力的状况、怎么样提高中国的文化软实力；从研究类型看，文化软实力研究是一种智库性的研究，以开展战略性、前瞻性和对策性研究为基本要求，是以现实课题为中心和纽带的跨学科联合攻关，是多学科的协同研究；从学科视域看，涉及国际关系、中国特色社会主义理论、思想教育学等学科的视域；从学术纵深看，文化软实力的学术纵深是发散的，在分散的情况下找到主流与核心，这对学术期刊的发展是一个挑战。③

这种现况研究和对策研究的结合，就是通常所说的"智库型研究"。这种研究是以服务国家为目的，以现实问题为中心，以理论与实践紧密结合为原则，以开展战略性、前瞻性、对策性研究为基本要求。其中，战略性研究主要指向顶层设计，前瞻性研究指面向未来的规划，而对策性研究则指向当下的举措。越是高级的智库，其研究的层级越高，就越具有战略性和前瞻性。这种智库型研究并不是一种学科化的研究，目的不是学科建构和建设，而是实际问题的解决。可以说，它是一种以现实课题为中心和纽带的跨学科联合攻关，是一种多学科协同研究。值得注意的是，在智库研究中，还有一个特殊的方面，即面向公众的宣传性研究。它不是向政府有关部门提供决策咨询和对策建议，而是向民众提供看待问题的建议，帮助政府向民众做一些宣传工作，用智库的思路和成果去向社会做宣传工作。考察一下目前我国文化软

① 孙英春. 传统、软实力与中国文化的"全球视域"[J]. 浙江学刊,2016(02)7.
② 何晓明."和而不同"与中国文化软实力的建构[J]. 文化软实力研究,2016(02).
③ 肖波. 以科学精神探索文化软实力发展的中国道路——国家文化软实力高峰论坛暨《文化软实力研究》创刊发布会综述[J]. 文化软实力研究,2016(02).

实力研究的现状，就可以看到它的学术纵深是不明显的，也不够集中。我们不容易指出它的学术纵深究竟在什么地方。而这正是文化软实力研究方面的期刊在学术化追求中所遇到的真正挑战。正因为如此，我们看到，现今的文化软实力方面杂志上的文章类别很不一致，像是多种来源和风格的杂多汇集，而不像是从一个深厚的根基和渊源上生发来的东西。因此，一方面为学界新创刊《文化软实力》和《文化软实力研究》等杂志而高兴，同时也对于这些杂志如何才能保持自身风格的一致并坚持自身学术追求有点隐隐的担心。当然，事实上，文化软实力研究并不是没有学术纵深，只是它的学术纵深是分散的，是分散于不同的学科领域之中的。① 作为智库研究的文化软实力研究，它是围绕现实问题而开展的多学科学者的协同研究，它不是只属于某一个学科，而是与多个学科有关，并从多学科那里得到学术支撑和依托。

　　虽然事关中国文化软实力发展的相关工作早已有之，但从软实力的角度进行研究则刚刚起步，要循序渐进，不可能一蹴而就。无论是决策部门，还是研究单位，其实证性调研资料都十分缺乏，绝大多数部门和单位的相关信息储备都是空白。即便抓主要矛盾，选重点领域做考察、评价的研究选项，也不可能大范围铺开、全面评价，只能循序渐进、逐步积累。一旦起步开始研究，就应该以准确为前提，从易做起，由点到面，由局部到总体，由静态到动态，认真踏实地进行追踪研究，逐步推进②，经过若干年努力建立起中国文化软实力系统、完备、滚动、开放的数据库，为各有关研究单位提供权威可靠的研究数据，并在此基础上为各级政府提供推动文化软实力发展的决策咨询报告。

---

①　刘建军.文化软实力研究的学术视野 [J].文化软实力研究,2016(03).
②　张国祚.文化软实力研究 [J].中国高校社会科学,2015(01).

基于关联理论的"中国故事"传播效果认知研究

杨效宏　陈　婧　王宸宇*

摘　要："讲好中国故事，传播好中国声音"作为一种推进国家形象传播与文化软实力的战略，在 2013 年实现以来取得了传播理念与传播路径的重大变化，也使得"中国故事"的传播不仅在传播类型上有所突破，在传播效果上更是有目共睹。因此，理解与认知这一战略实践的意义，如何判断传播过程中"中国故事"的价值实现，并以此作为理论依据来指导今后更广更多的"中国故事"的传播，本文基于关联理论的"关联性因素"对认知"中国故事"传播效果的理念与方法进行了分析，并提出了相应的策略。

关键词：关联理论；中国故事；传播效果；认知研究

自 2013 年习近平总书记在全国宣传工作会议上提出"讲好中国故事，传播好中国声音"之后，"讲好中国故事"随即成为国家形象传播和国家文化软实力展现的战略性策略。随着这一策略的实施，中国在文化传播和国家形象展示方面显现出新思维和新理念。

一、"中国故事"传播的实践方略与理论认知

"讲好中国故事"既是一个中国形象拓展的理念思维的转换问题，更是一个传播方法与认知过程的实现效果的问题。自"讲好中国故事，传播好中国声音"的理念提出之后，"中国故事"的传播在"走出去"这一传播方法中有了很大的改变，积极地寻求更具主动性的"中国故事"传播路径与手段，采

---

　　*　杨效宏，男，（1966—），文学博士，四川大学文学与新闻学院教授，创意产业研究所所长；陈婧，女，（1994—），四川大学文学与新闻学院广告与媒介经济硕士研究生；王宸宇，男，（1994—），四川大学文学与新闻学院新闻与传播硕士研究生。

取"引进来"与"走出去"多样路径相结合来拓展"中国故事"传播效果实
现的可能性。如 2016 年杭州二十国集团杭州峰会期间，总部位于纽约的消
费者新闻与商业频道（CNBC）制作了一系列在峰会期间播出的广告。据英
国《金融时报》网站报道，视频中包含中国风光和城市天际线的激动人心的
画面，其间穿插着"创新""2030 年能源更绿色"和"十三五"规划等口号。
据国外相关媒体报道，英国每日邮报在线网和中国《人民日报》达成了一项
内容共享协议。电讯传媒集团和一些西方新闻出版商都签署了相关协议，发
表由中国官方英文报纸《中国日报》记者撰写的赞助内容。《纽约时报》网站
文章也指出，《华盛顿邮报》和《华尔街日报》目前都在出版国有报纸《中国
日报》提供的"中国观察"专版。澳大利亚洛伊解读者网站报道，今年 5 月，
中澳两国媒体在悉尼签署了六项合作协议。相关分析认为：为了"讲好中国
故事"，让世界认识真正的中国，中国正在更加努力地贴近西方受众①。

　　国外对于业已进行的"中国故事"的传播反映出了积极与消极正反两种
态度。积极态度为认同中国通过创新方式和创新内容所进行的"中国话语"
的传播，认为这种创新理念的传播方法有助于帮助中国建立良好的国家"软
实力"。美国学者迈克尔·巴尔在其著作《中国软实力：谁在害怕中国？》（中
信出版社，2013）中就认为：中国崛起不仅是一个经济事件，还是一个文化
事件，影响着其身份认同②。学者约瑟夫·奈在《纽约时报》撰写文章认为，
"软实力"的关键在于"谁的故事赢（而不是谁的军队赢）"，他分析说：中
国正努力向世界讲好属于自己的故事。网络视频、说唱乐歌曲……亲民而时
尚的方式；与国外媒体合作、听取国际公关公司建议……想方设法贴近西方
受众；纽约时报广场的国家形象片、国外电视台制作的主题广告、国外媒体
上的中国记者文章。《俄罗斯报》一篇题为《北京面孔》的报道认为：对北京
而言，在海外塑造积极正面的形象至关重要。在不同领域提出的全球性主张、
在弘扬传统的同时向世界敞开大门……这便是中国媒体欲在全球积极塑造的
国家形象③。自然，中国向世界讲述"中国故事"的努力也引起一些西方学者
带着"刻板印象"的眼镜来看待中国的创新传播方式，偏颇地认为这也是一

---

①　张红.国际舆论聚焦中国宣传攻势 向世界讲好"中国故事"[N].人民日报(海外版),
2016-09-28(05).
②　[美]迈克尔·巴尔.中国软实力：谁在害怕中国？[M].石竹芳译.北京：中信出版社，
2013，第 87 页.
③　张红.国际舆论聚焦中国宣传攻势 向世界讲好"中国故事"[N].人民日报(海外版),
2016-09-28.

种固有的文化宣传。以"中国通"自诩的美国华盛顿大学政治学和国际关系学教授沈大伟在《外交事务》杂志 2016 年 7—8 月号发表了《中国软实力攻势——寻求尊重》一文，认为随着中国国际实力的增长，中国政府意识到了国家形象的重要性。近几年，中国在国际上发起了一轮软实力攻势，可收效甚微。他的结论是：中国的软实力攻势不能一厢情愿。莫斯科大学俄中传媒、新闻及文化研究中心负责人叶夫根尼·扎伊采夫也指出，中国媒体对外国受众来说还不够有说服力，它常常是半官方的，对中国政策和利益的推广过于直白 [①]。

"讲好中国故事"能不能实现预设的目标，使国家形象和文化软实力提升，现在下判断还为时尚早。由中国外文局对外传播研究中心《中国国家形象全球调查报告 2015》的报告显示，相比 2014 年，中国整体形象得分提升了 0.3 分（总分为 10 分）。其中，发展中国家对中国的印象（6.9 分）比发达国家（5.5 分）明显更为积极。值得注意的是，相比年长群体，海外年轻人（18—35 岁）对中国的了解程度更高，整体印象更好，对中国未来发展形势的看法也更为乐观。目前国内理论界对于"讲好中国故事"的思考集中于三个方面，（1）"讲好中国故事"的内容；（2）什么样的路径更有利于传播；（3）"讲好中国故事"达到怎样的预期目标？

（一）"讲好中国故事"的意义，涉及一个基础的问题就是"中国故事"应有的内容是什么？如何通过让国外有文化差异的听众听得进"故事"，理解"故事"的内涵并认同其价值，是"中国故事"传播影响力的基础。处理好"中国故事"内涵与外延，才能与接受者建立起"差异互补又有共同基础"的互联互通的境界。学者徐占忱在 2014 年第三期《社会主义研究》发表题为"讲好中国故事面临的主要困难和问题"中分析认为："要达到'讲述者'所期望的理想效果，其中涉及一个复杂的跨文化传播中科学和艺术性的问题。"陈汝东在《中国教育报理论版》（2012 年 2 月）发表《国家形象塑造：向世界讲好中国故事》一文，认为国家形象传播大致可分为两种：即实体传播和媒体符号传播，"国家广告"只是一种国家形象的符号传播形态，更重要的是通过实体传播国家形象，在此基础上提高符号传播的效果。

（二）如何传播"中国故事"，既是一个方法问题，也是一个观念问题。

---

① 张红.国际舆论聚焦中国宣传攻势 向世界讲好"中国故事"[N].人民日报（海外版），2016-09-28(05).

传播"中国故事"是一个跨文化的传播活动，因此文化的差异所形成的价值观念的不同，必然地影响人们接受事物的心理和认知事物的理念。学者程曼丽在《传递中国声音 传播中华文化》（《新闻战线》，2012）中认为：传递中国声音和传播中华文化在西方世界的话语体系以及西方媒体的涉华报道中，对中国的误解与偏见普遍存在，由此形成的舆论环境对于国家的发展极为不利。史安斌在《国际传播能力提升的路径重构研究》（《现代传播》，2016）一文中提出"策略性叙事"的观点，认为策略性叙事是在国际政治经济事务中进行意义构建和议程设置的重要工具。苏仁先《讲好中国故事的路径选择》（《中国广播电视学刊》，2016）一文认为：首先要选好中国故事，精心选择不同文化主体、政治体系之间能够达成互惠性理解、包容性接纳的故事。叶枝梅《浅析对外交流中如何"讲好中国故事"》（《现代国际关系》，2016）一文中认为注重中国主体与世界客体的平衡，坚持以我为主，同时注重中国故事的世界性转化。

（三）"讲好中国故事"达到怎样预期的目的，既是故事的传播者单边努力的过程，更是一个传播者与接受者双向协同的过程。作为国家社科基金重大项目"世界性与本土性交汇：莫言文学道路与中国文学的变革研究"的首席专家张志忠分析莫言的获奖演讲《讲故事的人》时认为，莫言作为讲故事的人和他所讲的故事，都比较形象地向世界展示了中华文化中朴素的人文精神（《中国科学社会报》，2014年8月27日）。学者陈先红在其《讲好中国故事的五维"元叙事"传播战略》（人民网，2016年6月23日）中认为：家庭价值观是中外文化价值观"差异中的同一"。方毅华在《如何向世界讲好中国故事》（《人民日报》2016年12月03日）中也认为：将中国文化的传承和国际化视角充分结合，从价值符号、产品形式、传播途径等方面，挖掘中国文化的精粹，融合多种传播手段和传播途径。

二、认知理论的"关联性"与"中国故事"关联因素

综观目前国内外对于"中国故事"传播的观察与思考，大都基于已有传播事实上的价值判断。不管是认同还是质疑，基本围绕"传播什么"和"如何有效传播"进行定性的思考。本文认为"传播什么"和"如何有效传播"有一个更重要的基础是："中国故事"的关联性因素。所以，"中国故事"传播效果实现在于：

（一）在对外传播研究中应当着重于"关联性因素"。"讲好中国故事"既

有"中国故事"内容与中国文化符号的关联因素，也有"中国故事"的文化符号与其他文化交流过程中的关联性因素。这种"关联因素"正是"一带一路"域内不同文化、观念、信仰、习俗等形成"利益共同体"的共识因素。

（二）"中国经验"在"中国故事"结构中的关联性。因为"讲好中国故事"是中国经济实力提升之后国家综合能力的自然展现，也是逐步成型的"中国经验"或"中国模式"为世界所认知的客观要求。所以，"讲好中国故事"表面上反映的是中国向外进行文化与经验的展示，更实质的意义在于"一带一路""命运共同体"的形成过程中利益多方的价值趋同性需要。

（三）传播实践过程中"关联性量化"的效果。不同的关联因素结构会导致不同的关联行为，从而形成高低不一的内容联动效率，以此可以进一步判断"中国故事"的传播效果。"中国故事"传播效果能否借鉴相关理论成果，如产业关联理论的"结构（structure）——行为（conduct）——绩效（performance）"的研究框架，通过设置"结构——行为——绩效"的研究框架模型，对"中国故事"传播效果特别是在"一带一路"战略中的中国国家媒体所进行的"中国故事"传播的实际情况进行观察、统计与数据分析，以"符号关联要素"为研究手段，将"中国故事"文化符号关联因素所产生的影响因子及影响作用进行定量与定性相结合的研究，对于明晰"讲好中国故事"的实践过程有积极的意义。

"关联性"是认知理论确认语言交际过程中认知可能性的重要观点。"关联性"是关联理论的核心概念，是法国学者 Dan Sperber 和英国学者 Deirdre Wilson 在补充和发展了 Grice 的会话含意理论的基础上提出的。斯波伯和威尔逊在《关联性：交际与认知》（*Relevance: Communication and Cognition*）中认为，关联性"不只是脑中设想的特性，而且是外界现象（刺激信号，例如话语）的特性，这些现象能建构设想。"[①] 关联理论认为：交际双方之所以能顺利地交际下去的关键所在是：一、交际双方说话就是为让对方明白，所以要求互明（mutual manifestness）；二、交际是一个认知过程：交际双方之所以能够配合默契，明白对方的暗含意义，主要是由于有一个最佳的认知模式——关联性。认知关联原则可以表述为"人类认知倾向于追求关联最大化"[②]。人类认知倾向于以一种能使预期的认知效应最大化的方法，把其资源用于处理

① ［英］斯波伯，迪埃珏·威尔逊. 关联性：交际与认知 [M]. 蒋严译. 北京：中国社会科学出版社，2015. 第 13 页。

② 王丹，王晓红. 关联理论及其应用 [J]. 齐齐哈尔大学学报（哲学社会科学版），2005(1).

可及的输入过程。

关联理论对从认知角度探讨语言形式与语用理解之间的关系提供了一个很好的理论框架。"发话者不能直接给受话者提供设想。说话人或书写人所能做的只是以声音或书写符号的形式提供某种刺激信号的出现改变了听话人的认知环境，使某些事实显映 (manifest) 出来，或者显映得更明显。这样，听话人就能把这些事实再现为很强或更强的设想，甚至能用这些设想推导出进一步的设想。"① 关联理论是一个开放式理论，其推理模式对所有话语类型都普遍有效。关联理论把交际与认知结合起来，可以更加真实地反映人们的语言能力，更好地解释语言交际中的话语理解，尤其适宜对文学人物话语含义推导。关联理论对于语言交际过程中"关联性"的设想，虽然是基于语言交流与话语互通的交际过程，然而考虑到语言交流的目的是达到信息沟通与情感了解过程中一个相互理解与认可的认知过程，因此，"关联性"的价值就不仅是一种单纯的语词交互作用，也是一次不同文化语境下的文化认同与情感认可的过程。正如关联理论所认为的：人类的认知倾向于获取最大关联，以此获取最大认知效应。

可以看出，"关联性"及其关联因素是人类认知与相互交际沟通的核心因素，关联因素不只是语言的相关性影响并制约沟通双方，而且关联因素对于沟通双方理解与认知对方的传播符号以及传播效果有着直接作用。因此，对于"中国故事"的传播，特别是在"一带一路"战略下中国国家传播媒体的"中国故事"传播影响力研究，有助于分析"讲好中国故事"内容与文化的关联因素、"中国故事"的类型特征与传播路径。"中国故事"传播的"关联因素"涉及"中国故事"的文化符号的价值，以及这一"关联因素"对中国文化软实力的拓展。"中国故事"在"一带一路"战略过程中的传播，必然会遇到基于区域文化差异所形成的两个特殊的问题。第一个问题是"中国故事"的中国文化符号与区域内其他文化符号的辨别性问题。"讲好中国故事"既要有鲜明的中国文化符号呈现，也要能够与其他区域文化符号相融合；既能够代表中国文化的内涵，也能够消解与其他区域文化中有差别的因素，达到易于识别与理解的目的。第二个问题在于"中国故事"的价值能否与其他区域有文化差异的价值观形成"共识"的问题。"中国故事"必然有着明确的价值内涵与倾向性意识，这些价值性因素如何与区域中文化有差异的价值形成"互

---

① 王丹，王晓红 . 关联理论及其应用 [J]. 齐齐哈尔大学学报 (哲学社会科学版),2005(1).

联互通"的效果，在"求同存异"中达到对中国文化和中国方式的理解与认可。课题研究将通过资料的梳理与"关联因素互动效益"模型分析进行科学的判断，具象地认知在"一带一路"战略框架中"中国故事"对于中国文化软实力提升的影响。

因此，基于"一带一路"战略和国家软实力拓展而进行的"中国故事"传播，要实现的是"文化交往"过程中达到"民心相通"的目标，是"中国故事"在"文化交往"中营造中国文化气质与中国责任形象的主要传播手段。所以，中国故事构成的内容结构，其内涵、类型、特点及故事结构必然与中国文化有着关联性，同时也要与接受方的"文化交往"的内涵、类型与认知因素要有关联性。因此要强化如何通过文化符号"价值关联因素"创新"中国故事"的传播效果，要通过"关联价值因素"来观察和判断中国文化符号影响力的"中国故事"效果，要在传播过程中强化文化符号因素对中国国家形象的"联动效应"，以及中国文化符号对于"中国故事"支撑与反馈的意义。要通过建立测评模式及大数据分析，设置"关联因素互动效益"模型，通过模型设计"中国故事"与传播符号的关联广度（途径），文化符号与形象影响的关联深度（频率），传播联动因素的关联效果（结果）三层框架结构，反映中国故事传播符号与相关传播关联行为的综合指数，依据关联效果测评文化联动效果的影响值和效率对比数据，达到对"中国故事"传播关联因素的效果认知与实践指导。

"一带一路"不仅是空间概念和合作战略，更是建立于文化概念基础上将历史、现实与未来连接起来的中国全球化战略。"中国故事"之文化符号的传播联动效应将着意于"中国故事"的文化符号的建构，通过"关联效益模型"分析文化符号在不同文化环境中传播的关联因素，重点在于中国故事建构具有中国文化符号的呈现机制，并在实践过程中如何提升国家形象。"中国故事"文化关联因素对于交流双方所产生的文化认识的作用，并通过考察这些"联动效益因子"的效用来分析"中国故事"的传播对国家形象的建构。

三、认知"中国故事"关联因素的传播效果

"中国故事"传播是跨文化的传播，对其影响力的研究是一项学科交叉的研究，囊括了新闻传播学、管理学、政治经济学、文化与社会学等多学科。因此，要认知"中国故事"的传播效果，应当通过对综合文献的梳理，坚持理论与实践相一致、史料与逻辑相统一的科学精神，坚持以事实判断为基础的科学研究方法。

（一）要认知"中国故事"传播的影响效果，须明确中国故事传播中的"关联因素"及其联动影响效果。

"一带一路"是战略性规划，涉及政治、经济、社会、文化等各个方面，"讲好中国故事"又是具体的实际性操作。因此，"中国故事"在"一带一路"战略中所产生的中国文化软实力的提升，是一个策略性的实践过程。这个实践，既是一次中国发展与对外交流的传承性过程，也是一次新形势和新理念下的文化传播的创新实践过程。比孔子学院最重要的一项工作就是给世界提供最正规、最主要的汉语教学渠道。将汉语教学方式中符号形象选择为孔子，是因为孔子作为中国传统文化的符号是有代表性的，选择孔子作为汉语教学品牌是中国传统文化易于他者的识别与认可。因此孔子既是中国文化具有"关联性"的符号，也成为传播中国文化时具有鲜明识别性的"关联认知因素"。美国肯尼索州立大学孔子学院院长金克华认为："介绍一个民族的文化是一件困难的事情，孔子学院的文化展示活动中，武术是最受欢迎的一个方式，年轻人、特别是小孩子都非常喜欢。但是这种活动相对来讲是比较表面化，深层次的他还是难以理解，比如京剧，我们举办活动的时候进行京剧表演，他们只是出于猎奇心理看。有一次演《霸王别姬》，这是一出悲剧，但是台下的观众在笑，他们不了解。这很正常，我们也是这样的。秘鲁有一千多种土豆，每种都有名字，如果秘鲁人说起来每个名字，我们也是一头雾水。所以我们学院现在努力用美国的方式来表演中国作品，请美国的乐团演奏中国作品。我们和一些著名品牌合作，一起搞活动。像烹饪，在世界级的大饭店里面展示，给人的感觉马上就不同了。"①

随着中国对外合作交流领域的扩大，我们参与国际事务和国际秩序重构的作用越来越明显，就必然涉及与世界其他文化与价值体系的沟通与理解。所以，党的十七届六中全会提出"增进国际社会对我国基本国情、价值观念、发展道路、内外政策的了解和认识"，将中国文化与中国发展所形成的价值观念在世界文化体系中的融合作为国家战略来推进。中国的国家发展战略正在从向世界进行产品、技术和资本的输出，转向同时要向世界输出文化、价值观念与智慧成果，也要向世界提供人类未来发展的创造性思想和文化动力。因此，"中国故事"的传播既要将中国的传统智慧介绍推广，更要把中国现代

① 金克华.怎样讲好中国故事？[N].光明日报,2013-12-18(14).

化过程中所形成的经验与能力推广给世界，要形成一种"现代中国"的文化符号关联因素。针对在 2011 年，美国时代广场上的大屏幕和 CNN 等媒体首次播出了中国国家形象宣传片，世界汉语修辞学会会长、北京大学新闻与传播学院教授陈汝东认为："我国的国家形象传播，其实一直都在做，只是之前没有大张旗鼓地在国外通过'国家广告'的形式表现出来，更多的是被其他国家的媒体建构。现在我们在国外播放国家形象宣传片，尽管开始效果不尽如人意，但至少表明党和政府更加重视国家形象，并且由被动建构转为主动建构。需要指出的是，国家形象传播大致可分为两种：一是实体传播，即一个国家的政治体制、军事力量、科技水平、经济实力、国民素质、商品制造、自然风物以及外交活动等看得见摸得着的实物传播；二是媒体符号传播，比如各种媒体报道、文艺作品、领导人的讲话以及各种广告等。显然，'国家广告'只是一种国家形象的符号传播形态，更重要的是通过实体传播国家形象，在此基础上提高符号传播的效果。"①

（二）要认知"中国故事"的沟通与拓展作用，须明确中国故事传播中话语的"关联因素"及其"交流场域"。

"中国故事"是基于中国话语方式的传播，"讲好中国故事，传播中国声音"，将涉及包含政治、经济、社会、文化、生活等各方面的"中国经验"和中国文化，以完全创新的中国话语向"一带一路"区域国家与人民传播的过程。因此对"中国故事"传播的研究要力求在跨文化传播背景中，探求中国文化在差异文化传播中的"共识性因素"，中国文化符号在这种"共识性因素"中的独特性与共同性，这些"独特性与共同性"特征如何在新型传播媒体生态中形成具有"中国话语"方式的呈现特点。"中国故事"传播研究应当充分考察在"一带一路"战略环境下的融合发展机制所形成的"交流场域"，分析这种"交流场域"对于消解文化差异的作用，考察作为中国文化符号的"中国故事"在这一"交流场域"的影响，才能从理论研究上认知中国文化软实力对于中国话语的实践意义和学术价值。

徐占忱在《社会主义研究》发文认为："我们要讲述好中国故事，就要努力避免被外部世界视为'他者'或'异类'，学会运用同理心（empathy）进行换位思考，以一种外部世界可以理解、可以明白的方式进行沟通。"很明显，沟通双方的文化差异与认知区别是自然形成的，在"交流场域"中的障

---

① 陈汝东.国家形象塑造：向世界讲好中国故事 [N].中国教育报（理论版），2012-2-15(5).

碍因素甚至是制约因素是客观形成的。那么，要突破这些文化差异形成的隔阂，达到"共识"，就必须在传播内容与传播过程中创造具有"共识性"的关联因素，创造双方都能够理解与识别的话语方式和交流场域。徐占忱举例说明："2004 年和 2008 年美国公共广播公司（PBS）拍摄了两部关于中国的纪录片《红色中国》和《青春躁动的中国》，讲述从下岗工人、农村个体户到公司职员和创业海归等各行各业普通人在经济改革浪潮中的不同际遇，很多美国人看后觉得中国人中也是同自己一样的人，改变了很多美国人对中国人的刻版印象。实践证明往往是那些来看民间的、具体的、渐进式的交流效果较好，而自上而下的、抽象的、突兀式的宣传效果常常大打折扣。近年我国一些花大气力投入的作品，由于其'宣传'味道太浓，其效果差强人意。还有文化价值观方面的差异，比如，中国媒体曾报道过一位丈夫在外服役的军嫂，为使丈夫安心工作，独自照顾生病的公公，公公最后去世也没告诉丈夫而是选择独自承担一切。在西方人看来这个故事的影响很消极，他们认为军嫂剥夺了丈夫在自己父亲去世前见面的机会，她的行为非常怪异。"① 所以，"中国故事"传播不能只考虑传播者的文化因素与价值趣味，也要顾及接受者的文化习性与价值情感，这样才能形成具有良性互动的"交流场域"。

（三）要认知"中国故事"拓展意义，须认识中国故事传播的"关联因素互动效益"。

"讲好中国故事，传播中国声音"，其影响既反映在接受者个人的具体感知中，也体现在接受者及其周围群体的认知理解过程中。因此，要认知和判断"中国故事"传播的影响作用，其研究应当建立可操作性测评模型和评价指标，通过大数据分析及量化指标，将认知建立在科学的基础上。同时，对于"中国故事"传播的认知研究要尽可能利用媒体融合所形成的业态智能，形成较为有系统性的研究成果。本文认为在"关联因素互动效益"方面，目前已有了先期的研究经验和相关研究成果，一些相关性研究如在"产业组织"研究理论的"结构——行为——绩效"模型基础上建立了"关联产业价值联动指数"研究模型，模型设计"关联广度、关联深度和关联效应"的测评指标，对广告文化创意产业与相关产业的影响因子进行了数据分析。这一模型研究已经发表了相关研究成果，探讨了文化创意对相关产业价值促进的量化依据。所以，这些类似的前期研究对于认知"中国故事"传播效果积累了宝

---

① 徐占忱. 讲好中国故事主要面临的困难与问题 [J]. 社会主义研究，2014(3).

贵经验。

　　2017 年的全国"两会"期间，不仅是展示媒体综合实力与融合成果的传媒竞技场，更是体现推进媒体深度融合、创新发展的风向标。"两会"期间，各大媒体拿出了更高端的设备、提供更富有现场感的画面、使用更多样的形式，拉近观众与"两会"的距离，让媒体利用智能化传播手段的创新融合成果，使新闻传播全面真实地进入到"动态新闻"阶段，并唱响了"两会"期间的中国好声音。综观新闻传播业的内外环境，科技驱动的智能生态已经深入到信息传播的具体业态当中，中国在智能网络世界的应用方面也正处于世界领先的位置。新闻传播媒体已经全面展示了在创新融合过程中媒体在传播路径与方式上的新变化。例如在"两会"期间光明网"钢铁侠"的多信道直播云台，是光明网最新打造的全媒体报道单兵设备，该云台集新闻信息采集、发布于一体，现场只需一名记者即可快速实现视频、全景、VR 等内容的同步直播与录制。通过设备后台的云控制台、云存储及流媒体服务系统，记者还可以一键同步实现 PC 端、新闻客户端及 H5 页面等跨平台视频内容的分发与适配，让多种媒体产品在同一平台快速生产聚合。

　　媒体信息方式的智能化，不仅提升的是新闻信息传播能力的技术性，更重要的是把信息传播的内容推进到一个大数据平台，使信息的生成、留存与再生形成了完全及时与便利的智能化状况，也为我们认知信息的传播效果提供了更加科学有效的分析内容与平台。因此，对于"中国故事"传播效果的分析与认识，就应当尽可能地利用智能化的传播方式，在类似的"关联效果互动因素"效应模型理论及分析方法中，科学有效地认知"中国故事"传播的影响力。

循环与复调

——社交媒体与中国文化传播研究的格局与可能

刘　浏 *

摘　要： 新世纪以来，中国对国际社会所作的贡献越来越大，尤其在政治和经济领域。但是，在文化方面，中国并没有得到相应的礼遇。传统媒体在新时期，并未能占据霸权地位，在中国文化海外传播方面暴露了诸多问题。社交媒体与传统媒体的互补，在媒介融合的时代形成循环系统，在传播中国文化方面发挥积极作用。对社交媒体传播中国文化的研究不能以单一、固定的思维去理解，而是要将这个话题置于若干层次，持以流动和发展的观点去考察，形成复调结构，每一层面的结构各自独立，但又和谐地统一为一个整体。

关键词： 社交媒体；中国文化传播；媒介融合

新世纪以来，中国对国际社会所作的贡献越来越大，尤其在政治和经济领域，中国的影响力受到全球瞩目。但是，在文化方面，中国并没有得到相应的礼遇。在西方主导的世界里，中国没有形成自己的话语体系，中国经典被遮蔽；传统的中国话语体系建构方式在新媒介环境缺位或不够到位，给中国的和平发展和现代化建设造成了极大困扰。首都文化创新与文化传播工程研究院与 Survey Aampling International 首次开展的外国人对中国文化认知的调查显示，国外民众对中国文化的认知程度整体偏低。另一方面，中国对文化向海外传播有着迫切需求，文化传播已经上升到国家战略高度。中共十八届三中全会通过的《中共中央关于全面深化改革若干重大问题的决定》提出，

---

* 刘浏，文学博士，常熟理工学院《东吴学术》编辑，现在上海大学电影学院博士后流动站工作。主要研究方向是媒介与文化传播，中国非虚构文学与文化传播。

要提高文化开放水平，加强国际传播能力和对外话语体系建设。习近平总书记在主持中共中央政治局就提高国家文化软实力研究举行第十二次集体学习时强调建设社会主义文化强国，着力提高国家文化软实力，关系"两个一百年"奋斗目标和中华民族伟大复兴中国梦的实现。提高国家文化软实力，要努力传播当代中国价值观念。

传统媒体在新时期并未能占据霸权地位，在中国文化海外传播方面暴露了诸多问题，例如官方报道独大，缺少意义输出，对外传播中 NGO 缺失，只会讲道理、不会讲故事等。与此同时，社交媒体因是大批网民自发贡献、提取、创造和传播的模式，兼具自主、灵活、民间、传播范围广、传播速度快等特点，在全球融媒体环境下影响范围越来越大，对文化传播发挥了越来越重要的作用。《2016 年中国社交媒体影响报告》显示，超过一半（51%）的中国城市居民已经成为了社交媒体用户，较去年大幅上升了 17 个百分点。需要指出的是，社交媒体与传统媒体并不是对立的关系。包括一些研究者在内的许多人，会将社交媒体与传统媒体视为对立，基于这样的认知，这两类媒体被看成两股瓜分受众市场的敌对阵营，从而产生出了许多关于新旧媒体如何抢占资源、如何利用技术优势影响传播效果、在绝对竞争中如何提升自身传播影响力等方面的研究。回到现实环境，媒介融合是全世界存在的媒介现状。眼下，已经很难找到一个单一的、不和其他媒介连接的完全独立的媒介了。无论是报纸、电视、网络还是手机，传播内容有重叠又有所区别，传播方式各具特性又相互填补。断裂式地看待社交媒体与传统媒体，已经不符合事实和媒介发展规律了，融合与统一才是媒体发展趋势。所以，社交媒体是对传统媒体的互补，是研究中国文化传播的基础和出发点，之后的探讨都是建立在此基础之上。

一、循环系统：社交媒体传播中国文化

近年来，有关中国文化传播的研究成果不少，基于传播学视域的研究就包括国家重大立项课题"增强中国对外传播文化软实力深度研究"（关世杰，北京大学）、"当代中国价值观念的国际传播策略研究"（项久雨，武汉大学）、"中华文化的海外传播创新研究"（郭镇之，清华大学）等。除此之外，对如何构建中国话语权、中华礼制传播（汤勤福）、"中国梦"国际化传播（姬德强）等问题也给予了关注。这些研究成果有的也实际指导着包括中国文学西传、中国古典诗词传播、孔子学院等中国文化海外传播的具体实践。只是，

一方面，实践本身都是以个例的形式发生，个例的偶然性很大，且常常是基于传统媒体传播渠道；另一方面，个例与个例之间未产生紧密的勾连，甚至有的个例本身仍存在很大的提升空间，致使有关社交媒体传播中国文化的研究尚处于百家争鸣的阶段。

　　中国文化范畴广泛，从不同角度对其的界定也是多种多样。总的来说，文化是一个民族的生存方式和价值体系。民族共同生活的实践不仅创造一切社会存在，而且创造社会存在对于人的意义、价值。这些意义和价值构成的体系，就成为文化。因此，一个社会不仅有实存结构，也有作为社会存在意义和价值的文化结构。一个民族依赖文化来传承自己民族生存于世界的意义和价值，自己的信仰和态度，自己的变革和守成，是民族之为民族、时代之为时代的行为和精神特质、风格、灵魂和血脉。基于媒介而言，传播中国文化是立足传播的目的，关注中国文化的本体和内核，即需要向世界传递什么样的中国文化；其次，是明确传播模型上的从"世界走向中国"向"中国走向世界"的转向。中国不仅要学习引进世界优秀文化，更需要有文化自信地向全球输出自己的文化，为解决世界问题提供异于西方的中国方案和原创价值。

　　媒介融合背景下的社交媒体传播中国文化是在循环系统内发生。社交媒体是载体和方式，主要指互联网上基于用户关系的内容生产与交换平台，包括"三微一端"（微博、微信、微视频、客户端）、"GIFA"（谷歌、推特、脸书和亚马逊）等；中国文化是传播内容，海外传播是渠道和目的。如今，作为众多传播途径之一，社交媒体在传播某一具体的文化事件时也时常与其他媒介协同作业。社交媒体在传播中不仅发挥着传播共性，也表现了传播个性，传播中国文化其实是合力传播。社交媒体传播中国文化的循环系统可以分为两个层面。首先，媒介与文化的传播循环，是传播方式和传播内容之间宏观互动的表现。社交媒体通过生产、加工对中国文化进行传播，可以通过新闻传播的方式，从宏观和微观层面将中国文化向海外传播（崔波，2011）；可以以传播政务、重大社会事件，或作为外交一部分等进行中华文化的海外传播（谢婉若、邹姝玉，2014）。比如，对我国的执政党形象认知存在悲观主义论调，认为中国的"政治体制是脆弱的"（Rodericlc Macfarquhar）；"中国威胁论"甚嚣尘上（村井友秀、罗斯·芒罗等）。包括中国文化中的服饰文化、饮食文化等，都是社交媒介传播中国文化的主要内容（蔡晓梅等，2013）；还可以是围绕像奥运会这一大事件，从不同的角度对中国文化的风格进行展现，也可以就孔庆东"粗骂"以文化的视野传播中国人文传统和现实文化品格，还可以通过历时的发布、结合其他媒介资源开展社交讨论的形式进行文化精神的向外传播，比如电视节目《朗读者》的新媒体传播和热议等。可以看到，博大精深并且不断在发展的中国文化成为社交媒介源源不断的传播资源和精神支撑；另一方面，社交媒体的高参与度、快速蔓延等优势又使得中国文化更广泛和迅速传递，包括中国传统文化和现当代中国文化的内核在社交媒体传播过程中得到不断阐释。

其次，社交媒体与其他媒介构成循环系统。社交媒体的资源既可以是原创，也可以是整合的。比如，微博的发布可以是某一官方组织针对某一具体文化事件的首度发声，也可以是采用电视、微视频等现有资源的二次传播。同时，传统媒体也越来越重视社交媒体的作用，积极利用甚至开发社交平台。社交媒体的传播形态与报纸等传统媒体又有明显差异，报纸新闻通常是一次性传播，在传播效果上力求深度和权威。而社交媒体多以广泛、多频次为传播追求，无论是组织还是个人的社交媒体平台，都以点击数、点赞数、转发数、评论数等作为衡量效果的参考，许多单位都将"三微一端"作为绩效的考核项目。脸书或是微博上的大V也都是因为有了一定规模的指数保证才被受众追随的。但许多大V的终极目标还是大众媒体，社交媒体是他们最方便利用的工具，比如一些网红也抱着对大荧幕的不懈追求。

二、复调结构：社交媒体传播中国文化的可能与对策

社交媒介在整个传播媒介享有举足轻重地位的今天，如何将社交媒体与传统媒体进行互补，从实践层面对社交媒介向海外传播中国文化提出可行的方法论，同时，从理论建构层面搭建一套系统、严谨、指导性强的理论体系，立足于社交媒体，从传播模式、方法、效果等方面构建国际传播理论是亟待解决的。社交媒体传播中国文化包括三个关键词，即社交媒体、中国文化、传播。其中，每一个关键词包含的内容都很丰富。中国文化既包含中国传统文化的精神内涵，又囊括中国现当代文化的主体；社交媒体目前包括诸如微博、微视频、客户端、微信等平台和新媒介互动空间，且社交媒体的发展迅速、变化莫测，形态和内容时时流变；传播的范畴不仅包括传播者、受众、媒介的传播对象和传播过程，也包括反馈与效果、传播控制等。所以，对社交媒体传播中国文化的可能与对策的研究，首先需要明确关键之关键，即该议题的核心内容、研究的层次、层次间的逻辑，即复调式研究。对此研究不

能以单一、固定的思维去理解，而是要将这个话题置于若干层次，持以流动和发展的观点去考察，形成复调结构，每一层面的结构各自独立，但又和谐地统一为一个整体。具体结构如图1所示。

（一）西方发达社交媒体生成与抵抗

社交媒介发端于西方，无论是媒介技术还是内容方面，西方以及日韩发达社交媒体的经验和知识都有很多值得借鉴和学习的。对其进行系统和科学的梳理论证是非常有必要的，对研究中国文化社交媒体传播有指导作用。要提高我国国际话语的说服力，透彻了解世界主流国家的国际影响力发展大势是前提，具体包括当今欧美韩日等发达国家文化影响现状如何，如何通过社交媒介打造文化影响力，如何构建国际形象，存在如何的发展趋势，有何经验和教训值得深思。

同时，要注意西方社交媒体对我国文化传播影响力生成时可能产生的抵抗和消解。比如英语文化在网络中长期占有霸权，这样一定程度会导致对民族文化的冲击。假设在社交网络传播中我们不采取措施，那么英语对其他语言的压制会一直持续下去，后果也许是未来的网络彻底普及的时候就是英语文化在全球彻底普及的时候。

（二）当代中国文化传播的现状与问题

这是社交媒体传播中国文化研究的起点。对其探讨，需立足中国文化的内核，将中国文化置于包括政治、经济、历史、社会、人文等在内的有机整体中考察。中国文化是包含传统与现代的整体系统，是中国国家形象的综合展现。当代中国文化国际影响力传播有哪些平台，产生负面影响的根本原因在哪里，对负面影响进行修复的相关策略等问题，是要逐一攻破的具体议题。

问题中的问题是，社交媒体在整个传播中国文化媒介中所处的位置。这个位置不是说社交媒介要与其他媒介"争宠"，而是要明确社交媒介在融媒体运行中所承担的角色。每一种媒介都有自己的优势，也有弱点，将每一种媒介进行整合，使得优势增益，劣势填补，达到融媒体"融"的目的。

（三）社交媒介传播中国文化资源

当代中国文化的价值体系与构成要素需要总结和归纳，以提炼出适应时代发展的中国文化精神内核，即既能传承传统文化的相关优点，又能扬弃传统文化中的糟粕。以上指的是中国文化资源的提取。社交媒体是现代最重要的时代传播方式，在融媒体背景下社交媒体在提取和传播资源方面有着先天优势。社交媒体的使用人数众多，有群众基础好，自发性高，创造性强等特点，可以充分实现把我国的价值观、生活方式、社会体制远播异国他乡，从而为自己创造一个良好的政治、经济、文化的外部环境，并在这样一个有利于自己的外部环境中进一步加强、扩大在各方面对世界其他国家的影响与控制的目的。

（四）社交媒体传播中国文化渠道

这是社交媒体传播中国文化研究的核心内容。目前传统媒体在中国文化的海外传播中存在许多问题，社交媒体既是中国文化海外传播的重要渠道，也是对传统媒介中国文化传播方面的补充和支撑。本方面的研究以不同社交媒体的传播特点作为划分依据，将以微博、微信、微视频、客户端（"三微一端"）、谷歌、推特、脸书和亚马逊（"GIFA"）渠道的中国文化传播逐一细致考察。

其次，中国文化的海外传播过程包括两个方面，一为由国内向海外的传播，二为海外的中国文化传播。需要通过对不同的社交媒体传播者、受众、传播途径等做全面考察，探究以原创导向、扩散导向、纠偏导向等不同传播目的的社交媒体传播模式，并分析中国文化海外传播的外向与间内传播性质。

第三，采用总分总的研究策略，在对每一渠道社交媒体传播中国文化进行详实考察后，梳理出社交媒体的传播共性与传播个性，进行社交媒体合力传播研究，他们之间取长补短，从战略高度明确当代中国文化影响力生成机制，在战术层面安排社交媒介实现中国文化对外传播策略，提出对当代中国文化海外传播机制和传播策略所存在问题的修补与解决。

（五）社交媒体与传统媒体在传播中国文化中的互补

上文已经分析了融媒体时代，社交媒体与传统媒体之间是相互联系、相互影响的。在良性互动的环境中，社交媒体与传统媒体可以是相互促进、相互补充的，这个状态也应是媒介向好发展的路径。如何更好地实现互补，如何处理社交媒体和传统媒体在中国文化海外传播中的关系、如何整合不同媒体的优势、充分发挥各自特点，使得各种媒介都因彼此的存在锦上添花而不是画蛇添足，是实证研究要不断推进的。

中国外文局对外传播研究中心主持的第三次中国国家形象全球调查显示，海外受访者中57%的人选择通过当地传统媒体获取有关中国的信息，40%的人通过当地新媒体进行了解。而中国在当地的传统媒体和使用中国产品也是外国民众了解中国的重要渠道。选择通过这两种方式了解中国的受访者比例均超过30%。国内一项调查显示，网络媒介作为快速崛起的信息传播渠道成为外国民众获取信息、认知世界的重要信息来源，接近2/3的受访者将互联网作为接触中国文化信息的首选渠道。学历越高的外国民众，选择互联网获取与中国相关信息的比例越高。可见，大众媒介时代的媒介拟态环境的效应在互联网虚拟世界中依然存在。互联网对外国受众而言是可信度最高的媒介渠道之一，也是其获取中国信息的首选媒介渠道。但报纸、电视为代表的传统媒体，尽管是非首要渠道，但依然是对外文化传播的有效渠道，并且在权威性上占绝对优势。社交媒体与传统媒体优势互补，可以打通中国文化传播中遇到的阻塞。

（六）社交媒体文化传播效果测试机制

效果测试机制是基于反馈效果理论运用的控制传播研究，探究社交媒体传播中国文化效果优劣的因果关系。设定两组变量，一为包含渠道（"三微一端""GIFA"）、信息来源、传播者、传播频次、传播区间、传播时间等社交媒体传播内容变量，一为包含微博转发、微信点赞、微视频转发、传统媒体二次传播、意见领袖多级传播等传播效果变量，采用现象观察与深度访谈的方法，最终制定社交媒体海外传播中国文化效果的影响因子和评价体系。

效果测试是对一定时期社交媒体传播中国文化的总结，通过量化和细化，将问题研究解构；同时，测试机制的拟定，又是对接下来文化传播战略实施的方法论执行，通过理性化和系统化，将问题研究重构。所以，效果测试机制既是对上一阶段的考评，又是对下一阶段的策划，并且也会在每一阶段具体实践中不断完善和改进。

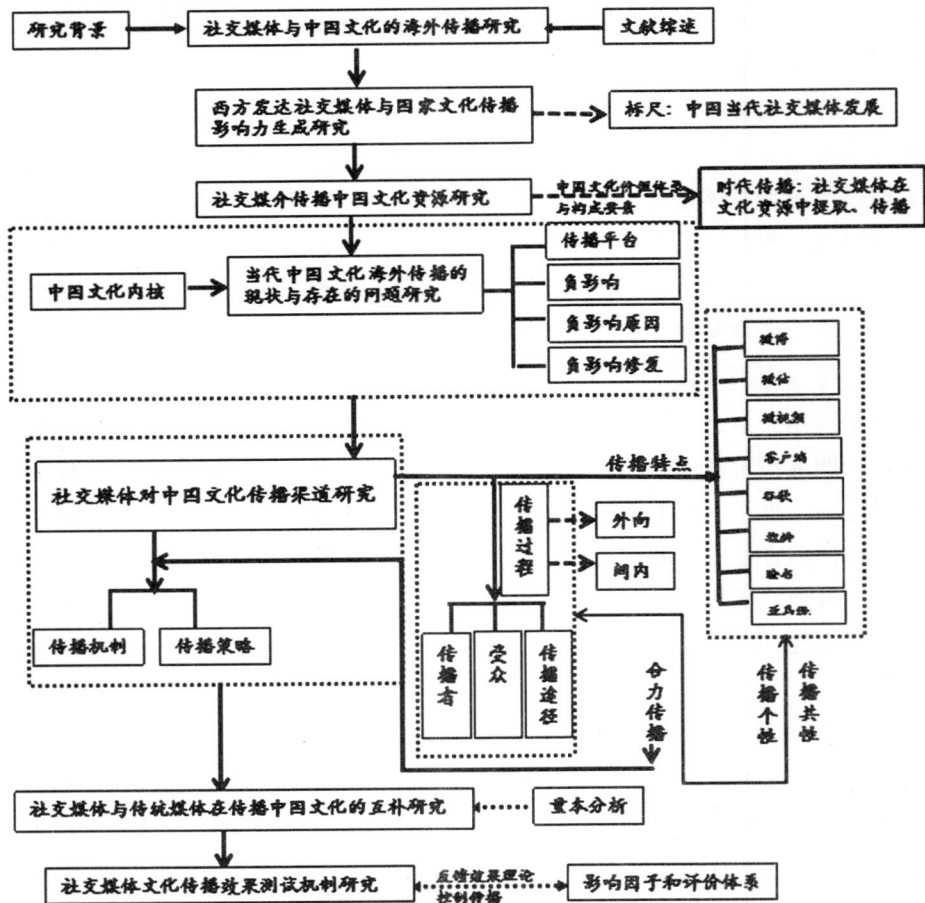

图 1

三、意义生成：社交媒介与文化的互补

学术界关于中国文化"走出去"的相关研究成果已经很多，不少已经成为实践层面重要的决策参考，但是总体上相对忽视本体性问题，即当代中国文化的内核是什么，需要向世界传达什么样的中国文化。同时，已有的研究已经关注到了媒介对中国文化传播的重要作用，也提出了有效的行动指南，但是大多都是靠传统的方式传播出去。可见，立足媒介融合的传播现状对文化传播的考量关注也有许多值得补充，尤其是抛弃旧有的、固化的社交媒体与传统媒体对立的观点，将两者放置于互补的平等地位，重新审视中国文化

传播问题。

讨论社交媒体与中国文化传播并不能仅仅囿于传播对策研究，对方法论拓展指向新意义的生成。在信息社会的今天，媒介对知识文化和文化阶层的影响不容小觑，甚至可以说社交媒体对整个文化生态都有举足轻重的影响。一是对政治的影响。社交媒体传播中国文化使得中国被更广泛地认识和了解，掌握话语权，以此提升中国全球的政治地位，实现"文化强国"的愿景；二是对传媒环境的影响。媒介在文化传播方面的作用无可替代性强化了对传媒能力、传播把控力的密切关注（ABBAS MALEK，徐小鸽，Patrick O'heffernan）。高新技术赋予大众媒体以生动、丰富、广泛、及时和具有渗透性的文化形态，成为政治动员、新闻报道、文化教育、消遣娱乐和商业广告的最佳传播媒介，其中，社交媒介的兴起对传统媒介而言，是巨大的冲击，也可以是强大的推动助力；三是对意识建构和大众文化的影响。社交媒介改造了人类的时空观和现代社会的权力关系，为集体记忆的书写和阐释带来了挑战：祛魅、断裂、窄化、公共舆论主导、常人社会消费和部落化等（胡百精，2014）。随着融媒体的信息开放，中国文化被揭开层层面纱，并被传播至世界各个角落的同时，殖民文化入侵、蓄意攻击的歪曲论调也可以通过社交媒介的途径进行纠正。

社交媒介对中国文化除了传播、互补以外，还需谨防消费社会对文化场域的负作用。让·鲍德里亚的《消费社会》一书开篇写道："今天，在我们的周围，存在着一种由不断增长的物、服务和物质财富构成的惊人的消费和丰富现象，它构成了人类自然环境中的一种根本变化。恰当地说，富裕的人们不再像过去那样受到人的包围，而是受到物（商品）的包围……我们生活在物的时代：我是说，我们根据他们的节奏和不断替代的现实而生活着，在以往所有文明中，能够在一代一代人之后存在下来的是物，是经久不衰的工具或建筑物，而今天，看到物的产生、完善和消亡的却是我们自己。"[①] 消费社会这样一个被商品所包围并以商品的大规模消费为特征的社会不仅改变了我们的日常生活，还改变了我们的社会关系和文化生活方式。我们必须要意识到"人们需要商品，是为了使文化的各个范畴得以显现并且稳定下来"[②]，作

---

① [法]让·波德里亚.消费社会[M].刘成富，全志钢译.南京：南京大学出版社，2001 第 1—2 页。

② [美]索尔斯坦·维布伦.夸示性消费[M].罗钢，王中忱译.北京：中国社会科学出版社，2003.第 36 页。

为表达自我工具的社交媒体，已经成为联结社会群体关系的坚固纽带。社交媒体的世界里，人人都是传播者，人人都是接受者，人人又都是媒介。正如鲍德里亚所言，"电视带来的'信息'，并非它传送的画面，而是它造成的新的关系和感知模式，家庭和集团传统结构的改变。谈得更远一些，在电视和当代大众传媒的情形中，被接受、吸收、'消费'的，与其说是某个场景，不如说是所有场景的潜在性"。① 社交媒体中的这一被接受、接收、消费的可能性无处不在，无时不发生。就像双刃剑，善以用之，事半功倍；无规范化地任其杂乱生长，对整个融媒体都必将是扰乱，甚至造成文化传播的沦丧。

---

① ［法］让·波德里亚. 消费社会 [M]. 刘成富，全志钢译. 南京：南京大学出版社, 2001. 第 48 页。

三、符号学视域中的中国文化文本研究

　　读者阅读文本的直接动力是享受阅读快感。读《阿Q正传》，在嬉笑怒骂中，哀其不幸怒其不争。读穿越小说，在千回百转的情节中，羡慕主人公的隔世奇遇，为穿越的力量激动不已。看《百鸟朝凤》，既为唢呐老班主的坚持执着感动，也会为唢呐衰落而感慨不已。这些快感或者情绪，虽是受众的主观感受，但文本的激发也极为关键。为此，分析文本上产生上述效果的操作规则，透析其背后隐含的文化动向，值得探究。本栏目的三位作者，借助符号学的方法沿此路径进行了探索。谢龙新分析《阿Q正传》中叙述话语和结构的反讽操作，分析语言感染力的深层原因。透过作者的分析，我们更清楚这部作品的针砭时弊的力量来源。黄文虎通过对《百鸟朝凤》的细读，分析了唢呐在当代文化中的标出性位置，并从文化表意角度提出了争夺文化中项，激活其生命力的方案。刘岚则对当前大热的"女强"小说展开分析，指出"女强"小说看似为女性争夺阵地，但其符号化的规则却表明："强女性"实质上仍然落入了男权社会的逻辑。尽管文化总是以各种具体对象展示，为大家所感知，但要感知文化总是要通过具体的文本和合适的方法，中国文化也不例外。本栏目进行了这样的一个尝试：以符号学为"刃"，解剖了具体文本，进而透析了中国文化的"质地"。

张放（四川大学新闻学院教授、博士生导师）

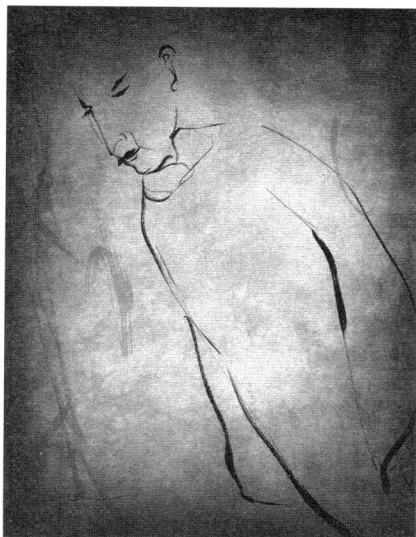

手机画《老先生》

手机画《鲁迅》

作者：赵洁（厦门大学新闻传播学院副教授）

《阿Q正传》叙事反讽的符号化结构及其文化意义

谢龙新 *

（湖北师范大学文学院，湖北，黄石，435000）

摘　要： 本文基于塞尔的言语行为理论，探讨《阿Q正传》人物话语的反讽、叙述话语的反讽，以及在最外层面上的结构反讽，通过对宣告和断言两类言语行为的矛盾分析，揭示了《阿Q正传》反讽叙事的符号化结构及其文化意义。

关键词： 反讽；言语行为；符号化结构；阿Q正传

本文为国家社科基金青年项目"文学叙事与言语行为" [11CZW003] 的阶段性成果。

《阿Q正传》是一个反讽文本在学界已达成共识。但鲜见从言语行为理论的视角对其展开分析。20世纪发生的"语言学转向"使索绪尔开创的结构主义语言学成为文学研究的重要资源，然而，奥斯汀开创的言语行为理论在文学研究中的应用尚未得到足够的重视。本文尝试将言语行为理论与叙事分析结合起来，揭示《阿Q正传》的符号化结构及其文化意义。

反讽是言语行为理论家塞尔和格莱斯的重要术语。塞尔主要着眼于语义，"一个说者意谓与他所说的相反的东西。通过语句意义然后折回到语句意义的反面达到表述意义"。[①] 可见，反讽就是反话。例如，如果命题"天气真好！"是反讽，那么它要表达的真正意义是"天气真糟糕！"，而不是它的字面意

---

* 谢龙新，博士，湖北师范大学文学院副教授，硕士生导师，剑桥大学访问学者，湖北省"楚天学者计划"特聘岗楚天学子，主要从事叙事学、美学和文化理论研究。

① [美] A.P. 马蒂尼奇. 语言哲学 [M]. 牟博、杨音莱，韩林合等译. 北京：商务印书馆，2006. 第839页。

义。格莱斯主要着眼于语用，说话人试图表达某个命题，但并不直接说出来，而是提出一个与之有关的其他命题，当提出的命题与想表达的命题相矛盾的时候，就成了反讽。[①] 例如，为了激励经受挫折的朋友，某人却说"阿 Q 真好！"，这句话就是反讽。"不说你确信为假的东西"是会话双方应该遵守的"合作原则"，而反讽话语却有意违反了这一原则。无论是塞尔还是格莱斯，都视反讽为言语行为，对"合作原则"的有意违反包含了说话人的特定意图，就此而言，反讽也是说话人的修辞行为。本文将文学叙事也看作言语行为，认为叙事反讽是作者的修辞行为，进而揭示其对叙事主题的重要意义。

反讽可以在叙事文本的不同层次发挥作用，有人物话语的反讽（如《俄狄浦斯王》）、叙述话语的反讽（如《喧哗与骚动》），以及最外层的叙事结构反讽（如《堂·吉诃德》）。现代以来，反讽也成了中国作家创作的重要手段，鲁迅是其中重要的代表。本文所论《阿 Q 正传》既是鲁迅的代表作，也是反讽叙事的代表作，上述三个层面的反讽在其中都有重要体现。

一、人物话语的反讽

话语具有力量，言语行为理论称之为"语力"（force of the utterance）。正是"语力"使话语能够做事，从而产生相应的行为。"语力"有赖于一定的"合适条件"（fecilities），只有满足了一定的条件话语才能产生力量。例如，西方的结婚典礼经常会用"宣告"这一言语行为，"我宣布杰克和露丝结为夫妻"，这句话要具有"宣告"的语力，必须要满足"在教堂里"、"由神父说出"这样的条件。

塞尔从言语行为的"合适条件"中提取出四条规则，如下：

（1）命题内容规则（Propositional content）：命题必须有意义，该规则规定命题的内容。例如，如果是承诺，该命题的行为在时间上一定指向将来；如果是感谢，该命题的话语内容一定指向过去。

（2）先决条件规则（Preparatory）：言语行为命题内容受先在条件的限制，例如，如果要表示感谢，受话人一定做了有利于说话人的事；如果是建议，说话人一定有理由相信受话人会从中受益。

（3）真诚条件规则（Sincerity）：表示说话人真诚的心理意愿，保证言语

---

① ［美］A.P. 马蒂尼奇 . 语言哲学 [M]. 牟博，杨音莱，韩林合等译 . 北京：商务印书馆，2006. 第 310 页。

行为能够得到实施。例如，如果是道歉，说话人应该对其所做之事真诚地表示遗憾；如果是祝贺，说话人一定对所言之事感到高兴。

（4）基本条件规则（Essential）：规定言语行为的效果和目的。例如，如果是警告，该行为应保证某一将来事件对听话人不利。如果是指令，该行为一定尝试使受话人去做某事[①]。

这四条构成规则涉及时间、语词与世界的关系、说话人的心理意愿等多方面。通过这些构成规则，塞尔区分了五种言语行为：指令行为、断言行为、承诺行为、宣告行为和表情行为，并将其公式化。

在《阿Q正传》中，阿Q的话语大多都是"宣告"或"断言"。例如：

①"我们先前——比你阔的多啦！你算是什么东西！"（《鲁迅小说》第71页，下文不再作注，仅标明页码。）

阿Q为数不多的直接引语大多都是反讽话语，其反讽性主要体现在对言语行为构成规则的违反。这是阿Q第一次开口说话，这第一句话为全文的反讽定下了基调。显然，这句话包含两种言语行为：通过"宣告""我们先前——比你阔的多啦！"，进而"断言""你算是什么东西！"

根据塞尔的理论，"宣告"（Declarations）类言语行为的符号化结构是：
$$D \updownarrow \phi(p)$$
其中D表示宣告类言语行为的标记项（取自Declarations的首字母），$\updownarrow$表示语词与世界的关系。双箭头表示宣告行为既可能是语词与世界相符（words to world），该宣告在时间上指向过去，世界为语词提供了证明，则该宣告为真；也可能是世界与语词相符（world to words），该宣告在时间上指向将来，未来是世界会证明宣告为真。ϕ指真诚条件，宣告行为不需要真诚的心理意愿，所以用空符号ϕ表示。（p）指可变的命题内容，宣告行为的命题内容没有限制。宣告行为的话语目的（即基本条件）是通过宣告造成对象的状态发生改变。

那么，阿Q为什么可以宣告"我们先前——比你阔的多啦！"塞尔指出，宣告行为"确实试图使语言与世界相符。但他们不试图去做，比如描述一个

---

① Searle J. R. Speech Acts: an Essay in the Philosophy of Language[M]. 涂纪亮导读. 外语教学与研究出版社, 剑桥大学出版社，2001. 第66—67页。

存在的事件状态（像断言行为），也不尽力使某人造成一个将来的事件状态（像指令行为和承诺行为）"。① 也就是说，在宣告类言语行为中，世界可以不为语词提供证明。并且，"我们先前——比你阔的多啦！"表明阿 Q 的'宣告'在时间上指向过去，是一个已经不存在的世界，一个无法证明的世界。因此，阿 Q 的宣告是合法的。这种合法的宣告既是阿 Q 所有行为的基础，也是《阿 Q 正传》反讽叙事的基础。

　　然而，阿 Q "断言"（Assertives）"你算是什么东西！"在时间上指向现在，是一个需要世界证明的命题。根据塞尔的理论，断言行为的符号化结构是：

├↓ B (p)

├是断言行为标记项，↓表示语词与世界的关系，向下的箭头表明断言行为应该使语词与世界相符。B 是真诚条件，即说话人必须相信（Believe）其断言的命题为真。（p）表示断言行为的命题是可变的，没有限制。与宣告行为相比，断言行为明显有两个方面的限制，即语词必须与世界相符；说话人需保证命题内容为真。

　　从真诚意愿上看，阿 Q 肯定相信他的断言。但断言行为必须保证其命题为真实的事件状态，它需要世界为其命题内容提供证明。然而，"你算是什么东西！"与世界并不相符，阿 Q 的断言因此成了"假断言"。阿 Q 的断言在主观意愿上为真，但在客观上为假。阿 Q 的话语由此成为反讽话语。

　　阿 Q 的宣告和断言之间也构成了反讽结构。二者之间具有明显的因果关系，即，因为"我们先前——比你阔的多啦！"，所以"你算是什么东西！"。其话语逻辑是由"宣告"而"断言"，宣告为因，断言为果。由于他宣告的是不可证明的"先前"的事件，因而是合法的宣告，但他的断言因为面临世界的检验而成为不合法的断言。原因与结果出现不可调和的矛盾，因此成为反讽话语。阿 Q 行事逻辑的基础正是这种反讽式"宣告"或"断言"。下面仅列举几条：

　　②"我的儿子会阔得多了！"（断言）（第 72 页）
　　③"我总算被儿子打了，现在的世界真不像样……"（宣告、断言）（第 72

---

　　① 　Searle J. R. Expression and Meaning:Studies in the Theory of Speech Acts[M]. 张绍杰导读 . 外语教学与研究出版社，剑桥大学出版社，2001. 第 19 页。

页）

④ "现在的世界太不成话，儿子打老子……"（断言）（第 74—75 页）

⑤ "你还不配……"（宣告、断言）（第 72 页）

⑥ "再过二十年又是一个……"（宣告、断言）（第 103 页）

《阿 Q 正传》的反讽叙事很大程度上由这种反讽式 "宣告" 和 "断言" 构成。阿 Q 的 "逻辑" 在于，他的宣告命题往往是过去的、不存在的或不真实的事件，世界不能为其 "宣告" 的命题做出检验，因而具有合法性。阿 Q 企图以合法的 "宣告" 为基础来保证其后 "断言" 的合法性。然而， "断言" 却需要世界为其做出证明，从而最终显示出阿 Q "断言" 的荒谬性，反讽由此产生。

故事总有一个叙述者，人物话语归根结底受作者叙述者的操控，是 "我" 写作的产物。在《阿 Q 正传》中，叙述者也采用了这种 "宣告→断言" 式话语模式，构成更大的反讽结构。

二、叙述者话语的反讽

文化传统约定俗成地规定了文本形式，从而形成不同的文类，因此，文类是一种契约，不同的文类有不同的话语模式和故事模式，如传记小说、侦探小说、惊险小说等文类各有其不同的文本规则。就此而言，文类本身就具有一定程度的语力。 "正传" 是《阿 Q 正传》的文类标志，它预先确定了《阿 Q 正传》作为 "传记类" 叙事作品的话语模式。

作者是叙事作品最外围的叙述者，一切叙述最终都可以归结为 "我叙述"，这里的 "我" 指的是作者叙述者。在传记类叙事作品中，作者叙述者一般也采用由 "宣告" 到 "断言" 的话语模式，下面是该文类的一般模式：

［ "我宣告" ］：传主具有（辉煌的、邪恶的……）生平事迹。

［ "我断言" ］：传主是一个（高尚的、阴险的……）人。

可变的是小括号中的内容，不变的是小括号外的结构。无论邪恶或高尚，只要他有足够的历史影响，一般都能成为传主。因此，小括号中的内容是对传主的描述，传主不同，描述自然不同。本文关注的重点是小括号外的结构形式，它不仅是传记类作品的基本叙述结构，而且也是 "宣告" 和 "断言" 两类言语行为的基本话语模式。传记类作品一般都是通过 "宣告" 传主的生平事迹，进而 "断言" 传主具有何种人格属性和历史地位。显然，《阿 Q 正传》采用的正是传记类作品基本的结构形式和话语模式，只不过对其做了反讽式改造（见下文）。

如上文所述，一般的"宣告"行为不一定需要世界为语词提供证明。但传记类作品却需要语词与世界相符，也就是说，对传主生平事迹的描述应该客观真实，应该能被世界证明。并且，叙述者必须有相信（Believe）其叙述为真的心理意愿，也就是说，必须符合言语行为的真诚条件。由此，传记类作品"宣告"行为的符号化结构可改写为：

D↓B(p)

如上文所示，"断言"行为的符号化结构是：

⊢↓B(p)

通过比较可以看出，传记类作品的"宣告"已经变成了"断言"，也就是说，传记类作品的宣告和断言之间应该没有矛盾，具有一致性。这体现了塞尔所说的"宣告"与"断言"重合的情况，如裁判和法官的断言行为，同时也是宣告行为。

然而，《阿 Q 正传》却打破了一般传记应有的话语模式。叙述者的"宣告"和"断言"在《阿 Q 正传》中发生了断裂，不仅语词不能被世界证明，而且也违反了传记类作品应该遵循的真诚条件，因而出现矛盾，构成反讽。《阿 Q 正传》的开篇就体现了这种"宣告"和"断言"的断裂，第一章的"序"交代了为阿 Q 做传的缘起，包含一个明显的反讽结构：

["我宣告"]："我要给阿 Q 做正传，已经不止一两年了。"

["我断言"]："这注定是一篇速朽的文章。"

"做正传"是对话语目的"宣告"："做正传"一般而言是为了"不朽"，鲁迅在文中自己也说"从来不朽之笔，须传不朽之人"；然而，其后的"断言"（"速朽"）却与"宣告"正相反，从而形成反讽。

第一章"序"的反讽结构为下文定下了基调。细读文本会发现，叙述者话语存在大量这样的反讽结构，如：

⑦（"宣告"阿 Q 被闲人"碰了五六个响头"，阿 Q "遭了瘟"）然而不到十秒钟，阿 Q 也心满意足的得胜的走了，他觉得他是第一个能够自轻自贱的人，除了"自轻自贱"不算外，余下的就是"第一个"。（第 73 页）

⑧（"宣告"阿 Q "失败的苦痛"）但他立刻转败为胜了。（第 74 页）

⑨（"宣告"赵太爷的威风）而现在是他的儿子了，便自己也渐渐的得意起

来，……（第 75 页）

⑩（"宣告"阿 Q"生平第二件屈辱"）幸而啪啪的响了之后，于他倒似乎完结了一件事，反而觉得轻松些，……（第 77 页）

11（"宣告"阿 Q 被秀才暴打）但这时，他那"女……"的思想却也没有了。而且打骂之后，似乎一件事也已经收束，倒反觉得一无挂碍似的，便动手去春米。（第 81 页）

12（"宣告"阿 Q 临刑前的窘状）然而他又没有全发昏，有时虽然着急，有时却也泰然；他意思之间，似乎觉得人生天地间，大约本来有时也未免要杀头的。（第 103 页）

在表述结构上，上述例子具有明显的相似性。不难发现，它们都有一个转折结构，这种转折结构沿用了上文所述阿 Q"宣告→断言"式话语模式。转折之前是"宣告"：阿 Q 各种"行状"的失败；而转折之后则是"断言"：阿 Q 的自我胜利。因此，这种转折结构也是叙述者的基本话语模式：

["我宣告"]：阿 Q 处处失败。

["我断言"]：阿 Q 处处胜利。

显然，在这种话语结构中，"宣告"与"断言"之间形成反讽性断裂，《阿 Q 正传》的反讽叙事很大程度上源于这种整体上的话语反讽。同时，叙述者话语的这种反讽结构也产生了广为人知的阿 Q 式"精神胜利法"。"精神胜利法"的核心不在"胜利"，而在"失败"，或者说，精神上的"胜利"表明的恰恰是事实上的"失败"。因此，"精神胜利法"本身隐含了一个反讽结构，它与上述叙述者话语的反讽模式如出一辙。

三、《阿 Q 正传》的结构反讽

反讽不仅可以通过叙述话语来呈现，也可以通过叙事文的结构形式来实现。结构反讽是指反讽作为文本的结构原则，在叙事主题、结构形式等方面使叙事文本整体呈现为一种反讽结构。反讽作为结构手段显然与作者的叙事意图相关，最终必然指向文本的意义。

张开焱指出，《阿 Q 正传》是对中国古代史传叙事的讽刺性模仿。"讽刺性模仿"是对模仿对象的滑稽化和贬低化，高尚与卑微、渺小与伟大等在"讽刺性模仿"中会发生严重错位，因此，它实际上就是反讽。中国古代已经形成了一套较为成熟的史传叙事模式，其主人公往往是具有重大历史影响的英雄豪杰，其故事模式也有一套程式化的形式，一般由"出生寒微但少有大志——历经挫折磨难困苦——风云际会乘势而起——终于建立丰功伟绩"这几个基本环节构成。①《阿 Q 正传》遵循了这一故事模式，只不过对其作了滑稽化处理。对史传叙事的"讽刺性模仿"表明《阿 Q 正传》整体上呈现为结构反讽。塞尔、格莱斯等言语行为理论家认为反讽是一种言语行为，之所以出现反讽，是因为言语发出者违反了"合作原则"。那么，《阿 Q 正传》的结构反讽又违反了什么样的"合作原则"呢？

《阿 Q 正传》的结构反讽源于文类规约与其对象之间的错位。如前所述，文类是叙事的重要规约，不同的叙事文类有不同的规约。文类规约不是人为的规定，而是历史形成的，与文化传统密切相关。传记类作品尤其如此。文化传统不仅规定了传记的叙事模式，而且规定了传记主人公的身份特征。

［文化规约"宣告"］：传记是英雄人物的生平事迹。

［文化规约"断言"］：《阿 Q 正传》的主人公应该是个英雄。

本文的第二部分分析了一般传记类作品的话语模式，曾言无论该人伟大或渺小，都可成为传记主人公。但对"正传"来说，却有特殊的规定。鲁迅在"第一章序"中明确说，"这一篇也便是'本传'"，而"本传"的主人公应该是"封建时代的重要人物或名人，死后由政府明令褒扬。"② 也就是说，文化规约已经规定了《阿 Q 正传》的主人公应该是一个伟大人物或重要人物，但阿 Q 的身份与此约定恰恰相反。这种文类（文化）规约与其对象之间的错位构成《阿 Q 正传》的反讽结构。

然而，《阿 Q 正传》的叙述过程却几乎严格遵守了传记作品的叙事模式。从"出生寒微但少有大志"（无名无姓），到"历经挫折磨难困苦"（爱情风波、生存问题），再到"风云际会乘势而起"（革命），只不过阿 Q 最终并没有"建立丰功伟绩"。但即使临死，他也没忘摆出一副英雄的姿态："再过二十年又是一条好汉"。就传记类作品的文化规约来说，阿 Q 应该像一个英雄一样走完自己的人生路程，然而，阿 Q 的具体"行状"却与这一文化规约格格不入。

用英雄式结构模式来叙述一个小人物，这种结构反讽凸显了故事的荒谬性，作者的叙述意图也在这种荒谬性中得以显现。杨义认为，"结构是以语言

---

① 张开焱．表层叙事结构：对史传文学英雄故事模式的讽刺性模仿——《阿 Q 正传》叙事文化学分析之一 [J].海南师范学院学报，2006（1）.

② 钱理群，王得后编．鲁迅小说 [M]，杭州：浙江文艺出版社，2000.第 68 页。

的形式展示一个特殊的世界图式，并作为一个完整的生命体向世界发言的。"①《阿 Q 正传》正是通过反讽结构面向世界"发言"的，这一"发言"行为既涉及文本的意义，也涉及反讽的价值指向。

反讽具有否定性的价值指向。克尔凯郭尔指出，"反讽主要是作为把握世界的反讽出现，它故意迷惑周围的世界，与其说是为了把自己隐藏起来，毋宁说是为了使他人显出真相。"②《阿 Q 正传》通过对阿 Q 这一形象的反讽性否定，显示的是国民性的真相。如我们所知道的，《阿 Q 正传》显示了国民的劣根性——精神胜利法。同时，"根本意义上的反讽的矛头不是指向这个或那个单个的存在物，而是指向某个时代或某种状况下的整个现实"。因此，阿 Q 不是单一的个体，他代表的是一个群体，是国民劣根性的典型代表。

反讽最深的否定是对生存的否定。"反讽的矛头也可能指向整个生存，就此而言，它也坚持本质和现象之间的对立、内在和外在之间的对立。"③《阿 Q 正传》对生存的否定体现在两方面。一方面，从文本外的叙述模式来看，《阿 Q 正传》基本按照"正传"叙事的既有规则进行叙述，文化规约先在地限定了作者的叙述模式，就此而言，个体不是自由的存在，总处于文化规约的限定之下。另一方面，从文本内在叙述对象上看，《阿 Q 正传》借助阿 Q 这一否定形象又颠覆了这一限定，以子之矛，攻子之盾，从而否定了"正传"的文化规约，进而解放了个体存在。《阿 Q 正传》的结构反讽正体现了这种"本质和现象之间的对立、内在和外在之间的对立"，并且，这种反讽不止于文本叙述，也是一种生存哲学。

综上所述，本文应用言语行为理论分析了《阿 Q 正传》叙事反讽的符号化结构及其文化意义，揭示了《阿 Q 正传》话语模式和结构形式上的反讽性，最终显示了文化的反讽和生存的反讽。言语行为理论在语言学研究中具有广泛的影响，但在文学研究中并没有得到足够的重视。

---

① 杨义 . 中国叙事学 [M]. 北京：人民出版社，1997. 第 41 页。

② [丹] 克尔凯郭尔 . 论反讽的概念：以苏格拉底为主线 [M]. 汤晨溪译 . 北京：中国社会科学出版社，2005. 第 215 页。

③ [丹] 克尔凯郭尔 . 论反讽的概念：以苏格拉底为主线 [M]. 汤晨溪译 . 北京：中国社会科学出版社，2005. 第 221 页。

《百鸟朝凤》的文化标出意义

黄文虎*

（华侨大学文学院，福建泉州，362021）

摘　要：电影《百鸟朝凤》所描述的唢呐匠这一群体的盛衰起伏具有强烈的文化标出色彩。贯穿影片故事的核心人物焦三爷与游天鸣二人之间的师徒情谊因传统农业社会伦理制度的瓦解被打上了鲜明的标出性。而焦三爷和游天鸣所秉持的匠人情怀也在市场大潮中成为被标出的文化异项。要扭转民俗文化的弱势地位，实现"标出性翻转"，首先需要改变传播观念，重新树立唢呐作为一种专业化的传统艺术表演形式的地位。其次，在传播方式上，利用现代媒介扩大其艺术影响力。再次，在传播机制上，充分借助艺术市场规律来彰显其艺术价值，最大限度地激活民俗文化的生命力。

关键词：《百鸟朝凤》；标出项；中项偏边；标出性翻转

基金资助："中央高校基本科研业务费资助项目·华侨大学哲学社会科学青年学者成长工程项目"阶段性成果。项目编号：14SKGC-QT05。

一、师徒关系的标出性

《百鸟朝凤》为导演吴天明生前完成的最后一部遗作。影片一上映，就获得了业界及主流媒体的一致好评，并获得不少奖项。[①] 尽管作为一部文艺片无法与大制作的商业电影比拼票房成绩，但该片出品人方励"下跪求排片"事件却一时引发热议，不仅带来了票房的"逆袭"，更是使影片获得了广泛的关

---

* 黄文虎（1986—），男，土家族，湖南张家界人，文学博士，华侨大学文学院讲师，主要研究方向为比较文学、海外汉学。

① 电影《百鸟朝凤》入围第十三届精神文明建设"五个一工程"优秀作品奖；获得第29届中国电影金鸡奖"评委会特别奖"；第一届丝绸之路国际电影节最佳故事片奖；获法国tours电影节观众最喜爱影片奖。

注和评议。有关《百鸟朝凤》的伴随文本（各种评论）铺天盖地席卷而来，甚至一度掩盖或超越了文本（影片）本身的意义，这无疑也是值得探讨的符号学问题。[①] 但无论如何，正是文本与伴随文本之间形成的"文本间性"，进一步扩大了影片的影响力，使《百鸟朝凤》中所涉及的文化困境与文化冲突成为传媒及大众关注的焦点。

影片讲述了无双镇唢呐匠这一群体的盛衰起伏，具有强烈的文化标出色彩。

所谓"标出"或"标出性"（markedness）的概念，与语言学中的"标出项"密切相关，后扩展到文化领域。概括地说，"当对立的两项不对称，出现次数较少的那项，就是'标出项'（the marked），而对立的使用较多的那一项，就是'非标出项'（the unmarked）。因此，非标出项，就是正常项。关于标出性的研究，就是找出对立的两项规律。"[②] 可以说，标出性普遍存在于各种文化形态之中，比如正常与不正常构成主流文化与非主流文化，其中非主流便是"标出项"。任何对立中的"非标出项"与"标出项"都存在一种竞争关系，并处于不平衡状态，但这种不平衡随着对立两项地位的改变可能发生根本性的翻转。在《百鸟朝凤》中，便清晰地构建出在文化大转型的背景下自觉或不自觉的标出性翻转，这种标出性翻转的过程对于某一特定群体或许是痛苦而残酷的致命打击，然而却又是难以逆转的既成事实。比如，影片中所展现的唢呐这一民俗文化的失落，则具有历史的必然性。因此，标出性翻转的结果并不是重点，翻转是如何发生的？造成了怎样的影响？后两个问题才是焦点所在。

回到影片，不难发现，师徒关系始终是故事叙述的重心所在。在影片开头，传统的师徒关系在无双镇代表着主流，被多数人所认可，是不言而喻的"非标出项"。而到了影片结尾，师徒关系这一传统几乎土崩瓦解，反而成了非主流和非常态，变成了"标出项"。这一标出性翻转涉及改革开放后本土文化所面临的种种困境和挑战，绝不容忽视。

贯穿故事的核心人物游天鸣与焦师傅二人之间的师徒情谊值得特别关注。在影片一开始，游天鸣的父亲带着天鸣跋山涉水跑到水庄去拜访唢呐匠焦师傅，希望他收天鸣为徒弟。一进门，父亲就戏剧般地摔了一跤，但顾不上头

---

① 关于"伴随文本"，参见赵毅衡.符号学：原理与推演 [M].南京：南京大学出版社，2013 年.第 141—158 页。

② 赵毅衡.符号学：原理与推演 [M].南京：南京大学出版社，2013.第 281 页。

上的伤，要天鸣赶紧给焦师傅"磕头"。焦师傅却回应说"这个头不是谁都能磕的"。无疑，"磕头"这一举动具有浓厚的仪式色彩，可以被视为"拜师礼"。那么，为何师徒之间需要"磕头"呢？很显然，游天鸣与焦师傅之间一开始所要构建的就是中国传统农业社会形态宗法制之下的"类血缘"关系。焦师傅绝不仅仅是唢呐老师，而是具有绝对权威的家长和尊长，自然也是游天鸣的人生启蒙导师。他对于游天鸣成长中的一言一行都赋有无可置疑的教导权和责任，除非他主动将天鸣逐出师门，解除这种家长关系。

相反，游天鸣"磕头"拜师之后，他就相当于是焦师傅的"儿子"，所谓"一日为师，终身为父"，正是对二人师徒情感的鲜明写照。这也是为什么到后来唢呐走向衰落之后，天鸣不忘初心，依然坚持当初对焦师傅的誓言。当焦师傅把接班人的位置传给他的那一瞬间，焦三爷已然成为他一生不可背弃的精神教父，这甚至远远超越他血缘意义上的亲生父母。因此，当唢呐生意日渐惨淡，连天鸣爹妈都开始厌弃吹唢呐这行，让他转行赚钱谋生计的时候，他丝毫不愿妥协，而是秉持对唢呐的坚定信念，要将焦师傅的唢呐技艺继续传承下去。那么，在西方文化和市场经济大潮入侵的大背景之下，天鸣当然心里清楚唢呐行业已经无可挽回地在走向衰败。

随着洋乐队的流行，唢呐行业陷入颓势，传统的师徒关系也随之开始土崩瓦解。焦师傅误信传言，以为天鸣要解散游家班，大发雷霆，跑到天鸣家中大骂。但天鸣告诉焦师傅，他最近接到了活儿，但还在找人。这时，焦师傅才得知游家班人心已散，但他绝不接受这一现实，紧接着，焦三爷就跑到二师兄家，天鸣尾随而至。这时正巧碰到二师兄在收拾衣物，而镜头又突然转向里屋，一个半躺在床上，显得病恹恹的老妇人——应该是二师兄老娘，显然，影片暗示的是二师兄可能是家中生计困难而要外出打工。这时，怒气冲冲的焦师傅把二师兄打包的衣物扔得满地，二师兄一言不吭，蹲下身去，忍气吞声地一件件捡起。最后，他俯身想拿起装衣服的塑料包装袋，然而被焦师傅一把踩住，他也紧紧攥住包装袋不放，结果焦师傅猛地一脚把他踹到地上。值得注意的一个细节是，二师兄想"抢"包的时候是跪在地上，这个"跪"的动作隐含深意，让人联想起游天鸣踏入师门时的"跪拜礼"。

与焦师傅挺立的站姿形成对比，镜头始终是二师兄的仰视视角，焦师傅显得高高在上，而二师兄没有任何说话的余地，他眼神中透露出委屈和不服，但又无法与焦师傅正面对抗。这也很好理解，因为他虽不是接班人，但和天鸣一样，焦三爷相当于他的家长，拥有不可抗拒的权威。按照传统的礼法，师徒关系只有师傅赶弟子走，而弟子作为卑微的晚辈，没有资格主动解除这种"类血缘"关系，否则就是不忠不孝。然而，二师兄终究开始默默地反抗，他虽不说，但他的行动，他那紧紧攥住包装袋不愿放开的手就公开表明他想要"背叛"师门的决心，这也就同时表明他不再履行作为徒弟的任何义务，也不再受制于焦师傅的管束。因此，二师兄的出走，象征着传统师徒关系的解体。

到了影片结尾，天鸣的父亲还是挺讲情义，卖羊为焦师傅筹钱治病，而焦三爷明知自己患了绝症，却拒不治疗，卖掉家中最值钱的牛，要给天鸣重新置办一套新唢呐。到了最后，天鸣与焦三爷之间的师徒的情谊犹如父子，又胜似父子。然而，这种超血缘关系之上的"类血缘"师徒关系在当时已经显得不合时宜，其强烈的标出性表现在几乎所有人都开始抛弃这种传统的"类血缘"师徒关系，除了游天鸣一人还在"死撑"。而天鸣父亲对唢呐这行的态度由崇拜到鄙夷这一戏剧性的转变也很值得玩味。[1] 当初，唢呐行业在无双镇这个封闭的文化圈是不言而喻的"非标出项"，代表了文化的主流，为多数人认可。在当时，学唢呐有名有利，所以父亲逼着十几岁的天鸣学唢呐。等天鸣长大学成之后，随着外来文化的冲击，唢呐行业陡然走向衰败，父亲便和其他人一样，劝天鸣转行。因而，天鸣的父亲从一开始对唢呐并不是出于理想主义情怀，而是带有强烈的功利性。[2] 而儿时的天鸣虽一开始讨厌唢呐，但他学习唢呐并没有夹杂这种功利色彩，并在学唢呐的过程中与焦三爷建立了一种超功利的师徒情谊。所以，当市场大潮袭来之时，二人的师徒关系在以功利为主导的商品社会就显得"怪异"，显得被标出，无法被众人所接受。

二师兄走后，随之而来的一次出活中，三师兄也表明了态度，告诉天鸣这是他最后一次出活，而这最后一次估计也是看焦三爷的面子。至此，传统的师徒关系显然已经崩塌，无双镇的游家班可谓有名无实，唯有游天鸣独自一人还要坚持吹唢呐。在故事最后，曾经的师弟蓝玉和天鸣的妹妹都劝游天鸣不要回去吹唢呐了，干脆到西安和他们一块打拼，天鸣拒绝了，理由是他

---

① 游天鸣的父亲虽然至始至终对焦三爷还是十分敬重，但他显然已经不再看重唢呐这一行，甚至对天鸣要继续吹唢呐表示不屑。比如影片中有个镜头，天鸣正在擦唢呐，父亲从身后走出来，说："你还留着这些破玩意有啥用？"充分表明了天鸣父亲前后态度的逆转。（参见电影《百鸟朝凤》）

② 影片开头天鸣在自述中曾说："父亲从小就梦想做一名唢呐匠，因为没有师父肯收他，他就把希望寄托在我身上，强迫我来原他的梦。"天鸣父亲对学唢呐有种理想主义情怀，但从后来他对吹唢呐的态度来看，实际上还是带有相当成分的功利性。（参见电影《百鸟朝凤》）

跟师傅发过誓。这就意味着，即便是天鸣的至亲好友，也无法理解天鸣的"一意孤行"。这条思想的鸿沟是由于师徒关系的社会基础已经土崩瓦解，它所倡导的价值观自然也被排除于主流文化之外。

显然，在影片开头，1982年的"无双镇"是中国农业社会形态的隐喻。而师徒关系正与这一传统农业社会形态下的宗法制密切相关。在这一静态、封闭的传统宗法原则之下，构建了一套比较稳定的尊卑制度。长者是尊，晚辈自然是卑。父是长，子是卑。师父是长，徒弟是卑。长者拥有绝对的话语权，同时在经济上卑者也受制于尊者，而由于思想和经济的双重统治，晚辈则只能服从。因而天鸣一开始并不爱唢呐，但他父亲让他学，他就得学，无法反抗。同时，宗法制下的伦理关系的基础是血缘，因此，即便没有血缘，也要制造一套非血缘却又胜似血缘的"类血缘"的伦理关系。以便长者保持对卑者绝对的权威，比如儿时的天鸣和傅三爷。然而，随着市场经济的大潮和外来文化的介入，"无双镇"的传统宗法制结构显然无法适应现代社会下"去血缘化"的陌生人社会形态。而强调道德至上的伦理观也与倡导功利至上的市场经济相抵触，自然土崩瓦解。

1982年已经改革开放，无双镇看似稳定，却在时代洪流之下潜藏着巨大的危机。当传统宗法制土崩瓦解的那一刻到来之时，这种建立在"类血缘"基础之上的师徒关系迅速失去了存活的土壤，而被主流文化所抛弃，不再被大多数人认可，仅仅只能苟活于主流之外的灰色地带。正由于这种剧烈的文化标出色彩。游天鸣与傅三爷之间的长幼尊卑的关系实际上早就不复存在。在影片结尾，当挚友蓝玉质问天鸣何必一条道跑到黑，天鸣只是冷静地回答说"我跟师傅发过誓的"。此话铿锵有力，却显得沉重而悲壮。天鸣试图去维持一种他明知已经走向没落的传统师徒关系。而正是因为他这种"虽千万人，吾往矣"的情怀，使他和焦三爷的师徒情谊显得独一无二，极具文化标出意义。

二、文化异项：匠人情怀

《百鸟朝凤》的标杆人物焦三爷自称为唢呐匠，他曾说吹唢呐是一门匠活。也就是说，他视自己为匠人，并以匠人的标准要求弟子们。而在他所领导的唢呐班自然也是一个具有匠人特征的特殊群体。那么，焦三爷所谓的匠人具体有什么标准呢？通过影片，可以发现有两个必须要守住的原则。

第一，道德观念。在金庄村长查老爷丧礼上，金庄村长的儿子及亲属为焦家唢呐班下跪，请求焦三爷给其父吹至尊者才配享用的"百鸟朝凤"，而焦三爷断然拒绝了其子的要求。其子说"钱不是问题"。而焦三爷回答"不是钱的问题"。接着，焦师傅的弟子还帮查老爷说好话。焦三爷便道明原因：查老爷当了四十年的村长，把其他姓氏的人几乎都挤走了。显然，焦三爷认为查老爷的德行有缺陷，不配享用"百鸟朝凤"。

与查村长丧礼正好形成鲜明对比的是窦村长的丧事。焦三爷对窦村长评价较高，说他打过日本鬼子，剿过土匪，有一年带火庄人修水库还让石头压断了四根肋骨。鉴于村长的种种"义举"，焦三爷认为应该吹奏"百鸟朝凤"为他送行。此时，影片出现一个小插曲——原本应该是游天鸣来演奏此曲，然而天鸣却因感冒吹奏不了。此时，焦三爷便挺身站出来说由他来代劳。但他其实身体也欠安，所以一曲下来，居然吹得吐血。但他坚持要吹完。焦三爷当然不是要逞能，而是要坚守他心中"百鸟朝凤"的神圣地位。对比查村长与窦村长的葬礼，可以发现，焦三爷内心有一种十分鲜明的是非善恶标准。"百鸟朝凤"不仅仅是对死者善行的肯定和褒扬，更是让活着的人通过唢呐感受到人间正道的可贵和崇高意义。因此，这首"神曲"本身就承载着一种"厚人伦，美教化"的道德功能。因而，焦三爷所代表的匠人绝不只是光会吹唢呐的传统匠师，而是民众所推崇的道德使者，承担着"别善恶"的崇高使命。

然而，随着"新时代"的降临，村民们婚丧嫁娶不再推崇吹唢呐，洋乐队开始成了"新贵"，唢呐匠的地位一落千丈，"百鸟朝凤"也顿时失去了其神圣的仪式意义，而仅仅成为一种念旧的形式。影片中有一个桥段，天鸣父亲听见外边闹哄哄的（背景放着西洋乐队的演奏声），问谁死了，天鸣说是西头的聋子，天鸣父亲便说："这聋子活着的时候听不见，死了还这么折腾。"这个细节其实具有很浓厚的象征意味。一方面，"聋"这一状态暗示村民们其实听不懂西洋乐曲，可能仅仅觉得新奇好玩而已。另一方面，"聋"表明村庄中的"新生代"无法理解吹唢呐在传统文化中的仪式意义，同时也可能是一种"装聋"，是一种选择性的失聪，村庄中的多数人其实是有意排斥吹唢呐这种看似古旧老土的风俗。

唯有焦三爷至死坚守"百鸟朝凤"的神圣性。所以他临死前十分谦逊地跟天鸣说他死后绝对不能为他吹"百鸟朝凤"。因为他心中有难以逾越的道德责任感，他不愿"百鸟朝凤"所代表的善与正义被金钱或人情世故等世俗气息所玷污。当然，在天鸣看来，焦三爷为人正直，为发扬和保存唢呐这一民俗费尽心力，又有恩于自己，所以于情于理都不能不为他吹奏"百鸟朝凤"。

影片最后，天鸣吹"百鸟朝凤"为师傅送行也具有象征意义，表面看来是对焦师傅一生的赞颂，但更重要的是，表明他将继承师傅的遗愿，竭尽全力去坚守这首"神曲"崇高的仪式意义和道德色彩。

但事实上，在外来文化和商业大潮侵袭的大背景下，这种坚守显得孤立无援，成为一种文化异项。所谓"异项"，就是指"标出项"，因为逐渐被正项和中项所联合排斥，成为多数人所无法接受的特异文化形态，因而是被标出的。当无双镇处于稳定的农业文化社会结构之时，"百鸟朝凤"的神圣性被正项和中项认可，然而当传统宗法制解体之后，"百鸟朝凤"所承载的道德意义失去了主流的支持，反而成为世俗所难以理解的"非常态"。在私欲膨胀的年代。以焦三爷为代表的唢呐匠所想要维护的"公义"顿时失去了文化屏障，"百鸟朝凤"所寄托的道德至上主义显得不合时宜，如同一曲被淹没在物质主义大潮下的田园悲歌。

第二，技道合一。在汉语中，匠字的本义是木工。① 按《辞海》的解释，"匠"指的是"有专门技术的工人"，又指"在某一方面造诣或修养很深的人"。② 所谓匠人，其实结合了这两种释义，既重手艺（器），又重修养（道），追求的是技与道的融合。在影片中，焦三爷所代表的唢呐匠绝非只是停留在器物层面的手艺人。焦师傅起初不肯收天鸣，因为天鸣"气力不足"，技术考核不过关。然而，焦师傅毕竟收下了天鸣。为什么？据影片后来的叙述，天鸣在成年后与师傅的一次对话中，焦师傅告诉天鸣之所以收他为徒是因为他的眼泪。焦师傅说："你爸摔倒以后，你把他扶起来的时候，你掉的那滴眼泪。"可见，焦师傅并不是不近人情只看技巧的匠人。如果只看技术，年少的天鸣并不具备学唢呐的天赋，他不像蓝玉，一口气就能够喝下瓢中的水。不过，焦三爷除了看技术，更注重个人的气质和品行。技术可以训练，而个人的品行和气质无法通过形而下的技能训练体现出来。从日后来看，天鸣不仅生性善良，做事专一踏实，而且敢于承担，不畏艰险，正符合焦三爷所提倡的匠人之"道"。

那么，如何才能做到技道合一呢？当焦三爷选择唯一的接班人之时，他说了一句话，特别值得玩味。他讲："只有把唢呐吹到骨头缝里的人，他才能拼着命把这活保住传下去。"而游天鸣就是这个把唢呐吹到骨头缝里的匠人，

_____

① （东汉）许慎.说文解字[Z].北京：中华书局，1963.第268页。
② （东汉）许慎.说文解字[Z].北京：中华书局，1963.第1088页。

所以焦三爷最终选了天鸣作为接班人，而没有选择蓝玉。而事实上，蓝玉在吹唢呐的技巧和天赋上甚至比天鸣更高一筹，那么，这岂不是与追求极致和完美技艺的匠人精神相违背么？

但是，根据影片后面情节的发展来看，焦师傅的选择是正确的。成人之后，有一次蓝玉遇到天鸣，就推心置腹地说自己性子野，当初要是师傅让他接班，唢呐班早没了。而天鸣则不仅继承了焦师傅的技艺，更是在骨子里参透了唢呐匠毕生所坚守的"道统"，这种"道统"强调的是技道合一，要求唢呐匠将自己真实的生命体验和纯粹的情感表达完全融入唢呐之中，升华为艺术上的浑然天成和"物我合一"，必要时不得不牺牲现实物质利益。所以，无论是天鸣的亲生父母，还是挚友蓝玉和自己妹妹要劝他改行，他的回答都一样："我给师傅发过誓的。"因此，唯有游天鸣能够坚守传统的师徒情谊，维护唢呐匠的尊严和身份，不被外在的物欲和诱惑所打动，不因时因地随意改变自己的职业操守，始终坚持一种本真的、超功利的匠人情怀，这正是焦师傅看上天鸣的根本原因。

然而，这种"技道合一"的信念在市场大潮下也不堪一击，被多数人所抛弃，成为被标出的异项。村中的婚丧嫁娶不再需要唢呐班，由于赚不到足够的钱，游家班也面临解散，天鸣逐渐被孤立，甚至不被亲人所理解，担负着精神与物质上的双重压力。但他决心死扛到最后，坚持理想情怀和不为物质所动的艺术精神。他要把对师傅的誓言贯彻到底，如同荒原上一头孤独而又具有战斗力的野狼，成为不折不扣的标出性异项，这正是他从焦三爷身上所继承下来的匠人情怀。

三、标出性翻转：民俗文化的危机与超越

《百鸟朝凤》中所描述的唢呐匠的兴衰史，实际上是当前民俗文化所面临的现实困境的一个缩影。唢呐作为一种民俗传统，其生存土壤——以宗法制为基础的农业社会形态土崩瓦解。由此而导致的直接结果是唢呐行业所沿袭的师徒关系变为大众所无法理解的标出项，而唢呐群体的匠人情怀也成为众人所抛弃的文化异项。不被多数民众所接受，唢呐显然就失去了作为一种民俗传统的意义。因此，影片所叩问的是一个严肃而不可回避的问题：在现代文明的冲击之下，如何使被异化和被遮蔽的传统/民俗文化获得再生的可能？

从符号学的角度来看，这涉及"标出性翻转"这一普遍性的文化现象。所谓"标出性翻转"，指的是标出项[异项]与非标出项[正项]的地位出现

扭转，比如善与恶之间的翻转。①而"标出性翻转"出现的前提条件是发生"中项偏边"，即中项不再认同（或偏离）原先的正项，而偏向异项，这样一来，非标出项与标出项就可能发生翻转，比如在大众传播中，中项（大多数民众）所偏向的一边即成为主流。问题是"中项偏边"如何可能发生？从传播的维度来说，民俗文化若要被主流（多数人）重新认可和接受，再度形成"中项偏边"，只有获得有效传播，扩大其影响力才有可能。对此，至少有三个方面值得去反思。

第一，传播观念：由俗到雅。唢呐之所以作为无双镇喜闻乐见的民俗习惯一直延续下来，关键就在于听唢呐已经化为百姓们日常生活中不可或缺的一部分。唢呐之所以"俗"，就体现在它是老百姓都能认同的"身份符号"，正如影片中的围观群众中上至白发苍苍的老者，下至牙齿未长齐的儿童。这种"身份符号"本质上是反等级、反权威、反文化的象征，不因性别、年龄、文化、阶层设置人为的门槛。民俗充当了一个特定族群的意识形态。它如同一种原始的宗教信仰，是特定群体相互识别的身份标签。每一次婚丧嫁娶所演奏的唢呐曲目都类同于氏族社会的篝火晚会，一遍又一遍不断在强化无双镇男女老少这种"类宗教意识"，唢呐匠甚至有几分类似于"祭司"的角色，担负着教化民风和维护族群稳定的责任。

然而，当旧有的农业社会形态被商业大潮瓦解之后，唢呐的"俗气"也迅速被消解。唢呐不再成为看似稳固的农业社群相互认同的身份符号。无双镇的百姓不再需要通过唢呐获得族群上的认同感。唢呐作为维护宗族制的媒介自然也丧失了意义。面对外来文化和商业大潮的冲击，如果要让无双镇的民众重新接受唢呐这种民俗表演形式，必须要使唢呐"化俗为雅"。"俗"意味着非标出，"雅"则是要重新塑造唢呐的文化"标出性"，凸显其不可替代的特色。

具体来看，所谓"化俗为雅"，有两层涵义。一方面，去伦理化。唢呐不再作为宣扬传统伦理的道德媒介，唢呐匠也不再扮演道德使者，还原唢呐作为民族器乐本身的美学价值。另一方面，再度艺术化。淡化唢呐的政治教化功能的目的是为了凸显其作为民间器乐的艺术魅力。在农业社会形态未崩塌之前，无双镇的村民听唢呐，除了看重其建立在传统伦理基础之上的仪式感之外，很大原因在于唢呐的娱乐功能，如焦三爷所说的"干活累了听听唢呐

---

① 赵毅衡. 符号学：原理与推演 [M]. 南京：南京大学出版社，2013. 第 291 页。

也可解乏"。也就是说，无双镇的村民并不会将唢呐视为一门传统艺术形式。显然，仅仅只是将唢呐看作供人消遣的"流行乐"自然无法建立唢呐作为传统民俗器乐的合法地位。

因此，"化俗为雅"强调唢呐应被当作一门专门针对专业精英或知识阶层的高雅艺术来传播，而不再只是普通大众眼中只具备消闲功能的通俗音乐，这正是要突出唢呐作为一种民俗艺术特有的"标出性"。像焦三爷和游天鸣这种不被世俗利益所诱惑而又技艺高超的唢呐匠则应该被视为艺术精英，而非散落在街头的匠人。在传统民俗器乐领域，唢呐应该被受过正规音乐训练和有一定民俗文化背景的特定知识阶层所欣赏和传承。而唢呐的表演舞台也应当从婚丧嫁娶的场合迁移到专业性的剧院和舞台，成为名副其实的"雅乐"。

第二，传播方式：从演示性叙述到记录性叙述。在影片结尾，县文化局长找到游天鸣，希望能够录制一场唢呐表演，作为一项非物质文化遗产保护项目。躺在病床上的焦三爷听闻，让天鸣马上答应。其实这表明，即便是保守的焦师傅也意识到为了保存唢呐这门技艺，必须进行革新，否则没有出路。而在此，要改变的就是唢呐的传播方式。传统的唢呐表演可被视为一种演示性叙述。演示性叙述是指用各种演示媒介（如身体、言语、物件、音乐、图像等）来表达意义（如讲述故事）的符号文本。① 演示性叙述（媒介）比如唢呐，其特征是"即兴"，给受众很强的现场感，但缺点是无法保存，转瞬即逝，不易于广泛传播。而记录性叙述媒介"适合于长期保存，因此能让此后的接受者反复读取"。② 因此，无论是县文化局长还是焦三爷，显然都能意识到，要传承民俗文化，必须采取现代记录性媒介这一手段，从而最大限度发挥唢呐表演的艺术影响力。

第三，传播机制：从艺术理念到市场经济。在影片中，有一次喝醉了酒，焦三爷对游天鸣语重心长地说"唢呐不是吹给别人听的，是吹给自己听的"。显然，在焦师傅心中始终有一种"为艺术而艺术"的热情和冲动。在他看来，吹唢呐首先是源于自己对唢呐本身的热爱，而不是为了讨好观众或谋取世俗利益。显然，唢呐匠焦三爷所代表的这种"超功利"的艺术理念与以功利为主导的市场经济显得格格不入。在影片结尾，一位在西安古城墙边的老者孤单地吹着唢呐，然后走来两位过路的姑娘，俯下身给他瓷杯中投了一点零钱。

---

① 赵毅衡. 广义叙述学 [M]. 成都：四川大学出版社，2013. 第38页。
② 赵毅衡. 广义叙述学 [M]. 成都：四川大学出版社，2013. 第38页。

这令人伤感的一幕极具有象征意味，它强烈地暗示了民俗文化在市场经济大潮中卑微而绝望的窘境。

艺术本身具有超功利性，纯粹的艺术创造往往是独一无二的，无法用金钱去度量，这要求艺术家也要具备超功利的情怀，但艺术市场却又带有强烈的功利性色彩，这就是其矛盾所在。艺术家无权左右艺术价值。一件艺术品或一场艺术表演最终都可以被市场定价，其显性的价值必然通过金钱来衡量。游家班的解散及唢呐匠流落为街头艺人，并不由吹奏唢呐的技术高低所决定，而是唢呐本身丧失了其艺术影响力。因此，唢呐的附加价值变得极低。这一案例说明，艺术的美学价值与艺术（品）的真实价格并不一定成正比，在市场经济环境下，艺术品的溢出价值实际上是由艺术（品）的影响力大小所决定。所以，当焦三爷说"锁呐是吹给自己听的"这句话的时候，他就有意忽略了受众对唢呐的接受状态和唢呐可能产生的影响效果。换句话说，他同时也就拒斥了唢呐这一艺术形式的影响力所能带来的增值价值。

因此，民俗文化（传统文化）如果要扭转自身的弱势地位，避免成为博物馆中的古董，就必须适应市场经济，将艺术的超功利性与艺术市场的功利化有机结合起来。这并非意味着艺术向市场投降，而是要反过来充分利用市场这把双刃剑来不断扩大艺术品或艺术活动的影响力，提升艺术创造的附加价值。①

在影片最后，天鸣在坟上演奏"百鸟朝凤"为焦师傅送行，表明了他对唢呐这一民俗传统的坚守和信念，但仅仅只有这种赤子之心并不能挽救已经名存实亡的游家班。游天鸣要传承和发扬唢呐，就必须重新认识市场的力量，必须探索民俗文化的有效传播机制和新途径，重视接受者的反馈和真实需求。而焦三爷说唢呐"是吹给自己听的"这种孤芳自赏式的清高显然是反市场规律的。市场经济的基本运转原则讲究交换和流通，其中当然也包括思想及精神的交换和流通。因此，唢呐存在的价值就在于"吹给别人听的"。所以，民俗文化的内在活力就在于获得公众的"集体性认同"，并让其艺术价值在特定群体的流通和分享中不断增值，这正是它作为一种传统艺术表演形式所独有的生命力和艺术魅力所在。

---

① 音乐人刘雪枫通过风靡中国的微信公众平台"罗辑思维"推广古典音乐，在网络上引起了巨大的反响，获得了广泛的关注，这显然可以被视为通过扩大艺术影响力来实现艺术溢出价值的一个成功案例。

四、结语

《百鸟朝凤》一片以沉重的笔调描述了唢呐匠的兴衰史，其中所揭示的几大主题，如农耕文明解体下的师徒关系，商业文明冲击下的匠人情怀，外来文化对传统民俗的负面影响都显示出强烈的文化标出意义，值得当代文化人和艺术创作者共同反思。正如中国文联原副主席仲呈祥所说："《百鸟朝凤》从表层看是写的吹唢呐，但从深层看，表现的是对中华民族对优秀传统文化应持有的正确态度。如何对待本民族的优秀传统文化，其中包括根植于民众的民间文化，这是当前中国面临的一个严峻课题。"①

可以说，在文化输入与输出严重失衡的全球化进程中，传统（民俗）文化能否在国际上争取到话语权，正是国家软实力强弱的象征。作为本土文化人和艺术工作者，除了要有足够的文化自觉和文化自信，还必须积极参与到国际文化竞争之中，在借鉴"他者之眼"的同时，主动构建民族文化的核心价值观。唯有如此，才有可能打破以西方强势文化为主导的一元、封闭、狭隘的文化圈，从而创建一个真正多元、开放、杂语共生的国际文化生态链。

---

① 仲呈祥.《百鸟朝凤》——著名导演吴天明的生命绝唱 [DB/OL].陕西传媒网—陕西日报，2014-04-22，http://www.sxdaily.com.cn/n/2014/0422/c266-5413678.html.

网络穿越"女强"小说中的女性符号化过程探析

刘　岚 *

（四川大学文学与新闻学院，四川成都，610064）

摘　要： 网络穿越"女强"小说中的女性日益受到关注，本文对其中的女性符号进行了分析，并从多个视角审视了女性符号化的过程，揭示了网络穿越"女强"小说中女性符号的构造逻辑，指出了网络穿越"女强"小说中的女性角色日益男性化，被塑造成了一个"男强人"的角色，但其背后的实质依然是女性被动地接受着男性世界的审视规则，陷入了一个"越逃离越束缚"怪圈。

关键词： 网络文学；女强小说；女性符号

　　自 1980 年代中国穿越小说萌芽至今，已走过了将近 30 年的文学之路，俨然成为大众文学的典型代表。穿越小说并非网络文学所独有，20 世纪 80 年代李碧华创作的《秦俑》就是中国现当代第一部穿越小说。而网络穿越小说自 2004 年以来迎来了飞速的发展，"典型的网络穿越小说，往往是借助时空穿越，小说主人公获得思维方式、知识与技能等优势，在爱情、事业等方面大获成功，从而能够满足读者 YY（意淫）的心理小说。"①

　　而网络穿越"女强"小说是以其中女主角的"强大"作为标签与其他的网络穿越小说区别开来。这类小说中的女主角与传统文学中的女性设定不同，往往呈现出"金手指"状态，即身怀绝技与智勇双全，其中蕴涵的权谋文化超出了以男性为主的范畴。从金子的《梦回大清》、桐华的《步步惊心》到潇湘冬儿的《十一处特工王妃》、天下归元的《凰权》，女性展示自我、塑造个

---

　　* 刘岚（1994—），女，汉，四川省内江市人，四川大学文学与新闻学院硕士研究生，主要研究方向为广告与媒介经济、符号学。

　　① 黎杨全 . 网络穿越小说：谱系、YY 与思想悖论 [J]. 文艺研究，2013(12).

性的空间得到了极大拓展。

学界对网络小说的研究日益增多，其中最典型的学者如欧阳友权、黄鸣奋、王小英、黎杨全等。欧阳友权关注的是网络文学的文艺理论和网络文学研究，尤其是其 2004 年博士论文《网络文学本体论》，采用哲学的"本体论"对网络文学进行了深层次的解析，[①] 具有奠基性的地位。而学界对女性符号的研究大多是基于消费主义文化背景，从媒介形象角度研究广告、电视中的女性形象者居多，对女性的身体符号、欲望符号、媒介暴力等方面进行关注。李曦珍认为"美女"是一个被男权主义意识形态"召唤"的建构性概念，也是一个以男性为审美主体的美学概念，旨在解读电视广告镜像所传递的女性符号价值及其对女性的符号异化。[②]

也有学者从符号学角度来研究女性，如王小英从网络小说中的女性身份建构入手，选取了早期"私语式"女性文本典型作家安妮宝贝作为重点研究对象，认为女性主体叙事是为满足理性化需求和个体化情感。[③] 同时，她也研究了网络小说叙事的认同功能，认为网络小说叙事的一般模式为采用以主角人物为中心的形式展开，其基本元素的排列组合方式即建构了一种认同关系网络和历程。[④] 李玉萍对网络穿越小说中的女性书写进行了解析，从女性话语构建和女性主体意识叙事结构的分析两个方面展开对网络穿越小说女性书写的分析和解读，从而建构和还原出了具有主体意识的真正的"人"。[⑤] 林丹娅从性别的角度对女性符号进行分析，探讨在一个男性为中心的文化背景下，对"男人—女人"此类符号在文学叙事中进行了什么样的"给予意义"的活动，从而可以揭示性别歧视文化结构在文学语言结构中的投射、反映及其互动性。[⑥]

总之，在现代消费社会中，女性符号的展现呈增长趋势，人们越来越注重女性身上所携带的符号意义。但是，这些研究都着重于以传统传播媒介为主、以影像化呈现的女性媒介形象，对符号文本尤其是网络文学中的女性符号研究较为缺乏。基于此，本文着重对网络穿越"女强"小说中的女性符号

---

① 欧阳友权.网络文学本体论 [D].四川大学博士学位论文，2004。
② 李曦珍，徐明明.女性在电视广告中的镜像迷恋和符号异化 [J].新闻与传播研究，2009(2).
③ 参见王小英.网络文学符号学 [M].北京：中国社会科学出版社，2016。
④ 王小英.网络小说叙事认同功能的一般模式及其问题 [J].华北电力大学学报，2015(5).
⑤ 李玉萍.网络穿越小说的女性书写解析 [J].中国文化批评，2015(4).
⑥ 林丹娅.作为性别的符号：从"女人"说起 [J].南开学报，2010(6).

进行探析，解决目前学界对网络穿越"女强"小说女性符号研究缺失的问题，加深对女性符号化过程的认识。

一、男权：男性世界的审视规则

网络穿越"女强"小说是一种女性的"群体表演"，众多女性在一个文本空间里扮演不同的角色，共同构成了文学文本，其主要转变倾向是由作为男性权利的证明物和附属品转向女性为主的世界，体现了女性的自我意识与人格尊严的神圣性，而其背后是社会关系的反映和审视。

在传统的男权社会，女性受"三从四德"道德观念的束缚，道德、行为、修养与姿色成为女性获得父权认可的重要标准。"女强"小说中对于女性的描写往往从女性的外貌展开，女主的外貌通常是富有性吸引力的，即年轻、身材姣好、气质出众，而其貌不扬的女主角少之又少，符合男性的审美文化需求。她们的生理特征是突出而优异的，是社会中拥有权力地位的角色，"贫贱夫妻百事哀"的社会规则在她们身上不能体现。她们不仅外貌优异，也机智活泼，是男性的理想伴侣，而女主在与众多女性的争斗中去获取男性，其他角色的命运往往是不值一提的，以此构建以"女主"为中心的故事情节叙述方式。

赵毅衡提出："人们面对现象世界及想象中的大量事件，人类的头脑，可以用两种方式处理这些材料：一是用抽象思维求出所谓共同规律；二是从具体的细节中找出一个'情节'，即联系事件的前因后果。"[①] 后者即是用叙述化的方式去认识世界和理解世界，对网络小说而言，通过具体文本的分析，让读者达到理解认同的目的。对于网络小说中女性突出的生理特征的描写，我们以网络小说《凰权》中对女主形象的描写为例来进行说明：

"眼前少女依着花丛，身姿单薄，眉宇间却气度开阔，日头有些烈，她晒出一点薄汗，肌肤便泛起晶莹的水色，被那迷蒙目光一扫，生出几分楚楚韵致。"

"顽皮的心思一闪而过，少女的眼眸因此流波跃彩，鲜活如春，引得男子更深地看她，眸中光芒微闪，却看不出真实思绪。"[②]

---

① 赵毅衡.广义叙述学[M].成都：四川大学出版社，2013.第1页。
② 天下归元.凰权[DB/OL].http://www.kanunu8.com/book/4257/，2017-4-26.

女性在文本中除了收获男主角的爱慕之外，往往还能收获其他男性角色的爱慕，但这并不是对女性品质的一种诘问，反而是对女性强大魅力的一种肯定。而通过男性的认可来肯定女性的魅力，这反而是男权社会规则的典型体现。作家通过塑造现实生活中缺失的"爱情事业双丰收"的女性形象满足读者的代入感，迎合了读者对如"愿得一心人，白首不相离"一般从一而终、至死不渝的爱情伦理观的向往，使读者产生移情作用。网络穿越"女强"小说是裹挟着女权外衣的文本，由于男性往往社会地位高，男性的忠贞是不被苛求的，但是却过分强调女性的忠贞。女性对男性献出忠贞的环节是女性成长的一种仪式化表现，强调的是对女性身体的"规训"与重塑，用男性世界的视角来审视女性的忠贞，这种由作家规约的女性形象恰好是男权社会的规则体现。小说中对男性的忠贞无此要求，使男性在性别关系中的主体性得到彰显，这是女性作家寻求反抗以男性为主体的男权社会的一种失败。

女性在文本中往往处于一个男权世界，其如何成功，如何表现自己，社会地位、事业成就、私生活有没有达到男性的高度，各方面成就与男性相比较究竟如何，体现的是一种男性世界的逻辑和思维。不仅如此，女性在不少情况下还通过依附男性的权力来获得成功，带有非常浓厚的臆想性色彩。

作为塑造文本的作家，其社会背景、生活经验的不同会影响到文本的创作。网络穿越"女强"小说的作家往往是女性，她们在现实生活中仍然处于一个男性世界，思想意识也会受到现实社会潜意识的"规训"，其成长过程中也被中国传统文化所浸淫着，小说核心思想仍然是男女感情的呈现，缺乏实验性的先锋之作。"借用米歇尔·福柯（Michel Foucault）的术语来解释，也即文学网站通过各种规则、制度、奖罚机制和编辑推荐、筛选和诱导等来对文学创作进行'规训'。"① 资本前所未有地控制着网络文学场域，传统作家写作的神圣叙事和崇高叙事被消解。由于网络写手的门槛低、开放性、匿名性等特点的存在，其数量众多，作者运用手中的权力生产出符合自己价值观的女性符号，由于作者在现实生活中是被男性世界的规则所引导，背后依然是按照资本逻辑来生产内容。

"网络文学是一种文学意义的信息媒介，它为不同的群体提供了一种寻找自我的渠道。"② 读者对女性符号化过程的参与主要体现在与读者的互动与反

---

① 王小英. 网络文学符号学 [M]. 北京：中国社会科学出版社，2016. 第 177 页。
② 陆正兰. 当网络文学遇到符号学：评王小英《网络文学符号学研究》[J]. 符号与传媒，2017(1).

馈，在阅读的过程中参与到小说的主体建构中，从而与作者在对话与协商中完成整个文本的塑造。蒋荣昌认为，在消费社会中，传统的高雅文学正在逐步被消解，由精英分子构造的文学世界如今也业已崩溃，"任何人都必须在转型期重新找到自己的位置，找到占据不同位置的各种角色之间的身份关系"。① 网站通过"VIP 分级制度"为会员制定了规则，权力越大的读者是消费越多的读者，消费的多少构筑了读者的等级阶层。同时，读者对于自己心中的文学"大神"有一种追星式的迷恋，"大神"往往和志同道合的读者产生符号身份认同，构造了属于特定读者群体的独特文化。对于文本中的女性构建，读者在现实生活中喜欢的女性类型会对之造成影响，读者仍然是以现实社会中的男性视角来看待女性，在与作者的协商过程中影响其写作过程。

二、模仿：女性角色男性化

网络穿越"女强"小说中的女性角色风格呈现日益男性化的趋势，女性不再局限于家庭角色，而是拥有更丰富的自我展现机会。她们或纵横天下，或驰骋沙场，或在商场搏击，处事方式往往滴水不漏，甚至以女扮男装的形式出现，承担起沉重的使命。可以说，女性是以"模仿"传统男性的处事方式进行社会角色扮演的。同时，女性追求的男女之爱也是一种无指涉、无条件的传统之爱，其精神世界呈现出一种纯粹化、崇高化的状态，是纯粹的人追逐纯粹的爱情。当面对男权社会下"一夫多妻"的选择时，她们宁愿选择决绝舍弃，也不会沦为婚姻制度下的牺牲品，这是一种追求自我大于追求爱情的思想观念。女性通过模仿男性行事作风、思维方式、说话形式等来构造角色，成为以男性为主导话语的社会关系下的"他者"，正迎合了男性世界的内在逻辑。

首先，网络穿越"女强"小说中的女性在社会交往过程中时常以男性身份亮相。如《凰权》中的女主角凤知微的男性身份为魏知，"小知，人缘极好的魏知，凤知微。"② 女性也会被称为"爷"，如《秾李夭桃》里的女主，被称为"五爷"："是不算大事，五爷是要做什么生意？还是织坊？"③《有匪》里的女主角周翡除性别之外的女性特征被不断弱化；《绾青丝》的女主角叶海花穿越之后驰骋商场，以现代餐饮技术实现了富甲天下的美梦；《十一处特工王

---

① 蒋荣昌. 消费社会的文学文本 [M]. 成都：四川大学出版社，2004. 第 10 页。
② 天下归元. 凰权［DB/OL］.http://www.kanunu8.com/book/4257/，2017-4-26.
③ 闲听落花. 秾李夭桃［DB/OL］.http://huayu.baidu.com/book/155302.html，2017-4-25.

妃》中的女主角楚乔也完成了出将入相的梦想。男女主角在相处过程中实力相当，女性的奋斗精神与男性的奋斗精神存在着内在的契合。《秾李夭桃》的文案这样说明："他：世间男儿，拥红倚翠，有何不可？她：既如此，我今生便做男儿，如你般拥红倚翠。携子之手，坐看天下云生风起，闲听庭院雨落蕉叶。"①

其次，网络穿越"女强"小说中的女性已经超出了传统文学中对于女性的定义。她们无论是思维方式、社会角色、个人生活等各方面都趋于男性化，这与以往男权社会中女性被物化、被赏玩的主体建构不同，反映的是女性意识的崛起与对男权社会的反抗。网络小说中没有绝对的正义和绝对的邪恶，也没有现代社会的法律规则；女性心智坚毅、行事不逾常规、有自己的追求。《凰权》中这样描写女性的担当与坚毅：

"我会安排人马上送你走，三年学费生活费用，我给你负责。"

"天下也只有这女子，能将重拳藏于棉花之中，将利刺含于巧舌之后，看似步步退让委曲求全，实则把持坚定石破天惊。"②

此外，还有对女性行事雷厉风行，屡次与男性斗争甚至赢过男性的描写：

"李公子冷汗涔涔，咬唇点头——如果他原本还有点什么心思，此刻看风知薇的眼神也都打消了，这单薄少年，无论做什么都神容平静，这镇定本身已经够可怕，迷蒙背后，无限倨狠。"③

作家在进行角色塑造的同时赋予了角色丰富的情感，女主往往是有情之人，付出真心的同时也收获真心，她们甚至比男性还更能"舍生取义"，也如同男性一样对权力充满欲望，而且不避讳谈论它，她们对于权力的渴望背后隐藏着特定的情感诉求，即用权力来保护自己重视的人。"终有一日我要全靠自己，居于人上，让那些俯视过我的人，于尘埃对我仰视。"④

不难发现，"女强"小说中女性表达的背后是社会情绪的反映。女性往往

---

① 闲听落花 . 秾李夭桃［DB/OL］.http://huayu.baidu.com/book/155302.html，2017-4-25.
② 天下归元 . 凰权［DB/OL］.http://www.kanunu8.com/book/4257/，2017-4-26.
③ 天下归元 . 凰权［DB/OL］.http://www.kanunu8.com/book/4257/，2017-4-26.
④ 天下归元 . 凰权［DB/OL］.http://www.kanunu8.com/book/4257/，2017-4-26.

被束缚在以男权为主导的社会环境下，社会对女性的苛求致使很多女性处于一种潜压抑的状态，而网络小说给她们提供了一个"网络桃花源"。她们通过小说构造的意义空间宣泄压力，减缓紧张感。在这个世界里，她们不再是芸芸众生的一员，而是无拘无束、无所不能，摆脱了父权文化中"夫受命于朝、妻受命于家"的价值预期，不再作为一个附属品存在，而是一个有资源、人脉、市场的"一夫一妻制"社会中的强者。女性男性化的背后正是现实中女性想脱离男权体制的反映，体现了女性的女权诉求，即脱离男权宰制文化的诉求。"穿越正隐喻了女性的出走姿态，表明女性试图摆脱男权社会的禁锢，在另外的时空寻求生命的价值与幸福。"[1]作家通过描写女性奋斗的过程，表达了女性追求的是平等、忠贞、成功等个人权利，试图剥离女性身上的文化禁锢。

三、怪圈：难以逃离男性世界的"男强人"

亚伯拉罕·马斯洛（Abraham H. Maslow）的需要层次理论表明，人的需要像阶梯一样从低到高按层次分为五种，分别是：生理需要、安全需要、社交需要、尊重需要和自我实现需要。[2]处于社会转型期，经历时代性阵痛的女性也有自我实现的需要，职场的不公、爱情的物欲化、实现价值的艰难、尊重的稀缺，这些现实生活中普遍存在的问题，都可以由网络提供一个解决问题和自我展示的舞台。"从历史文化长河的角度来看，男性伟岸的身躯总是遮没了女性纤弱的身影，所反映的视角和优先权都是男性的，女性则是一种被典型化和符号化的社会建构对象和社会话语缺失。"[3]而网络穿越"女强"小说则着重强调女性的个性特征、自我意识和个人价值，如敢爱敢恨的花千骨、无双国士凤知微等从中国传统女性的符号形象向更具个人特征的形象转变的女性角色在，能够明显看到女性对角色转变的迫切要求。

男性小说中男性往往通过征服女性来体现价值，而女性小说也陷入了这样一个怪圈。在网络穿越"女强"小说中，男性是作为与女性势均力敌的最终战利品存在的，女性与男性的交汇是以爱情为旨归的，这是女权主义向女

① 黎杨全."女扮男装"：网络文学中的女权意识及其悖论[J].当代百论，2013(8).
② 参见[美]亚伯拉罕·马斯洛.动机与人格[M].许金声译.北京：中国人民大学出版社，2007.
③ 李曦珍，徐明明.女性在电视广告中的镜像迷恋和符号异化[J].新闻与传播研究，2009(2).

性的自我主义沉沦的一种体现。"女性由初始的试图向男性社会证明自我，最终却以男性为归属的情节模式，表明"女强"文中的女性强大只不过是虚假、自欺式的强大。"①

西蒙·波伏娃（Simone de Beauvoir）对"他者"是这样定义的：他是主体，是绝对，而她是"他者"。②这一定义意味着女性是按照男性的喜好而形成的。中国传统小说中的女性往往温柔可人，以男性的意识为主导，而"女强"小说中女性则是与男性争锋相对，有与之相等的智谋才能。但必须承认，随着社会的变革，男性不再只是渴望温柔婉约的女性，而是希望女性能与他们势均力敌，能一起承担责任，共同拼搏。

正在经历改革阵痛的男性，他们被社会赋予了沉重的生活压力，尤其在高房价捆绑下的男性，其生活自主权受到了削弱，沉重的房贷压力使他们步履艰难。可以说，他们占据的传统主导地位受到了影响，其渴望的不再是林黛玉式柔柔弱弱、凄凄惨惨形象的古代传统伴侣——这类女性是完全依附于当时社会背景下的男性的，自身无法在社会中承担责任。而男性的力量也不足以完全撑起一个家庭的重担，他们需要的或许正是与网络穿越"女强"小说中的女性形象类似的女性。女性在事业上的成功已经脱离了典型的贤妻良母的设定，她们化身为勇于拼搏的女性强人，与男性一起共同成长，甚至在收入与责任承担上超过了男性。同时，男性出于一种征服欲望，他们也喜欢有智慧的女性。这样的女性往往富有人格魅力，所体现的果断、坚毅、独立自主等优良品质会从另一个侧面打动男性。从这个意义上说，网络穿越"女强"小说的女性仍然是按照"他者"来塑造的，是符合现代男性理想伴侣的形象。

所以，尽管在网络穿越"女强"小说中女性被建构成了男性视角下的"男强人"，然而其背后所遵循的文化路径一定程度上仍然是沿袭了男权社会的宰制思想。这种内在逻辑的存在表明，女性所以为遵循的"女权主义全新之路"，依然未能突破男性世界的笼罩，而是陷入了一个"越逃离越束缚"怪圈。

① 黎杨全."女扮男装"：网络文学中的女权意识及其悖论[J].当代百论，2013(8).
② 参见[法]西蒙·波伏娃.第二性[M].陶铁柱译.北京：中国书籍出版社，1998.

四、中国当代政治传播研究

　　近年来，政治传播研究方兴未艾，越来越多的学者投身到政治传播的研究领域中。何为"政治传播"？代表性的阐释有两个：一是，英国学者麦克奈尔（Brian Mcnair）将政治传播界定为"关于政治的有目的传播"，即一切以实现政治目的为诉求的传播活动，都可称之为"政治传播"。二是，国内学者荆学民将其定义为"特定政治共同体中政治信息扩散和被接受的过程"，其中包含两个限定条件，即"政治信息"只能是"政治"的，而且这种政治信息必须处在"扩散和接受"状态中。可以看出，麦氏侧重的是传播中的"政治"，而荆氏倚重的是政治中的"传播"。这种研究取向上的分歧恰恰说明脱胎于"政治学"与"传播学"领域下的"政治传播"，在受惠于跨学科汲养的同时不可避免地承袭了母学科思维方法与研究路径等惯性的限囿。事实上，问题的关键不在于名称和派别上的争论，而在于能否真正将政治传播研究作为一种崭新的研究领域与学科范畴，使之更具包容性、适用性与超越性。在传播技术的迅猛发展与世界政治文明不断走向深度融合的今天，全球范围内的政治实践已出现通过对某地区与某国度文明成果的采借，而获取一种对人类政治活动具有普遍意义价值的追求。政治传播应以传播政治文明，共享政治文化，提供全球治理解决方案为终极要义，一切以此行动指向的传播皆可称之为"政治传播"。

本专栏刊载的三篇文章从不同的面向，丰富着政治传播研究的理论内涵和应用实践。张君昌力图阐释建构全球传播话语体系的迫切性及其中国以和平与发展为主旨的全球传播的生命力。周辉、黄泽家通过定量评价与可视化分析的方法，探究国内政治研究的偏好。安珊珊、栗兴维则从媒体的品牌辨识度、话语建构力和品牌延展度等方面，分析了我国主流媒体在海外社交媒体上的品牌塑造和信息传播情况，并从统筹整合信息资源的角度，对提升中国主流媒体的海外传播力提出针对性建议。虽然研究对象、架构和旨趣迥异，但此三篇文章皆为政治传播研究的佳作。

张丹（厦门大学新闻传播学院博士研究生）

中国参与全球治理背景与国际传播新秩序构建

张君昌*

（中国广播电影电视社会组织联合会，北京，10866）

摘　要： 2016 年岁末，美国批准反外国宣传法，中国开播中国国际电视台，一个声称要反制中俄，一个要走出去参与全球治理。2017 年，围绕国际话语权的争夺将愈演愈烈。本文通过分析国际时局，阐述了建构全球传播话语体系的迫切性、要求及其架构，提出了从观念转换、系统整合到本土化传播、移动为先等方法路径，从世界多极化、传媒"去中心化"趋势分析反外国宣传法效用的局限性，揭示了中国以和平与发展为主旨的全球传播的生命力。

关键词： 全球传播；跨越障碍；话语体系；系统整合

2016 年岁末，中美两国先后发布足以影响未来国际传播格局的重磅消息。12 月 23 日，时任美国总统奥巴马批准通过旨在"帮助美国和盟国反制来自如俄罗斯和中国等外国政府的政治宣传"的《波特曼 - 墨菲反宣传法案（Portman-Murphy Counter-Propaganda Bill）》（简称"反外国宣传法"）。12 月 31 日，中国国际电视台（中国环球电视网）高调开播，中国国家主席习近平致信祝贺，要求其致力于"让世界认识一个立体多彩的中国"。举世瞩目的全球两大经济体，一个要关起门来搞地缘政治圈，一个要走出去"推动建设人类命运共同体"，目标相左，用力相反，如何加强沟通，增强互信，管控风险，避免新的冷战思维升级，成为国际传播界面临的富于挑战性的课题。

---

* 张君昌，高级编辑，现任中国广播电影电视社会组织联合会学术委员会秘书长、学术部主任，《中国广播电视理论动态》主编，CCTV、SMG 栏目评估首批专家。

一、国际政治新形势与国际传播新课题

2016 年，国际政治风云莫测，变化诡异，令许多预言家大跌眼镜。从英国脱欧公投成功到意大利修宪公投失败，从美国特朗普意外胜选到韩国总统亲信干政门事件不断发酵，从中东反恐陷入僵局到难民潮引发人道主义危机，许多西方谙熟的共识被瓦解、价值观被扭曲、社会被撕裂，种种不确定性笼罩人们心头。西方社会开始弥漫一种不祥预兆，甚至对其推行已久的民主价值观产生悲观情绪。2017 年 1 月，全球最大的独立公关公司爱德曼发布"爱德曼信任度晴雨表"报告，认为"对体制缺乏信任加上深层的社会恐惧，导致类似法国、意大利、南非、美国和墨西哥这样的国家正在选出或走向民粹主义候选人"。①造成这种情况的原因包括移民问题、全球化和社会价值被侵蚀。2017 年 2 月，慕尼黑安全会议基金会发表题为《后真相、后西方、后秩序？》的年度报告，指出西方世界秩序的最基本支柱正在弱化，非西方国家开始建构世界事务新框架。在"后真相"时代，"自由民主国家"很脆弱地受到错误信息影响。这些国家的民众越来越不信任现有制度，认为它无法带来积极解决方案，从而更加转向国内，抵制全球化和开放。痛定思痛，他们开始寻找症结所在或曰推卸责任的理由。

在世界另一侧，景象却迥然不同。由于石油输出国组织（欧佩克）达成进一步原油限产协议，国际油价走出低谷，这给俄罗斯经济复苏注入了血液，因克里米亚危机导致的西方经济制裁无疾而终，国际信用评级机构穆迪将俄罗斯主权信用评级展望从负面上调为稳定，中东反恐的主导权朝俄方倾斜，俄恢复秀肌肉的元气，还与中方联合在南海搞军演，双方联手第五次在安理会投否决票，等等。无疑，中俄会成为西方的眼中钉。而中国表现也着实令人瞠目。2016 年中国经济增速达到 6.7%，世界银行预测全球经济增速为 2.4%，按 2010 年美元不变价格计算，2016 年中国经济增长对世界经济增长贡献率达 33.2%，②连续保持世界经济增长第一引擎的位置。这一年中国成功举办 G20 杭州峰会，亚投行正式营业，人民币成功"入篮"，"一带一路"布局稳健，航母驶出第一岛链，网络第一大国地位日益巩固，借助乌镇世界互联网大会成为网络安全规则的制订者。经过改革开放 38 年的高速发展，中国已经成为世界第一大制造国、第二大经济体、第三大利用外资国和对外投

① 全球政府信任度调查：中国第一.环球网.2017 年 1 月 18 日。
② 综合国家统计局：2016 年国民经济实现"十三五"良好开局.新华网.2017 年 1 月 13 日、20 日。

资国。中国智慧、中国方案大步走向世界。

西方社会面对长期经济复苏乏力，世界多极化发展致使传统强国地位下降、话语权旁落，国内族群矛盾加重的现实，面对连年此消彼长的无解困局，面对价值观被颠覆造成的心理恐慌，如世界政治觉醒与单边主义迷思、自由市场经济与贸易保护主义、平等博爱与白人至上、言论自由与政治优先，等等，尤其是美国大选民主党意外落败，奥巴马一口咬定是俄罗斯网络攻击干扰了部分摇摆选民的投票取向，于是，很自然地拿起冷战时期的防卫武器，一方面转移国内矛盾视线，一方面为美国谋求单极世界的种种不利出一口怨气，反外国宣传法便在这种背景下出笼，上述因素综合作用足以使中俄沦为头号靶子。

任何一个国家的涉外政策都是其内政的延伸。美国大西洋理事会布伦特斯考克罗夫特国际安全中心高级研究员罗伯特·A·曼宁（Robeit A.Manning）认为："大国对全球体系的塑造，反映了世界日益多极化的现实，中国、美国和其他大国所面临的挑战也在修正和改变国际体系。"[①] 反外国宣传法作为 2017 年国防授权法的配套法案提出，包括两方面内容。一是定制联邦政府反政治宣传和谣言战略，提升全球作战中心（Global Engagement Center）对反制中俄及非国家团体的权威性和合法性，发展和整合包括国防部、国际开发署、广播理事会、情报机关等在内的联邦政府资源，对外国政治宣传和谣言进行反制和曝光；二是建立一个基金，帮助培训各地记者，并向非政府组织、民间社团、智库、私营部门、媒体组织和政府外的专家提供资助合同，让这些机构或个人具有更强的能力来识别和分析外国最新的宣传与信息造假技术。根据该法，美国国防部将在 2017 年获得额外预算，专门建立一个反宣传中心，对抗外国对美国的宣传。这一带有冷战思维的法案出台，虽然明显与世界和平发展的主题背离，但却契合了西方社会对今日俄罗斯等媒体的价值判断及其作出反制措施的现实需要。2016 年 10 月，英国宣布关闭所有"今日俄罗斯"账户；针对今日俄罗斯记者频频"刁难"，11 月美国国务院发言人约翰·科比称"会区别对待俄罗斯媒体"。法案的实施既为上述非理性做法进行了背书，也为进一步出台新措施提供了依据。

即将卸任的奥巴马念念不忘来自网络空间的威胁。2017 年 1 月 8 日在接受美国广播公司（ABC）采访时，他表示俄罗斯干预美国大选确有其事，美

---

① ［美］罗伯特·A·曼宁.中美关系决定着全球化的未来方向 [N].环球时报.2017-1-12(6)。

国情报部门的解密报告证明了这一点。同时他承认自己低估了这场网络攻击对美国社会、政治体系的影响。他说，"随着信息传播方式的变革及主流媒体公信力的减弱，其他国家会通过各种方式来影响美国的政治议程。如大家所见，国内所有的事情都遭到质疑，难以达成共识，我们必须对此保持警惕"。① 美国的一些北约盟友 2017 年将举行选举，奥巴马建议各国关注网络安全，防止类似事件的发生。针对特朗普喜欢使用推特发表言论，奥巴马警告特朗普注意就职后言论的分量。

1 月 11 日，美国候任总统特朗普在纽约举行竞选成功以来首次新闻发布会。会上他首次承认俄罗斯很可能在大选期间对民主党实施了网络攻击，但否认影响大选结果。针对媒体爆料"美情报人员透露俄罗斯掌握可用于要挟特朗普的材料"，他当即给予否认，称那是"假新闻"，谴责有关媒体"太糟糕"，拒绝接受 CNN 记者的提问。② 无论时任还是候任总统，都认为媒体捕风捉影、传谣惑众是坏事情，但二者指向却明显不同，都在为各自利益做裁割式解释。由此看来，美国乃至西方政界未来如何培训记者、教会媒体识别、反制谣言，不会像颁布法案那样简单，还有相对长的路要走。特别是在互联网将信息沟壑抹平的时代，消极防守如同掩耳盗铃，反外国宣传法的实际效力有待检验。

冷战结束后，随着世界多极化、经济全球化持续推进，各国经济文化交往日甚，人员往来频仍，关注热点趋同，网络构建的虚拟空间正在形成一种共同诉求，全球化语境逐渐形成。以美国之音为代表的企图不战而胜的"宣传战"模式渐次退至幕后，甚至关闭传统广播业态。国际传播开始经历由宣传思维到全球思维的历史性战略转型，衍生出一些新特质：摒弃攻讦方式，采用传播框架；软化报道立场，隐含价值诉求；淡化政治表述，强化观念说明。这种传播状态，在内容构成上，表现为时政、商贸与文化杂糅；在传播取向上，侧重维护全球公共安全，促进国际关系良性发展；在叙事方式上，避免居高临下训示，采用多源信息嫁接；在传播视野上，超越地区国家疆域，体现"球域化"③思维。当今世界，虽然恐怖主义尚未得到根本遏制，地区摩

---

① 奥巴马警告特朗普：当总统不是做生意．财新网．2017-1-10.
② 特朗普新闻发布会怒怼 CNN 记者．腾讯网．2017-1-12.
③ 球域化（glocaliziatiom）系全球化（globalization）与区域化（localization）的合成词，又译全球本土化。意指全球化视野、全球化覆盖、本土化议题、本土化运作，这是当今全球传播的一体两面。

擦不断，但短期内爆发大战的可能不大，和平发展依然是主题。要跟定世界大势，把握发展规律，不为短期现象所惊悚，持之以恒地推进国际传播完成战略转型，推动全球治理体系变革。

改革开放以来，中国经济发展显著，但国际传播力并未得到同步提升。数据显示，每天发自中国的信息不到全球信息发布总量的 5%，中国国际传播的影响力仅相当于美国的 14%。[①] 这与中国的国际地位不相适应，与中国和平崛起需要营造周边环境的能力不相适应，与世界各国人民需要了解客观真实的中国国情的需求不相适应。中国和世界的关系正在发生历史性变化，中国需要更好了解世界，世界需要更好了解中国。这促使中国必须审时度势，站到时代发展的前列，不仅要多参与国际事务，做国际体系的参与者和建设者，而且还要做国际体系的贡献者和引领者。中国国际电视台（英文名 CHINA GLOBAL TELEVISION NETWORK，简称 CGTN）的开播，是顺应时代潮流、承担国际责任、参与全球治理、体现文化自信的表现。CGTN 由央视原国际传播机构整合而成，包括 6 个外语电视频道、3 个海外分台、1 个视频通讯社和新媒体集群。其目标是"展示中国作为世界和平的建设者、全球发展的贡献者、国际秩序的维护者良好形象，为推动建设人类命运共同体作出贡献。"[②] 为此，CGTN 将着力打造移动新媒体平台，探索媒体深度融合之路，加强全球报道能力建设，以更丰富的内容、更高的专业品质为全球受众提供更好的服务。中国以积极的姿态参与全球治理，坚持共商共建共享原则，体现出一个负责任大国在引领世界朝着美好方向发展进程中，应当抱持的态度和胸襟。

全球报道能力和话语权构建，正在成为一种权力资源和软实力象征而日益受到重视。针对一个时期以来外界对中国崛起发出的种种议论、猜测甚至歪曲，2017 年 1 月，中国政府首次就亚太安全合作发表白皮书，阐明中国对亚太安全合作的主张。提出中国倡导"共同、综合、合作、可持续"的安全观，坚持走"对话而不对抗，结伴而不结盟"的国与国交往新路，明确中国提出的亚太地区安全构架理念，不是要推倒现有安全机制架构，而是对现有机制进行调整、完善，突出多边主义，弥补基于双边同盟的安全理念的局限

---

① 国家广播电影电视总局发展研究中心.中国广播电影电视发展报告（2011）[M].北京：社会科学文献出版社,2011.第 151 页。

② 习近平致信祝贺中国国际电视台（中国环球电视网）开播.澎湃新闻网（上海）.2016-12-31.

和不足。2017 年 2 月，在第五十三届慕尼黑安全会议和二十国集团外长会分别召开之际，中国首次提出"要引导国际社会共同塑造更加公正合理的国际新秩序""引导国际社会共同维护国际安全"。① 如何向世界诠释中国关于推动全球治理体系变革的理念，需要增强议程设置能力、舆论宣传能力和统筹协调能力。其中，构建全球化语境下联接中外的话语体系成为当务之急。

二、构建适于全球传播的话语体系

话语体系是一定思想体系和知识体系的外在表现形式，不同风格、不同特色、不同气质的表达方式，对于某种思想、观念、讯息扩散的助推效果是截然迥异的。适于全球化语境的话语体系，其信息编码应当进行必要的语境化处理和词语转换，善于以故事说明语意、推演结论，具有国际化表达方式和人类共通的价值原则，契合接收对象的认知水平，便于在国际媒体、社交媒体以及人际间无障碍流动，有助于加强不同文化群体间的沟通理解，能够在国际社会或一定区域引起共鸣。创新话语体系，看似语法修辞问题，实则涉及思想方法、思维方式、价值取向等态度和立场，涉及如何提高中国媒体国际传播能力的重大导向，对于增强中国文化软实力，提高我国参与全球治理的能力，具有重大战略意义。

1. 全球传播话语体系的基本要求

全球传播与跨文化交流有相似之处，需要跨越的认知障碍主要有三个：一是由于传受双方处于不同的文化地域，对事物的判断有着不同的价值取向，传者摸不透受者的真正需求，从而影响传者对信息的取舍和报道的方向；二是传播过程中会因为语言、文化和习俗不同，带来表现方式和风格的差异，同样会造成认知上的偏差；三是受者接收心理的差异，也会带来主观评价的多义性。如果不正视和解决这三个障碍，全球传播便达不到预期目的。这也是构建全球传播话语体系的基本要求。

"文革"时期轰动一时的"安东尼奥尼事件"就较为集中地体现了上述三个障碍造成的后果。1972 年，国际电影大师米开朗基罗·安东尼奥尼受中国政府邀请和意大利国家电视台委托，赴华拍摄大型纪录片《中国》。这本来是纪念中意复交的友好之举，却因双方沟通不畅，理解有误，造成南辕北辙，事与愿违，酿成外交风波。安氏原计划用半年时间、到想到之处，拍一部真

---

① 习近平主持召开国家安全工作座谈会. 新华网. 2017-2-17.

实反映普通中国人生活的纪录片。中方认为纪录片是"形象化政论",需我方负责组织"场面",安氏掌机,22 天便可完成拍摄。结果影片中大量出现人们整齐划一地做操、工作,脸上时时堆满笑容;下班之后还围坐一圈学习毛主席语录……而秉持"真实记录"理念的安氏巧妙保留了一些抓拍镜头:隐形存在的农村集市、天安门广场乱哄哄的人群和脚步。这显然触犯了当时中方设立的底线:社会主义商场琳琅满目、天安门广场壮丽雄伟……于是,国内掀起对安氏持续近一年的猛烈批判。安东尼奥尼有口难辩,他不仅不被中国人接受,还被一些意大利左派指责"背叛了中国"。

上述事例说明,全球传播首先要沟通动机和需求,这一点至关重要。拍摄《中国》是政治宣传的需要,还是文献价值的功用,要达到何种目标,双方事先没有形成共识。其次是对语言和接受习惯的把握,这里不仅是中外语言翻译的问题,还有对电影长镜头语汇的认知问题,普及相关专业素养不是一朝一夕所能完成的。再次是要弄清楚影片给谁看的问题,影视语言本身就有多义性,而受众不同,理解差异就会更大。最后是注意方言俚语、副语言和身态语言等构成的认知障碍,避免歧义和误解。安东尼奥尼事件虽然带有文革时期极左思潮的烙印,但本质上体现的仍然是东西方跨文化交流认知障碍造成的思想冲突。因此,实现有效的全球传播,要通过扎实的调研,了解和掌握受者需求,按需提供内容;要重视语言转换中的差异,防止鸡同鸭讲;要精准定位,减少多义性造成的误读。这是跨越认知障碍的主要方法和途径。

2. 全球传播话语体系的特质要求

尽管通讯技术发展已经冲破地理疆界,但全球传播的主体对象毕竟与单一的国内受众不同。从传播的接近性原则出发,从外国不同的社会制度、意识形态、价值观念、文化传统、风俗习惯和舆论环境的实际出发,从各国同我们的双边关系及其受众对我国的关注点不尽相同出发,当今国际传播必须从内容选择、表达方式上注意针对性和差异化。既不能照搬国内报道的套路,也不能把对不同国家的报道一统化。

(1)明确内外有别,坚持差异传播

"内外有别"是指在总的报道方针指导下,注意对内报道与对外报道在对象、目的、内容方面的差异,在选题视角、报道技巧和语言风格等方面有所区别。在特殊的历史条件下,我国曾片面强调"以我为主",以宣传代替传播,背离新闻规律,只讲成绩,不讲问题,只讲"盛世",不讲"危言",使西方受众产生一种本能的质疑、不屑甚至抵触情绪。究其原因,固然有意识形态方面的因素作祟，也跟我国长期习惯使用一套僵化的政治术语、标签式语言不无关系。那些习惯用语不但外国人听不懂，连海外华人、侨胞乃至港澳台同胞也感到费解，难以收到良好的传播效果。一旦让受众感到他们在被动地接受说教，就意味着传播的失败。

因此，正确处理宣传与传播的关系，以及以我为主、以正面宣传为主与按新闻传播规律办事的关系至关重要。既要坚持以正面宣传为主，又不能回避矛盾；既要坚持以我为主，不跟西方舆论节拍跳舞，又要考虑外国受众的兴趣、痛点、兴奋点。正面宣传的本意是"实事求是地反映社会现实生活的主流"①，要真实全面客观准确地向世界说明中国、报道世界，要讲究策略，把握节奏、增强针对性和实效性。坚持正确导向，不等于照搬文件句式；讲好中国故事，要采用国际表达方式，讲究"硬内核、软包装"。"去宣传味"并非"去政治化"，秉持中国立场、世界眼光、人类情怀、国际表达，才是创新话语体系的方向。

（2）把握外外有别，实施分众传播

"外外有别"是指国际传播不仅要认识"内"与"外"的区别，还要认识"外"与"外"的区别。即充分了解对象国家和地区间的不同，欧美国家、拉美区域、东欧地区、亚非各国国情不同，文化背景不同，发展阶段不同，涉华舆论氛围不同；即便是同一国家和地区，也要区分阶层、信仰的不同，区分外国人与华裔的不同，因人而异，精准聚焦，分众化传播。实际上，这是全球化背景下对国外受众的进一步细分，是内外有别原则的延伸和发展。

一套话语满足不了所有人群，一种曲牌难以唱响五洲四海。全球传播面对的是千差万别的外国受众，不可能只提供千篇一律的通稿，而要"对症下药"。首先，选题有差别。西欧人关心中国经济，东欧人想借鉴中国房改、医改方法，拉美人追崇中国功夫、中华汉字，非洲人关注中国的现代化进程，东南亚华裔较多，与中国历史、文化结缘较深。其次，切入点不同。西方通讯社每天播发的国际报道，往往针对不同对象地区提供不同版本。美国《读者文摘》刊载《秦始皇的兵马俑》时，其英文版开头把兵马俑和古希腊神话作对比，这对熟悉古希腊神话的英语国家读者就有吸引力；日文版导语则改为介绍古代长安和秦陵的位置，这很适合日本读者口味，因为他们知道古长安和秦始皇。再次，消弭文化差异。文化差异制约着认知传播的有效性，而

---

① 李瑞环.坚持正面宣传为主的方针[J]，求是，1990（5）.

提高认知传播的效果，实际上就是克服文化差异的过程。由于文化差异存在，许多词汇在不同国度和群体中会产生不同理解。比如，孔雀在中国代表喜庆和吉祥，在日本被视作优美和才华的象征；对于佛教徒和印度教徒来说，孔雀又是神话中"凤凰"的化身；而在英国和法国，它被视为淫鸟、祸鸟，连孔雀开屏也被赋予反义——自我炫耀和吹嘘，英语里有"像孔雀一样骄傲"的成语。如果不了解这些文化符号的差异，擅自将"孔雀东南飞"画轴当作礼品分送国际友人，会得到截然相反的评价。

坚持外外有别、分众化传播，就是充分尊重和承认各国各民族文化差异，以开阔的视野、开放的胸襟、开明的姿态，积极回应各国受众关切，有效促进不同文化间的对话，求同存异，和谐发展。

3. 全球传播话语体系的系统整合

全球传播与大众传播同根共源，除了具有大众传播的共性：准确生动，能够抓住受众关切；客观公正，能够反映事物真相；简洁洗练，便于理解转达；新颖别致，易于激发兴趣。同时，又具有鲜明的个性。进行中外翻译时，具象词汇一般可以直接对译，抽象词汇和具有中国特色的概念则需要精心从对象国母语中寻找相近词语来表达，有的还要加上必要的解释，以避免误读误解。要把握国际性和跨文化性内在语征，融通中外语体思维，结合网络表达特点，形成跨界杂糅新格局。这样的话语体系应当具备以下主要特征：

——语汇方面，淡化意识形态色彩，兼容官方用语、民间用语和网络用语，避免极端化、攻讦性和结论式用语；

——语态方面，以陈述性语态为主，间或使用议论性表达，切忌居高临下；

——语调方面，高低起伏配置合理，语势节奏明快、错落有致，宜听宜受宜记宜传；

——修辞方面，朴实又不失活泼，少用形容词和长句式，避免堆砌华丽辞藻；

——文本方面，文字、图表、影音并重，系统化、碎片化发布兼用，母语和外来语表达共存，技术范本与人文范本混搭；

——手段方面：个体传播、人际传播、组织传播、社交媒体、大众媒体并用。

全球传播涉及报道视角全球化、覆盖能力全球化、用户分布全球化、机构设置全球化和影响范围全球化等多个方面，单纯强调哪个方面都会失之偏颇，做好顶层设计、实施系统整合显得十分重要。要切实研究对象国家和地区受众的需求和口味，不断创新话语体系。杜绝使用枯涩难懂的名词和"行话"，不堆砌华丽词藻，不卖弄腔调，摈弃专业术语和"麦迪逊大街文风"。介绍中国的最新变化要快而活，反映中国的风物资讯要全而准；不但要让世界听见、听懂中国的声音，还要用世界习惯的方式接受来自中国的声音，更要让世界听到想听的来自中国的声音。即，学会用国际表达讲好中国故事，用国际眼光缕清世界局势，用国际规则开发用户市场，用国际通用手段实施传播覆盖，从而彻底转变中国形象以"他塑"为主的状况。

全球传播除了承载政治传播的使命，还承担着弘扬母语文化和吸收优秀外来文化的双重责任，同时还要克服认知障碍和其他消极因素。要建立一套普遍适用的话语体系十分困难。中国古代的风、雅、颂分别对应民间歌谣、贵族雅乐和祭祀咏唱。如果只有一种腔调，势必难以适应各方需求。再好的思想、观念、情感也要借助生动的形式、多样的途径表达出来，才能实现交流与共享。国际媒体通常采取两种方法达到上述目的，一方面加速母语文化的现代化，以其突出的民族特色和时代感走向世界；另一方面推行对象国本土带动策略，不但内容取材本土化，合作伙伴也要本土化，针对不同地区受众特点，提供不同样态、不同面孔、不同包装的内容产品，以符合接收者的文化心理。即以文化融合来消弭跨文化传播的障碍，分众定位，精准对焦，多样表达，整合传播。使人际交流、民间往来、网络互动、媒体传播交相辉映，既有阳春白雪也有下里巴人，既有直面阐释又有侧面迂回，形成全方位、多声部、立体化的传播格局，起到"大珠小珠落玉盘"的效果。

三、形成立体化快速反应的全球传播能力

文化是由一系列象征符号构成的系统，人们凭借这些符号所代表的意义，来判断社会要素之间的相互关系并实现沟通和交流。同时，时代在发展变化，人的思想、感情、认知也在不断随之调整和变动。可以说，没有一种文化能够在所有人面前产生同一种理解，也没有一个人能够适应各种文化或者同一种文化的所有维度。习近平在2013年全国宣传思想工作会议上讲话指出，今天，宣传思想工作的社会条件已大不一样了，我们有些做法过去有效，现在未必有效；有些过去不合时宜，现在却势在必行；有些过去不可逾越，现在则需要突破。当今世界正处在剧烈震荡时期，各种力量组合和利益格局正在发生新的裂变。在全球化背景下，中国不仅在改变自己，也在改变世界；中

国在影响世界，世界也在影响中国。正是由于中国崛起给世界带来格局性的变化乃至冲击，所以不仅如何向世界说明中国成为中国全球传播的一个重大课题，而且如何应对各类涉华舆论也成为中国全球传播的一个重大课题。

不日新者必日退。在给CGTN开播的贺信中习近平进一步指出，要坚定文化自信，坚持新闻立台，全面贴近受众，实施融合传播，以丰富的信息资讯、鲜明的中国视角、广阔的世界眼光，讲好中国故事、传播好中国声音，让世界认识一个立体多彩的中国，展示中国作为世界和平的建设者、全球发展的贡献者、国际秩序的引领者良好形象，为推动建设人类命运共同体作出贡献。这不仅为CGTN、同时也为中国全球传播提示了努力方向。

第一，坚定文化自信，对于涉及重大国际事务、中华民族核心利益等大是大非问题敢于亮剑、敢于发声，表明中国立场，坚定不渝地捍卫世界和平、维护国际秩序。虽然有学说称"世界是平的"，但传播现状告诉世人，信息不可能像"真空管道中的胶囊高铁"一样畅行无阻。信息的流动尚不能扭转强势政治板块向弱势政治板块扩张、优势经济实体对劣势经济实体挤压、寡头文化产品向文化洼地渗透的态势。全球传播不是主张消弭国家立场，在涉及国际国内大是大非问题时，仍要以媒体所属国的立场、态度为第一考量因素。中国的文化自信是道路自信、理论自信、制度自信的坚实基础，是中国速度、中国经验、中国智慧的强大支撑，已经成为支持人类社会发展的重要力量。要建立在这样一种文化优势心理的基础上，从有利人类文明发展的大局着眼，从战略高度确立和把握中国全球传播总基调，始终坚持公平正义，不主动挑起舆论战，为维护世界和平与发展作出贡献。

第二，认真对待不同国家、不同受众的特点和需求，研究并遵循全球传播规律，采用国际通用的表达方式、传播技巧和丰富有趣的内容，全面介绍客观真实、立体多样的中国和世界。遇有重大事件发生，要快速及时报道，力争第一时间发生，充分掌握话语主导权。要注意平衡报道，兼容多种声音，还原事件真相，学会使用多种信源嫁接组合来传递媒体立场，把握好时效性与客观性的关系。要保持开阔的境界和视野，既不要把暂时的局部利益当作永恒的整体利益，也不能把暂时的局部争端视作持久的全面争端；既要善于从纵向坐标看待成就，又要善于从横向对比中发现不足。积极借鉴人类文明创造的有益成果，全面反映世界出现的新事物新情况及各国出现的新思想新知识，防止以我为尊、以偏概全，防止盛气凌人、自吹自播，防止自说自话、被人误读，避免片面的正面报道产生全面的负面效果。

第三，跟踪最新技术动向，开发适于全球传播的社交媒体产品，借助本土传播、海外建台、商业网站等手段，不断以新技术新应用推动媒体融合发展，提升整体传播效果。新兴媒体在促进人类社会创新发展的同时，也加剧了全球范围内各种思潮的激荡、交锋与碰撞，一些西方发达国家借机利用网络向各地推销其价值观和生活模式，策划导演多起"颜色革命"。网络正在成为国际社会较力、公共外交造势、民间诉求汇聚的新平台。目前，国外许多大型传媒纷纷采取移动为先战略，谋求移动互联网布局，中国也要顺应网络传播移动化、社交化、视频化趋势，在巩固现有传播渠道的同时，紧盯技术前沿，将有通用价值的先进技术引入产品设计，有选择地与国外社交媒体联合，借助他们的平台和技术，丰富信息内容，完善服务功能，全方位进入国外主流人群，集聚更多忠实用户，扩大中国全球传播的覆盖面和影响力。

第四，学习国外媒体开展全球传播的先进经验，采用相对灵活的运营架构，在正确导向前提下，利用新闻专业主义破解西方政客鼓噪的所谓"反制"，尽快形成制衡国际舆论的能力。现阶段，中国的全球传播能力建设还处在起步阶段。某些西方媒体抓住中国环境、社保、维稳等负面信息不放，一味低放大阴暗面甚至抹黑中国。面对西方媒体营造的舆论环境，中国的全球传播要博采众长，制订长远而可行的规划目标，在总体原则指导下，赋予国际传播机构更加灵活的机制，组建具有国际视野的专家智库，招募对象国专业人士组成本地化采编团队，打造通晓国际规则的保障系统，让其在内容采制和市场开发方面享有自主权，尽快形成独家、高效、准确和观点多元化的报道实力，着力打造融通中外的新概念新表述新范式，用中国声音影响国际舆论、消除误解，增进世界人民对中国的了解，更好地推动人类命运共同体的建设。

四、结语

无论是"跛脚鸭"总统奥巴马大谈防范来自俄罗斯的黑客攻击，还是"推特总统"特朗普频出狂言探试中国底线，反外国宣传法是他们手中持握的同一种武器。该法案原本就是共和党参议员波特曼（Rob Portman）和民主党参议员墨菲（Chris Murphy）于 2016 年 3 月联名提出的，可见共和、民主两党在这个问题上的一致性。"亚太再平衡"也好，"美国优先"也罢，实质都是在维护美国的既得利益。奥巴马与特朗普看似各唱各的调儿，其实不过是出演双簧的两个角色而已。2017 年注定成为国际传媒极不平静的年份，新冷战的阴风从年初便嗖嗖刮起。1 月 12 日，候任总统特朗普的国安团队在国会听证会上亮相，称世界格局"面临二战以来最大的挑战""俄罗斯、中国、朝鲜以及来自网络黑客的威胁为对美最大安全挑战"；14 日特朗普在接受《华尔街日报》专访时竟妄称"一切都在谈判之列，包括一个中国"，中方深夜回立给予驳斥。不少分析认为，这些狠话与特朗普之前的推文一样，更像是"显示自己特立独行的一种表演。"① 还有观察家发出警告，2017 年是特朗普与中国"交恶"的错误时机，因为中国很可能会对任何外部的挑战做出强有力的反应。② 中国一再表示，绝不会以牺牲核心利益为代价，吞下损害主权、安全和发展利益的苦果。尽管处在候任期的特朗普可以大嘴放话，上任后在国际各种势力和国内建制派的制衡下，执政理念会向现实回归。外电以"混乱太多，成果太少"评价特朗普执政满月的成绩单。③ 那份行文粗糙、引起全球轩然大波的"限穆令"，签发不到一周就被联邦法官叫停；在内部争论对俄关系中失去自己的国家安全顾问；宣称让墨西哥买单的隔离墙 1 米也未建成；与多个盟友发生外交口水战……以致于新官三把火被浇"冷水浴"，总统新政令频遇急刹车。国际国内既成格局给予他挑战多边机制的空间十分有限，长期形成的国际经济政治秩序不可能被几个人随意改变。

　　同样，反外国宣传法的作用也将十分有限。因为当今世界已经越来越受用多边主义带来的福利，"去中心化"已成共识，世界多极化、经济全球化、国际关系民主化渐成大势，任何形式的地缘保护主义尤其是大国特权正在遭人唾弃，具有独立品格、创新话语、多样观点的全球传媒将受到世人欢迎。中国的全球传播要跳出传媒看传媒，秉持"和平、发展、公平、正义、民主、自由"的人类共同价值，综合运用政治、经济、法律、社会、哲学、宗教、自然科学知识来分析和看待新事物新现象，打通人文学科、社会学科乃至自然科学的隔阂进行范式转换，以大思路大视野创新话语表达方式，开创中国声音走向世界的新纪元。

---

① 参见：美"新冷战"苗头初显端倪．环球时报 [N]．2017-1-13(1)．

② 参见：美媒称特朗普今年挑战中国不是时机：中国将强力回击．参考消息网．2017-1-15．

③ 参见：特朗普执政满月撕裂美国．参考消息 [N]．2017-2-21(1)．

"政治传播"主题高被引论文引证关系网研究

周　辉　黄泽家 *

（武汉纺织大学传媒学院，湖北武汉，430073）

摘　要：本文通过搜集国内发表于 CSSCI 收录期刊的所有以"政治传播"为主题的研究论文，分析了这些论文的被引用量与被下载量间的关联关系；构建了"高被引论文—来源数据库—引证文献"间的三元关系网、"高被引论文—引证文献"间的科学引文网，从高被引（高影响力）文献引证关系分析的视角出发，利用社会网络分析法、科技文献共引分析法，定量地研究了我国"政治传播"主题研究领域内的研究者们开展该主题学术研究的现状及引文偏好；此外还给出了重要文献库、重要文献、重要作者定性识别与定量评价的一类可视化分析方法。本文提供的相关研究方法与结果能为"政治传播"研究领域的专家学者们提供发现该领域未来学术研究热点与重要观点文献及重要作者提供借鉴，为科学评价本领域研究人员的科学贡献提供定量评价方面参考。

关键词：政治传播；社会网络分析；引证关系网；共引分析

基金资助：本文为湖北省教育厅人文社科研究项目 15Y072 部分资助的课题研究阶段性研究成果。

一、研究背景

政治传播学是研究政治和传播相互影响的过程与现象的学科，它是政治学、传播学相互交叉而形成的新兴边缘科学。政治与传播是两种不同却相互影响的社会现象，政治的现象决定传播的过程，政治的制度决定传播的制度；反之，传播的现象、制度也制约着政治的过程、制度和发展的方向。政治活

---

* 周辉，武汉纺织大学传媒学院，新闻传播系（新闻传播与数据可视化研究中心）。黄泽家，美国 Hofstra University 商学院在读研究生。

动如何充分利用传播手段，而传播工作又如何适应国内外政治状况发展的需要，是政治传播学所要完成的中心课题①。近年来，我国"政治传播"主题的学术研究得到了长足发展，中国传媒大学于 2008 年成立了全国第一所以政治传播命名的专业学术研究机构：中国传媒大学政治传播研究所（Political Communication Institute of CUC）。该机构创始学者荆学民曾提出②："政治即传播，传播即政治。至少说，传播本身起源于政治传播，或者说，传播的'原生态'是政治传播。施拉姆当年讲所谓的传播学，所举的例子就是政治传播的例子。"他同时也曾提到学者姜飞的一个观点，认为"以政治传播与国际传播为龙头的中国传播学的春天刚刚来到。"荆学民认为③："从其（姜飞）一贯严谨的学风和充分的论据来看，这个判断非常值得重视。这个有力的判断像冲锋的号角一般鼓励我们奋勇前行！"

事实上，接下来的学界动态演化极好地证实了这一趋势判断。关于政治传播主题的研究得到了政治学与传播学两个领域及相关领域众多研究者的充分重视，仅从文献发表量这一指标来看，每年发表的"政治传播"主题研究论文快速从 2008—2009 年间每年发表 100 篇左右、锐增至 2013—2014 年间每年发表 200 篇左右的水平④；且据本文搜集数据时间点截止来看⑤，37.23%的研究论文发表在 CSSCI 收录的期刊之中（443 篇 CSSCI/ 总共 1190 篇），47.23%的研究论文发表在北大要目总览收录的中文核心和南京大学 CSSCI 收录的期刊之中（562 篇核心或 CSSCI/ 总共 1190 篇），这一事实清晰地说明我国政治传播领域的研究方兴未艾。可是我们注意到这样一个事实：针对这样一个繁荣的研究领域，尽管目前也出现了一些宏观层次的分析研究文献和综述或者专著被发表，但定量研究本领域观点传播路径及传播效果的研究非常鲜见⑥。在本文中，我们拟从国内高被引（高影响力）文献引证关系分析的

① 政治传播学 . 中国知网 . 学问 .http://xuewen.cnki.net/R2007010140000112.html.
② 荆学民的认证微博 .http://weibo.com/2476310343/yibbCvvte(2012-5-8 08:31)
③ 荆学民的认证微博 .http://weibo.com/2476310343/yibbCvvte(2012-5-7 22:09)
④ 近十五年来 CNKI 数据库收录期刊论文的发表量详细数据：2014 年度 195 篇，2013 年度 194 篇，2012 年度 178 篇，2011 年 132 篇，2010 年 130 篇，2009 年 117 篇，2008 年 98 篇，2007 年 66 篇，2006 年 52 篇，2005 年 30 篇，2004 年 40 篇，2003 年 20 篇，2002 年 13 篇，2001 年 21 篇，2000 年 15 篇。
⑤ CNKI 官方数据采集地址 .http://epub.cnki.net/kns/brief/result.aspx?dbprefix=CJFQ，本文搜集数据截止日期为 2015 年 3 月 20 日。
⑥ 周辉，近三十五年来中国政治传播研究的发展概览——"政治传播"主题学术论文数据可视化视角下的观察 [A]. 首届中国政治传播研究学术论坛论文集 [C],2015. 第 28—47 页。

视角定量的研究我国政治传播领域的研究现状，希望相关研究结果能为"政治传播"研究领域的专家学者提供未来发现学术研究热点与重要观点及重要作者的简单方法，为科学评价本领域研究人员的科学贡献提供定量分析方面的技术参考。

二、本文选取的文献样本数据来源及基本统计分析

2.1 对国内"政治传播"主题高被引论文开展分析的数据来源及遴选

2.1.1 原始数据来源

本文拟研究在"稳定发展期"的国内"政治传播"主题的研究人群发表的"高被引论文"与"引证论文"间的内在关系，以期从定量分析角度对政治传播研究领域的研究现状加深认识。考虑到本文研究的是该主题的高被引论文的引证关系及其内在学术观点传播特征，参考大多数研究者的共识，通常发表在一般期刊文献发表后被引用量通常较少，因而学术影响力相对较低，同时基于国内文科学术研究评价体系特点，发表于 CSSCI 收录[①] 学术期刊中的观点往往会受到更多关注，我们将研究对象缩减为发表于 CSSCI 收录的期刊范围内[②]。这种处理使需要手工处理的数据大幅减少，但通过手工检索我们发现，高被引论文几乎全部发表在 CSSCI 收录期刊，因此剔除一般期刊上发表的该主题研究论文等文献应该总体上是不会影响本文章最终研究结论的。因此，下文中，该主题的高被引论文的传播特点时，本文选取的研究对象限定为 CSSCI 收录的文献，基于此得到的研究结果无疑仍有实际参考价值。

为获取研究数据，本文通过中国知网的 CNKI 期刊全文检索平台提供的开放搜索引擎，在所有期刊中，以"政治传播"为主题检索词、搜索范围为"CSSCI 收录期刊"来检索相关文献，时间限制为建库日至"2015-03-20"。

---

① 中文社会科学引文索引英文全称为"Chinese Social Sciences Citation Index"，缩写为 CSSCI。用来检索中文社会科学领域的论文收录和文献被引用情况。由南京大学中国社会科学研究评价中心开发研制而成，是国家、教育部重点课题攻关项目。CSSCI 遵循文献计量学规律，采取定量与定性评价相结合的方法从全国中文人文社会科学学术性期刊中精选出学术性强、编辑规范的期刊作为来源期刊。目前收录包括法学、管理学、经济学、历史学、政治学等在内的近三十个大类的多种学术期刊。

② 选择 CSSCI 收录期刊中发表的论文开展分析的原因有二：一是若考虑包含一般刊物的全部"政治传播"论文的引证关系，工作量将非常大，按照 CNKI 提供的查询结果数据格式，目前缺乏有效的计算机自动处理方法。二是不少一般期刊发表的该主题研究论文缺乏学术价值与观点代表性，往往因编辑把关不严、粗糙出刊、文章质量较低等原因，不被主流权威研究者所认可。

最终，检索获得该主题的 CSSCI 收录期刊或者集刊刊载的中文研究期刊文献，共找到 443 条文献结果。研究发现：在上述检索到的 CSSCI 收录的重要期刊论文中，被他人引用过的文献占比达到 68.17%（443 篇中有 302 篇被引超过一次）。这一现状表明：政治传播领域的研究者们十分注重本领域重要观点的发表与借鉴，这也从一个侧面反映了国内"政治传播"主题研究已经逐步进入了稳定的发展期①。

2.1.2 重要数据遴选

在本次研究中，本文将仅仅考虑"政治传播"主题相关的、高被引用文献间相互引证关系特点。通过对全部 443 条 CSSCI 收录期刊发表的文献人工检查，我们发现：302 篇已经被引用 1 次以上（68.17%），最高被引用次数为 264 次，有 17 篇被引用 50 次以上（约占 3.84%），有 82 篇被引用 10 次以上（约占 18.51%），零被引用文献仅有 113 篇（约占 25.50%）。考虑到这类仅占四分之一的零引用文章要么是新近发表的、要么在学术上价值相对较小，在下文中，我们拟将通过分析被引证量排名前 20 位的被引用过的源文献作为研究对象，进一步开展高被引用文献间相互引证关系等特点分析研究。事实上，这 20 篇文献大多发表在本领域知名期刊，且被引证量均超过 45 次以上；我们相信：其内在引证关系能够"极具代表性地""从一个重要侧面"去反映"高影响力文献的学术影响力扩散传播之特点"。参照同类研究设计方案，我们认为此类研究方法具有一定合理性，应该不会影响本次分析研究的最终结果。由此，在获得基本数据后，本文通过手工处理方式，将基本数据中的作者、篇名、引证文献、来源 CNKI 子库名称等元信息转化为 excel 格式的二元或三元关系组；同时还将其转为 CSV 格式供后期可视化分析程序 Gephi 调用。

2.2 对"政治传播"主题高被引论文之"被引证量与被下载量"关系的分析

近几年，国内外许多学者针对单个刊物或者多个刊物的引文关系网络及

---

① 周辉.近三十五年来中国政治传播研究的发展概览——"政治传播"主题学术论文数据可视化视角下的观察暨"首届中国政治传播研究学术论坛"论文集 [C] 2015. 第 28—47 页。在该文中，作者基于中国知网的 CNKI 电子期刊数据库，搜集了近三十五年来所有以"政治传播"为主题的入库文献，研究论文进行数据可视化分析。该文建议将国内"政治传播"主题研究的发展阶段从出现首篇"政治传播"主题期刊文献入 CNKI 电子文献库开始，大致划分为"政治传播"研究的三个典型阶段：萌芽期（1981—1995 年间）；缓慢生长期（1996—2000 年间）；快速成长期（2001 年至今）。

其特点进行了大量实证研究，发现了在知识传播过程中人类的一些科学研究行为的有趣特点与常见现象。在本文研究过程中，通过记录所有文章的被引证量和被下载量，将之作成向量 X，容易计算出向量 X 两分量间的皮尔逊关联系数 r 为 0.7443。可见：从统计意义上看，在 CNKI 电子数据库中，"实际被引证量"和"被关注程度（被下载量）"呈现高度"正相关"关系（参见图 1）。这一现象与知识传播过程中的大多数人类动力学行为过程是一致的①。

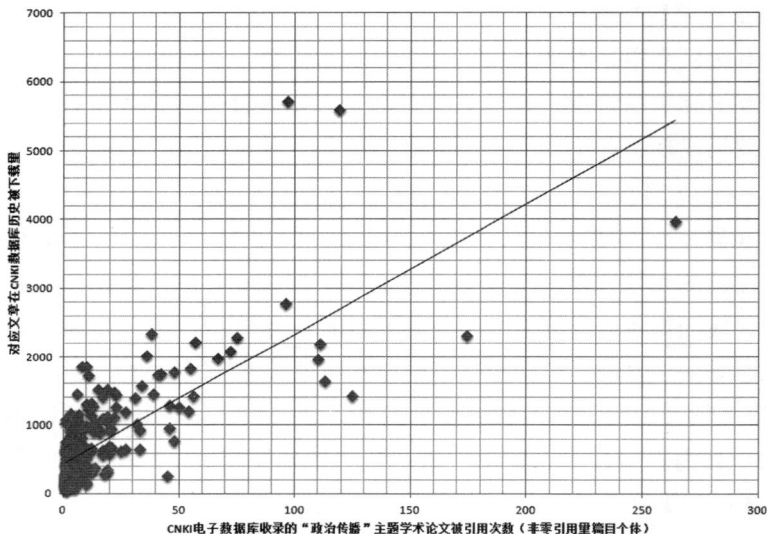

图 1 302 篇被引证"政治传播"主题论文被引用量和历史被下载量关系图
（"被引用量"和"历史被下载量"呈线性关系）

同时，本文研究还发现，抛开总体符合"正相关"的宏观表象，微观上，在被引证过的文献中，有些文献在 CNKI 电子数据库内的下载量不小，但被引用次数很少、甚至多年没有被正式引用过（这可能对应着那些标题、摘要或许吸引人，但内容不足以引起研究者充分重视的灌水类文章）；另外，有些电子文献下载很少、甚至为零，但其引用量还不错（这也许能说明除了电子期刊外的纸质文献仍具有较强的学术观点传播能力，说明纸质阅读仍占据着一些研究者的阅读空间）。当然，这也可从一个侧面表明：在电子文献基本普及的年代，借助有影响力的电子数据库之快速推广，学术观点的传播方

---

① 周涛,韩筱璞,闾小勇,等.人类行为时空特性的统计力学 [J].电子科技大学学报,2013(4).

式虽然更快捷,但要想学术观点真正被同行接受、并被他人正面引用却不是仅凭"传播媒介"就能做到的事。这暗示着在政治传播研究领域内,各领域研究学者要想在在知识爆炸、海量信息涌现的互联网时代去获得学界的认可,内容必将是影响观点传播第一因素,亦即,学者需要具有"独家观点烙印"的独特学术影响力才能借助电子数据库的强大影响力,快速使自己的观点扩散传播。此外,纸质学术媒体也应该继续当仁不让地成为学术观点传播的重要阵营之一,毕竟还有很多研究者拥有纸质阅读与引用的科研行为偏好。

如图 2 所示,本文研究还发现:在被引用的文章中,多数文章仅仅被引用了有限的几次,少数文章获得了非常多的被引用数。图 2 中的一篇文章被引用 N 次的实际频数分布图呈现了明显的重尾分布特征(长尾分布、无标度特性),这在人类行为动力学分析领域内被称为典型的幂率分布。这与人类科学研究过程中的引文行为特点无疑是高度契合的[①]。这也再次从侧面反映本学科发展已经进入稳定成长期,在未来很长一段时期,也将一直存在"少数权威专家、意见领袖的高影响力论文"将收获绝大多数"被引用量"的现象。

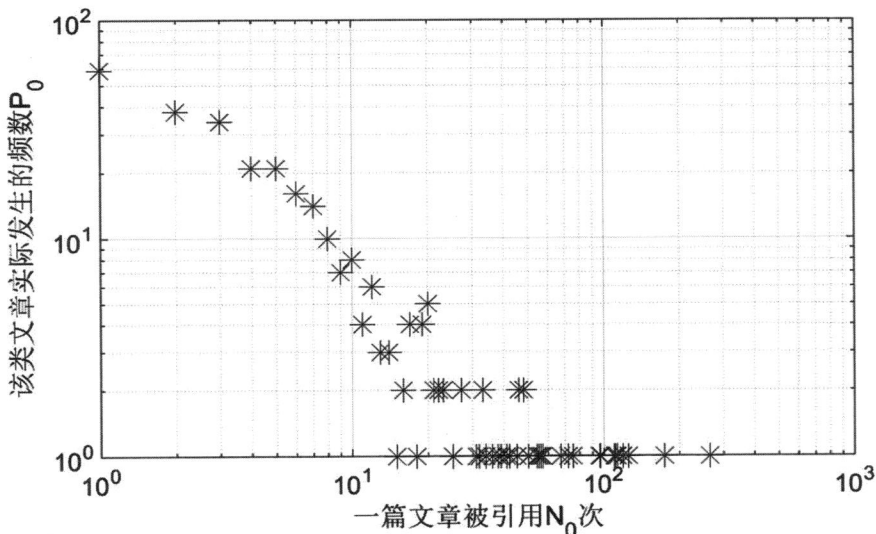

图 2 一篇文章被引用 N 次的实际频数分布,服从典型的幂率分布
(图中为双对数坐标)

从原始数据可看出,凡被引用过的文章被下载量都在 50 次以上。容易发

---

① 周涛,韩筱璞,闫小勇等.人类行为时空特性的统计力学 [J].电子科技大学学报,2013(4).

现：尽管绝大多数被引用过的文章（295 篇）曾被下载 100 次以上，但只有非常少的超过两千次（仅 11 篇超过）。图 3 给出了所有文章被下载次数的分布情况。从中可看到：被下载给定次数 N0 的文献数 N 分布十分不均衡，大多数该主题文献的被下载次数都少于 2000 次。

一般认为，文章主题题名、关键词的选择对于文章的被下载、被引用至关重要，研究者在撰写研究论文时，力争做到主题鲜明、关键词选择适当，是十分有利于提高文章被下载量、促进个人文章观点的传播的。我们认为，如能进一步定量地考察这些高被引文献的关键词选取、发表刊物遴选原则等特征（如，相关关键词的出现频数是否与下载量成某种正相关关系非常值得研究等），可能将更有助于发现观点传播与扩散的有效载体与渠道，限于篇幅，在本文中未能涉及。此外，在表 1 中还给出了被引用频次居前二十名的文章信息，下文中还将研究这些具有代表性的论文被他文引证的潜在关系。

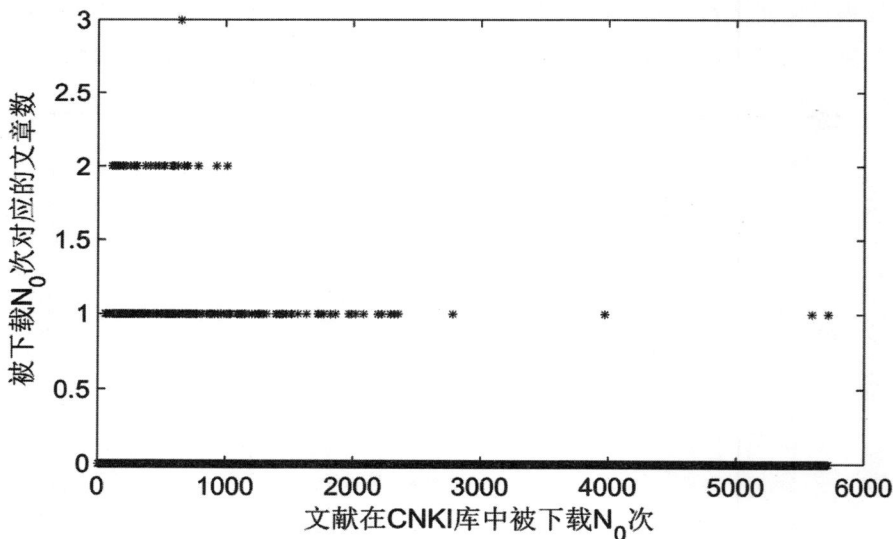

图 3　一篇文章被下载 N 次的实际数量分布（图中为正常坐标）

表 1　被引用频次前二十名文章概况（CNKI 官方数据采集

作者	篇名	来源期刊	发表时间	被引次数	被下载次数
刘小燕	关于传媒塑造国家形象的思考	国际新闻界	2002年2月	264	3968
李元书	政治社会化：涵义、特征、功能	政治学研究	1998年2月	174	2323
张雷；娄成武	"政治博客"的发展现状及其未来趋势	中山大学学报(社会科学版)	2006年4月	125	1425
孙彩芹	框架理论发展35年文献综述——兼述内地框架理论发展11年的问题和建议	国际新闻界	2010年9月	119	5588
娄成武；张雷	质疑网络民主的现实性	政治学研究	2003年3月	113	1636
希瑟·萨维尼；张文镝	公众舆论、政治传播与互联网	国外理论动态	2004年9月	111	2194
M·麦考姆斯；T·贝尔；郭镇之	大众传播的议程设置作用	新闻大学	1999年2月	110	1966
麦克斯韦尔·麦考姆斯；郭镇之；邓理峰	议程设置理论概览：过去,现在和未来	新闻大学	2007年3月	97	5721
张雷	论网络政治谣言及其社会控制	政治学研究	2007年2月	96	2785
吴勇	微博:大学生思想政治教育的新载体	广西社会科学	2011年8月	75	2292
杨立淮；徐百成	"微博"网络生态下的高校网络思想政治教育	中国青年研究	2011年11月	72	2083
任孟山；朱振明	试论伊朗"Twitter革命"中社会媒体的政治传播功能	国际新闻界	2009年9月	67	1985
李正国	国家形象构建:政治传播及传媒影响力	现代传播(中国传媒大学学报)	2006年1月	57	2222
刘小燕	政府形象传播的理论框架	现代传播	2005年4月	56	1416
刘海龙	议程设置的第二层与媒体政治——从《事关重要的新闻》说起	现代传播	2004年2月	55	1827
张雷；刘曙光	论网络政治动员	东北大学学报(社会科学版)	2008年5月	54	1207
郑保卫；邹晶	论当前我国舆论引导的新策略	现代传播(中国传媒大学学报)	2007年6月	50	1253
胡睿阳	欧美博客研究评述	现代传播(中国传媒大学学报)	2006年3月	48	780
刘海龙	社会变迁与议程设置理论——专访议程设置奠基人之一唐纳德·肖	国际新闻界	2004年4月	48	1771
郎劲松；侯月娟	现代政治传播与新闻发布制度	现代传播	2004年3月	46	1282

（http://epub.cnki.net/kns/brief/result.aspx?dbprefix=CJFQ，采集日期：2015 年 3 月 20 日）

三、"高被引源文献—被引证文献—所属库"三元关系网的构建与分析

运用社会网络分析法和数据可视化技术，可以对前述搜集的所有"政治传播"主题文献进行进一步的统计计量研究。基于对高被引论文及其被引用文献、相关载体类型的关系分析，本小节将首先建立"高被引源文献—被引证文献—所属库"三元关系网。在下面的构建关系网络的过程中，视"源文献""被引证文献""被引证文献所属知识库"分别为不同属性的节点，基于三类节点间是否存在"引证关系"及"隶属关系"的方式，可迅速构建"高被引源文献—引证文献—所属库"三元关系网①。图 4 给出了该关系网络的可视化图（含有 1749 个节点，3530 条连线）。从图 4 中可看出：选定 302 篇非零引用文献作为研究对象，它们的被引证文献的来源载体最大的为"中国优秀硕士学位论文全文数据库"，其次为"中国学术期刊网络出版总库"，再次为"中国博士学位论文全文数据库"，随之为来源于"中国重要会议论文全文

---

① 周辉 . 从引证文献定量分析视角看集形态出版物的编撰及传播特点——以对集刊《新闻与传播评论》的分析为例 [A]. 新闻与传播评论 (2014 卷)[C]. 武汉：武汉大学出版社 , 2015. 第 31—40 页。

数据库"，最后是"国际会议论文全文数据库"①。

　　这一现状表明：这些高被引文献受到关注的主要学术群体为刚刚踏入本研究领域的、二至三年级的硕士研究生群体，他们在撰写硕士学位论文时，往往会较多地选择引用 CNKI 电子数据库的相关名家著作或重点文献，这成为本文关注的那些高影响力论文被引用的主要来源②。与此同时，由于期刊的纸质与电子版本共同发行的普及，快速出版的期刊类型也成为这些高影响力论文被引用的另一主要来源③。而出于博士研究生阶段的研究者通常已经具备一定的独立开展研究的能力与素质，他们在博士论文撰写阶段虽然也会引用一些重要文献，但总体上量较硕士群体要少很多④。

图 4　"高被引源文献—被引证文献—所属库"关系网

---

　　①　在图 4 里，高被引源文献—被引证文献—所属库"三元关系网中居于不同社区的节点用不同颜色标注。
　　②　全部"政治传播"主题文献非零引用论文总被引量为 3847 次，有 1044 次引用来自"中国优秀硕士学位论文全文数据库"，占比约为 29.94%，即，在平均意义下，本文所关注的高被引论文的引用量有接近三成的引用量来自硕士学位论文这一文献类型。
　　③　全部"政治传播"主题文献非零引用论文总被引量为 3847 次，有 610 次引用来自"中国学术期刊网络出版总库"，占比约为 17.49%，即，在平均意义下，本文所关注的高被引论文的引用量仅有接近五分之一的引用量来自同类型的期刊论文这一文献类型。
　　④　全部"政治传播"主题文献非零引用论文总被引量为 3847 次，仅有 130 次引用来自"中国博士学位论文全文数据库"，占比约为 3.73%。即，在平均意义下，本文所关注的高被引论文的引用量仅有不足 4% 的引用量来自博士学位论文这一文献类型。

四、"高被引源文献—被引证文献"二元关系网分析

目前，对现有文献关系、特别是引文关系进行分析，已经成为情报科学等领域研究的热点[①②]。本小节将构建"高被引源文献—被引证文献[③]"二元关系网，对政治传播领域的引文关系进行初步研究。本文中将视"源文献"与"被引证文献"为网络节点，采用"二者间存在引用与被引用联系则存在一条有向边"的方式构建了相关引文网络（整个研究过程中，可视零被引用文献为孤立节点，因为本文选取的是被引证量排名前二十的文献开展引文网络分析，因而不存在孤立节点）。

图 5、图 6 分别给出了该引证关系网络的两个最大连通分支的可视化图形。从中可看出，本文建立的引证关系网络由两个联通分支构成，其中有两篇文章因主题高度相关而存在不少共同被引证文献，他们之间的引证关系构成一个小型联通整体（篇名为"微博：大学生思想政治教育的新载体"与"微博网络生态下的高校网络思想政治教育"）。显然，这两篇文章的实际研究内容似乎与政治传播主题关系相对较弱，因此，它们与另外 18 篇"政治传播"主题的期刊文章没发生任何共引[④]。而另一个规模非常大的连通分支则全部是 18 篇与政治传播主题高度相关的论文，它们因频繁的共引关系形成了紧密的内在联系。下文将进一步针对"政治传播"主题的高被引论文进行文献共引分析[⑤]。

"共引"也称"同被引"，若两篇文献同时被后来的 K 篇文献所引用，则称这两篇文献具有"共引关系"，其共引强度为 K。一般认为同被引的文献在主题上具有或多或少的相似性，这种相似性可由共引强度来体现，K 值越大则这两篇文献关系越密切。共引关系目前已经成为研究同领域文献及其之间

① 张继洋，李宁.科学合著网络研究进展分析 [J].情报理论与实践,2012(4).

② 鲍杨，朱庆华.近 10 年我国情报学研究领域主要作者和论文的可视化分析：基于社会网络分析方法的探讨 [J].情报理论与实践,2008(4).

③ 引证文献，即为引用了参考文献的文献。如果文献甲引用了文献乙，那么文献甲就是文献乙的引证文献，此时，该文献被称作被引证文献。

④ 这两篇论文被我们纳入考察范围的主要原因是该文被收录入 CNKI 总库时、选择的参照 CAJ 文献制作规范的主题设定为"政治传播"，这说明 CNKI 数据库的主题设定仍存在一定模糊性，缺乏基于内容的精准定位指针。当然，出现这一现象也可能是作者提交论文时、其在选择关键词时过于随意所导致。

⑤ 美国情报学家 Small 在 1973 年发表论文中首次提出"共引（Co-Citation）"概念，共引分析也成为最具影响力的一种引文分析方法。共引分析可分析某一学科的发展趋势变化、也可进行学科前沿分析等、还可为宏观科技决策、科技规划与评估提供咨询基础。

的内在关系的有效途径[1][2]。共引分析就是以具有一定学科代表性的一批文章（或著者或期刊）为分析对象，利用统计分析方法，借助计算机分析研究对象所代表的学科及文献的结构和特点。

在本文研究过程中，在搜集数据时，本文限定"所有文献主题"均为"政治传播"主题，这样可避免了"有共引文献、但主题不相关"的现象发生。在本文关注的这 20 篇同主题高被引论文的引证关系网中，通过研究发现：由于主题高度相关的原因，这 20 篇高被引论文两两间存在不少"共引"现象。通过网络数据可视化方法，很容易看到这一直观特点（参见图 5 给出的无标签示意图）。通过分别考察两个连通分支（参见图 5），进一步可发现，在小的由两篇同主题论文构成的连通分支中，两篇文献的共引强度值达到了 K=11。这说明这两篇文章在研究主题上达到很高的相似性（参见图 6）。在由另外 18 篇高被引文章及其引证文献构成的引证关系网中，两篇互异文献的共引现象也普遍存在，但大多数共引强度较低，即 K=1、2 出现的较多，出现共引强度为 K=5 的有两组；出现共引强度为 K=8、9 的各有一组。同时，通过网络结构的社区分析[3]发现：该引文网络拥有 16 个典型社区（在图 7 中居于同一社区的节点采用同一颜色标注），这说明存在两组论文因共引数较大（K=8、9），论文内容相似度较大，被划归在同一社区了（参见图 7）。

由上可见，对本小节建立的引证网络，无论是采用"共引分析"、还是"社区分析"，二者结果完全一致。这也进一步表明：在"政治传播"主题研究领域内，近年来发表的这些"高被引论文"尽管主题相近，但在议题设置和阐述观点的具体内容、方式上仍具有明显的差异性和互补性。因而它们对本领域各类研究者们均具有多角度的、具互补性的潜在参考价值。笔者认为，这也是它们能够被广泛引用的一个重要原因。这一研究领域的"高被引论文"及其"引证文献"间的"共引"现状对于研究者研究选题及学术观点的撰文发表技巧也有一定启示，即，相关作者应在充分掌握现有研究成果的基础上发现那些重要的选题或者研究较薄弱环节开展深入的研究，并力争将只发表在本领域的高影响力学术期刊或者集刊之中。

---

① 王建芳,冷伏海.共引分析理论与实践进展 [J]. 中国图书馆学报,2006(1).

② 赵党志.共引分析:研究学科及其文献结构和特点的一种有效方法 [J]. 情报杂志,1993(2).

③ 社区发现，即 Community Detection，用来发现网络中的社区结构，也可视为一种聚类算法。本文选用的是社会网络分析中经典的 G-N 算法，通过计算节点的相关数字特征进行节点所属社区的分类，限于篇幅此处未介绍算法细节。

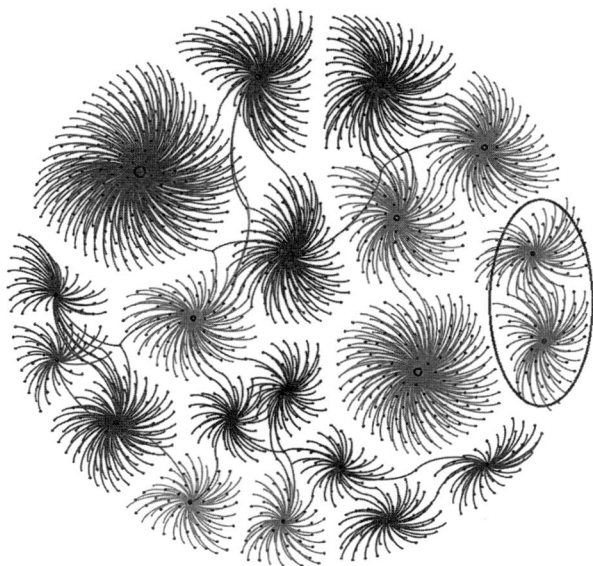

图 5　引证关系网中，论文《微博：大学生思想政治教育的新载体》与《微博网络生态下的高校网络思想政治教育》这两篇论文因共引现象形成一个小的连通分支（在线显示为蓝色圈内部分），其他 18 篇"政治传播"主题的论文因共引文献构成一个大连通分支（圈外部分）

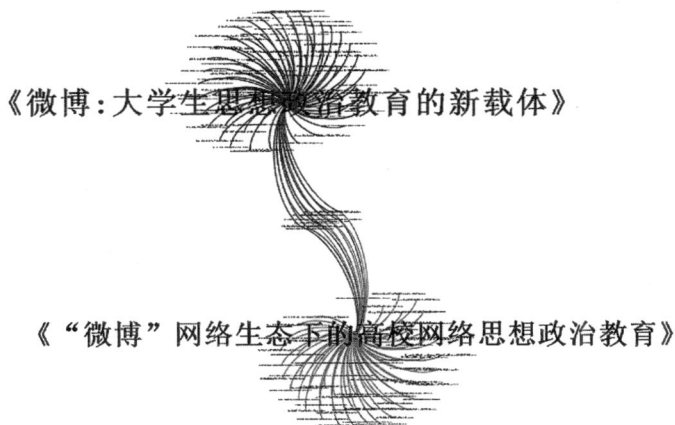

图 6　由论文《微博：大学生思想政治教育的新载体》与《微博网络生态下的高校网络思想政治教育》这两篇因 11 篇相关文献共引而构成一个小的连通分支，含有 134 个节点，143 条连线

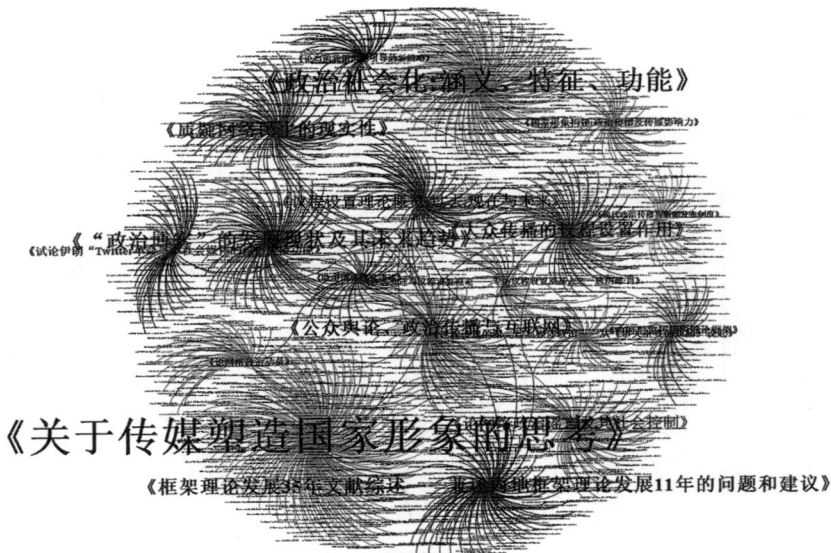

图 7　除去论文《微博：大学生思想政治教育的新载体》与《微博网络生态下的高校网络思想政治教育》这两篇弱相关文献后、其他"政治传播"主题论文因文献共引而构成的大连通分支，含 1610 个节点，1663 条连线。

五、结语

　　基于中国知网的 CNKI 电子期刊数据库，本文选取发表在 CSSCI 收录的"政治传播"主题的研究论文作为研究对象，研究了这些论文在 CNKI 电子期刊数据库平台的被引量、被下载量的具体分布特征；分析了此类文献的被引证量与被下载量统计意义下的相关关系；构建并分析了"高被引源文献—被引证文献"的二元引证关系网、"高被引源文献—被引证文献—被引证文献所属知识库"的三元关系网的结构特征等。通过定量分析研究，本文发现，在国内"政治传播"主题研究领域内，目前"被引证量排名靠前的文献集"及其"对应引证文献集"构成的引文网络具有一些典型特点；该领域的不同层次的研究者（硕士研究生、博士、专家学者等）在发文、引用方面存在一些典型的、分属各自阶层的偏好特征。基于对这些数字特征的分析结果，本文给出了一些该学科领域内重要文献发现、重要作者识别等方面的研究建议。本文的研究方法可以拓展到不同领域的不同研究对象，研究者基于此可发现不同学科的研究者可能存在的不同研究行为特征。当然，如何将数据可视化、社会网络分析等技术手段更好地应用于类似的研究主题，如何借鉴知识图谱分析或文献计量研究的先进技术方法去开展一些面向不同学科领域的探索性研究无疑值得进一步探讨。在未来，我们还将进一步研究不同载体类型在传播本领域学术观点的过程中，可能具有哪些不同特点。而探索定量地分析政治传播领域内各类专著、期刊、硕博论文、国内及国际会议论文、学术讲座报告等在知识传播过程中的具体传播方式及传播效果有何不同也值得进一步探讨。希望本文的研究方法与思路能为人文社会科学领域的不同类型的研究者们发现本学科领域内的热点，难点提供帮助、为促进个人学术观点的快速传播提供有价值的借鉴。

中国主流媒体的 Twitter 传播力与国家形象建构

安珊珊　　栗兴维*

（辽宁大学新闻与传播学院，辽宁沈阳，110036）

摘　要： 我国主流媒体，在海外社交媒体上的媒体品牌塑造和国内外信息的传播，不仅对世界信息空间的构建有重要的作用，也对多维度立体化地塑造我国国家形象有着重要影响。本文从媒体的品牌辨识度、话语建构力和品牌延展度等方面，详细分析了我国主流媒体在海外社交媒体上的品牌塑造和信息传播情况，并从统筹整合信息资源的角度，为进一步提升主流媒体的海外传播力提出了可行方案。

关键词： 海外社交媒体；国家形象；中国元素；话语构建；传播资源；媒体品牌

基金资助： 本文系国家社科基金青年项目《社会化媒体中国家认同的舆论构建研究》（14CXW034）阶段性成果。

社交媒体网络，是一张没有边际的网络。网络的各个链条，将世界联系得更加紧密。社交网络的传播，实现了信息传播的时空维度折叠。在有限的时间和空间里，社交媒体的信息传播，进一步拓展、加深了网络用户的时空拥有度。我国国家综合实力日益增强，国际影响力不断上升。我国国家形象的塑造，也越来越成为国家建设中的重点关注领域。我国主流媒体，在海外社交媒体上的媒体品牌塑造和国内外信息的传播，不仅对世界信息空间的构建有重要的作用，也对多维度立体化地塑造我国国家形象有着重要影响。

---

* 安珊珊，副教授，博士，辽宁大学新闻与传播学院网络与新媒体系主任，辽宁大学新媒体与社会研究中心主任，研究方向为新媒介传播与网络舆论。栗兴维，硕士研究生，辽宁大学新闻与传播学院新闻专业 2015 级，研究方向为新媒介传播。

一、主流媒体品牌辨识度：提升相对获得感

（一）账号图标：可辨识度

我国各主流媒体在 Twitter 上呈现的 logo，简明整洁、可识别性强。媒体的 logo 可纳入到 VIS 视觉识别系统，是 CIS 系统中最具感染力，可传播性最强的部分。人们在感知外部信息时，有 80% 以上的外部信息是通过视觉通道传递。主流媒体的 logo 将 CIS 中非可视内容转化为静态的视觉识别符号，以最直观的图标形式，进行最直接的传播。主流媒体简明整洁的 logo，可以使社交媒体用户以最快的速度接收到其品牌形象，使其在海量的 Twitter 账号中被快速识别。

简单易识别的 logo，可以在人脑中快速产生记忆。保证媒体 logo 被快速记忆，是提高媒体品牌识别度和传播力的重要任务。中国各主流媒体在 Twitter 上的账号图标，多以单色为背景色，以账号名称为图标的核心内容。通过底色的承托，其文字部分的账号名称更易受注视。

但部分媒体账号的 logo 存在一定的模糊性，比如中国国际广播电台 China Radio International，简称 CRI，但中国国际广播电台的 Twitter 账号 logo 是 "CHINA PLUS"。用户在以中国国际广播电台的简称 CRI 为关键词检索时，出现在第一位的 Twitter 账号是 @CRInstitute，而不是 @China Plus News。这会使进行检索行为的 Twitter 用户，产生瞬间的思维混乱。媒体账号 logo 或名称辨识不清，会使社交媒体用户产生混乱，这不利于媒体信息的传播，也不利于媒体品牌形象构建。

（二）账号名称：易搜索性

新华社、中国新闻网、人民日报、中国日报、中国国际广播电视台等主流媒体，在海外社交媒体上的账号名称设置，以"China"，"news"和"daily"等为关键词。社交媒体用户在进行关键词搜索时，以"China"，"news"和"daily"为关键词进行搜索的机率，远远超过人民日报、新华社等关键词。较高的搜索机率，使这些媒体可以更容易出现在社交媒体用户的眼前，多次的视觉呈现，可以增加用户媒体印象。

　　随着中国的发展，中国在国际社会上的影响力越来越大，中国的一举一动也影响着整个国际社会。Twitter用户不一定对中国媒体有多少兴趣，但对有关中国的新闻，还是比较感兴趣的。以"China"或"News"为搜索关键词进行搜索，便能搜索到相关新闻和媒体账号。一方面，可以使媒体账号更高频率地出现在Twitter用户眼前，给予用户一定的记忆，形成潜意识中的累计效应。长此以往，在媒体今后的相关信息出现时，就能够使用户更易接受。另一方面，用户搜索相关信息的成本降低，可以提高社交媒体用户的相对获得感。这种相对获得感，有利于增加用户对媒体的关注度和接触感。

二、主流媒体话语建构力：利用社交关系网

（一）媒体传播力分析：传播力决定影响力

　　国家行为事实决定了国家形象的本质，但国家形象的媒介信息呈现部分，成为国家实质形象与国家形象的受众形象之间的沟通枢纽。媒体对事实的报道与传播影响着人们对国家形象的认知[①]。媒介从来就是可以被构建的，只要我国媒体进行适宜地传播，就有利于我国良好的媒介形象建构，促使国家形象的受众形象部分逐渐转向正向。

发布主体	关注量	正在关注量	推文量	媒体量	喜欢量
Global Times	19.4 万	408	5.5 万	2.9 万	37
China Xinhua news	788 万	75	81 万	6.9 万	0
Xinhua North America	1.1 万	3	705	190	0
China Xinhua Portugues	211	19	6820	6534	1
China Xinhua News@xh Japanese	2.8 万	286	6386	6257	2
Xinhua World News	279	1323	1.2 万	2739	124
China Xinhua Español	1.4 万	657	4.6 万	4.4 万	1045
China Xinhua Deutsch	60	3	1603	1566	2

---

　　① 胡志龙.中国国家形象建构中的媒体传播策略 [J], 长江师范学院学报，2011（1）.

NEW China 中文	78.5 万	24	1 万	1 万	145
China News	15.4 万	290	1.5 万	8781	114
China. org. cn	33.7 万	1421	2.4 万	2 万	0
China. org. cn French	1.9 万	273	5639	4867	30
China. org. cn JP	370	84	5799	2719	0
China. org. cn German	335	31	3127	131	1
China. org. cn Russian	537	594	3664	808	28
China. org. cn Español	598	187	689	187	2
China. org. cn Arabic	674	636	3096	2214	0
China. org. cn Korean	79	146	556	75	1
CCTV	24.4 万	159	3.1 万	1.2 万	16
people's daily	9.2 万	969	1.8 万	1.4 万	197
people's daily China	300 万	5245	4.6 万	3.3 万	997
China news daily	1.4 万	2238	2.8 万	0	0
China daily	488	26	685	567	0
China daily USA	68.4 万	419	4.4 万	7303	8
China daily Asia	7292	252	2.2 万	1.5 万	50
China daily Europe	8232	338	12.3 万	2141	1
China Plus News	4.2 万	152	2.8 万	1.6 万	461
中国新闻社	1.3 万	77	6455	5505	22
注：调查日期 2017 年 3 月 7 日					

媒体的传播力决定了它的影响力，媒体的受关注度决定了它话语构建能力的提升空间。但我国海外传播主流媒体，在 Twitter 平台上的传播力并不理想。从各主流媒体的关注量、正在关注量、喜欢数量可见，数值有高有低，高低相差悬殊，但总体传播力处于较低水平。我国海外传播主流媒体在 Twitter 平台上的影响力，还有很大的提升空间。

中国要真正的强大起来就必须强化自己的话语权，不仅要影响国际更要主导国际舆论。不仅用硬实力，更用软实力去征服世界。媒体对我国国家媒体形象的塑造能力，是国家软文化力量的重要组成部分。网络世界与现实世界的高度融合，网络信息渠道逐渐成为人们信息获取的重要途径。社交媒体，已然成为新媒介格局下重要的舆论阵地，是各国媒体争夺话语权的必争之地。但我国海外传播主流媒体传播力较低，难以实现国家形象的有效传播。这就促使国际社会在获得中国相关信息时，更加倾向于外媒的传播口径。

我国海外传播主流媒体的品牌塑造能力与媒体的话语构建能力，极大地影响到了我国国家形象的海外传播。我国国家形象在国际舆论中的良好呈现，对我国在国际社会的发展有重要的影响。国家形象建构，也逐渐被纳入到国家战略之中。因此，我国海外传播主流媒体，必须重视海外社交的信息传播。媒体的传播力和影响力需要与媒体用户共同构建，媒体的被关注度也决定了它的传播力。

在网络传播时代，每一个网民都会以自己为核心向外辐射其传播力和影响力。社交媒体用户价值的开发和维护，必须被提上议程，给予足够的重视。并且要利用该媒体本身的用户群，挖掘新的用户人群，利用用户的传播力进一步扩大媒体的影响。

（二）交互性传播行为：社交关系网络传播

社交媒体平台上的每一个用户账号，都是一个"网络实体"，社交媒体信息传播更加人格化，通过人际关系网络传播，社交媒体平台逐渐成为一个虚拟的共众社会。[1] 我国海外传播主流媒体与其用户的关系，决定了媒体形象和媒体的传播影响力。主流媒体更多地是起到信息告知的作用，真正影响用户社会行为的是用户的人际关系社交网络传播。

我国海外传播主流媒体，在海外社交平台上，需要处理好与社交媒体用户的关系。交互性传播行为，会更有利于媒体信息的传播。我国海外传播主流媒体在塑造我国媒体形象时，要注意与用户之间的互动。媒体与用户双向互动，发动网民生产内容[2]，能够更有效地传播中国元素，塑造国家形象。

① 吉瑜洁. 央视海外传播应充分利用和发挥好社交媒体作用 [N]. 中国新闻出版广电报，2016-7-20（4）.
② 相德宝，张人文. 借助社交媒体提升中国媒体的国际影响力 [J]. 对外传播，2014（6）.

　　我国海外传播主流媒体，在社交平台上与用户互动表现得十分迟钝。China Xinhua News 在 2017 年 3 月 3 日 0 点 12 分，发布推文 China donates 5,983 tonnes of rice to Uganda as the country is threatened by food shortage amid prolonged dry spell xhne.ws/eF6YM。Twitter 用户评论，质疑中国捐赠大米的食品健康问题，比如 genuine for healthy consumption & Plastic rice。但我国媒体账号并没有给予反馈信息。2017 年 3 月 4 日 1 点 20 分发布推文，China to lead foreign investment in Peruvian mining sector, planning to spend over 10 billion USD xhne.ws/iUF1E，Twitter 用户 Jeff Bond @MeJeffBond，@XHNews 并发表评论 "Chinese taking over world resources? Isn't that Imperialism?"，但并没有得到及时回馈。

　　国家媒体是国家在国际社会上第一个发出声音的，如果把国家比喻成一个企业，那么媒体就类似于国家的公关部门，一旦国际上产生对国家形象不利的信息，媒体人员就要第一时间给予反应。这些不利的信息会像病毒一样迅速传播，产生极为可怕的影响。作为国家在世界上的第一道舆论防线，我国海外传播主流媒体必须迅速准确及时地发声，抓住舆论的主动权，努力使国际舆论倒向自己的这一边，或者说是减轻不利影响甚至可以变害为利。很显然，我国海外传播主流媒体账号，并没有做到这一点。

　　社交平台上的信息传播，网络用户更加倾向于非主流媒体传播的信息。在人们的认知思维中，更倾向于接收形象传播的负面信息。如果这些评论信息得不到及时的处理，就会产生与我国信息传播目的截然相反的结果。

　　我国海外传播主流媒体，需要运用网络效应[①]，通过社交媒体用户之间的社交关系网络的建立，实现信息传播的最大影响力。在社交关系网络中，每个用户周围都围绕着各自的小圈层。每个社交媒体用户，都可将自己获得的信息分享给身边的 250（250 定律[②]）个人。社交媒体的传播能力，在网络时代被不断扩大。我国海外传播主流媒体，必须处理好亲民"对话"中保持权威"独白"的关系[③]。

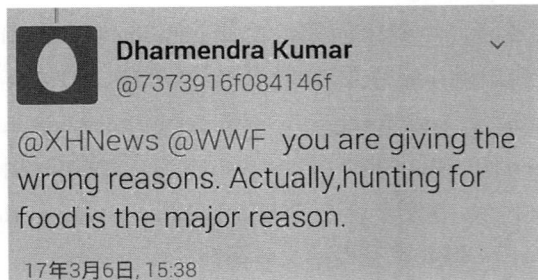

　　但 China Xinhua News 于 2017 年 3 月 6 日发布推文，World's only frog hospital struggles to find new location due to pesticides,inflated rental prices @WWF xhne. ws/tuFGF。Dharmendra Kumar@7373916f084146f，@XHNews @WWF，并发表评论 you are giving the wrong reasons. Actually,hunting for food is the major reason。社交媒体用户质疑这条推文的权威性，但推文发布媒体并没有给予科学的解释。

　　社交媒体信息传播，更应侧重于交互性传播。维护好媒体与用户的关系，实时互动更有利于提高媒体的美誉度，提升媒体传播力和影响力。媒体的影响力，不仅仅限于关注它的用户。媒体关注者的信息传播力，也是媒体需要

---

　　①　陈威如，余卓轩.平台占略.正在席卷全球的商业模式革命 [M].北京：中信出版社，2013.第 20 页。

　　②　李原.墨菲定律 [M].北京：中国华侨出版社，2013.第 239—240 页。

　　③　仇筠茜，韩森.独白，对话与推送——新华社海外社交媒体天津爆炸案报道分析 [J].对外传播，2015（9）.

整合的资源。但媒体如果不能得到关注者的认可，不能给予关注者及时的反馈，不仅不利于信息的传播，还会影响媒体的话语构建能力。媒体发布的一系列信息，都会受到限制，增加其传播成本。国家形象的建构，需要我国主流媒体具有强大的传播力和影响力。媒体品牌影响力的缺失，会成为我国国家形象塑造过程中的负累。

三、主流媒体品牌延展度：拓展时空传播力

（一）社交媒体账号矩阵：提高空间辐射力

网络媒体突破了原有的时空概念，社交媒体，逐渐成为无限延伸时间和空间的网络。人际网络与信息时空网络的交错存在，在各条网络关系链条中，无限流通。因此，Twitter 作为社交媒体，它的信息传播以每个网络用户为核心，利用其社交关系网络和用户刷新 Twitter 时看到信息的机率，无限扩大传播效益。

我国主流媒体以一种矩阵的形式出现，往往会增强其传播效益和品牌形象塑造。比如中国日报矩阵账号：China Daily，China Daily USA，China Daily ASIA 和 China Daily EUROPE 等；新华社矩阵账号：China Xinhua news，Xinhua North America，China Xinhua Portugues，China Xinhua News @xh Japanese，Xinhua World News，China Xinhua Español，China Xinhua Deutsch 等；中国新闻网矩阵账号：China news 中国新闻网，China.org .cn，China .org.cn French，China .org. cn JP，China .org. cn German，China .org. cn Russian，China .org. cn Español，China .org. cn Arabic，China .org. cn Korean 等。

　　我国主流媒体在 Twitter 上的矩阵账号，有其针对性的传播区域，比如 China .org. cn Español 的信息传播，会更加针对西班牙用户。像这种以区域划分而形成的社交媒体账号矩阵，将国际社会划分为若干区域，并有针对性地进行信息传播，有利于中国了解该国家，也使其了解中国的各个方面。

　　各主流媒体账号矩阵中，各个账号都根据其负责区域来定位信息传播的语言，比如 China Xinhua Deutsch 使用德语进行信息传播；China .org. cn French，使用法语进行传播；China daily USA，使用英语进行信息传播。我国对外传播的主流媒体，根据传播对象习惯性语言进行信息传播，有利于传播对象的信息解码，可以更有效地进行信息传播。

账号名称	关注量	正在关注量	推文量	媒体量	喜欢量	语言
China news daily	1.4 万	2238	2.8 万	0	0	英
China daily	488	26	685	567	0	英
China daily USA 中国日报	68.4 万	419	4.4 万	7303	8	英
China daily Asia 中国日报	7292	252	2.2 万	1.5 万	50	英
China daily Europe 中国日报	8232	338	12.3 万	2141	1	英
China Xinhua news 新华社	788 万	75	81 万	6.9 万	0	英
Xinhua North America	1.1 万	3	705	190	0	英
China Xinhua Portugues	211	19	6820	6534	1	葡萄牙
China Xinhua News	2.8 万	286	6386	6257	2	日
Xinhua World News	279	1323	1.2 万	2739	124	英
China Xinhua Español	1.4 万	657	4.6 万	4.4 万	1045	西班牙语
China Xinhua Deutsch	60	3	1603	1566	2	德文
New China 中文	78.5 万	24	1 万	1 万	145	中文繁体
China news 中国新闻网	15.4 万	290	1.5 万	8781	114	英
China. org. cn 中国新闻网	33.7 万	1421	2.4 万	2 万	0	英
China .org. cn French	1.9 万	273	5639	4867	30	法文
China .org. cn JP	370	84	5799	2719	0	日
China .org. cn German	335	31	3127	131	1	德文（英）
China .org. cn Russian	537	594	3664	808	28	俄文
China .org. cn Español	598	187	689	187	2	西班牙语

China .org. cn Arabic	674	636	3096	2214	0	阿拉伯文
China .org. cn Korean	79	146	556	75	1	韩文
注：2017 年 3 月 7 日						

但根据各个媒体账号传播情况来看，每一组矩阵账号的关注量、推文量、媒体（照片）量、喜欢量，数量差别十分悬殊。这极大地影响到账号矩阵的规模效益，使其联动性降低，不利于其媒体品牌的塑造，不利于媒体话语权的建构。这正如木桶原理一样，最薄弱的信息传播环节往往会将整个媒体账号矩阵的传播效益拉低。在媒体账号矩阵传播过程中，单纯的长板效应并不能打造媒体核心传播力。尤其在重要事件或信息需要传播时，那个薄弱的传播环节，会使整个的信息传播网破裂。

我国海外主流传播媒体，在运营的过程中，需要做好媒体品牌包容力和延伸力的构建。我国海外传播主流媒体，在运营过程中需要足够重视媒体账号矩阵下各个账号的运营，协调好和账号之间的资源分布，延伸品牌价值，做好媒介品牌影响，提高信息传播效益，维护国家形象。

（二）媒体推文更新频率：锲入时间断裂带

社交媒体平台的信息传播，不仅需要重视信息的传播广度和速度，还要重视信息传播对社交媒体用户时间的把控。社交媒体的广泛运用，使用户的空间消费习惯逐渐向时间消费倾斜。用户在新媒介格局塑造的信息产品空间中，进行时间精力的消费。社交媒体的不断拓殖，使用户的时间消费和空间消费双向折叠，实现了网络环境下的维度折叠。

在社交媒体平台进行信息传播，要想达到理想的传播效果，就要善于利用用户的时间，在原有空间传播的模式中融入时间的概念。用户一天的时间只有 24 小时，所能倾注的精力有一定的局限性。而用户在 Twitter 倾注的时间精力，按照某种方式分给了不同的信息内容。因此，只有尽可能进行内容更新，才能使用户的时间精力更多地分散到媒体推送的信息上。

发布主体	频率
China .org. cn JP	每年会更新（重要事件、时间）
China .org. cn German	每年更新几条

China .org. cn Russian	更新停留在 2015 年
China .org. cn Español	2016 年 1 条，2015 年 9 月份有更新，14 年更新 4—6 月每日均有更新
China .org. cn Arabic	更新停留在 2015 年
China .org. cn Korean	每年不定时更新更新频率较低
China daily	更新停留在 2015 年

但我国海外传播部分主流媒体的推文更新情况，并不能有效地对 Twitter 用户进行信息传播。比如，China .org. cn Russian 的推文更新停留在 2015 年；China .org. cn Español 的推文更新，虽然 2014 年 4—6 月每日均有更新，但 2015 年 9 月份有更新，2016 年仅有 1 条，2017 年尚未更新推文。我国海外传播部分主流媒体的推文更新缓慢，不利于在时间上赢得支持。推文不更新，留下时间的缺口和信息传播的话语权，难以形成累积效益，对于媒体品牌和权威性建立不利。我国海外传播社交媒体账号，无论处于社交媒体账号矩阵的何种位置，都在账号矩阵中发挥着重要的作用。媒体的传播力决定了媒体的影响力，但诸如此类的媒体账号，推文更新如此迟钝，会严重影响整合媒体矩阵品牌形象的塑造。

网络的及时性带来的信息流动性和随机性，有可能造成集体记忆的紊乱。[①] 我国媒体的海外传播，在社交媒体平台上每一条推文之间的时间间隔，都是一道深深的裂痕，将信息的传播效益隔断。在海量的推文信息里，媒体所发布的信息很容易就会被湮没在信息的海洋里。推文时间间隔越长，媒体的信息传播效果就会越低。因此，我国海外传播主流媒体，在海外社交媒体平台上的信息传播，必须重视其推文的更新频率。不仅单一媒体要及时更新推文，也要注意媒体之间的联动，尽可能减少 Twitter 用户接收中国媒体信息传播的时间间隔。

（三）媒体传播信息置顶：延长推文时效性

社交媒体信息不断更新，无论是国内事务，还是国际事务，都会从社交媒体用户的眼中快速闪过。除了用户十分关注的话题，媒体传播的信息很快就会被用户遗忘，并不能拥有很好的传播效果。关于我国国家形象正面传播

---

① 郑珮.网络媒体构建国家认同的基本方式——以人民网国庆报道为例 [J].东南传播，2011(8).

的相关信息，也不会引起海外社交媒体用户的太多关注。无论哪些中国元素的传播，在海外社交媒体用户看来，都不过是过眼即逝罢了。

媒体在社交平台进行信息传播时，提高信息更新频率是提高媒体传播力的方法之一。但加深社交平台用户对相关信息的印象，还需要延长媒体传播信息的时效性。不论是什么新闻信息，当新闻信息发生的那一刻，它的时效性便会逐渐降低。在社交平台上，让某些推文在本账号的内容推送中，凝固在一定的空间和时间格局中，处于相对停滞的状态。这样可以延长这部分推文的时效性。比如，媒体账号的"置顶推文"，可以提高 Twitter 用户对相关信息推文的关注，增强信息传播影响力。但并不是所有用户都会点开媒体账号的主页面，这样推文置顶的做法就会失效。而且多数信息并没有达到必须置顶处理的重要程度。因此，在这一功能合理使用的同时，还应配合其他的传播策略，提高相应信息的传播效益。

在社交媒体平台上，推文置顶，可以使推文信息凝固在一定的时空之中。但也只能使信息在社交平台信息传播框架中，处于相对较利于传播的位置。传播力不能等同于影响力，尤其是在传播我国国内政治、经济、文化、科技、教育等方面信息时。置顶推文所能带来的信息影响力，就更会停留在关注的环节，并不能对社交媒体用户产生进一步的影响。

在国家形象的塑造过程中，对某些信息的关注度时间的延长，不能对国家形象的受众形象产生多少作用。因此，在国家形象媒体形象塑造的过程中，还应注重媒体的文本叙事能力。加强信息本身对社交媒体用户的吸引，才能更持久地保持用户对信息的关注，提高信息的传播力和影响力。

四、宏观统筹可传播资源：整合破碎化信息

（一）主流媒体互动互联：重构信息传播逻辑

新媒介格局下，不论是工作学习，还是生活娱乐，人们都把时间精力分布给了诸多媒体平台。简言之，人们的生活被分割开了。尤其是在社交媒体平台上，用户的信息获得更加破碎化。传统信息传播模式，已不再适合新媒体环境下的信息接收思维习惯。媒体在传播信息时，不仅要注重信息传播的时效性，还要注重信息传播的格局。在两会期间，我国主流媒体之间从各个侧面报道两会，形成联动之势。Twitter 用户的关注倾向有所不同，而且不是所有用户都对中国两会有兴趣。中国主流媒体之间的联动，可以使 Twitter 用户在不同媒体的关注时刻，都能够接触到两会的相关信息。

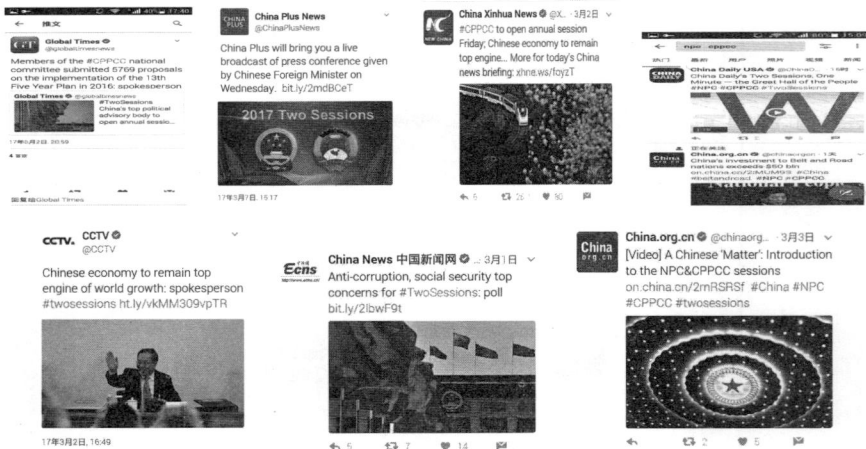

Twitter 用户的数量相当庞大，完全抓住全部的用户是不可能的。但当我国主流媒体的各个媒体，用其传播力将 Twitter 的用户信息接收空间进行分割时，其传播信息就更易被更多的用户接触并认可。将不可控的用户数量，分成若干个数量较少用户群。当传播对象数量减少时，媒体的传播影响力就会得到相应的提升。因此，各主流媒体账号都在争取其传播影响力。

我国主流媒体联动，可以将原本分散开的传播范围，重新黏合起来形成巨大的传播合力。我国各个主流媒体在 Twitter 上都有其辐射力，媒体的联动

可以使媒体之间的辐射力相互影响。在一定程度上，媒体影响力的组合可以使两会信息的传播，突破其在海外社交媒体上的原有空间辐射力，将传播效益扩展到最大。

（二）主流媒体多维叙事：国家形象立体建构

一个国家的国家形象，是一个综合的概念，由政治、经济、科技、文化、社会等诸多方面构成。我国主流媒体在对国家形象进行传播时，也需要对多个领域信息内容进行叙述传播。立体化、综合性地叙述中国社会信息，有利于建立起一个相对完整的中国形象，使国家形象成为一个可以被描述的轮廓，可以被传输的内容。

媒体信息传播行为的过程，也是塑造我国国家形象的媒体形象。国家形象分为三个部分，即国家形象、媒体形象和受众形象。媒体对国家形象的塑造，是国家形象本身和媒体受众眼中的国家形象之间的中间部分。只有我国主流媒体对外传播时，构建相对全面的国家形象信息传播框架，才能更有利于我国国家形象的塑造和传播。

主流媒体在海外社交平台上，讲好中国故事，传播中国精神是其信息传播的重要组成部分。比如 CCTV 在 Twitter 上的三则推文 "Couple guards Kaishan, an isolated island in China's Bohai Sea for 30 years"，"父子移动电影院　传递温暖二十年"，"自强不息的无臂儿童"。这些推文既具有新闻价值，也充满了人文情怀。在理性信息传播的过程，也充满了感性的思维冲击。推文信息中不仅传播了时效性的新闻，也传递了中国人的责任、坚韧、爱国、创新、包容、厚德、奋进的精神，是一种民族文化的传播，是一种隐性的中国元素传播。跨文化传播研究的终极关怀是要实现文化融合，从而达致和谐的最高价值理念。[①] 因此，我国海外传播主流媒体，在进行信息传播时，需要注重中国民族精神和中国文化元素的传播。

---

① 肖珺 . 新媒体与跨文化传播的理论脉络 [J]. 武汉大学学报（人文科学版），2015（4）.

我国主流媒体在 Twitter 上，推出关于自然风光的推文，不仅传递了地理环境的怡人风景，也与生态保护现状相呼应，突出了地域的自然环境。优美的自然环境，对信息接收者传达了地域性的旅游信息，对相关地区进行了良好的传播。这类推文往往能与生态保护类信息形成呼应，彰显对环境保护的态度倾向。

在我国随着人们活动范围的扩大和经济发展，我国生态环境体系在一定程度上遭到了破坏。在我国主流媒体的信息传播中，可以看到相当一部分信息是关于生态环境的信息。我国主流媒体在 Twitter 上关于生态保护类的信息传播，一方面传递了我国保护生态环境的策略，也传递了我国保护生态环境和经济转型的倾向。

　　中国元素凝结着华夏民族传统文化精神，体现了国家尊严和民族利益，可以理解为某种形象、符号或风俗习惯。比如中国书法、篆刻印章、中国结、京戏脸谱、皮影、中国武术、太极拳、熊猫、茶道等，都是中国元素的典型代表。中国元素是中国精神内涵在文化形态中的体现，是一种可以看到的凝聚力，是一种可消费的精神文化载体。但中国元素内涵与社会生活或传播的内容，有很大的断裂带。比如载体与背后的文化传承的联系，它们处于较为割裂的状态。中国主流媒体在 Twitter 上推送相关信息，为 Twitter 用户认知中国元素提供了良好的机会，也为中华文化的传播构建了良好的平台传播途径。中国文化元素的传播，对于主流媒体塑造国家形象具有重要作用，有利于促进国家的文化认同建设。

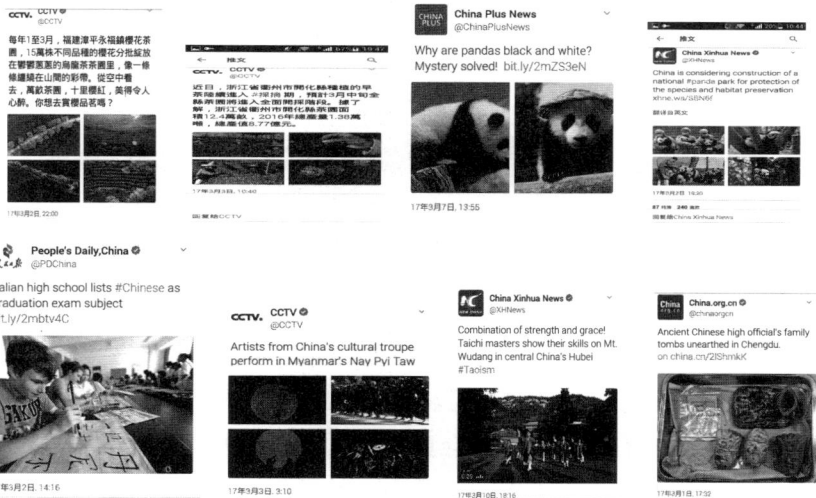

　　科技信息传播，是媒体信息传播的重要组成部分。随着我国科技技术的进步，我国科技进步的形象逐渐活跃在媒体报道之中。在海外社交平台上，我国主流媒体的科技进步信息传播，使世界共同见证我国科技进步，有利于我国逐渐摆脱科技薄弱的形象。

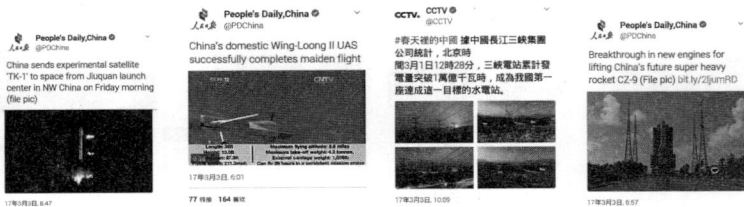

　　我国主流媒体在海外社交平台上的政治、经济、外交方面的信息传播，不仅反映了我国政治、经济、外交方面的政策倾向，也反映了我国政府的执政理念和对国际事务的处理方式、能力等信息。内政外交信息的媒体呈现，彰显了我国发展建设中的政治自信和道路自信，也使国际社会逐渐认识到我国的内政外交建设。

　　海外民众对中国社会的认知，多是来自于其本国媒体报道，对中国社会的认识较为破碎，且刻板印象盛行。中国主流媒体对海外社交平台，进行国内社会信息传播，有利于国际社会更准确地认知我国社会生活和发展状况。这可以有效地减少国际社会对我国社会的刻板印象，去掉负面形象的标签，比如中国制造、生态破坏、法治缺失、人权等方面的负面标签。

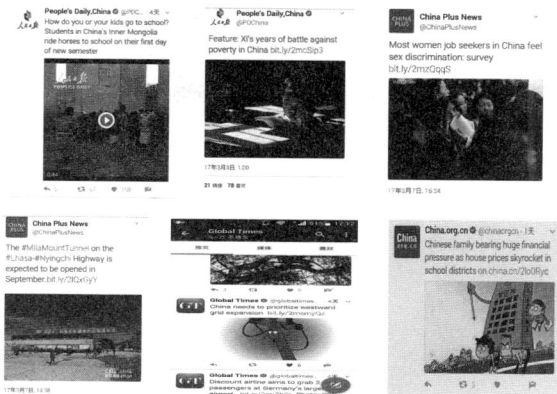

五、结语

新媒介环境下，社交媒体日益渗透现实生活。网络拓殖覆盖了社会的方方面面，入侵社交媒体用户空间维度的同时，用户的时间也逐渐被新的信息传播逻辑所影响。在信息破碎化的媒体时代，网络用户接收信息的逻辑已经发生变化。我国主流媒体，在海外社交媒体平台，塑造国家形象的媒体形象时，需要将破碎化的信息重新组合起来，建立新的传播逻辑。我国主流媒体在传播信息的过程，不仅要注重信息空间传播的速度和广度，还要注重信息传播对网络用户的时间传播效益。

我国主流媒体树立媒体品牌形象，抢占舆论阵地赢得话语权，遵从国家战略塑造国家媒体形象，就需要在新的传播环境下，抢占时间和空间的传播领域。传统的信息传播模式，已不再适应现今的信息接收逻辑。互联网是一张没有边际的网，没有谁可以脱离网络媒介而存在。在网络的生态圈中，媒体的信息传播，也在于媒体与媒体之间，媒体与受众之间的互动与联合传播。我国主流媒体的信息传播效果，不仅限于媒体本身的信息传播，而且取决于信息传播媒体所处的媒介生态格局。我国主流媒体在海外社交媒体平台上的信息传播，需要转换原有的信息传播思维，整合一切可以调动的传播资源。国家社会与中国发展，都处于不断变动的状态。因此，我国主流媒体在海外平台的信息传播策略，也应该随着战略需求做动态的调整。

五、新闻报道与新闻教育研究

　　本栏目共有三篇论文，虽然它们的主题各异，实际上关心却都是同一个问题，即探讨中国的新闻学，第一篇文章《典型的魅力：实体传播源》讨论的是中国新闻报道中的传统要素：典型。第二篇文章《菲律宾主流媒体南海问题相关报道的话语分析——以〈菲律宾每日问询者报〉为例》则考虑了外国媒体如何报道中国问题，并从中获取在这之中对于中国的意义。最后一篇论文《媒体融合背景下我国新闻传播人才培养的"变"与"不变"》讨论的则是当下新媒体语境下新闻传播事业人才的培养方式，它更着重于培养中国的新闻学人才。以上三篇文章虽然维度不同，但观照点却都是一致的，即从"中国"出发。

　　　　　　　杜恺健（厦门大学新闻传播学院博士研究生）

典型的魅力：实体传播源

赵建国*

（河南大学新闻与传播学院，河南开封，475001）

摘　要： 从传播角度考察，典型是一个实体传播源，这是典型的特殊魅力。典型是一种经常性存在，这一点与一般新闻事件不同，事件随着事件的结束而结束，而典型则可以存在很长时间，这是典型传播的特点。由这个实体传播源可以不断产生新闻，以符码传播的方式扩散开来。典型首先应该是自然存在的实体，然后才是记者的发现和报道。实体政绩传播胜过连篇累牍的政绩"报道"。能在上级领导和媒体面前保持本色和自主的典型更可贵。典型是媒体、上层和公众共同选择的结果。优秀记者的采写对于典型的广泛传播起着不可忽视的作用。形成系列报道、跟踪报道是典型报道区别于其他报道的一个特征。

关键词： 典型；实体传播源

一、典型是一个实体传播源

（一）实体传播源是典型的特殊魅力

中国的新闻为什么钟情于典型报道？其根源于典型的特殊魅力。从传播角度考察，典型是一个实体传播源，这就是典型的魅力。典型是一种经常性存在，这一点与一般新闻事件不同，事件随着事件的结束而结束。而典型则可以存在很长时间，这是典型传播的特点。由这个实体传播源可以不断产生新闻，以符码传播的方式扩散开来。同时，作为实体传播源典型还可供人们参观、访问。

多数新闻报道只具有短暂的生命，但一个新闻对象（人物、集体）一旦

---

* 赵建国（1956—），男，河南大学新闻与传播学院、传媒研究所教授，主要从事新闻学、传播学研究。

成为典型，便会获得较长或很长的生命力，得到新闻媒体和受众的长久、持续关注。

正因为典型是一种实体的、活生生的存在，典型对于相关媒体的报道会做出自己相应的反应。当有的媒体报道说袁隆平为了工作"晕倒田间"时，他澄清道："一定别受误导，累倒还工作不值得提倡。身体才是最重要的。另外，我也从来没有累倒在田里，那是耍笔杆子的人杜撰……"① 科学家对待写自己的报道也体现出求真求实的科学精神。

正因为典型是一种实体的、活生生的存在，典型也有自己成长变化的历史，媒体需要持续追踪报道。张海迪 1983 年成名，1991 年被发现患有基底细胞癌并进行手术。不久，她开始学习哲学专业研究生课程，1993 年在吉林大学哲学系完成学业和论文答辩，获得哲学硕士学位。回首往事，她说："我觉得我是一个平凡的人，为什么要经常出现在镜头里呢？"

正因为典型是一种实体的、活生生的存在，典型也有自己成长变化的历史，有的可能由于某种历史的机缘而蜕变。所以不能用一成不变的眼光看待典型，后来产生了难以预料的变化，也不能因此就完全否定之前的历史、否定原先的典型报道。可见，维持一个典型很不容易。由于典型报道出名之后，1944 年春节期间，吴满有给毛主席写信替他代耕两石公粮，1945 年春节，吴满有把自己喂的一头猪杀了全部送给中共中央办公厅，而自己全家则在大年初一啃糠窝窝头。1946 年，毛泽东把刚刚从苏联回来的儿子毛岸英送到了吴家枣园学习劳动，并将吴家称为"劳动大学"。然而，1948 年胡宗南部进犯延安，54 岁的吴满有积极报名参军，但很快不幸被俘。四个月后，吴满有在南京国防部安排的记者招待会上公开表示"痛改前非"，自己将追随"蒋总统"，支持南京政府。此后，他被视为中国共产党的"叛徒"，解放后被辗转送回延安。1959 年 6 月，吴满有在延安郁郁而终。

已经牺牲或死去的典型人物，还具有不具有实体传播源的特征呢？答案是肯定的，他（她）在相当长的时间内仍可作为实体传播源而存在，因为身体这个实体不在了，坟墓、骨灰还在，故居、遗物等还在，相关的人还在。

---

① 胡永球. 袁隆平"未晕倒田间"，典型宣传能否打破固定模式 [N]. 中国青年报，2002-2-20.

（二）典型首先应该是自然存在的实体

典型首先应该是自然存在的实体，然后才是记者的发现和报道，这之后才是政治领导者的认可和"树立"。当然，也有领导层认可、扶植在前，新闻报道在后的情况。通常，典型最初是自然存在，首先感知到的是其周围的百姓。

真正的典型不应该也不可能仅被记者发觉到，而不被周围的百姓发现。相反，首先发现和感觉到的是周围的百姓，然后再由这些人波及到新闻触须灵敏的记者那里。因此，一定程度上，真正需要记者去报道的不是"记者眼中的典型"，而是"百姓眼中的典型"。典型人物不应该是记者写出来，而应该是百姓讲述出来的，记者所要完成的只是一个"转述"的工作。试想，连本地百姓都感动不了，怎么可能感动读者？从这个意义上讲，感动记者是次要的，感动百姓才是首要的。①

任长霞因车祸去世，四面八方的乡亲们纷至沓来为她送行，灵堂外密密麻麻到处都是人，人们自动排成了长队，晚上有人铺张报纸就睡在地上。等到出殡那天，十几万悲伤的人群将大路堵塞得水泄不通。

张海迪也是如此，媒体报道之前，"她一个人在一间小屋里，坐着轮椅，没有颓废消沉。屋里书很多，大部分是外语书和画书"。宋熙文回忆当年的张海迪，身边经常围着一群小青年，和她一起唱歌、读书、讲故事，"好像有磁力一样，人们都愿意上她家去。"

仅靠媒体宣传，还不能成为真正的典型，这个典型实体必须具备相应的内涵。那种认为典型是媒体宣传出来的观点，有失偏颇。媒体也不要一厢情愿，想单纯通过自己的报道就可以"塑造"出一个典型。

（三）实体政绩传播胜过连篇累牍的政绩"报道"

"政声人去后，丰碑在民间"。谷文昌的丰碑留在了东山县，吴玉辉写道：

记得上世纪80年代末，东山县委宣传部一位干部向我讲述过一件事，同样是清明节，在通往赤山林场的小路上，他遇见了山口村的一位老阿婆，阿

---

① 朱清河．典型报道论纲[M]．郑州：河南人民出版社，2011．第364页。

婆肩上挑着两个篮子，篮子里头放满了供品。他问这位阿婆，怎么到林场去扫墓呢？老阿婆动情地说，孩子，我这是去看看谷书记。谷书记让我们苦命的"乞丐村"变成了今天的"幸福村"。如今，我们都成了万元户，可谷书记他清贫啊，我想去给谷书记点炷香，烧一些纸钱。①

对于一个官员政绩的评价，最准确的评价是他（她）离开职位后，甚至是死后。由于政治权力对周围人的影响，当政时周围人的评价往往难以说心里话，当某一人手中的权力没有了，周围的人才可能说真话，这时的评价才更可信。谷文昌死后多年当地百姓还在纪念他，给他上香，这说明他还活在百姓心中。这种政绩传播，胜得过许多官员连篇累牍的政绩"报道"。

当然，许多干部也在实际上运用实体传播，只不过他们没有实体传播的概念而已。"政绩"就是最实在的实体传播。然而，不少干部追求政绩时热衷于干看得见、摸得着的工作，热衷于"形象工程"、"面子工程"、"政绩工程"，不愿意干短时间内无法显现成效的工作。这也是一种传播策略。他们"不怕群众不满意，就怕领导不注意"。

（四）能在上级领导和媒体面前保持本色和自主的典型更可贵

中华人民共和国成立后的几十年间，许多先进典型比如陈永贵、吴桂贤、邢燕子等，在政治风云面前经历了大起大落。而河南省新乡县刘庄村及其领头人史来贺，这个 20 世纪 50 年代经媒体宣传而广为人知的先进典型，虽然历经风雨但始终红旗不倒，而且在每一个历史关头都挺立潮头。原因何在？史来贺自己解释说："俺刘庄也不是世外桃源，我们的办法是：遇事要有主心骨，不能听风就是雨。只有实事求是，从自己的情况出发，才能不走上歧途。""遇事要有主心骨"强调的就是自主，而自主的根基来源于"实事求是，从自己的情况出发"。不听风就是雨固然表现了一种自主，但自主的最高境界是实事求是。

1956 年春，已成立初级农业生产合作社的刘庄，在史来贺的带领下正热火朝天地搞农田基本建设，上级来了通知，要把刘庄所在的夏庄乡 30 多个（有资料说 21 个）初级社合并为一个高级农业生产合作社，并由史来贺担任党总支书记、社长。出人意料的是，史来贺认为，全乡合并为高级社的条件

---

① 吴玉辉 . 香炉（报告文学）[N]. 光明日报，201-10-23（15）.

不够成熟，匆忙合并还会引发诸多矛盾，不如以村为单位成立小社有利于发展生产，因而拒绝上任。史来贺放着"升迁"的机会不要，却坚持自己的主见，就在夏庄高级社召开万人大会，锣鼓喧天地欢庆"大社"成立的同一天，刘庄的群众却在史来贺的带领下，也在村里搭起了高高的台子，成立了刘庄高级社，没有将刘庄初级社并入夏庄高级社。史来贺此番举动，在当时的上级领导眼里，简直是在和他们"唱对台戏"，之后，便对史来贺进行制裁：不但不承认刘庄高级社，开会、发文件没刘庄的份儿，县里召开高级社会议不通知刘庄高级社参加，取消了史来贺和刘庄应该享受的待遇，还给他扣上了"目无领导""顶撞领导""本位主义""搞分裂"等大帽子。

面对逆境，史来贺与刘庄的群众依然该干什么还干什么。这一年，出现了多年不遇的涝灾。刘庄人在党支部领导下，齐心协力搞生产自救，硬是把上面不承认的高级社办得红红火火。而夏庄乡的高级社，因为管理不力，人心涣散，生产遭受很大损失，不得不以村为单位分为7个小社。这样一来，史来贺和刘庄由"反面典型"一变而成为大家学习的榜样。

到了"大跃进"的时候，公社开会布置并派人坐镇指挥各村"小麦高产放卫星"，要求挖地三尺，每亩上粪100车、下种200斤以上，实现小麦亩产15万斤。史来贺不理这一套。当时，工作组就住在刘庄，三天两头催办。没法子，史来贺勉强同意搞了三亩"卫星试验田"，其他仍按原计划种植。结果，3亩"卫星田"平均亩产仅260斤，去掉种子所剩无几。由于刘庄坚持只种3亩，集体经济才没有造成重大损失。

1960年年底，为纠正"大跃进"时期的一些过"左"做法，上级又要求刘庄生产大队与其他大队一样，改为以生产小队为基本核算单位。史来贺又一次顶着风坚持以大队为基本核算单位。1961年春，时任国务院副总理的谭震林率领中共中央和国务院民主整社工作组到河南调研，史来贺说："在退还是不退这个问题上，我们村的干部群众表决认为，我们村规模小，地块集中，干部和群众比较团结，我们已经习惯了这种核算体制。"经过一天的实地调查，谭震林对刘庄印象转好，尤其是对有胆有识的史来贺，多了几分赞佩。回到北京后，谭震林将刘庄的情况向时任国家主席的刘少奇作了详细汇报，刘少奇明确表态：七里营可以有一个刘庄不分，搞大队核算。刘少奇的认可，使刘庄在全国推行"三级所有，队为基础"的农村经济制度期间，成了白脖子老鸹——另一种。时至今日，刘庄实际上还是坚持以村集体（大队）为基本核算单位。

　　"文化大革命"期间，史来贺召开群众大会宣布村里规定："谁离开生产出外串联不记工分、不发盘缠；贴大字报，集体一分钱不报销。"那时有一个时髦的口号："宁要社会主义的草，不要资本主义的苗。"史来贺说："咱农民没苗咋吃饭？谁要草就叫他吃草好了，咱要除草留苗。"史来贺领着全村男女老少顶着压力搞生产，先后办起了机械厂、面粉厂、冰糕厂、食品加工厂等，使刘庄逐步形成以农促工、以工建农、农工商并举的经济新格局。

　　中共十一届三中全会后，全国农村迅速开始推行家庭联产承包责任制，即"大包干"。刘庄所在的新乡县委也连开了三天三夜三级干部大会，号召大家实行家庭联产承包责任制。刘庄的土地分不分到户？工厂包不包到个人？史来贺戴着老花镜，逐字逐句地反复琢磨有关文件精神，最后得出结论："三中全会"的有关文件上都说"大包干"是为解放生产力，发展生产力。就刘庄的情况来看，2/3 的劳动力已经转移到了第二、第三产业，1000 多亩土地的机械化耕作程度已远超临近村庄，集体经济实力雄厚，群众的集体观念强，如果一分了之，对刘庄生产力的解放和发展会产生不利影响。因此，史来贺这次又没有"随大溜儿"。新乡县县委书记刘荣海对史来贺说："你不带头分，我可没法工作了，外村都看着你呢。"他回答道："你跟外村讲，只要他们集体经济的发展水平能同刘庄一个样，只要他们不分能让群众尽快富起来，只要外村的群众不愿分，就可同刘庄比，不分。我们是每户群众都投过票的，我分不动，分了他们也不要，要分，你来分。"通过广泛征求群众意见，刘庄从本村实际出发，土地和集体生产资料都没有分到户，而是成立了刘庄农工商联合社，实行了"综合经营、专业生产、分级管理、奖惩联产"的联产承包责任制，兼容家庭联产承包责任制的优点，克服"大锅饭"的弊端，既充分发挥了集体经济的优越性，又极大地调动了个人的积极性。刘庄因地制宜的变革，使集体经济得到更加快速的发展，由此一跃而成为"中原首富村"。实践证明，史来贺的决断和刘庄人的选择是实事求是的。后来，史来贺带队先后去过德国、美国、日本等发达资本主义国家参观考察，他在惊叹这些国家的诸多骄人成就时，也发现了一个不容忽视的问题，那就是贫富悬殊、两极分化比较严重。通过对比，史来贺更加坚定了走集体富裕之路的决心。

　　面对政治大势的压力，面对媒体宣传的诱惑，史来贺能保持本色，能坚持实事求是，几十年不倒，实属难能可贵。由此看来，史来贺这个典型主要不是上级树立起来的，也不是媒体宣传出来的，而是自己实事求是干出来的。当然，史来贺这个典型的广泛传播与上级领导一定程度的肯定和媒体的相应报道、宣传分不开。

二、典型实体传播源与新闻媒体

（一）典型是媒体、上层和公众共同选择的结果

中央电视台《感动中国》是一个很好的范本。《感动中国》栏目创办于2002 年，中央电视台用短短几年时间就打造出了一个著名的品牌节目。这个节目在受众中具有广泛的影响力和引导力。《感动中国》的候选人是在全社会中选出的：中央电视台在全国各地选取 50 多家当地优秀媒体进行候选人的挖掘和寻找工作，全国各地媒体合作推荐候选人。随后候选人的资料公布在央视国际网站和《中国电视报》上，由观众、网友等受众投票初步确定 20 位候选人，开始陆续在中央电视台《东方之子》中展播。这种形式的人物评选打破了过去单一的、由上而下的遴选形式，把对典型人物的选择投向了社会各阶层。这些被推选的候选人则不分身份和职业。

毋庸置疑，媒体和公众的选择，与官方的肯定存在着微妙的关系。当媒体和公众的选择与官方一致时，这种典型的认可度最高。通常，某一优秀人物在一定范围内的民间以口碑的方式传播，敏感记者捕捉到了部分信息并追踪采访写出报道，报道发表或播出后产生较大或很大社会反响后，官方顺应民意表彰优秀典型并发出向优秀典型、先进经验学习的号召，使这一典型传播更加广泛、深入。因此，那些认为先进典型都是官方树立起来的观点，至少是不全面。

第一位报道张海迪的记者是新华社山东分社宋熙文。1981 年 12 月 29 日，《人民日报》头版头条刊发了宋熙文题为《瘫痪姑娘玲玲的心像一团火》的稿子。据当时在团中央宣传部工作的高伐林回忆，张海迪进京是 1983 年 2 月24 日。她被安排住进了中央团校大院里的万年青宾馆，当天，时任团中央第一书记的王兆国就去看望了张海迪，并让医生为她进行检查治疗。28 日下午，时任团中央书记处书记、全国青联主席的胡锦涛主持召开了"首都新闻单位听取张海迪同志事迹介绍会"，张海迪面对记者们侃侃而谈，还分别用中文、英语、日语唱了三支歌：《生活多美好》《哆来咪》和《四季歌》。记者们被感动了，接着就有了 1983 年 3 月 1 日《中国青年报》头版刊发该报女记者郭梅尼撰写的长篇通讯《生命的支柱——张海迪之歌》，以及张海迪的自述《是颗流星，就要把光留给人间》。此后，各大媒体竞相报道张海迪这一典型人物。张海迪知名度骤然提高，她获得两个美誉，一个是"当代保尔"，一个是"八

十年代新雷锋"。1983 年 3 月 7 日，团中央召开了"优秀共青团员"张海迪的表彰大会，宣传了她身残志坚、自学成才的感人事迹。5 月，中共中央发出《向张海迪同志学习的决定》，号召全国人民特别是青少年向张海迪学习，邓小平、叶剑英、李先念等领导人先后为张海迪题词。张海迪成为中国改革开放后第一个全国典型。

　　这里需要交代一个环节：改革开放之初，要为青年人树立什么样的榜样，是高层一直在思索的问题。团中央内部综合比较了各地报上来的典型，发现张海迪的优势在于，她是弱者，却坚韧不拔地成为强者；她是强者，却无私忘我地帮助弱者。无论受众年龄大小、生活境遇如何，张海迪的价值观都能得到认同，所以选择了张海迪——选择张海迪也有其必然性。用郭梅尼的话说就是："每个人都有困难，但你再困难，也达不到张海迪的困难程度，她面临着所有人面临的问题，却战胜了躯体和社会造成的重重障碍，实现了自己的人生价值，不能不让人佩服。"

　　当媒体和公众的选择与官方不一致时，有两种情况。一种情况是官方力图树立为典型，但公众认可度低，这种"典型"可能在媒体上宣扬一时，但没有生命力。另一种情况是公众认可度高（口碑好），但官方不认可，这种典型传播范围受到限制，不为更多的人所知。媒体在这两种情况中，多数情况下要屈从于官方，与官方保持一致。

　　综上所述，应该说典型是媒体、上层和公众共同选择的结果，任何单独一方都很难独立把典型树立起来。那种认为典型是官方或媒体树立起来的观点，是不全面的。

　　（二）优秀记者的采写对于典型的广泛传播起着不可忽视的作用

　　张海迪在 1981 年 10 月之前，知道的人并不多。在山东画报社工作的李霞给张海迪拍了一组照片，"那个年代的年轻人好像都比较迷茫，像张海迪这样对生活充满热情的人，我觉得值得宣传。"后来，在一次聊天中，李霞随口说起了自己采访过的这个"玲玲"（张海迪的小名），引起了新华社记者宋熙文的兴趣。1981 年 12 月 28 日新华社播发了宋熙文《只要你能昂起头——记瘫痪姑娘玲玲》这篇通讯后，人们开始了解这个叫玲玲的残疾女孩自强不息坚持自学，并用针灸热心为乡亲们治病的事迹。12 月 29 日的《人民日报》在头版头条转载了这篇通讯，题目改为《瘫痪姑娘玲玲的心像一团火》，全文1100 余字。《工人日报》也做了一个专题。后来，山东媒体有后续报道，引起了山东省团委注意并汇报给团中央，团中央很重视并决定在全国青年中表彰张海迪。不过，人们对张海迪最深的印象一是自强不息，二是乐于助人。"这样的印象也都是抽象而模糊的，在集中宣传之前，张海迪在全国的公众知名度不是很高，她在北京的行程起初并没有引起公众的注意"。

1983年3月1日，《中国青年报》头版刊发了郭梅尼、徐家良采写的优秀通讯《生命的支柱——张海迪之歌》，一时之间引起轰动，全国范围内对张海迪的报道宣传掀起高潮。身残志不残的张海迪被称为"中国的保尔"、"八十年代新雷锋"，成了国人尤其是青少年的精神偶像。当时，每天都有上千封读者的信寄给张海迪，而且这个数字还在不断增长，甚至有的信封上连地址都没有，只写"张海迪收"，信就能寄到团中央。《生命的支柱》发表后，作者郭梅尼的办公室堆满了读者来信，一箱一箱都堆到了房顶，大致有9万封。定价4角钱的记述张海迪事迹的手册《闪光的生活道路》，印数突破500万册。

能够获得如此巨大的反响，除了张海迪的事迹很感人外，还与作者深入扎实采访、严谨求实写作密不可分。采访时，郭梅尼"随行千里，和海迪朝夕相伴。她首先是以一颗母亲的心去抚爱、去关心、去理解海迪"。写作时，如实反映了张海迪的心路历程，特别是并没有像其他报刊那样对张海迪曾经因得不到社会承认而产生轻生念头、吞服了大量安眠药的事实避而不谈，出现在读者面前的是一个真实的张海迪，这样的张海迪更有助于读者接受。

"在我的报道之前，山东的一些报纸，已经宣传了张海迪的事迹，但大多数是讲述她以重残之身去做一些好事。在我的这篇人物通讯中，我没有罗列她为群众做了多少好事，而是剖析了她人生观的形成，她为什么会做这么多好事，为什么能做到这么多好事，展示了她重残却还为社会做贡献的人生之路。这也是我的通讯能写得更真实生动感人的地方。"

"自杀这段也引起了很大的轰动，也是报道受读者欢迎的关键所在。采访张海迪之前，我听了她妈妈给我的四盘张海迪做报告的录音带，最感动的也是自杀那段。未到山东前，我在北京也听说张海迪曾自杀过，可当时那么多报道，没人写到这点。"那时人们认为自杀就是背叛，写先进人物自杀，不就贬低了她，显得很不光彩，就没人写。

像张海迪这样一个高位截瘫的病人，在四处找不到工作，想为人民做点事情却不能办到的情况下，产生自杀的想法和行为是很自然的，人们不会因此而谴责她。写了这段只能增加这个人物真实可信的程度，而不会有损先进人物的形象。同时，写张海迪战胜悲观情绪，认识到自己对社会的责任，坚定了自己的人生信念，这对广大青年也是很有启发和教育作用的。[①]

《生命的支柱》见报后，很多读者来信说，这篇通讯最感人的地方就是她自杀的这段，榜样是人不是神，真实的东西最打动人，这样的榜样才是可学的。

实体典型更可靠、更鲜活。典型报道在采写时要尊重并挖掘实体典型的鲜明个性，没有个性的典型是没有吸引力的。解放军报记者江永红在评价典型报道《孙铁锤传奇》时深有感触地说："学雷锋的先进人物多的是，为什么偏写他？因为他性格中有特殊性，好几拨人去写他都失败了，原因就是忽略了他的特殊性，而死往普遍性上靠，结果咋写咋不像，读之味同嚼蜡，从普遍性中找特殊性事关稿件成败，不会找特殊性就不会当记者。"[②] 从对张海迪和孙铁锤的报道过程我们都可以看到，优秀记者对于典型的广泛传播起着不容忽视的重要作用。

（三）实体传播源与跟进报道

典型报道并非一种新闻体裁，它以通讯为重头，还可以采用消息、特写、连续报道、系列报道、深度报道、评论等样式。如果仅有一两篇所谓典型报道，之后就没有相关的跟进报道，这个"典型"就很难成立。许多所谓"典型报道"往往难以走出"虎头蛇尾"的报道怪圈，其实并非真正的典型报道。

正因为典型是一种实体传播源并且在不断发展变化，又因为典型值得长久关注，所以围绕着某一个典型会形成系列报道、跟踪报道。可以说这是典型报道区别于其他报道的一个特征。

1966 年，新华社记者穆青、冯健、周原的力作《县委书记的榜样——焦裕禄》轰动全国。

1990 年，3 位当年采写焦裕禄事迹的老记者重访兰考，并专程到焦裕禄墓前敬献花圈，此行采写的《人民呼唤焦裕禄》，再次感动中国。

2011 年，中国共产党成立 90 周年之际，记者将报道题材再次锁定县委

① 郭梅尼.努力刻划活生生的先进人物形象——采写张海迪的几点体会 [J]. 新闻记者，1983（4）.

② 江永. 环视——记者的眼光之三 [J]. 新闻与成才，2001（8）.

书记的榜样焦裕禄，《坚守共产党人的精神家园——重访兰考追忆焦裕禄》作为"红旗飘飘"栏目的开篇之作，结合时代特点，集中表现共产党员的先锋模范作用，内容充实，感人至深。

2014年，焦裕禄逝世50周年之际，新华社精心组织一系列纪念焦裕禄的报道。通讯《穿越时空的呼唤——焦裕禄精神启示录》、新华社评论员文章《缅怀不朽的身影，铭记永恒的呼唤——写在焦裕禄同志逝世50周年之际》富有时代感和层次感，使读者对焦裕禄这一典型形象的认识升华到新的高度。《穿越时空的呼唤》大型集成报道，实现多种报道形式融合互通，形成了强大舆论声势和社会影响，对重大典型媒体融合报道做出了有益探索。新媒体专线从年轻人易接受的视角，多角度、立体化呈现充满正能量的焦裕禄形象。其中，《锐特稿·"3D"版焦裕禄》《关于焦裕禄，那些你所不知道的事》《焦氏印记》等组稿，在新媒体上广为传播。

2017年3月27日，河南省召开新闻发布会，宣布兰考正式退出贫困县，兰考成为河南首个脱贫"摘帽"的贫困县，中央电视台、新华社报道了这一消息。新闻发布会上，开封市委常委、兰考县委书记蔡松涛说，对兰考来讲，今天是一个值得永远铭记的日子，摆脱贫困是以焦裕禄同志为代表的兰考共产党人为之奋斗了几十年的夙愿，是全体兰考人民的殷切期盼。

记者唐湘岳采写的典型人物和典型经验以原创为主，在《光明日报》发表后为其他媒体所关注。经过唐湘岳报道后，被誉为新时代的"活雷锋"的新闻人物刘真茂，就是他在湖南宜章县采访基层校长李黎明时偶然听说的。在翻过四座大山、蹚过三条小溪后，他才采访到了这位住在深山老林里的"原始人"。报道《新时代的活雷锋》在《光明日报》整版篇幅推出后，他又连写了6篇后续报道，使得刘真茂的"活雷锋"形象广为人知。

唐湘岳借助连续报道提供新鲜信息，2013年6月17日，他与周彩丽采写的《听油菜花开的声音》见报后，又陆续写出20余篇后续报道，被评为宣传"中国梦"的代表性新闻作品。

菲律宾主流媒体南海问题相关报道的话语分析

——以《菲律宾每日问询者报》为例

李德霞*

（厦门大学新闻传播学院，福建厦门，361005）

摘　要： 在前总统阿基诺三世执政时期，菲律宾虽然在硬实力方面与中国相差悬殊，却在中菲南海较量中不断利用包括媒体在内的多种渠道制造议题、引发争议，幻想通过舆论战来达到搅浑南海、攫取利益的目的。文章以菲律宾最具影响力的头号报纸《菲律宾每日问询者报》为例，以随机抽取的该报在2014年11月刊载的南海问题相关报道为研究对象，借助批评性话语分析法的系列工具，对有关报道的话语进行了深入剖析，以揭示语篇中潜在的意图和隐含的意识形态，探讨菲媒是如何利用话语来试图影响和操控舆论，并在此基础上概括了《问询者报》南海问题相关报道的一些特点及其可能的报道意图。尽管自杜特尔特总统于2016年10月访华以来，中菲关系已有了显著的改善，但《问询者报》对南海问题的立场及其报道风格几乎没有什么变化，其相关报道仍在较大程度上影响着菲国内的舆论走向。因此，本研究仍具有一定的现实意义。

关键词： 南海问题；《菲律宾每日问询者报》；批评性话语分析法

基金资助： 本文系中国海洋发展研究会基金(China Association of Maritime Affairs, CAMA) 资助项目。(项目名称："南海问题：美菲舆论挑衅与中国的应对策略"，项目编号：CAMAJJ201502。) 本文也是福建省社科规划重点项目（ 项目名称："南海问题中的美国媒体外交与中国应对策略研究"，批准号：FJ2016A021) 的阶段性成果。

---

* 李德霞，女，厦门大学新闻传播学院副教授，博士，厦门大学传播研究所研究员。

一、引言：研究背景和研究对象

在 2010 年伊始的新一轮南海风波中，菲律宾在阿基诺前当局的统治下，一直充当对抗中国的"急先锋"。尽管中菲两国在国力、军力等硬实力方面存在着巨大的差异，甚至有媒体调侃道，菲律宾若想与中国抗衡，恰似"蚂蚁战大象一般"不自量力，① 但多年来从未放弃窃据中国南海岛礁的菲律宾前政府还是一直利用包括大众传媒在内的多种渠道向中国发难，企图通过营造国际舆论来达到搅浑南海局势，伺机捞取更多实惠的目的。由于近些年来，国际形势风云变幻，特别是受美国全球战略重心东移的影响，南海问题日益成为国际社会的关注焦点之一，加之菲律宾主流媒体具有在语言、文化、意识形态等方面与西方媒体较为相似的天然优势，又得到了美国和日本等域外大国的撑腰，故菲媒有关南海问题的报道在国际舆论界所产生的影响不容小觑。

《菲律宾每日问询者报》(The Philippine Daily Inquirer，下文简称《问询者报》) 是菲律宾最具影响力的头号报纸，不但拥有菲律宾报业市场一半的份额，其网站据称还是"世界最热门的新闻网站"，日均网页浏览量达到了 100 万，② 且《问询者报》还是与阿基诺前当局步调高度契合的英文大报。即便是在中菲关系已取得明显改善的今天，据笔者观察，《问询者报》对南海问题的立场及其报道风格几乎没有什么改变，仍以其作为菲律宾第一大报的身份在较大程度上影响着菲国内的舆论走向。因此，本文拟以该报为例，探讨菲律宾主流媒体是如何利用话语来试图影响和操控舆论的。

二、文献综述与评析

在阿基诺三世当政时，菲律宾作为南海岛礁争端中一贯的"麻烦制造者"，引起了国内学者的较大关注，特别是自 2012 年的黄岩岛事件和 2013 年菲律宾就中菲有关南海"海洋管辖权"的争端提起强制仲裁以来，国内每年均有相当数量的相关研究成果出炉。然而，现有成果中，多数是从国际政治、中国政治、国际法的角度来探讨的，而从新闻与传媒的角度来研究的并不多，其中，研究菲律宾主流媒体的就更少了。笔者从中国知网 (cnki.net) 上查到的有关成果主要有如下几篇：王乐萍的《菲律宾主流媒体中的中国国家形象呈现与动因——以〈马尼拉时报〉为分析样本》(《传媒观察》，2015 年第 11

---

① 周旭.菲媒批阿基诺挑衅性言辞恐将激化中菲矛盾 [EB/OL].(2014-08-08). http://world.huanqiu.com/exclusive/2013-08/4222325.html

② 见该报网站介绍：http://www.inquirer.com.ph/about.html

期）；方芳的《南海国际仲裁案中新闻话语的评价分析》（《海南大学学报（人文社会科学版)》，2015 年第 4 期）；李苏苏的《菲律宾主流媒体涉华"领土争端"报道研究——以"钓鱼岛之争"、"黄岩岛之争"的报道为例》（《文化与传播》，2014 年第 4 期）；周洋的《中菲媒体在黄岩岛争端中的"评论框架"分析》（《新闻与传播研究》，2013 年第 3 期）和拙文《菲律宾主流英文媒体对黄岩岛事件的报道分析——以〈菲律宾每日问询者报〉为例》（《当代亚太》，2013 年第 4 期）。这些文章中虽不乏对新闻话语的评析，但无一采用本文所使用的批评性话语分析法 (critical discourse analysis)。因此，无论是从研究方法还是从研究视角来看，本文应具有一定的理论与实践意义。

三、研究方法：批评性话语分析法

如上所述，本文采用批评性话语分析法为主要研究方法。在当今的媒介与文化研究领域，尤其是在欧洲学术界，学者对使用批评性话语分析法来分析文本和口语的兴趣似乎越来越浓厚。批评性话语分析法是基于语言学的一种研究方法，其总体目标是把语言分析 (linguistic analysis) 和社会分析 (social analysis) 联系起来。[①] 使用这种研究方法，可以对文本和语言进行更系统的分析，可以更精确地揭示说话人和作者是如何利用语言和语法特点来生成意义，说服人们以特定的方式思考，有时甚至试图操控受众的想法，同时将自身的意图巧妙地隐藏起来。[②] 批评性话语分析法认为，"语言是权力的媒介，可用来积淀权力的不平等，并使极不公正的社会关系合法化，""语言的使用可能是意识形态的，""话语是历史性的，只有放在与其相关的语境中才能理解。"[③] 借助批评性话语分析法的系列工具，本文拟对《问询者报》南海问题相关报道的话语进行深层次的剖析，以揭示其语篇中潜在的意图和隐含的意识形态。

通过相关数据库，本文随机抽取了《问询者报》在 2014 年 11 月刊载的

① WOODS L A, KROGER R O. Doing Discourse Analysis: Methods for Studying Action in Talk and Text[M]. Thousand Oaks, CA: Sage, 2000:206, quoted from RICHARDSON J E. Analysing Newspapers: An Approach from Critical Discourse Analysis[M]. New York: Palgrave Macmillan, 2007:26.

② HANSEN A, MACHIN D. Media & Communication Research Methods[M]. New York: Palgrave Macmillan,2013, 115.

③ RICHARDSON J E. Analysing Newspapers: An Approach from Critical Discourse Analysis[M]. New York: Palgrave Macmillan, 2007, 13-14, 27.

有关南海问题的新闻报道，经过人工筛选，共获得 21 篇报道，作为本文的研究对象。

四、探讨与分析

为更透彻地分析这些新闻报道，这里拟将其标题和正文分开探讨，即先分析新闻标题（基本上是句子）的主语、谓语和引语，然后再分析新闻的正文。

（一）对标题的分析

众所周知，对一篇新闻报道而言，标题的重要性不言而喻，它恰似新闻的"眼睛"，是新闻内容和中心思想的高度浓缩与概括，承担着向读者提供新闻中最具价值、最为重要的事实和观点的任务。好的新闻标题，能吸引读者的注意，使其产生继续阅读新闻其他部分内容的冲动。而对于无暇阅读新闻正文的读者来说，新闻标题则是其了解新闻内容的窗口，特别是在注意力越来越稀缺的当今时代，新闻标题的重要性愈发凸现出来。因此，一般来说，标题是非常需要新闻工作者多下苦功的。事实上，新闻标题不仅发挥着负载新闻、传递信息的作用，有时还能在某种程度上揭示媒体或记者对新闻事件的立场和观点。也就是说，透过对新闻标题的解读，多少能了解媒体或记者的报道意图，尤其是对于类似南海问题这种高度敏感的政治议题而言，更是如此。

1. 对主语的分析

基于所选 21 篇报道的英文标题绝大部分是以句子的形式呈现，这里将从分析标题的主语入手。按照从左到右的阅读习惯，此类标题的主语通常是读者最先看到、印象最深刻的部分，故而也往往是作者强调或关注的重点。如在标题"Poaching continues in disputed territory/ 偷猎行为在争议海域继续进行"(2014-11-07) 中，主语"Poaching/ 偷猎行为"应该是记者希望引起读者注意的首要对象。按照批评性话语分析法，将"偷猎行为"作为主语，其实是采用了客体化 / 拟人化 (objectification/personification) 的手法，即通过"将人的特质或能力赋予抽象或无生命的东西"而隐藏了"真正的代理人或进程"。① 也就是说，通过将"偷猎行为"作为主语，规避了在标题中说明谁是偷猎者，因为从本则新闻的内容来看，海龟的真正偷猎者其实是菲律宾人，中国商人只不过是购买者而已。可以想象，倘若中国人是偷猎者的话，记者极有可能将"中国人"作为主语或至少在标题其他地方呈现了。这点可以从标题"Palawan RTC convicts 9 Chinese of poaching off Palawan/ 巴拉望地区法庭宣告 9 名在巴拉望外偷猎的中国人有罪"（2014-11-24）那得到印证，由于这是一则关于 9 名涉嫌所谓"偷猎罪"的中国人被定罪的消息，故而作者在标题中点出了"9 Chinese/9 个中国人"。至于为何不是将"9 Chinese/9 个中国人"，而把"Palawan RTC/ 巴拉望地区法庭"作为主语，则可能意在强调中国"偷猎者"是被菲律宾"权威法律机构"判定为有罪的，由此显示菲律宾是在依法办事。此外，在同样涉及"偷猎"的标题"PH to Chinese poachers: Pay fines/ 菲律宾对中国偷猎者的惩处：支付罚金"（2014-11-27）中，记者也不忘指出是"Chinese poachers 中国偷猎者"。采用客体化 / 拟人化手法的还有标题"Electoral losses undercut Obama clout in Asia/ 选举失利削弱了奥巴马在亚洲的影响力"（2014-11-17），通过将"Electoral losses/ 选举失利"作为主语，记者也许意在强调主要是选举失利而非其他原因导致奥巴马前总统在亚洲的影响力被削弱，从而在某种程度上减轻奥巴马本人所应承担的责任。

尽管标题① "More Chinese visited PH in first 7 months of 2014 than in 2013-Senate/2014 年前 7 个月到访菲律宾的中国人比 2013 年多，参议院说"（2014-11-10）、② "PH helpless in stopping China's reclamation work in disputed seas/ 菲律宾无力制止中国在争议海域的填海活动"（2014-11-26）、③ "Aquino, secretaries learn from China, eye successful Apec in PH/ 阿基诺和秘书们正向中国学习，目光瞄准将在菲律宾召开的亚太经合组织会议"（2014-11-11）、④ "China plays gracious host to PH delegation/ 中国热情款待菲律宾代表"（2014-11-11）均采用了主动而非被动语态，但用意有所不同。例如，同样提到中国与菲律宾，标题①将"More Chinese/ 更多中国人"置于主语位置，似乎旨在显示虽然中菲关系因南海问题日趋紧张，但并未影响到更多中国游客主动到访菲律宾，2014 年前 7 个月前往菲律宾的中国游客甚至超过

---

① HANSEN A, MACHIN D. Media & Communication Research Methods[M]. New York: Palgrave Macmillan,2013, 143.

了 2013 年的总人数；标题②则把"PH/ 菲律宾"作为主语，意在塑造菲律宾面对中国填海活动之无能为力的所谓"弱者"形象，希望以此"扮可怜"来谋求国际舆论之同情。标题③和④均是关于 2014 年在中国召开的亚太经合组织会议，但标题③将菲律宾代表（即"Aquino, secretaries/ 阿基诺和秘书们"）作为主语，而将"China/ 中国"作为宾语，而标题④则相反。可以推测，标题③是为了强调阿基诺及其秘书们积极主动地向中国取经；而标题④则意在突出中国的主动性，似有中国主动要与菲律宾改善关系之含义，可能以此来满足菲媒及其部分读者的虚荣心理。与标题③和④相类似的是标题⑤"Aquino dares China: Act/ 阿基诺向中国挑战：行动"(2014-11-14) 和⑥"Beijing defies PH court ruling on Chinese poachers/ 北京藐视菲律宾法院对中国偷猎者的裁决"(2014-11-27)：标题⑤将"Aquino/ 阿基诺"作为主语，而把"China/ 中国"作为宾语，意在凸显阿基诺敢于挑战中国的"不畏强暴"的"个人英雄"形象；与之相反，标题⑥将"Beijing/ 北京"作为主语，而把"PH court ruling on Chinese poachers/ 菲律宾法院对中国偷猎者的裁决"作为宾语，旨在突显中国对菲律宾法律的"藐视"。

在这些标题中，仅有两个用到了被动语态，即标题"Bill filed reviving ROTC for college students/ 提交在大学生中恢复强制性后备役军官训练军团的议案"(2014-11-27) 和标题"China urged to respect PH justice system/ 敦促中国应尊重菲律宾的司法体系"(2014-11-28)。采用被动语态的好处在于，首先，无需在标题中述及施事者，以免标题过于冗长；其次，对前一个标题而言，将受事者"Bill/ 议案"作为主语，可以避免头重脚轻，而对后一个标题而言，将受事者"China/ 中国"置于句首，似为刻划中国不尊重菲律宾司法体系之形象。

2. 对谓语的分析

接下来再分析一下标题的谓语动词。标题中谓语动词的使用同样能对意思的表达起到关键的作用，例如，标题"Poaching continues in disputed territory/ 偷猎行为在争议海域继续进行"将"continues/ 继续"这个动词用作谓语，意在强调偷猎行为长期存在，持续不断，屡禁不止，让人反感。标题"Aquino dares China: Act/ 阿基诺向中国挑战：行动"的谓语动词"dares"兼有"敢于"和"向……挑战"之含义，以凸显阿基诺前总统敢于向中国挑战的"硬汉"形象。标题"Philippines offers to help Turkey fight IS/ 菲律宾提出要帮助土耳其抵抗伊斯兰国"(2014-11-18) 的谓语动词"offers/ 提出"的使用，说明了是菲律宾主动要求的，不论菲方是否真有能力做到，但至少表明了菲律宾主动协助反恐的态度。标题"DFA confirms China reclaiming land on Kagitingan Reef/ 外交部证实中国在永暑礁填海"（2014-11-25）的谓语动词"confirms/ 证实"表明中国在永暑礁的填海活动已得到了菲前外交部的确认，是确有其事。在标题"Beijing defies PH court ruling on Chinese poachers/ 北京藐视菲律宾法院对中国偷猎者的裁决"中，谓语动词"defies/ 藐视"一词的使用，突显中国不把菲律宾法院的裁决放在眼里，让人产生中国不尊重菲律宾司法体系，一味偏袒中国"偷猎者"的感觉。

在英文标题中，有时会用到情态动词，因为"情态动词表达了肯定的程度，"而那些"表达高肯定程度的情态动词可能可以用来说服人们。"① 在本文所选的 21 个标题中，只有标题"PH protest won't affect ties with China-DFA/ 外交部认为：菲律宾的抗议不会影响对华关系"（2014-11-27）用到情态动词"won't"，似乎意在说服读者：菲律宾对中国的抗议，一定不会影响到中菲关系。但这是否也是菲媒或菲前外交部的自我安慰或自欺欺人呢？

3. 对引语的分析

标题中若含有引语的话，将说话者置于所说话语的前面或后面也颇能说明问题。比如，在标题"More Chinese visited PH in first 7 months of 2014 than in 2013-Senate/2014 年前 7 个月到访菲律宾的中国人比 2013 年多，参议院说"中，话语的出处"Senate 参议院"搁在了其所说话语的后面，表明话语的内容比说话者更重要。标题"PH protest won't affect ties with China-DFA/ 外交部认为：菲律宾的抗议不会影响对华关系"也是将话语放在前面，而把话语来源"DFA/ 菲外交部"置于引文的后面，一方面凸显所说话语的重要性，另一方面则弱化了说话者的角色，使人不那么注意说话者是谁，以避免产生菲前外交部一厢情愿的感觉，但由此透露出来的另一种信息则可能是，菲媒其实是颇在意菲律宾的抗议是否会影响到对华关系的。而在标题"SC justices: Senate Edca's proper forum/ 最高法院法官：参议院是"加强防务合作协议"的合适论坛"（2014-11-19）和"Gov't lawyer:'Edca not the answer to all our problems'/ 政府律师：'加强防御合作协议'不是解决我们所有问题的答案"（2014-11-25）中，均把说话者置于所说内容的前面，似意在突出

---

①　HANSEN A, MACHIN D. Media & Communication Research Methods[M]. New York: Palgrave Macmillan,2013, 134.

是权威人士或专家的说法，从而可能使其话语内容更具权威性和说服力。

（二）对正文的分析

按照批评性话语分析法支持者的观点，在使用语言呈现或描述现实社会时，并无所谓的中立形式，因为人们在选用词汇时是有动机的，且这些词总承载着某种意义和价值。即便有人说，"这是酷热难耐的一天"，他们所选择的形容词也是经过主观评估的。不过，对于那些未曾接受过专门培训的受众来说，他们则可能难以准确察觉到这一过程是如何在其日常碰到的语言中进行的，即便他们或许经常感觉自己受到了以某种特定的方式来思考的鼓励。在这些情况下，人们可能会意识到说话者或文本生产者正在做的是什么，却不确定他们是如何做到的，而批评性话语分析法所要做的，就是研究说话者或文本生产者是如何应用语言来巧妙地传达想法和价值。①

批评性话语分析法拥有一系列工具来揭示语篇中的想法、价值和观点，这些在初次阅读文本时，可能并不明显，其意思往往被"隐埋"在文本中，因其生产者试图隐瞒，或尽量使其不露声色。②接下来笔者将借助这些工具，对所选新闻报道的正文进行深入分析。

1. 过渡词汇化 (Over-lexicalisation)

所谓过渡词汇化，是指文中大量使用特定词汇及其同义词，或有过渡描述之嫌，这往往是表明某事或某物"有问题或存在意识形态上争议的证据"。当然，此类词汇也常用来隐藏真正的行动。③例如，在有关偷猎的两则新闻④中，记者有意采用了一系列词语来形容捕获海龟之濒危、数量之多及其状态之堪忧：

例1：rare, threatened or endangered species(2014-11-24) 稀有的、受威胁的或

① HANSEN A, MACHIN D. Media & Communication Research Methods[M]. New York: Palgrave Macmillan,2013, 116-117.

② HANSEN A, MACHIN D. Media & Communication Research Methods[M]. New York: Palgrave Macmillan,2013, 116.

③ HANSEN A, MACHIN D. Media & Communication Research Methods[M]. New York: Palgrave Macmillan,2013, 123.

④ TORRES-TUPAS T. Palawan RTC convicts 9 Chinese of poaching off Palawan[N]. Philippines Daily Inquirer, 2014-11-24. See also ANDA R. Poaching continues in disputed territory[N]. Philippines Daily Inquirer, 2014-11-07.

濒危的物种

例 2：They yielded 216 live turtles, like Green Sea and Hawks Bill considered all critically endangered species of wildlife, and 381 assorted dead turtles. (2014-11-24) 他们（指渔民——笔者注）捕获了 216 只活海龟，诸如绿海龟和玳瑁均被视为极危野生物种，还有 381 只各类死海龟。

例 3：Endangered marine turtles believed to be ready to be sold live to Chinese traders (2014-11-07) 据称，濒危海龟将被活卖给中国商人……

例 4：The poached green sea turtles, classified as endangered species, (2014-11-07) 遭非法捕猎的绿海龟，被列为濒危物种……

毋庸置疑，作者之所以不惜笔墨大肆渲染，其意应在于突显遭捕获的动物品种之珍稀、数量之庞大，以此引起读者对这些动物处境的同情和担心，并进而对偷猎者产生反感，甚至予以谴责。而透过一再将中国人与偷猎者关联起来，菲媒似希望将读者对偷猎者的反感引向对中国人或中国文化的反感，以期达到破坏中国国际形象的目的。同时通过反复强调事件发生的地点是在所谓的"争议海域"，又把偷猎行为与南海争议联系在一起，由此可能使人由中国人所谓的"非法采购或捕猎濒危动物的行为"联想到中国对南海声索正当性的质疑，甚至可能让人联想到，一旦中国拥有南海岛礁，对其中的珍稀野生动物来说，将是灾难性的。

2. 命名与指称 (Naming and reference)

学者克雷斯 (Kress) 和费尔克拉夫 (Fairclough) 认为，人们在语篇或演讲中被命名的方式可对其如何被看待产生重要的影响。当我们指称某人时，有一系列的命名选择，这使我们能突出希望引人关注的某些特点，而对其他特点保持缄默。另一学者冯·戴伊克 (Van Dijk) 指出，新闻通过他所谓的"意识形态棱角 (ideological squaring)"使我们或与人结盟，或反对他们。他揭示了语篇是如何借助指称的选择来创造对立面，以使事件和问题简单化，且往往是出于控制意思之目的。[①] 在本文所选报道中，当指称中国时，《问询者报》常用的词汇有：aggressive intrusion/ 积极的入侵，giant neighbor/ 大块

① KRESS G. Linguistic Processes in Sociocultural Practice[M]. Oxford: Oxford University Press, 1989. FAIRCLOUGH N. Aanlysing Discourse: Textual Analysis or Social Research[M]. London: Routledge, 2003. VAN DIJK T A. Discourse and Elite Racism[M]. London: Sage, 1993, quoted from Media & Communication Research Methods[M], 2013: 124-125.

头邻居，bellicose approach/ 好战方式，China's aggressive territorial claims/ 中国咄咄逼人的领土声索，Chinese encroachment/ 中国的蚕食等等。有些词汇虽然没有明说是指中国，但根据语境，明显就是指中国，如 coercion or intimidation/ 胁迫或恫吓，bully the small/ 欺负小国，fatal hazing activities/ 致命的欺凌活动。通过选用这些相当负面的词汇，菲媒塑造了一个野心勃勃、咄咄逼人、恃强凌弱、侵犯他国领土、体积庞大的中国形象。尽管在两篇关于菲律宾高层赴华参加亚太经合组织会议的新闻① 中，菲媒高度肯定了中国作为东道主的和蔼可亲和热情好客的正面形象，但鉴于其所占比例太小，故而无法从根本上撼动菲媒长期以来所刻画的极其负面的中国形象。显而易见，菲媒之所以如此直截了当地透过其"意识形态棱角"来抹黑中国形象，意在煽动"中国威胁论"、"中国侵略论"、"大国欺负小国"等，以博取国际社会对菲律宾的同情，并向中国施压。至于中国政府针对周边国家所采取的"坚持与邻为善、以邻为伴，坚持睦邻、安邻、富邻，突出体现亲、诚、惠、容的理念"，和以"维护周边和平稳定"为周边外交的重要目标等关键事实，② 菲媒均避而不谈。其实，就连菲前总统、现任马尼拉市长依斯拉沓都认为"中国从来不是一个占领者"。③ 然而，经过菲媒和其他西方媒体长期不遗余力的丑化，现在一提到南海问题，中国就常以所谓的"恫吓或武力方式侵与他国领土"的形象出现。

3. 社会行动者的分类 (Classification of social actors)

为了使指称选择 (referential choices) 的描述更具系统性，有学者专门列出了一个综合清单，其分类方式包括：使人格化 / 使不具人格 (Personalised/impersonalised)、个人或集体化 (Individuals or collectivised)、个别的或通用的 (Specific or generic)、名义化或功能化 (Nominalised or functionalised)、匿名化 (Anonymised)、合计的 (Aggregated)、代词 / 名词："我们"和"他们"的分割 (Pronoun/noun: the 'us' and 'them' division)。④ 这些基本上都可以在

---

① SABILLO K A. Aquino, secretaries learn from China, eye successful Apec in PH[N]. Philippines Daily Inquirer, 2014-11-11. See also ESGUERRA C. China plays gracious host to PH delegation[N]. Philippines Daily Inquirer, 2014-11-11.

② 钱彤. 习近平：让命运共同体意识在周边国家落地生根 [N/OL]. 2013-10-25. http://news.xinhuanet.com/2013-10/25/c_117878944.htm

③ 佚名. 埃纳主张南海问题友好解决 [N/OL]. 世界日报，2013-11-03.http://www.world-newsph.net/0/p_images/p01.html

④ HANSEN A, MACHIN D. Media & Communication Research Methods[M]. New York: Palgrave Macmillan,2013, 126-130.

本文所研究的对象中找着，这里特别要运用"个别的或通用的"、"匿名化"和"合计的"这三种方式来对菲媒的意图进行分析。

（1）个别的或通用的，即指参与者是作为特定的个人或是作为一类人来呈现的。例如，

例 5：Endangered marine turtles believed to be ready to be sold live to Chinese traders(2014-11-07) 据称，濒危海龟将被活卖给中国商人。

例 6：Philippine law enforcement officials have also identified it as a regular trading point of Chinese traders who buy marine turtles from local illegal fishers. (2014-11-07) 菲律宾执法官员也将其（半月礁——笔者注）认定为中国商人从当地非法渔民手中购买海龟的固定交易点。

在这两个例子中，当记者提到从菲律宾非法渔民手中采购濒危海龟的极个别中国商人时，是以不带定冠词的复数形式来指称他们的，即把这些极少数的中国商人作为全部中国商人来呈现，这可能给读者留下中国商人都是如此的坏印象。

（2）匿名化，即以匿名方式来处理消息来源或有意使参与者匿名化。举两个例子来看：

例 7：Some analysts have pointed out that the rebalance or the pivot to Asia has very high support in the region. (2014-11-17) 一些分析家指出，再平衡或重返亚洲在本地区拥有相当高的支持度。

例 8：According to media reports, China has reclaimed land at Kagitingan Reef, also known as the Fiery Cross Reef. (2014-11-24) 据媒体报道，中国已在 Kagitingan Reef 也称作永暑礁 (the Fiery Cross) 的地方进行填海。

消息来源不仅关乎新闻的真实性和准确性，也关乎媒体的声誉，故西方主流媒体通常对消息来源，特别是匿名消息来源的使用慎之又慎，且制定了详细的操作规范。如路透社规定："所有容易引起争议的说法必须严格交代消息来源。"《纽约时报》承诺："时报不隐瞒其消息来源，例如不称某个人为'消息人士'。《金融时报》指出："事实或言论越有杀伤力或争论，越要求标明出处。一篇报道若充斥着'消息灵通者''可靠消息'等含糊表述，容易使

读者产生报纸肯定在隐瞒真相的联想。"① 按照这些西方知名媒体的说法，在报道诸如南海问题这类高度敏感的议题时，媒体更应慎重对待消息来源，然而，在上述两个例子中，记者却将消息来源匿名化了，这不由得让人怀疑其报道的准确性，或对其真实动机产生质疑。

（3）合计的，即以"统计"的方式来量化或对待参与者。采用此类统计数据，给人以经过研究、科学可靠的感觉，但其实并未给出确切的数字。② 例如，

例 9：During the past few months, Vietnam and the Philippines have clashed with China in a number of violent incidents springing from increasing incursions of Chinese vessels, (2014-11-17) 在过去几个月里，越南和菲律宾与中国在许多暴力事件中发生冲突，这些事件均起源于中国船只与日俱增的侵略行为。

例 10：The Chinese fishermen were fined $102,000 each after they were found with hundreds of sea turtles off the coast of Palawan in the West Philippine Sea. (2014-11-27) 中国商人因被发现在西菲律宾海的巴拉望海岸外捕获数以百计的海龟，而每人罚款 10.2 万美元。

在这两个句子中，作者以合计的方式说明了暴力事件和海龟的数量，但"许多"究竟指的是多少呢？"数以百计"又是多少只呢？记者并未给出具体的数字，那为何不给呢？用意何在？颇耐人寻味的。

4. 没有施事者的被动动词 (Passivated verbs without agents)

在撰写新闻时，记者有时会倾向于使用没有施事者的被动语态，以避开说明施事者是谁，以及该由谁来承担责任，这是隐瞒 (Suppression) 的一种方式。③ 例如，

例 11：Randy Suelo, head of Bantay Palawan, told the Inquirer on Thursday that investigation results showed that the turtles were being prepared for transport

---

① 国外知名媒体有关"消息来源"的使用规范 [J/OL]. 中国记者 . http://news.xinhuanet. com/newmedia/2005-08/17/content_3366355.htm

② HANSEN A, MACHIN D. Media & Communication Research Methods[M]. New York: Palgrave Macmillan,2013, 129.

③ Ibid.,131.

"possibly in the area around HasaHasa, which is the known trading post for turtles." (2014-11-07) 巴拉望省政府执法部门负责人 Randy Suelo 周四告诉《问询者报》，调查结果表明，海龟正准备运往"大概是以海龟交易点著称的 HasaHasa 附近区域"。

例 12：The treaty is seen as an attempt by Beijing to dispel any notion it is a threat. (2014-11-14) 这一条约（即李克强当时提出的中国将与东盟签订的友好合作条约——笔者注）被看作是北京试图消除视其为威胁的任何想法。

在上述两个例子中，施事者是缺失的。第一个例子，记者没有说明准备运送海龟的是谁，是否因为系其国人所为而有意回避呢？第二个例子，作者没有点明是谁的看法，仅用了不含施事者的被动语态来含糊其辞，其实很可能就是媒体自身的观点，因为菲媒常常倾向于负面解读中国的善意。

不过，在本文所研究的报道中，带有施事者的被动语态也有不少，碍于篇幅所限，这里仅举几例来看：

例 13：The President said the dispute was not the "beall and endall" of PhilippineChina relations, echoing a statement made by former Chinese President Hu Jintao when he went on a state visit to Beijing three years ago. (2014-11-11) 总统（即前总统阿基诺三世——笔者注）说，争端并非菲中关系的"全部"，重复三年前他前往北京进行国事访问时，中国前国家主席胡锦涛所说的话。

例 14：Buoyed by support from other Asean leaders for the Philippines' arbitration case against China in the United Nations, President Aquino (2014-11-14) 受到了东盟其他领导人对菲律宾向联合国起诉中国仲裁案件支持的激励，阿基诺总统……

例 15：In May, China sent an oil drilling rig to waters claimed by the Vietnamese. 5 月，中国将一套石油钻井设备运至越南声称的海域。

例 16： … Chinese vessels, escorted by gunboats of China's coast guard, into Philippine and Vietnamese exclusive economic zones demarcated by the UN Convention of the Law of the Sea.……(2014-11-17) 中国船只在中国海岸警卫队炮艇的护卫下，进入由联合国海洋法公约所划定的菲律宾和越南的专属经济区内。

例 17：Carpio produced maps of the Philippines showing its territories supposedly recognized by the United States but were being claimed by China, …

(2014-11-19) 法官卡皮奥给出菲律宾地图，显示据称为美国所承认的菲律宾领土正被中国所声索……

在上述这些采用被动动词的例子中，作者均提供了施事者的信息，且有些非常详细，这其实在很大程度上是受到意识形态驱使的。现分析如下：例13 的目的似在于说明这是中国前国家主席胡锦涛的话，阿基诺前总统只不过重复了他的说法；例14 似意在显示阿基诺前总统获得了东盟其他领导人的所谓支持；例15 特意指出是在"越南声索的海域"，这一说法既含偏袒越南、挑拨中越关系之意，又有把中越矛盾之起因全归咎于中国之嫌；例16 的两个被动动词均带有施事者，其意图在于渲染中国的武力威胁，塑造中国侵犯他国领土的形象，同时表明菲、越两国的所谓专属经济区是由《联合国海洋法公约》（下文简称为"公约"）所划定的，故而是"合法"的；例17 凸显中国正声索的领土是经由美国认可的所谓菲律宾的领土，其动机无非是希望拉美国来压中国。

类似的例子在菲媒的相关报道中比比皆是，可见，在使用被动动词时，是否提及施事者是有讲究的，且往往受到了意识形态的支配。

5. 假设 (Presupposition)

假设是指文本生产者有时会以想当然但事实并非如此的方式来运用一些概念，且通常情况下，作者不会在文中对这些概念的真实含义加以说明。[①] 假设现象在本文的研究对象中并非罕见。例如，菲媒一而再再而三地提到南海部分岛礁是在《公约》所规定的菲律宾所谓的专属经济区内，因而就是菲律宾的领土了，并以此为依据来谴责中方所谓的"侵略行为"，以及向国际仲裁法庭起诉中国的九段线。事实上，仔细查阅《公约》相关规定，便可知道菲媒是以想当然的方式滥用了《公约》关于专属经济区的规定，因为《公约》在序言中即明白指出：要"在妥为顾及所有国家主权的情形下，为海洋建立一种法律秩序"。也就是说，《公约》确实规定了沿海国家设立专属经济区的标准，但《公约》并没有说可以把在经济区内的所有岛礁据为己有，特别是对那些主权早有归属的岛礁，更不可随心所欲地说是自己的就是自己的。其实，通读《公约》的所有规定，没有一条意在否定缔约国的固有领土。如果

---

① HANSEN A, MACHIN D. Media & Communication Research Methods[M]. New York: Palgrave Macmillan, 2013, 133.

只是因为《公约》的缔结就必须改变某些岛屿的原有归属，那整个世界岂不乱了套？ [①] 再说，菲媒似乎忘了，中国也有自己的专属经济区，据《公约》第74条的规定："海岸相向或相邻的国家间专属经济区的界限，应在国际法院规约第三十八条所指国际法的基础上以协议划定，以便得到公平解决。"意即两国的专属经济区若有重叠的，须以协商方式解决。然而，在菲媒的相关报道中，几乎找不到其对专属经济区真实含义的完整清晰的阐述，这对于那些不熟悉《公约》内容的受众来说，确实极易造成误导。

6. 模棱两可的言语 (Hedging)

有时为了使其所声明的能达到策略性的含糊效果，作者会使用模棱两可的言语。所谓模棱两可的言语，是指使用言词 (words) 来软化所说的话，或使自己远离某个词语所表达的含义，或避免具体说明。[②] 在相关报道中，此类现象可不少见，特举几例来看：

例 18：Buoyed by support from other Asean leaders for the Philippines' arbitration case against China in the United Nations, President Aquino ⋯ (2014-11-14) 受到了东盟其他领导人对菲律宾向联合国起诉中国仲裁案件支持的激励，阿基诺总统⋯⋯

例 19：Late on Wednesday, President Aquino told reporters that he had received support from other Asean leaders, some publicly speaking and others in private, for the Philippine case in a UN arbitration tribunal challenging China's claim to almost the entire South China Sea. (2014-11-14) 周三晚些时候，阿基诺总统告诉记者们，他已得到东盟其他领导人的支持，一些是公开地，其他的是私下地，支持菲律宾以向联合国仲裁法庭起诉的方式来挑战中国对几乎整个南海的声索。

在上述这两个出自同一则新闻的例子中，不论是记者还是前总统阿基诺，应该都是有意采用"其他"、"有些"、"其他的"等模棱两可的说法，以期达到至少如下两个目的：一是避开明说是哪些东盟国家领导人给予了菲律宾支持，因为这是一个相当敏感的话题；二是制造多个东盟国家支持菲律宾的假

① 李德霞. 菲律宾主流英文媒体对黄岩岛事件的报道分析——以《菲律宾每日问询者报》为例 [J/OL]. 当代亚太，2013, 4, 119.

② HANSEN A, MACHIN D. Media & Communication Research Methods[M]. New York: Palgrave Macmillan,2013, 137.

象。基于在第一个例子中，记者并未说明所谓的东盟其他领导人是何时表达对菲律宾的支持，而这句话的背景又是阿基诺前总统在第 25 届东盟峰会接近尾声时，在东盟 10+1（中国）对话中的发言，故而很有可能让人误以为菲方所获"支持"就是在本届峰会召开期间，这是否正是记者希望通过闪烁其词来达到的效果呢？换句话说，记者是否有意让东盟其他领导人在不同时候、不同场合表达的所谓支持在同一时候、同一场合呈现，以表明阿基诺获得了多个东盟领导人的支持呢？然而，诚如有学者指出的那样："记者如果根据自己的需要随意选择调配使用材料，有时也同样会产生造假的效果。"[①]

例 20：Jose also said that incidents like these made a code of conduct in the South China Sea, where there are overlapping claims by many countries, "all the more pressing and urgent." (2014-11-27) 约瑟（菲前外交部发言人兼助理部长——笔者注）也说，诸如此类的事件，使得制定南海行为准则"更加迫在眉睫"，南海存在诸多国家的重叠声索。

南海声索方有多少个，菲方再清楚不过了，但却故意采用"诸多国家"这一夸大其辞的说法，无非是要渲染南海问题之复杂、涉及国家之多，以此强调制定行为准则之迫切。

7. 引述动词 (Quoting verbs)

在文本中，研究作者使用何种动词来表述参与者的发言，是很有必要的，因为这能在很大程度上透露出作者的立场或情感，及其期望取得的效果。[②] 例如，

例 21：President Aquino on Thursday challenged China to take "concrete action" in the South China Sea to match its diplomatic overtures in the Southeast Asian region. (2014-11-14) 周四，阿基诺总统向中国挑战，要求它在南海问题上采取"具体行动"，以与其在东南亚地区的外交姿态相匹配。

---

① 北风. 全面性与真实性 [N/OL]. 世界日报, 2013-03-12.http://worldnews.net.ph/post/31723.

② HANSEN A, MACHIN D. Media & Communication Research Methods[M]. New York: Palgrave Macmillan,2013, 140.

在这段话中，记者选用了"挑战"这个较具情感色彩的引述动词，以彰显阿基诺前总统"不畏强权"，敢于向中国挑战的"光辉"形象。

又如，

例 22：He insisted that the US strategic policy to "pivot" it back to Asia was real and "here to stay." 他（奥巴马前总统——笔者注）坚持说，美国将战略方针"转"回亚洲是真实的，且"将停留于此"。

……

He pledged that, "day in and day out, steadily we will continue to deepen our engagement (with the region) using every element of our power diplomacy, military, economic, development and the power of our values." (2014-11-17) 他保证道："我们将尽一切所能，包括外交、军事、经济、发展，和价值力量，来夜以继日、坚定不移地继续深化我们（对该地区）的承诺。"

上述这两段话的背景是，奥巴马前总统因美国中期选举失利而削弱了其在亚洲的影响力，为此，他极力安慰其在亚太地区焦虑不安的盟友。记者选用了"坚持"和"保证"这两个引述动词来表明奥巴马的坚定决心，似乎意在使受众放心。这两个动词的使用，再次表露出了菲律宾记者亲奥巴马的情感。

8. 修辞比喻 (Rhetorical tropes)

修辞比喻涵盖夸张、暗喻、转喻、双关等，这些均为政治修辞之典型。修辞比喻是文本中的常见现象，且往往是作者希冀达到说服与抽象效果之标志。[①] 在本研究所选新闻中，夸张 (Hyerbole) 是较常使用的修辞手法，一个典型的例子为菲媒极尽夸张之能事，极力渲染中国声索南海面积之庞大。尽管中国外交部发言人已多次声明："中国对南海诸岛及其周边海域拥有无可争辩的主权"，即中国没有也不可能声称拥有整个南海，但出于种种目的之考量，菲媒动不动就把中国声索南海的 90% 或几乎整个南海之类的不实言论挂在嘴上。在本文所研究的对象中，至少有 8 篇报道涉及这一议题，尤其是在《阿基诺向中国挑战：行动 (Aquino dares China: Act)》(2014-11-14) 一文中，

---

① HANSEN A, MACHIN D. Media & Communication Research Methods[M]. New York: Palgrave Macmillan, 2013, 141.

作者居然不厌其烦地三次谈到了中国声索南海面积之庞大：

例 23：Besides the Philippines, Vietnam, Brunei, Malaysia and Taiwan also claim parts of the South China Sea, 90 percent of which China claims, including waters close to the shores of its smaller neighbors. 除了菲律宾之外，越南、文莱、马来西亚和台湾也声索部分南海，南海的 90% 为中国所声索，包括靠近其较小邻居海岸的海域。

例 24：The Philippines has previously irked Beijing by seeking international arbitration over China's claims to nearly all of the South China Sea. 此前，菲律宾通过国际仲裁起诉中国对几乎整个南海的声索已使北京烦恼不已。

例 25：Late on Wednesday, President Aquino told reporters that he had received support from other Asean leaders, some publicly speaking and others in private, for the Philippine case in a UN arbitration tribunal challenging China's claim to almost the entire South China Sea. 周三晚些时候，阿基诺总统告诉记者们，他已得到东盟其他领导人或公开或私下的支持，他们支持菲律宾以向联合国仲裁法庭起诉的方式来挑战中国对几乎整个南海的声索。

联系上下文可以看出，作者第一次提到中国声索南海面积之大，一方面是为了表明阿基诺当政时期的菲律宾不会接受中国倡导的以双边方式解决南海争端，因为并非只有菲律宾与中国存在领土纠纷；另一方面则是为了离间中国与南海其他声索方的关系，并企图引起国际社会对中国之"野心"和"贪心"及其对邻国的"霸凌"之防备与公愤。其他两次则是为了证明菲律宾就南海问题寻求国际仲裁的"正当性"，且炫耀其赢得的所谓其他东盟国家领导人的支持。毫无疑问，别有用心地反复夸大中国声索的南海面积之大，是菲媒推动南海问题国际化的手段之一。正是在囊括菲媒在内的外媒的不断鼓噪下，现在国际社会有关中国声索几乎整个南海的谬论甚嚣尘上，这对中方解决南海问题十分不利。

五、菲媒的报道特点及其可能的报道意图

基于上述对相关新闻的标题和正文的批评性话语分析，现将《问询者报》南海问题相关报道的特点及其可能的报道意图概括如下：

第一，报道中不乏抹黑中国的话语，刻画中国所谓的"非法偷猎者""濒危野生动物破坏者"" 《公约》违法者""菲律宾司法体系藐视者"等不良形象，企图以此引起国际社会对中国人和中国文化的反感，并对中国声索南海领土主权的正当性和合法性产生质疑，甚而至于可能对中国拥有南海岛礁之后果产生忧虑。

第二，渲染"中国威胁论""中国侵略论""大国欺负小国"等，通过刻意选用大量负面词汇，来塑造一个所谓的"野心勃勃""咄咄逼人""恃强凌弱""侵犯他国领土"、体积庞大的中国形象，以此向国际社会扮可怜、求同情，从而争取在道义上战胜中国，并希冀引起域内外国家对中国的警觉与防范。

第三，美化前总统阿基诺和菲律宾的形象，凸显前者"不畏强暴"，敢于同中国叫板的"高大"形象；宣扬后者是依法办事、遵纪守法的国家，并努力表明菲律宾对南海领土的声索是"合理合法"的。

第四，为菲律宾将南海问题诉诸海牙临时仲裁庭的正当性辩护，为此特意营造多个东盟国家领导人支持菲律宾的假象。

第五，推动南海问题国际化、复杂化、多边化，呼吁以多边机制而非中国倡导的双边机制来解决南海问题，并不时催促尽早制定南海行为准则，将其视为解决南海争端的灵丹妙药。

第六，对于那些担心中菲关系尤其是两国经贸往来因南海争议而受到冲击的受众，菲媒予以了说服和慰藉，同时也是自我安慰，认为中菲关系不会因此受到影响。

第七，积极拉拢越南，不惜颠倒是非，把2014年5月发生在越南境内的对华致命暴力事件全然归咎于中国。在渲染中国声索南海面积之庞大时，对声索范围与中国不相上下的越南视而不见，对菲越两国同样存在南海纠纷的事实只字未提。在大力倡导菲越联美抗华的同时，不忘挑拨中越关系。

第八，亲近美国，偏袒奥巴马前总统，在一定程度上为其开脱责任。

六、研究结论

在中菲南海较量中，硬实力远非中国的菲律宾之所以在阿基诺统治时期敢于屡屡叫板中国，固然与美、日等域外大国的支持分不开，但也与菲律宾对舆论战的重视不无关系。事实上，菲律宾当时调门越来越高的舆论挑衅，及其与美、日的一唱一和，曾给中国解决南海问题带来了不小的危害和麻烦。在菲方针对南海问题的舆论挑衅中，菲律宾主流媒体所发挥的作用不容忽视。本文以有菲律宾第一大报之称的《问询者报》为例，以随机抽取的该报在 2014 年 11 月的南海问题相关报道为研究对象，应用批评性话语分析法的"过渡词汇化""命名与指称""社会行动者的分类""没有施事者的被动动词""假设""模棱两可的言语""引述动词""修辞比喻"等系列工具，对有关新闻报道的标题和正文用语进行了深层次的剖析，以揭示语篇中潜在的意图和隐含的意识形态，并探讨了菲媒是如何利用语言和语法特点来生成意义、传达想法与价值，同时将自身的意图巧妙地隐藏起来。在此基础上，本文总结了菲媒的南海问题报道特点及其可能的报道意图。所谓知己知彼，百战不殆，为在南海问题上争得国际舆论话语权，我们很有必要深入了解对手。尽管自菲律宾新总统杜特尔特上台以来，中菲关系的转暖有目共睹，双方在南海问题上也暂时采取搁置策略，但战略地位极其重要、地缘政治相当复杂的南海地区依然危机四伏，西方主导的国际相关舆论依旧对华十分不利，因此，我们仍然不能掉以轻心，既要继续强化硬实力，也决不能忽视包括争夺话语权在内的软实力。从这个层面来说，本文应具有一定的理论与现实意义。希望本研究能有助于更好地解读外媒对南海问题的报道。

媒体融合背景下我国新闻传播人才培养的"变"与"不变"

叶　虎*

（厦门大学新闻传播学院，福建厦门，361005）

摘　要：媒体融合在我国已经上升到了宏观的国家战略层面，它不仅是新闻业界不可逆转的潮流，也是各大高校新闻院系必须面对的时代挑战。其中，新闻传播人才的培养既是传统媒体与新兴媒体融合发展的关键，也是高校新闻院系在互联网时代必须履行的使命。文章探讨了媒体融合背景下新媒体的强劲发展对传统新闻传播人才培养模式的冲击和挑战，分析当前我国高校新闻传播人才培养中存在的主要问题，并由此提出媒体融合背景下新闻传播人才培养的"变"与"不变"，制定出切实可行的应对策略。

关键词：媒体融合；新媒体；高校；新闻传播人才；培养

基金资助：本文系福建省社科规划一般项目、福建省中国特色社会主义理论体系研究中心 2016 年年度项目"推进文化强省建设，提升福建文化软实力研究"（项目编号：FJ2016B033），2016 年福建省新闻理论研究重点课题"福建新闻媒体国际传播能力提升与 21 世纪海上丝绸之路核心区建设研究"（项目编号：2016A09），"中央高校基本科研业务费专项资金资助"项目"海外华文传媒与中国软实力建设研究"（2010221090）的阶段性成果。

人才是媒体竞争的核心要素。在中央全面深化改革领导小组第四次会议审议通过的《关于推动传统媒体和新兴媒体融合发展的指导意见》中，习近平总书记强调，要着力打造一批形态多样、手段先进、具有竞争力的新型主

---

* 叶虎，安徽省巢湖市人，厦门大学新闻传播学院副教授，硕士生导师。

流媒体，建成几家拥有强大实力和传播力、公信力、影响力的新型媒体集团。而要实现上述目标，必须要在新的媒体融合语境下实现新闻传播人才培养范式的转型和突破。本文在探讨新媒体的发展对新闻传播人才培养冲击的基础上，分析当前我国高校新闻人才培养中存在的主要问题，并由此提出媒体融合语境下新闻传播人才培养的对策。

一

"新媒体"一词最早见于 1967 年美国 CBS（哥伦比亚广播电视网）技术研究所所长、NTSC 电视制式的发明者 P.Goldmark（戈尔德马克）的一份计划书中。此后，1969 年美国传播政策总统特别委员会主席 E.Rostow 在向尼克松总统提交的报告书中多处提到"新媒体"这一概念。当前，对于新媒体这一热门领域，无论业界还是学界都没有一个明确的概念。美国《连线》杂志曾对新媒体这样定义：新媒体是所有人对所有人的传播。在《新闻学关键概念》一书中，作者认为新媒体是一个宽泛的传播概念，"它可以指下列这些互有联系的事物中的任何一个：新兴的数字技术和数字平台；在线新闻；电子和多媒体出版（尤其是在因特网和万维网上）"。① 清华大学的熊澄宇教授认为，新媒体是一个相对的概念，"新"相对"旧"而言。"今天我们所说的新媒体通常是指在计算机信息处理技术基础之上出现和影响的媒体形态。这里有两个概念，一个是出现，是指以前没有出现的；一个是影响，所谓影响就是受计算机信息技术影响而产生变化的，这两种媒体形态是我们现在说的新媒体"。② 中国人民大学的匡文波认为，新媒体也是一个相对的概念，是在报刊、广播、电视等传统媒体以后发展起来的新的媒体形态，包括网络媒体、手机媒体、数字电视等。……严格地说，新媒体应该称为数字化新媒体。在目前经济技术条件下，互联网是新媒体的主体。③ 不论哪种说法，可以肯定的是新媒体是相对于传统媒体而言的，是建立在数字技术和网络技术的基础之上，延伸出来的各种媒体形式。我们认为，新媒体是相对于传统意义上的报刊、广播、电视等大众传播媒体而言的，指随着传播技术的发展，传媒市场

① [英]鲍勃·富兰克林等.新闻学关键概念[M].诸葛蔚东等译.北京：北京大学出版社，2008.第 210 页。
② 清华大学熊澄宇：新媒体与文化产业[EB/OL].人民网，2005 年 2 月 1 日，http://media.people.com.cn/GB/35928/36353/3160168.html。
③ 匡文波.2006 新媒体发展回顾[J].中国记者，2007（1）.

的进一步细分而产生的新型传播媒体，是利用数字技术、网络技术，通过互联网、宽带局域网、无线通信网、卫星等渠道，以及电脑、手机、iPad等终端提供信息和服务的媒体形态。

在新的媒介环境下，传统媒体的生存面临新的挑战。报刊、广播、电视等传统媒体面临与新媒体互相融合的局面。英国社会学家、传媒研究专家约翰·B.汤普森曾经指出："印刷的媒介已越来越让位于大众传播的电子传媒形式，特别是电视；而且这些新的传媒已改变了现代社会中互动、交往和信息扩散的条件。"① 在信息技术推动下的媒体融合时代，传统的新闻传播方式已变得面目全非，新的呈现技术、传播方式、表现手法层出不穷。例如，在大数据时代，新闻报道的生产方式在大数据技术的支持下已经发生了翻天覆地的变化。移动互联网带来的是一系列颠覆式的变革，它完全改变了传统的新闻产品形态，也催生了新的新闻生产方式。即利用大数据的广泛嵌入性和自动化、规模化处理信息的能力，观测出不同平台、不同受众的特点，进而进行定制化的新闻生产。未来我国的媒介融合之路必将走向更深层次，新闻生产方面也会逐渐跟紧时代的潮流，在依托大数据进行新闻生产、众包新闻和众筹新闻、乃至计算机编写新闻报道方面都会有很大的发展。②

新媒体也打破了媒介的介质壁垒，使同一内容多介质实现成为可能，使得传统的单一属性的媒介终端向视听多媒体终端进化。不仅如此，在"人人都有麦克风"、"人人都有摄像机"的时代，"公民新闻"颠覆了传统媒体在新闻传播中的垄断和特权，并影响了传统媒体对新闻信息的"议程设置"功能，这在突发新闻事件报道中表现得尤为突出。例如，2015年8月12日，天津港瑞海公司危险品仓库特别重大火灾爆炸事故。12日午夜，大爆炸发生后的第一时间，当地网民就爆料：8月12日晚23点30分左右天津塘沽区发生大爆炸，一声巨响很多人以为地震都跑下去了。其还通过智能手机记录下关键一刻，通过微博微信上传现场照片、视频，包括天空现蘑菇云、窗户被震碎、汽车被烧毁、受伤市民跑到街上等等，这些内容瞬间刷爆朋友圈。有媒体人总结了过去10余年第一现场信息渠道的变化："9·11恐怖袭击，凤凰卫视；5·12汶川地震，央视；4·20雅安地震，微博"，而此次天津爆炸，渠道则又

① ［英］约翰·B.汤普森.意识形态与现代文化［M］.高铦等译.南京：译林出版社，2005. 第132页。

② 高露歌、贾志甜.大数据背景下新闻生产方式的变革与趋势［J］.新闻知识，2015（5）.

有新变化，从微博变为"微博＋微信"。① 传播渠道的变化彰显出普通受众也成了媒介文本的生产者，"公民记者"利用信息传播技术和智能手机等终端设备将"公民新闻"第一时间发布，从而形成不可忽视的影响。"公民新闻"的出现改变了传统专业记者"独打天下"的报道方式，出现了专业记者与公民记者相结合的报道形态转变。

上述种种变化使得现有的新闻人才培养模式开始出现诸多不适应，要求新闻教育在培养理念、学科架构、课程设置、教学平台等方面进行大刀阔斧的改革以适应正在变革的传媒发展的需要，培养出适合媒体融合发展形势的新闻传播专业人才。

二

新媒体对传统新闻教育的影响不容置疑，媒体融合的潮流也倒逼着高校对新闻学教育进行反思、重构和创新。为顺应互联网传播移动化、社交化、视频化的趋势以及业界对媒体融合人才的急需和召唤，近些年来，无沦是欧美高校的新闻学院还是中国等发展中国家的新闻院校，都在思考如何因应不可抗拒的时代潮流和技术变革，在改革、重塑和创新新闻教育模式上有所突破，更好地培养出适应时代发展的新闻传播专业人才。2005 年，美国南卡罗来纳大学的坦纳（Andrea Tanner）和杜赫（Sonya Duhe）两位研究者的报告显示："美国已经有 80% 的新闻学教师开始讲授媒介融合的课程内容，四分之三的新闻教师认为媒介融合是大众传播的未来发展方向和二分之一的教师认为媒介融合内容应纳入新闻教育课程，三分之一的人认为需要让学生掌握媒介融合的技术。"② 从时间上看，美国堪萨斯大学新闻与大众传播学院于 1999 年，南加利福尼亚大学在 2002 年最早启动了媒体融合教育计划。作为世界上第一所新闻学院，密苏里大学新闻学院于 2005 年创设了著名的媒介融合专业，着力培养多媒体记者和数据视觉化设计师等新闻传播新型人才。国内高校如清华大学的"大篷车课堂""作坊式教学"；中国人民大学的跨媒体教学；汕头大学与美国密苏里大学合作，成立我国高校首家融合媒体实验室；

① 天津大爆炸：双微传播与以往有何不同？[EB/OL]. 新浪网，2015 年 8 月 20 日，http://news.sina.com.cn/ m/wl/2015-08-20/ doc-ifxhcvry0719881.shtml.

② AndreaTanner and Sonya Duhe.Trends in Mass Media Education in the Age of Media Convergence:Preparing Students for Careers in a Convergening News Environment. Studies in Media & Information Literacy Education,2005,5（3）.

上海外国语大学传媒学院成立媒体融合实验教学中心，致力于促进新媒体和传统媒体间的互动与融合等。但总体说来，高校在媒体融合语境下新闻传播人才的培养还存在着以下一些问题，与美国等西方国家还存在着较大的差距。

一是课程体系设置难以适应"媒体融合"的大趋势。当前，我国新闻传播学的专业分类多是根据传统的媒介分类，比如新闻专业主要培养平面媒体的采编人员，广播电视专业培养广播电视采编人员。同时，课程设置总体上围绕传统媒体的新闻生产环节，在媒体运营、营销、渠道等环节，以及新媒体方面的教学比较薄弱。即便对新媒体方面有所涉及，也大都局限于概论类课程，综合性、系统性、科学性建构明显欠缺。另一方面，不少新闻院校片面地认为媒体融合就是技术融合，对后者的过分强调和倾斜致使新闻传播人才培养的人文性和科学性受到损害。

二是师资结构、知识水平和媒体经验特别是新媒体素质和业务能力的欠缺，致使师资难以满足媒体融合时代的人才培养需求。国内不少新闻传播院校大多从中文等文科专业剥离开来，师资整体的知识结构偏重于人文与社会科学。尽管近些年也引进了一些业界人士补充到师资队伍，但信息技术发展日新月异以及媒体融合的步伐不断加快的趋势，使得这些大多来自传统媒体的业界教师也难以跟上时代的脚步和纷纭变化的媒体现实。而对于那些具有媒体经验特别是新媒体素质和能力的业界精英，由于不能满足高校引进人才的标准（高校一般要求引进人才都必须具备博士学位甚至国外知名大学的博士学位），也只能被拒之门外。另一方面，高校对教师的考核标准主要以科研产出、科研经费等作为指标，这也导致教师普遍围绕"指挥棒"运转，对教学特别是涉及到新技术、新理念、新方法的媒体融合教学普遍存在畏难情绪甚至懈怠心理，致使不少媒体融合的课程往往流于肤浅和形式，常常是应付上级教育主管部门的检查和招生宣传的需要，其师资结构和梯队的建设、课程设置的科学性与合理性、培养目标与社会需求的对接性等都存在着程度不等的问题。

三是教学理念和模式与媒体融合时代新闻传播人才的培养要求存在差距。高校新闻学课程教学理念大多遵循教师的主导和权威地位，过分强调教师的主体地位往往使课堂教学以教师为中心，致使教师的组织和引导作用受到削弱，学生的主体作用没有得到充分彰显和突出。教学模式主要以课堂讲授为主，"你说我听""只讲不做"或者"只讲少做"成为课堂教学的主打模式。传统的新闻传播教学理念与模式显然与强调"民主""开放""参与"，强调

"我思献人人、人人助我思"的互联网思维格格不入。

四是建设包括媒体融合实验室在内的各项软硬件的投入对于不少新闻院校来说是不可承受之重。在业界，推动传统媒体和新兴媒体融合发展无论从技术设备还是人员配备等方面都需要高投入，同样推进媒体融合时代的新闻传播人才培养也是一个系统工程，需要各项工作具体落实。其中建设、维护和更新媒体融合实验室就是题中应有之义。众所周知，中国各大高校存在着层级之差，由此带来的就是包括经济资本在内的各项资源的不均等投入。一般而言，"985"高校、"211"高校在各项资源的获取方面较之其他高校处于十分有利的地位，这就造成后者的新闻院校在投入方面处于不利乃至尴尬的地位。当然，即便是"985"高校、"211"高校内部也存在资源再分配问题，而令人尴尬的是，新闻传播学科作为文科中的"工科"的地位并没有形成体制内的共识，这对于更好地培养适应媒体融合时代的新闻传播人才显然是不利的。正如有学者所指出的："媒介融合课程需要完全扭转传统的教育模式，必须经历课程改革和师资培训整合的阵痛方能转型，这不仅要求高校和教育机构投入研究力量进行充分的实验论证，同时也需要资金和技术设备的大力支持。"①

三

面对媒体融合这一不可避免的发展情势，如何制定出相关对策？这是横亘在新闻院校面前的时代课题。从国内外现状来看，新闻院校在媒体融合语境下的新闻传播人才培养还处在探索和发展之中，并没有整齐划一的统一模式。从实际情况来看，各个国家、地区传媒界媒体融合情况不同，各个新闻院校发展程度有别，这些因素也都决定了不太可能有统一的标准模式。不过，在我们看来，面对媒体融合这一不可逆转的形势考验，新闻院校要以辩证的思维处理好新闻传播人才培养中的"变"与"不变"，惟其如此，才能有效面对挑战，为社会输送合格的新闻传播人才。

首先来看"不变"的因素，我们认为主要有以下两个方面：

一是培育学生的自学能力，超越技术决定论的藩篱，提升自身的综合知识素养。

① 匡文波, 孙燕清. 美国新媒体专业教育模式分析及对中国的借鉴 [J]. 现代传播，2010 (8).

匡文波、孙燕清在《美国新媒体专业教育模式分析及对中国的借鉴》一文中，谈到美国学者在关于到底应该培养应用型人才还是学习型人才的意见交锋中，指出"在教育理念上越来越多的教育机构和学者倾向于培育学习型人才"，[①]这对我们培养媒体融合语境下的新闻传播人才不无启发。正如前文所述，时下有一种流行的片面观点，认为"媒体融合＝技术融合"，这其实是对媒体融合狭隘的简单化认知。尽管我们承认要瞄准和利用最新技术推动融合发展，在新媒体快速发展和媒体融合的环境下，记者不再单纯地只为某一种媒体提供报道，他需要同时为纸媒、广播、电视、网络甚至手机等多种平台提供报道。这就要求记者要从"单面手"转变为"多面手"。应具备文字、图片、摄像、音频、视频等多种手段的操作能力，从而能够以多媒体融合的新闻技能完成新闻信息采集工作，实现真正的全媒体报道。不仅如此，记者还要掌握不同媒介的传播特点，生产适销对路的新闻产品。如新闻记者在采制新闻的时候，应该考虑到不同媒介平台要求的不同，在提供素材和采写新闻方面有所区别，针对报社、电视、网站的不同受众和不同要求，提供不同的报道。但媒体融合涉及到内容、渠道、平台、经营、管理等多层面融合，不是技术这一单一元素所能决定的。关键还是要看人，从很大程度上说，媒体融合是媒体与人的融合。

因此，我们不能片面追求新闻教育的技术层面，而忽视或者淡化了对未来新闻从业者的综合知识素养要求。哥伦比亚大学校长李·伯令格认为，新闻学院必须进行深刻的改革，因为它的课程实在太技术化、简单化了。伯令格认为，新闻学院应该更广泛地教授经济学、政治学、法律，它有理由像法学院与医学院一样既在实践上具有指导意义，同时在学术本身上也有更高的追求。[②]哥伦比亚大学新闻学院教授塞缪尔·G·弗里德曼发出这样的慨叹："幸运的是，新闻并不是我在大学唯一的主修专业。我的主修专业还有历史，而且我把比较文学作为辅修专业，获得了足够的学分（虽然威斯康星大学当时还没有正式授予辅修学位）"；[③]他建议将新闻作为专业的学生，还是应该再选一门专业，比如艺术史、生物、教育等。"这可以充实你在新闻学院中所

① 匡文波、孙燕清.美国新媒体专业教育模式分析及对中国的借鉴[J]现代传播，2010(8).

② 转引自许知远.新闻业的怀乡病[M].北京：中国水利水电出版社，2005.第177—178页。

③ [美]塞缪尔·G·弗里德曼.媒体的真相：致年轻记者[M].梁岩，王星桥译.北京：中信出版社，2007.第127页。

学到的东西。我从威斯康星毕业多年之后,我过去所学的城市历史这门课仍然能够帮助我采访纽约市,而我当年在比较文学课上读过的关于死亡和垂死的小说,也有助于我写关于我母亲的书"。① 中国学者方延明指出,光有新闻学的专业知识是不够的,作为记者还要有新闻以外的其它非专业知识,比如文学、历史、哲学、数学、美学、外语、政治、经济、法律、社会等没有学历、没有学分的"潜学历"。他强调,新闻采写是一个实务性非常强的学科,它必须实现一个专业知识与非专业知识的有机融合。在这个融合中,非专业知识中的实践能力非常重要。对一个记者来说,在专业知识基本具备的前提下,你的非专业知识越多,实践能力越强,成才的机会也就越大。② 密苏里大学媒体融合教育的一个重要传统就是课程上保证与其他相关课程之间的合作。虽然学生在学习媒体融合课程之前已经掌握了必要的专业技能(选修该课程的大多为大三学生和研究生),教师还是经常建议学生去选修与电视、广播、报纸等相关的研究型课程,比如经济、法律等,并强调某些课程对于新闻记者而言的特殊价值。③ 不少新闻从业者也建议:"新闻专业的学生知识面很广,但都不精通,和经济、法律等专业的学生比起来专业性不强,没有核心竞争力,从业后很可能面临后劲不足等问题;可以在读期间广泛涉猎新闻专业以外的其他相关知识,强化底蕴,提升后劲,增强自身核心竞争力。"④

当然,要求将人才培养成为各个学科和专业的"专家"往往是不现实的,但这并不意味着就能以此为挡箭牌,在自己逼仄的"一亩三分地"里原地踏步,不思进取,相反,称职乃至优秀的新闻工作者秉承终身学习的理念,经常回归自己精耕的报道领域,紧跟学科发展的最前沿,将丰富的现实实践融入到新闻报道当中去。华盛顿邮报的医学与健康记者大卫·布朗是马里兰大学医学院的博士,他一周在报社上4天班,另一天在一家医院出门诊,给人看病。他说:"这样做是确保我作为卫生记者能时刻跟上医药界的最新发展。"⑤

二是培养学生批判性思考与创造性思考的能力。

---

① [美]塞缪尔·G·弗里德曼.媒体的真相:致年轻记者[M].梁岩,王星桥译.北京:中信出版社,2007.第128—129页。

② 方延明.新闻记者的使命、角色与特点[J].江苏教育通讯,2010(3).

③ 王建磊.密苏里大学新闻学院媒体融合教育考察记[EB/OL].
新闻记者,http://news.eastday.com/ eastday/xwjz/ node428850/node428851/u1a5228964.html。

④ 刘熠、旷洁.报社记者成美国今年最差职业引发众议[EB/OL].新华网,2013年6月4日,http://news.xinhuanet.com/edu/2013-06/04/c_124808101.html。

⑤ 李希光.中国新闻教育出路在何方[J].新闻与写作,2011(4).

在信息爆炸和媒体融合的时代，最不缺乏的是无处不在、无时不有的海量信息，最缺乏的是对其辨析、反思和创造的批判性思考与创造性思考的能力。在媒体融合的大数据时代，人们早已不满足于发生了什么新闻事件，他们更加关注的是对新闻事件和事实的深度分析、解释性报道理性批判和实践创新。一个典型的案例是 2014 年上半年新华社对"月球车玉兔"的报道，跳出传统科技新闻对外报道的窠臼，借助社交媒体平台，以拟人化的手法进行新闻传播，并在此基础上创造了"日记体通稿"，打造了文字、图片、视频、网友互动有机融合的集成报道。此次玉兔报道的影响力不仅限于国内媒体，还引发了国际主流媒体的关注，路透社、美联社、法新社、《华尔街日报》、CNN、BBC 等世界一流媒体竞相报道、翻译"玉兔日记"，有媒体甚至称"玉兔"为"最抒情和最诗意的机器人"。① 这一案例启示我们，传统的新闻人才培养模式已经无法适应传播生态和受众需求的变化，如何从新媒体的传播模式和语态中汲取养分，进行批判性和创造性思维，"反哺"传统媒体并推动其话语创新已成为问题的关键。

其次来看"变"的因素，主要包括以下五个方面：

一是对传统课程设置进行改革，实行跨学科教学，确立复合型人才培养理念。对传统的新闻传播专业设置进行必要的整合与打通，在增加新媒体、网络技术以及媒体融合等课程的同时，注重跨学科教学。当前的情况是，"大多数新闻院校虽然开设了网络新闻或者数字媒体、新媒体等专业，但大多采取的是课程'一锅炖'，将多学科课程一次性打包给学生，课程之间基本上独立存在，且不发生具体内容的融合，教育理念依然沿袭了传播学或者新闻学的思路"，② 这种状况亟待改变。另一方面，不少新闻院校所谓的"跨学科教学"依然局限于新闻传播学的学科体系之内，与其说是"跨学科"，不如说是"跨专业"，只是在新闻、广播电视新闻、传播、编辑出版、广告等专业内兜圈子，即使增加了文学、经济学、心理学等方面的课程，但囿于各方面条件，主要由学院教师承担。而学院教师为了自身的学术发展，在上述选修课程方面的时间投入毕竟有限，再加上上述课程常常都是大班教学，其教学效果也难以保证。因此，必须改革体制机制，创造条件，与其他人文社科、自然科

---

① 刘滢 . 用"互联网思维"开启全球传播之门——2014 年对外传播新趋势 [EB/OL]. 人民网，2015 年 1 月 26 日。

② 匡文波，孙燕清 . 美国新媒体专业教育模式分析及对中国的借鉴 [J]. 现代传播，2010（8）.

学等学科联手培养学生，真正落实复合型人才培养理念。2003 年 9 月，哥伦比亚大学新闻学院宣布创立一个新的为期一年的文学硕士学位项目。此项目挑选的第一批学生，方向包括四个不同的专业方向：商业和经济新闻；科学和医学新闻；艺术和文化新闻；政治和国际事务新闻。哥大新闻学院采用跨学科联合培养新闻传播人才的思路和教学组织方式不只是表现在这个培养项目上，在博士培养项目、双硕士学位项目上也是这个思路。如双硕士学位项目就是与相关的其他学院合作开设的，共有五种双学位专业。相比之下，国内许多新闻学院虽然也在综合性大学中，但对于借助其他学院的学科优势，进行横向联合，实现教育资源整合开发却少有作为。①

二是着力打造适应媒体融合时代的师资队伍。传媒行业是一个不断发展与时俱进的行业，因此，与传统的文史哲学科相比，对新闻传播学科师资的要求更贴近于市场的变动与行业的发展，这也对师资队伍提出了不一样的要求。当然，传统媒体与新兴媒体的融合并不表明前者已寿终正寝，而是说传统媒体必须要因应新兴媒体的冲击，作出适应技术变革、市场动向和用户需求的改革。因此，作为打造新闻传播人才这一"产品"的主体，教师队伍也必须顺势而为，因势而动，而不能无所作为，离火热的新闻实践与变革渐行渐远。这就要求创造条件，对教师存量做好媒体融合的转换工作，当前实行的"部校共建"鼓励教师去媒体单位挂职的举措不失为一种有效措施；此外，为调动教师特别是青年教师的积极性，学校加大对"部校共建"制度的支持力度，在教师晋升、评聘考核等工作中适当倾斜。另一方面，要创造条件，加大吸引媒体融合专业教师的力度，在引进政策上作出适当调整，主要以业务能力作为指标而不仅仅以所获得的学位或者职称作为唯一标准。此外，聘用国内外媒体融合方面的专家学者、业界精英为学生授课等优良传统也必须一以贯之地落实执行。

三是适应人才培养目标，改革教学理念与模式。一方面改革陈旧的"你说我听""只讲不做"或者"只讲少做"的模式，突出"实践育人""从做中学"等教学理念，积极利用校内媒体和媒体融合试验室，搭建与媒体融合相关的各项实践或竞技平台，推动媒体融合实务操作落到实处。另一方面，延伸教学场域，除必须完成学分的教学实习之外，积极建设学生媒体实习基地，

---

① 汤天甜. 媒介融合背景下新闻教育理念与人才培养模式探析 [J]. 中国大学教学，2010 (8).

鼓励学生利用平时的空闲时间或者假期时间投身于媒体改革实践，并对其中取得优秀成绩的学生进行扶持或者奖励。

四是培养学生的协同创新能力和跨文化传播能力。与传统新闻人才培养相比，媒体融合下的新闻人才培养更注重的是培养学生的协同创新能力，而不仅仅是单兵作战能力。从实践来看，媒体融合是一个相对复杂、系统的工程，不是发一篇或几篇连续报道或系列报道就大功告成，而是需要在一个全新的工作机制里运作。例如，2015 年两会报道开始，人民日报社开始试行全媒体平台"中央厨房"工作机制，通过运行新流程、探索新机制，引入新技术、制作新产品，逐步推进内容生产流程的融合。此次两会报道，"中央厨房"打通全社采编资源，初步实现了记者一次采集，编辑多次生成，渠道多元传播。"中央厨房"形成了记者与报纸、网站、"两微一端"之间的对接枢纽，及时传递需求信息，及时发布定制产品，努力实现资源整合。① 在这种情势下，技术体系的改变，传播形态的改变，经营模式的改变等等，都要求在实际的人才培养中注重培养和提升学生的协同创新能力，讲求人员的组合，机构的协调，各种信息形态的管理以及与各种外部系统的连接，只有这样，才能适应媒体融合新的工作机制。

在经济全球化不断深入，中国日益融入国际社会并在国际格局中发挥着重要作用的形势下，中国与世界各国的经贸、政治、人文交流等日益广泛、深入和紧密。新闻传播中"内外差异"的原则在时空压缩的"地球村"日益被"内外一体化"所替代，媒体融合环境下对新闻从业者的跨文化传播要求也不断提高。考察国内新闻院校可以发现，尽管大多数院校都已开设跨文化传播等相关课程，但存在的共性问题是过分强调理论和思辨，跨文化传播实践明显欠缺；过分强调大众传播的作用，而淡化人际传播、组织传播等在跨文化传播中扮演了同样重要的作用；简化了对跨文化传播的理解，高估了传播主体的重要性，同时低估了受众多样性和传播效果的复杂性。上述教学中的局限无疑不符合媒体融合时代培养新闻传播人才的要求，亟待改进和提升。

五是整合资源，加大投入，建设好媒体融合所需的软硬件设备。当前，各地院校特别是重点院校纷纷建设媒体融合实验室，有的是白手起家，有的是对旧有的设备进行改造，在存量的基础上再购置新的设备、仪器予以扩容。

---

① 中共中央宣传部新闻局编 . 中国媒体融合发展的实践与探索 [M]. 北京：学习出版社，2015. 第 5 页。

无论是哪一种，都得需要资金和技术设备的大力支持。具备各方面条件的当然可以轻装上马，不具备条件的可以多方筹措资金，除了争取教育主管部门和所在学校的支持外，也可以采取"共建、共管、共享"的原则，尝试与当地有实力的媒体、企业等进行合作。当然，软硬件设备的投入在很多情况下不可能一步到位，特别是媒体融合实验室的建设也不能一哄而上，要充分考虑到建成之后的实际使用率和对人才培养的实际推动作用，还要考虑到常态化的先进管理、日常维护以及设备升级等问题，切莫将其建设成徒有其表的形象工程，这不仅造成巨大的资源浪费，对培养媒体融合语境下的新闻传播人才也会有十分不利的影响。

总之，媒体融合在我国已经从微观的内容产品层面和中观的体制机构层面，上升到了宏观的国家战略层面。它不仅是新闻业界不可逆转的潮流，也是各大高校新闻院系必须面对的时代挑战。作为培养新闻传播人才的重要基地，高校新闻院系在这方面责无旁贷。我们相信尽管路途艰难，任务繁重，但只有转型升级成功，才会有更多适销对路的媒体融合人才喷涌而出，这不仅关系到我国媒体是否能够浴火重生的问题，也关系到增强我国国际话语权和提升国家文化软实力等重大问题。

六、贤文化管理与组织传播研究

　　众所周知，"成贤作圣"是中华传统文化的人生价值追求，贤与圣的修养目标虽由儒家提出，但在历史的发展中得到了释道两家的认同，从而成为中华文化价值观的主流。当前，人类命运共同体的未来面临诸多危机，需要从东西文明的历史文化传统中汲取智慧，寻找解决的良方，因此，研究和弘扬中华圣贤文化，是时代之需、人类之需。国内外不少有识之士和企事业单位，正在以各种形式做着这项有意义的工作，中国盐业集团所属的江苏金坛盐化公司即是其中的一个典型。本期《传统文化在现代企业传播的形态和效果》一文，通过考察这一个案，对具有浓厚儒家文化特征的中盐金坛贤文化的传播形态、传播效果等作了深度的解读。本期刊发的专访苏州大学周可真教授一文，从顾炎武的治道思想，谈及传统文化与现代管理结合的可能性和现实性，并对热议的中国管理学的学科性质问题提出了个人观点。中国社科院胡士颖博士从文化地理的角度，分析了山东昆嵛山地区早期道教的存在形态及其传播优势，有助于理解中国道教文化传播的区域性特点。

　　钟海连（《中盐人》主编，哲学博士，副编审；南京大学商学院 MBA 中心兼职导师）

手机画《立夏》

手机画《马》

作者：赵洁（厦门大学新闻传播学院副教授）

传统文化在现代企业传播的形态和效果

——中盐金坛贤文化个案解读

钟海连 *

（中盐金坛盐化有限责任公司，江苏常州，213200）

摘　要：本文基于传统文化在现代企业传播的视角，对具有浓厚儒家文化特征的中盐金坛贤文化的传播形态、传播效果作了深度的解读，特别是对贤文化的内涵与历史传承、贤文化建设与传播的历程、贤文化传播的途径与形式、贤文化的传播效果等作了深入分析，为传统文化在现代企业的传播研究提供了一个典型案例。

关键词：中盐金坛；贤文化；传播形态与效果

中国制盐业历史悠久，盐的生产、运输、销售曾经是封建时代各个王朝经济的重要命脉，盐业的繁荣与国家、民族、文化的兴盛息息相关。历史上盐业先民在生产盐的同时，创造了丰富多彩的盐文化，为中华传统文化的形成和积淀做出了重要贡献；同时，盐文化也成为中华文化的重要组成部分。正是基于传承中国盐文化并在新时代弘扬发展这一特殊行业文化的责任感，培育融现代科技精神与人文传统于一体的优秀企业文化，中盐金坛公司总结自身二十多年的发展经验，提出了以"敬天尊道，尚贤慧物"为核心价值观的贤文化，为培育贤才、奠定受人尊敬的百年基业提供精神动力和智力支持。中盐金坛提出的企业贤文化，是传统文化在现代企业传播的一种活泼形态，在当前国家大力提倡弘扬传统文化的新形势下，值得学界关注和研究。

---

* 钟海连，哲学博士，副编审，中盐金坛盐化有限责任公司副总经理，南京大学商学院 MBA 中心兼职导师。

一、传统文化在中盐金坛传播的现实形态

中盐金坛公司之所以在建设企业文化的过程中，主动从传统文化的资源中汲取智慧和养分，首先源于其领导人对企业文化与传统文化之关系的独到理解，以及对现代社会环境下传承发展传统文化的积极探索。

（一）基础：对企业文化与传统文化关系的理解

中盐金坛公司的领导人认为，"企业文化与传统文化之间，是源和流的关系，企业文化的源泉就在传统文化的经典中，企业文化只是一个'流'，中盐金坛的贤文化，其实就是从中国传统文化源泉中出来的一个'流'。如果这个'流'能成为下一代的'源'，我们这一代为往圣继绝学的中间传承角色就担当好了。中国传统文化的很多思想者，多数都是在普通的工作岗位上，孔子说过'执鞭之士'也可以做。现在我们是在一个企业里做企业文化工作，思想家并不是一生出来就是思想家、哲学家。我们现在就是在普通的岗位上，争取能够有文化思想、文化产品出来。'祸莫大于肤浅'，如果思想不深刻，只是呼吁一个口号，不能从传统文化源泉中找到深刻的思想，不能深入浅出，也就不能成为下一代的'源'"。①

中盐金坛的领导人还认为，企业文化关注和研究的对象不是管理的具体方法，也不是具体的管理工具，这些是管理的外在部分、外部因素，企业文化应当关注和研究管理的内在部分、内部因素。换言之，企业文化应当研究管理的主体——人，而不是管理的客体——方法或工具。如果企业文化以人这一管理主体为关注和研究对象，那么，价值观和思维方式就顺理成章地成为企业文化的核心内容。转换成管理话语——人的自我管理是企业文化的核心。②

人的自我管理是传统文化特别是儒家文化讨论的核心问题，从儒家创始人孔子到历代儒学思想家，无不将修己作为其道德哲学的根本，正如《大学》所言，"自天子以至于庶人，壹是皆以修身为本"。明代思想家王阳明则明确提出以"成圣作贤"为第一等事，以此作为自我管理的最高追求。因此，企业文化也应当围绕"做第一等事"来思考和探索管理之道，通过选择"做什么样的人，做什么样的事"，确立管理的价值取向。基于此种理解，中盐金坛

① 管国兴. 企业文化的使命 [J]. 贤文化管理，2015(2).
② 钟海连. 企业文化是管理的"心法" [J]. 贤文化管理，2015(4).

领导人认为，建设企业文化并不是针对具体问题提供解决工具或方法，而应立足于更高层次，为企业员工建设足以安身立命的精神家园，所以企业文化是管理的"心法"。

中盐金坛公司贤文化以"敬天尊道，尚贤慧物"为核心理念，所提炼的正是中盐金坛人的管理"心法"，其思想源头则是儒家的圣贤文化。

（二）探索：汲取儒家智慧建设企业贤文化

盐，自古以来即被视为"百味之祖""食肴之将"，其最本质的特性就是"咸"。正是这一独特的"咸"味，使盐成为人类"开门七件事"之一。从字面和读音上看，"咸"与儒家文化的"贤"相通，受此启发，中盐金坛公司将其企业文化命名为"贤文化"，既体现盐文化的特征，又体现中盐人对儒家文化的融贯。在探索如何弘扬传统文化和建设贤文化的过程中，中盐人首先对儒家的"贤"作了现代诠释。

1. 对贤和贤者的新解

贤，是儒家文化的一个重要名词和概念，兼具道德和价值观两重意义。儒家从道德修养论角度，将人生的价值追求分为圣、贤、君子等多种层次，贤介于圣与君子之间。北宋著名思想家周敦颐在《通书·志学》中提出："圣希天，贤希圣，士希贤"的"三希真修"思想。中盐金坛人认为，现代企业员工大都是受过高等教育、学有专长的知识分子，类似于古代"士"的阶层，以成就贤德贤才为人生目标，既有历史的理论依据，也有着现实的可能性；若有更高的愿力，还可以向"圣"的方向努力，只是这样的人毕竟是少数，而成就贤人则可以成为大多数人的人生目标，故中盐人将企业追求的境界定位在"贤"，名其企业文化为"贤文化"。

中盐金坛的贤文化首先从"贤"的字义入手诠释了他们对于何为"贤"的理解。据许慎《说文解字》，贤字从贝，其本义是"多财也"。段玉裁《说文解字注》在注解"贤"字时说："贤，本多财之称，引申之凡多皆曰贤。人称贤能，因习其引申之义而废其本义矣。"随着时代的变迁，贤的本义用得越来越少，而其引申义则渐成通义。引申义在使用的过程中，也有了多重衍变：一是超过义。韩愈《师说》："弟子不必不如师，师不必贤于弟子。"二是意为"善"。《礼记·内则》："若富，则具二牲，献其贤者于宗子。"郑玄注："贤，犹善也。"三是"尊重"义。《论语·学而》："贤贤易色。"贤文化之贤，取"德才兼备、德才过人"义，同时兼具"善、尊重、超过"之意。

如果说从字义上诠释"贤"，更多地是理解"贤"的内涵，那么，从具体表现言之，贤者的德才兼具、德才过人是一个什么样的状态呢？中盐金坛的管理者和员工从儒家创始人孔子的论述中得到了启迪。他们认为，贤者应当具备以下品行和才能：

一是安贫乐道。孔子称赞其弟子颜回之贤："贤哉回也，一箪食，一瓢饮，在陋巷，人不堪其忧，回也不改其乐。贤哉回也。"（《论语·雍也》）"安贫乐道"的贤德修养体现在企业生产经营活动中，要求企业和员工"义利兼顾，以义为上"，换言之，即以维护义——公共利益作为企业行为的价值取向，在此前提下实现企业和员工之福利。前任国务院总理温家宝曾说，企业家要流着道德的血液，其所倡导的也是一种安贫乐道的精神。

二是知人善任。鲁哀公问政于孔子时，孔子提出"见贤必进之，而退与分其禄"，"国无事则退而容贤"的观点。（《孔子家语·贤君第十三》）中盐金坛人认为，企业要发展，必然是贤者在位，能者治企，实施人才强企战略，用好用活人才这个第一资源，使英雄有用武之地，只有员工得到发展，企业才能兴盛。

三是见贤思齐。孔子说："见贤思齐焉，见不贤而内自省也。"（《论语·里仁》）企业向优秀者学习借鉴，员工向贤者看齐，消除自身短板，则企业充满发展活力。

四是贤贤易色。子夏曰："贤贤易色。事父母能竭其力；事君，能致其身；与朋友交，言而有信。"（《论语·学而》）这句话是说：看到贤人能肃然起敬，在家能竭心尽力地爱家庭，爱父母；在社会上做事，对人、对国家能放弃自我的私心，所谓许身为国。企业员工若能在事事物物上做到向优秀者学习，则能不断向贤者的目标接近。

要言之，中盐金坛人心目中的贤者，是德才兼备、德才过人、博学厚德、知行合一的人格典范，是浸润了中国优秀传统文化风骨、同时又兼具现代文明素养的时代精英。正如中盐金坛公司《贤文化纲要》之《尚贤》所言："知之不易，行之亦艰，惟贤者可通知行。如是则知中有行，行中有知，知则真切笃实，行则明觉精察，知行合一方为贤才。贤者内修其身，博学厚德，达者外建其功，修己安人。"

2.《贤文化纲要》：传统文化融入企业文化的成果

2013 年 8 月，中盐金坛公司发布《贤文化纲要》，正式将公司企业文化定名为"贤文化"。贤文化的核心理念为"敬天尊道，尚贤慧物"八个字，此为中盐金坛人的主流价值观，亦为中盐金坛人对"贤"的现代解读。

以下为中盐金坛《贤文化纲要》的具体内容，共 935 个字：

创业之路，必著艰辛，世代相续，力行无悔。金盐人秉自然之恩泽，承宿沙之精神，习时代之文明，育贤者之气象，水中寻盐，化盐为水，回报社会民众，贡献国家民族。由此立百年基业，成最受尊重之誉。

敬 天

世间万物乃天生之，地养之。故人当用仁心助天生物，助地养形。如此，则天地间万物得以畅茂，资用富足，瑞应常现，天下和乐，此为企业者不可不审且详也。盐盆资源为天赐珍物，金盐人深察于资源有限，不敢以私心恣意取利，故怀敬畏感恩之心，构循环发展模式，珍惜资源，爱护万物，保一方碧水蓝天，以不失天地之心，顺四时生，助五行成。

尊 道

企业运行，必有其道，尊道而行方能长久。道也者，不可须臾离也，可离非道也。万物乃道生之，德蓄之，尊道贵德为应然之理。尊道之要在于进德，进德之要在于修身。故治企之大者，在尊道贵德，因循相习，自然天成，无为而治，臻于化境。

明 本

员工为企业之本，本立则企业固；科技为兴盐之方，方举则企业强。人文科技，二者不偏。若此必汇通中西，融贯古今，明本达用，人成则事成，事成则业兴。

顺 性

诚为人之本性，亦为企业之本性，故顺性者必明诚，不诚则无以成己成物。致诚之道，在于博学、审问、慎思、明辨、笃行。人心本静，盖因私欲起则不静。致诚者少私寡欲，清静自守，智慧由生，开物成务，功业可定；顺性者辛而不躁，劳而不愠，洵美且乐。

尚 贤

知之不易，行之亦艰，惟贤者可通知行。如是则知中有行，行中有知，知则真切笃实，行则明觉精察，知行合一方为贤才。贤者内修其身，博学厚德；达者外建其功，修己安人。

慧 物

水无私心，利万物而不争，谦下而容众，攻坚而无不胜，此为上善。企业亦如是，无私则容，容则公，公则无争，无争则无所不利。故贤者之德若水，和而不同，随方就圆，近者亲而远者悦；贤者慧物，见利思义，重义而兼利，责任为先，富国利民。

贵 和

礼者，企业之法度也；乐者，企业之伦理也。以礼治企，可辨秩序；以乐和人，其乐融融。礼之用，和为贵。治企之道，选贤任能，贤者在位，赏罚有制，见贤思齐。员工博学于文，约己以礼，文之以乐，礼乐兼备，则人莫不敬也。

致 远

诚实无欺，是为信也。员工无信不立，企业无信不兴，故讲信为企业兴盛之源。睦者，和也，讲信则人和事齐。然世事复杂，贤者如有源之水，盈科而后进，以己之信，平沟壑，涤污杂，讲信修睦而致远。

3. 贤文化的两大思维特征

贤文化不但在思想内容上传承中国传统文化，而且在思维特点上也延续了国学道统，其思维方式一是"反求诸己"，二是"三才相通"。

首先是"反求诸己"。这一思维方式源自古代思想家孟子。《孟子·公孙丑上》说："仁者如射，射者正己而后发，发而不中，不怨胜己者，反求诸己而已矣。"孟子把成就仁德比作射箭，先端正自己然后把箭射出去；射不中不能怨别人超过自己，而应找自己的不足。"反求诸己"是中国传统文化思维方式的鲜明个性，《中庸》要求"反身而诚"，宋代理学家提倡"居敬穷理"，明代王阳明则倡导"致良知"，这些都是对"反求诸己"的发挥。

贤文化继承了中国文化这一独特的思维方式，认为若想成就贤德贤才，必须从找出自己的不足入手，而不能反过来先找他人的过错，只有首先发现自己的不足并诚心地改正和完善自己，才能促成问题的圆满解决，概言之即"贤于内，王于外"。个人如此，作为社会组织的企业也应当如此。例如，当接到客户的投诉时，按照贤文化的思维方式，企业首先应当认真检查生产、质量、服务等各个环节可能存在的问题，找出导致客户投诉的直接和间接原因，相关的员工也应当"反求诸己"，看看自己在其中应当承担什么责任，有什么差错。问题找出后勇于担当，立即解决，并籍此改正和完善生产经营管理中的短板，员工个人也在修正企业短板的同时，完善自己的不足，不断地向"贤者"目标接近。

其次是"三才相通"。"三才"，指的是天、地、人，"三才相通"，与科学发展观提倡的人与自然和谐发展有异曲同工之处。

"三才相通"的思维，亦源自中国传统文化。《周易》提出天道、地道、人道的观念，认为"立天之道曰阴与阳，立地之道曰柔与刚，立人之道曰仁与义"。老子则提出"人法地，地法天，天法道，道法自然"的思想，道教经典《太平经》则提出天地人"三合相通"的理念。不管如何表述，中国传统文化在提倡天地人和谐共存、协调发展的理念上是高度一致的。

中盐金坛人在开发利用岩盐资源的同时，就在认真探索资源的可持续利用途径，思考如何确保企业的经济行为更加人文化，企业如何与居民、环境和谐发展。正是基于这一思考，中盐金坛提出了"有限资源，无限循环"的发展理念，并建构起了"三个一体化"的发展格局，即：盐电一体化、盐碱一体化、盐穴一体化，使宝贵的岩盐资源在创造经济财富、造福国人的同时，避免耗竭式开采，最大限度地减少资源的浪费。贤文化将"三才相通"的思维凝结成"敬天尊道，尚贤慧物"八字理念。现在，以中盐金坛为核心的金坛盐盆经济共同体成员企业，在谋划工作、思考企业发展时，人与自然协调发展、企业与天地和谐共存的价值追求已成为自然而然的习惯，"三才相通"把中盐金坛的事业推向了与天地大道相契的坦途。

（三）贤文化建设的三个目标层次

中盐金坛把贤文化建设摆在极其重要的位置，并且把培育企业贤才、厚实企业道德资本、建立贤文化管理模式作为贤文化建设的三个层次的目标。

1. 培育贤才

培育贤才是贤文化建设的最高目标。

传统产业，尤其是有着几千年悠久历史的盐业要从劳动密集型转向知识型、技术型的现代高新技术企业，人才是关键。从真空制盐技术的引进与国产化革新、一次盐水的多次"革命"、盐穴综合利用，到特种盐的研发推广，从多层级科研平台的构建到进入江苏省高新技术企业行列，中盐金坛的每一次转型升级，都离不开人才队伍的支撑。中盐金坛人在追梦的过程中深刻地认识到，人才是企业的第一资源，企业的发展是成就人才的自然结果。正因如此，当《中国企业报》的记者在中盐金坛采访，想了解中盐金坛快速发展、不断创新的动力来源时，公司领导一语道破其中的奥妙："转变经济发展方式，做好这项工作，归根结底还是要先实现人的转型。""其实无论是做企业也好，还是做其他方面的工作也好，最为关键的是要正确地理解和实践'以人为本'。"①

自 2003 年从高校引进第一批人才以来，至今中盐金坛已招录 200 多名高校毕业生，学历层次横跨专科、本科、硕士、博士，从根本上改变了企业的人员结构。但高学历并不等同于高能力、高素质，什么样的人才是中盐金坛所需的？换言之，应当把企业员工培养成何种人才？中盐金坛人给出的回答是：向贤努力，成为贤才。

公司领导在回答"什么样的员工才称得上是人才"的问题时说："以德为先，德才兼备。"在回答"公司发展迫切需要什么样的人才"时说："企业人才是多方面各层次的组合，我们需要一线技术层面的应用型人才，在转型升级过程中，需要研究型人才，在管理上需要德才兼备的通才型人才。""贤才的最大特点是：无论工作和生活，向贤努力已成为一种思维方式和行为习惯。"② 因此，培育贤才，是公司管理的第一要务，文化建设作为管理的重要环节，理所当然地将成就贤才作为最高目标。

从另一个角度讲，企业作为社会组织，也应担当起富民育人的责任，并在建立富民育人的业绩中彰显企业的价值。孔子到卫国，看到卫国人口众多，弟子冉有问道："既庶矣，又何加焉？"孔子答曰："富之。"冉有再问："既富矣，又何加焉？"孔子回答说："教之。"(《论语·子路》)孔子当年提出的"庶、富、教"的思想对于现代企业也是适用的。企业是一个小社会，它天然地担当富民育人之责，由一企之富足安定，推及国家、民族之富足安定；由培育一企之高素质人员，推及培育一国一民族之高素质公民。因此，培育贤才，不仅仅是企业的行为，更有着全社会的意义；贤文化建设不仅有益企业发展，也将惠及社会、国家、民族。

2. 厚实企业道德资本

儒家认为，人之所以为人，是因为人是有道德的。孔子以道德教化为治国的原则，他说："为政以德，譬如北辰居其所而众星共之。"(《论语·为政》)中盐金坛把人才定位为德才兼备、以德为先的贤才，可见"德"在贤才培育中是处于第一位的；公司领导把员工贤德的养成视为企业的道德资本，而贤文化建设担负着培育员工贤德的功能，在厚实企业道德资本方面负有第

_____

① 万斯琴、麻婷.中盐金坛：转型改革打造百年老店 [N].中国企业报,2014-1-21(24)
② 周小丽、耿晓辉.成长成才倍受关注，公司领导回应员工"五问"[N],中盐人,2013-12-30(3).

一责任。正如中盐金坛党委副书记、纪委书记冯良华所言，"公司建立贤文化，用中国传统文化来熏陶每一位员工，提升员工的修养"。①

2013 年 11 月 12 日，贤文化研究会在金坛盐盆经济共同体宣布成立，中盐金坛公司主要领导到会祝贺并发表讲话，明确指出贤文化研究会的立会宗旨是为企业培育道德资本。他说，"道德是一种无形价值，道德也是企业资本"，"贤文化研究会以培育贤才、养成贤德为出发点和落脚点，组织会员学习、研究、传播中国盐文化和传统文化，以成就贤德贤才为价值取向，把中国传统文化的义利之辨落实到个人的实践中，有了这样的价值追求，就会使我们在立身处世上呈现出不一样的气象。"②

在中盐金坛，企业的各种行为被视为道德智慧的实践过程，而这种实践体现为追求"义利兼顾，以义为上，与社会相适宜"的总体效果。具体言之，中盐金坛贤文化所指的道德智慧，包含三个方面，一是无私，二是和而不同，三是慧物，若达此三境界，则近者亲而远者悦，企业的生命力将长盛不衰。老子《道德经》曾以"水德"为例来形容："上善若水，水利万物而不争，处众人之所恶，故几于道。"（《道德经·第八章》）中盐金坛在新员工入职的第一天起，用一个月的时间开展贤文化培训，入职以后，还将接受贤文化专题培训，在班组中也持续不断地开展对贤文化的"行知"培训，这些举措旨在使贤文化进入员工的心灵世界，与员工的生命打成一片，成就如大地般厚实的道德素养，担当起振兴中国盐业的责任，这也就是《周易》乾卦所言的"厚德载物"。

"中盐金坛倡导贤文化，是应对道德危机的顺势而为。须知企业的发展，在于人的发展；企业之长久，需要积累深厚的道德资本。因此，我们把'德'放在第一位，先立德再立功。一个企业若没有振奋的精神和高尚的品格，就不可能屹立于现代企业之林。

积累道德资本，就是要把贤文化精神贯穿于企业行为的全过程、各方面，使我们的事功奠基于厚实的'德'之上，进而合乎天地之'道'，因此，这是一个道德智慧实践的过程。"③

---

① 周小丽，耿晓辉、成长成才倍受关注，公司领导回应员工"五向"[N]、中盐人，2013-12-30(3).

② 麻婷．金坛盐盆经济共同体有了人文建设的高端平台 [N]. 中盐人 ,2013-11-15(1).

③ 郑明阳．积累道德资本，为百年企业奠基 [N]. 中盐人 ,2014-11-30(1).

《中盐人》评论员的这篇文章，表达了他们对道德作为企业资本的认识，以及通过建设贤文化厚实这一特殊资本的路径。

3. 建立贤文化管理模式

企业文化如果只停留在口号、标语或理念阶段，它的影响力有限，其独特的凝心聚力、引导启智功能亦难以发挥。如果能把企业文化融入管理思想及其制度设计中，化身为员工和企业的行为准则，使企业的组织原则和管理方法带上独特的文化标识，则企业文化软实力的作用将发挥得更加全面透彻。

基于此种思考，中盐金坛人创办《贤文化管理》内刊，提出了探索贤文化管理模式的构想，并期待此种努力能在管理全盘西化的当今时代，为中国管理学的建立尽一己之力，呼吁学界和业界有识之士关注、重视中华文化的管理智慧。以下为其"贤文化管理"论纲：

"贤文化管理"植根于现代企业生产经营的实践，从积淀深厚的中华传统文化中汲取养分，融合了对生命意义、自然与人之关系、企业长久之道等诸多问题的思考，凝聚着对生命、天地的敬畏之心和对社会责任的担当精神，诞生于践行"以人为本，科技兴盐"的中盐金坛公司，志在探索现代企业"立德、立功、立言"的管理之道。

"贤文化"是用感恩自然、回报社会的胸怀和宿沙煮海之精神培育贤者的思想体系，这种培育是以润物细无声的方式进行引导和规避，是中国式的管理艺术。

"贤文化"提倡敬天尊道，以顺应的方式和敬畏的心态顺天生物，应地运行，助人进德修身、成圣成贤，达自然天成之功效，乃无为而治之管理。

"贤文化"引导人守清静之本，顺至诚之性，达成人之用。人成则事成，事成则业兴，开物成务，功业可定，乃明本顺性的中国式管理之道。

"贤文化"教育人内修其身，博学厚德；外建其功，修己安人；知则真切笃实，行则明觉精察；在倡导克己修身、疏堵结合中铸就圣贤。这是中国式管理的直接体现。

"贤文化"提倡和而不同、随方就圆、亲密和悦、厚德慧物，这正体现汉字"管""理"之本意，是利万物而不争、谦下容众的中国式管理。

"贤文化"主张以礼治企，以乐和人，使秩序可辨，其乐融融。这种管理之道，约己以礼，文之以乐，礼乐兼备，赏罚有制，诚如以"管"为器，疏堵结合，和谐的旋律油然而生，管理的神韵跃然纸上。

"贤文化"指出"信"为企业兴盛之源，"睦"乃人和事齐之象，讲信修睦使贤者如有源之水，盈科后进而致远，如"管"中之音，悠扬绵延，如玉之纹理，浑然天成。

"贤文化"体现出中国式管理思维，构成中国管理思想的特有体系，是中国传统智慧与现代企业管理的结合，是中盐金坛几代员工，积二十多年之力，对中国管理学的"知"与"行"之结晶。

"贤文化管理"是中盐金坛人对传统和现代管理思想的继承和发扬，是中国管理学建设中一支生机勃勃的思想力量。它突出敬天、尊道、明本、顺性、尚贤、慧物、贵和、致远的"贤文化"理念，力争在对中国传统智慧和现代管理经验吸收总结的基础上，建立现代企业修贤育贤的管理模式，推动中国管理学的成熟与发展，为世界走向"良知"发用流行的和谐之境，贡献中国企业人的心智成果。[①]

二、贤文化建设与传播的历程

事物的发展总是一个过程，"贤"文化不是凭空出现的，它也有着一段关于成长、成熟、发展、完善的故事，贤文化的确立，经历了三个重要阶段。

纵观中盐金坛企业文化建设史，有两个重要的转折点值得关注：一是2006年公司总经理管国兴提出"公司比拟于人"和做"全球最受尊重企业"的观点，他说，"一、公司治理比拟于人的行为规范；二、企业战略比拟于人的理想；三、企业公民比拟于人的社会责任；四、企业文化比拟于人的习惯行为；五、企业的内部管理比拟于人的修身养性"[②]。他同时提出"一个人要不断提升和完善人格，最终实现完美的理想人格，用'成贤作圣'或者是'内圣外王'来形容，一个企业也必须有所追求，实现完美的人格化，达到最高境界——'全球最受尊重企业'"[③]。另一个转折点是2012年12月出台《贤文化纲要》（征求意见稿），提出贤文化十个条目，这标志着贤文化的初步成型。因此，中盐金坛的贤文化建设过程分可为三个时期：1988-2006年为积蕴期，2007-2012年为成长期，2012年末至今为成熟期。各个阶段的内容及

---

① 孙鹏 ."贤文化管理"：现代企业"立德立功立言"之道 [J]. 贤文化管理 ,2014(1).
②③ 管国兴 . 现代公司越来越趋向人格化 [N]. 中盐人 ,2006-12(1).

其特点如下：

1. 积蕴期（1988—2006 年）

中盐金坛公司从 1988 年成立以来，一直关注公司企业文化的发展，但在 1988—2006 年，公司处于起步阶段，难免将更多的精力倾注在质量、产量等关乎生存的方面。

2002 年《盐化人》刊发总经理管国兴的文章《江南雨》，其中提到"一方水土养一方人，江南雨滋养了江南的才子佳人，也滋生了江南的企业文化。江南雨无私奉献、润物无声的力量以及锲而不舍的精神是人生和企业所必须具有的信念。企业的各项工作也要拿出江南雨的精神，善于挤、善于钻，全体员工无论是处于何种岗位，都要有那种专心致志做好每件事、滴水石穿的江南雨精神。"可以说，"江南雨精神"是这一时期企业文化的最大特点，比文在《中盐人》2007 年第 6 期第 1 版、2010 年 9 月 25 日第 4 版两次刊登，足见其重要性。

2002 年，在公司召开的"迎新春，话发展"知识分子座谈会上，总经理管国兴提出"以人为本，科技兴盐"的发展战略，要求企业动员所有员工的积极性，"必须尊重人、关心人、爱护人、培养人"。

可见，"江南雨精神""以人为本，科技兴盐"成为这一时期企业文化关键词。

2. 成长期（2007—2011 年）

随着企业的发展壮大，中盐金坛的企业文化也随之成长、成熟。

《中盐人》2007 年刊登的《英雄造时势，时势造英雄——从"中盐之星"评比谈开去》，2008 年刊发的《学习〈现代企业班组建设与管理〉有感》，2009 年刊发的《中盐金坛公司召开深入学习科学发展观活动动员大会》和《万红千紫春无限，只待新雷第一声——从做最受尊重的企业谈开去》，2010 年刊载的《加强学企合作，传承弘扬中国盐文化》，以及 2011 年发表的《做最受尊重企业——中盐金坛公司企业文化建设之路的回顾与思考》等文章，都提到了"全球最受尊重企业"一词。中盐金坛确立了做"全球最受尊重企业"的美好愿景，从"尊重"二字可以看出公司文化开始寻求一种价值上的认同。

孟子说"人之异于禽兽者几希"，这个"几希"就是"德"。"德"是中国传统文化的重要条目。在中盐金坛公司召开的 2008 年度总结表彰大会上，总经理管国兴提出，我们要树立信心，确保增长，提升企业文化内涵。在用人上，坚持以德为先，先做人后做事，讲求信誉，讲求道德，不断发挥"德行"在经济社会发展中的规范、教育、引导作用；坚持"以德治企，以德兴企"的管理理念，力倡"言必行，行必果"的行为准则，采用"内修文德，外治武备"的用人机制；培养员工的道德意识，强调做人要"修身养德"，培植出"厚德载物、推己及人"的处事风范。2010年第1期第2版《以德治业，以德兴业》一文提到："以德治业，以德兴业，是公司管理理念的根本，是企业文化的精髓。公司致力于建设和遵循现代儒家企业制度，在生产经营管理和用人上坚持以德为先，先做人、后做事的理念，修身养德，厚德载物，推己及人，不断发挥德在经济社会中的规范、教育、引导作用，促使健康企业、理性经济的形成。"同样，2010年第1期第3版《遥知不是雪，为有暗香来——解读公司企业文化》中也对此进行了深入解读。

2010年8月《中盐人》改版后的第1期第4版刊登的《中盐金坛企业文化的核心理念》一文提到：企业关心员工的工作、生活条件的改善，这是发展企业的一个目标，即把人放在中心位置。

因此，这一阶段企业文化的关键词为"最受尊重企业""德""以人为本"。

3. 成熟期（2012—）

这一阶段有两个标志性事件，其一，在2012年12月《中盐人》内刊上，《贤文化纲要》（征求意见稿）提出了十个条目，这是贤文化的一个雏形；其二，公司对各厂、矿、部、办进行了贤文化调研和宣讲，先后进行了两次贤文化培训，并围绕贤文化开展了多次主题活动。在此过程中，陆续听取了各方面的意见和建议，对《贤文化纲要》进行分析、研究和修改，于2013年8月25日刊登了《贤文化纲要》修改稿，形成"敬天、尊道、明本、顺性、尚贤、慧物、贵和、致远"八条目，并以"敬天尊道，尚贤慧物"为贤文化的核心理念。自此，公司"贤文化"正式成型。

公司的"贤"文化谐音"咸"，既寓意着古语"成贤作圣"，又体现了公司产品"盐"的文化品质。贤文化不是无源之水，无本之木，一者它吸收了中国传统文化中儒家"仁者爱人"的伦理文化，道家"尊道贵德"的生命文化，佛家"理事圆融"的智慧文化，二者它融入了盐文化"耐得住煎熬、蓬勃向上、只留玉洁在人间"的气魄，也代表了不离世俗而超越世俗、扎根于生活、化成于人文的圣贤气象，三者它传承了江南文化之刚柔并济、崇尚文教、开放包容的品格。①

经过二十多年的积累，"贤"文化终于由萌芽发展壮大，并结出累累硕果。时至今日，贤文化进入成熟期，已深深地融入员工的精神世界，对公司转型升级产生潜移默化的影响。未来，贤文化还将经历发展、完善阶段，为公司成就最受尊重的百年基业提供源源不断的智慧和不竭的精神动力。

贤文化在对待企业文化与企业发展的关系上，提出要处理好以下三个问题：

一是人文与科技的关系。"以人为本，科技兴盐"，是中盐金坛人对人文与科技的鲜明态度，也是对企业管理中定性与定量关系的诠释。

人之所以是万物之灵，就在于它有道德，有自己独特的文化精神。人文精神是一种普遍的人类自我关怀，表现为对人的尊严、价值、命运的维护、追求和关切，对人类遗留下来的各种精神文化现象的珍视，对一种全面发展的理想人格的肯定和塑造。

中盐金坛贤文化强调"以人为本"，将"人"置于一切企业行为之本体的地位。公司不仅关心职工的工作、生活条件的改善，为职工个人价值的实现和家庭生活的幸福创造良好的条件，同时引导和培育职工成为一个超越低级趣味的人，成为对社会、对国家、对民族有贡献的人，更高的目标是成为一个贤者。

"以人为本"，对职工的要求，就是希望企业员工一是要脚踏实地，对自己负责，对他人负责；二是要修身养性，提升职业境界，从每一项细小的工作中，能悟到做人的根本，能悟出人的价值。因此，"以人为本"不仅仅是经济意义上的话语，同时更具有道德层面的意义。

"科技兴盐"，关注的是如何运用人类的科技手段来发展企业。盐矿是大自然赐给我们的宝贵财富，但也是一种消耗式资源。中盐金坛倡导"有限资源，无限循环"，依靠引进先进科技和集成式的技术创新，建立绿色循环发展模式，把这一珍贵的资源开发好、利用好，造福人类，造福社会。同时，要成为受尊敬的制盐企业，为中国在世界制盐领域建立应有的地位，科技是根本保障，只有依靠先进科技，才能把金坛盐盆资源开发利用到极致。

"以人为本，科技兴盐"是一种定性和定量相结合的理念，如果说"以人

---

① 此段内容吸收了南京大学哲学系研究生余丹、王垭，南京财经大学学生朱惟玥2014年在中盐金坛公司的暑期实习报告《中盐金坛企业文化简史纲要》。

为本"更多地体现定性，那么"科技兴盐"体现的是定量，定性与定量有机结合，人文与科技相得益彰，如车之两轮，推动企业不断向前发展。

二是品行与事业的关系。"贤于内，王于外"是中盐金坛人对于个人品行修养与成就事功的辩证理解，同时也是"以人为本，科技兴盐"这一文化理念的具体化，体现了中盐金坛人对传承和弘扬中国传统盐文化的鲜明态度。中国历代圣贤皆极为重视和强调人的品德修养为建功立业的根本，这是实现企业愿景的思想动力和智慧源泉。

"贤于内"，就是要求员工通过修身养性，养成良好的品德，成为君子，向贤者的目标努力；"王于外"，就是要秉持高尚的品德，努力践行自己的理想，推己及人，在社会上有所建树。换言之，"贤于内，王于外"要先修其德，再立其功。富而有德，众望所归，就能受到社会的尊重，真正做到"王于外"。

"贤于内，王于外"，还要求员工博学厚德。博学，即通过积累专业知识和磨练岗位技能，提升专业素养和职业境界。厚德，即思想、品行如大地般厚重起来，勇担社会组织赋予的责任。

三是德治与法治的关系。治企者以德为先，以德治企，富而有德。儒家认为"人之所以为人"，是因为人是有道德的。孔子言："为政以德，譬如北辰居其所而众星共之。"（《论语·为政篇》）昌明道德必先富民兴业，富民兴业是企业的基本职责。管子曰："仓廪实则知礼节，衣食足则知荣辱。"（《管子·牧民》）但"甚富不可使，甚贫不知耻"，（《管子·侈靡》）故富而不可不宣德，富而有德，众望所盼。而法治，强调以制度管人，按制度办事，法治是德治的必要辅助。二者的关系是，德治为根本，法治为辅助。

企业都有其自身的发展历程，然而不同的企业在发展的过程中，所经历的情况可能会有天壤之别。每一个企业的管理都是从"人治"开始的，只是不同的企业，其所持续的时间不一样而已。企业在不断的发展过程中会慢慢的迈向"法治"时期，当各种规章制度得到不断的完善，企业员工都能完全执行好的时候，企业管理开始走向新的高度——"德治"，在这个阶段，企业员工基本能够严格的约束自己，并利用企业文化去影响进入公司的新员工。

文化管理是企业管理的最高境界，文化管理是通向无为而治的途径。当"德治"深入人心的时候，企业文化就能使企业在激烈的市场竞争中越走越远。

三、贤文化传播的途径与形式

企业文化确立后，如何使员工理解、认同、融入，实现企业文化由精神向生产力和人的素质的转化，是企业文化建设的重要阶段，也是企业文化建设的主要任务。在传播媒介发达的网络时代，可供利用的传播渠道很多，但培训这一传统方法，仍然是企业文化传播的最有效的途径。中盐金坛的贤文化传播，采用的主要途径是最为传统的方法——培训，包括新员工入职培训、管理人员贤文化专题培训、行知班建设等。

（一）人文培训

1.新员工入职培训

中盐金坛每年都要从当年高校毕业生中招聘30余名新员工，从事生产、技术、市场、管理等工作，在上岗之前，必须参加一个月时间的集中培训。对于新员工入职培训的定位、培训内容、培训师资、培训方法，中盐金坛有其独到的理解和做法。

（1）培训层次。中盐金坛将新员工入职培训分为两大层次，采取两种方法进行。一个层次是人文素质培训，采用集中时间、系统学习的方法；另一个层次是岗位技能培训，采用师傅带徒弟的方式，由新员工所在班组具体组织进行，不搞集中培训。技能培训之所以放在班组开展，一是所需时间较长，二是实践操作性很强，不同岗位之间知识、技能、要求差别很大，所以适合于以师徒相授的传统方式分散进行，这方面因涉及专业技术问题，不作详述。而其集中一个月时间举行的人文培训，特色鲜明，内容丰富，颇有可圈可点之处。

（2）培训内容。中盐金坛人文培训的内容主要分为四大板块：综合知识——了解所从事行业和企业的生存发展历史与现状；专业知识——企业所涉及的基本专业理论与知识体系，如安全生产、工艺技术原理、管理体系、市场工程建设等；人文通识——弥补理工科专业的新员工所缺的中国历史文化知识，特别是道德修养与实践智慧，同时有助于理解贤文化；实地参学——践行"读万卷书，行万里路"的精神，结合培训所学，实地考察同行企业、中国历史文化教育基地。

（3）培训的定位。中盐金坛公司将新员工培训定位为"理解和融入盐盆经济共同体文化——贤文化的人文综合素质培训"。公司领导指出："做产品不可能长久，但做人却是长久大计，培养人、成就人比做产品更重要。因此，管理的第一职能是教育，管理不仅是科学、艺术，更是哲学。在一个月的培训中应以润物细无声的方式，为新员工种下一颗贤文化的种子，建立一个明确的理念，引导新员工由知识性的分散思维回归到整体性的综合性思维，尽快融入贤文化，适应角色转换。"① 在这一思想指导下，新员工培训领导小组明确了培训要求和培训目的："既有科学的训练，更注重培养人文的情怀，以养成家国天下的责任担当精神；在认识宇宙人生方面，既掌握科学的方法，也了解人文的途径；在探索"无知之谷"时，养成博学、审问、慎思、明辨、笃行的方法。通过人文培训，使新员工安定身心，脚踏实地，勇于做中国文化的传承者与开新人。"②

长期以来，东西方的学术界、实业界皆存在一个认识误区："把企业仅仅看作是生产物质财富的组织，而未考虑人文因素，这样一个缺乏人文关怀的企业是一个生命力不健全、不旺盛、不完整的企业，这样的企业是无法让人安身立命的。因此，中盐金坛期望通过培训能使新员工不仅仅从物质文明的视角认识企业，更要从精神文明视角重新审视企业，多角度、立体化、全方面地认识自己的工作和职场，从而在尽快短的时间内适应角色的转变，真正把企业作为自己安身立命的场所。"③

（4）培训的效果。每次培训结束后，新员工培训办公室都会做一次问卷调查，以了解本届新员工培训的效果。从问卷调查的反馈情况看，对于培训的满意率，均在 90% 以上。2014 年 8 月 15 日出版的《中盐人》，从"反求诸己：体会自我升华的愉悦""敬天尊道：探讨敬畏之下的责任担当""一阴一阳之谓道：感受平和之心看待得失""明德立本：思考未来的志贤之路"四个层面，对新员工培训的感悟与收获作了详细报道，有事例，有分析。一个月的集中培训结束后，公司组织举行培训汇报会，新员工打破常规的汇报形式，以情景剧和歌舞、太极拳表演、PPT 主题汇报的"新花样"，与观众分享了一个月来的学习收获，表达了对贤文化的理解和对未来职场的信心，也让观众经受了一场传统文化的洗礼。

2. 贤文化专题培训

从 2012 年到 2014 年，中盐金坛在南京大学先后举办了三期贤文化专题

---

① 新员工培训工作领导小组：《2014 年度新员工培训工作简报》（第 2 期）。
② 新员工培训工作领导小组：《2014 年度新员工培训总结报告》。
③ 新员工培训工作领导小组：《2014 年度新员工培训总结报告》。

培训班，针对各个层次的管理人员进行贤文化落地宣贯。选择在人文底蕴深厚的百年名校——南京大学，集中 8—9 天的时间脱产学习、研讨贤文化，这是金盐人在企业文化建设方面的创举。参与授课的南京大学博士生导师、科技思想史专家李曙华教授评价说："现在有很多企业目光短浅，只贪图眼前利益，但见到你们正在传承和弘扬传统文化，让我看到了中华文化的未来和希望。"教育部长江学者特聘教授、南京大学洪修平教授赞道："你们做了一件很有意义的事。"①

（1）培训宗旨。中盐金坛公司在阐述其培训宗旨时说：历经二十多年的发展，中盐金坛不但奠定了坚实的物质基础，同时构筑了独具个性的精神大厦，此精神大厦以"贤文化"命名。

贤者，有德有才之谓也。二十多年来，金盐人秉持向贤之志，在贤文化的推动下，以不凡的发展业绩，成长为中国盐行业的新标杆。

二千多年前，孔子告诉我们，国家富裕了，就要对民众施行教化，使国民成为有道德素质的群体，这才是国家长治久安之道。治国如此，治企亦然。因此，通过培训提升员工的素质，养成高尚的职业之"德"和精明的干事之"才"，成就一批"贤于内王于外"的企业精英，才能从容应对复杂经济形势的挑战，开拓企业发展的新空间，在世界范围振兴中国盐业，进而成就受尊重的百年基业。②

公司的经营班子期望未来的中盐金坛不仅是集聚财富的经济实体，更是志同道合者安身立命之所；既是员工实现价值和价值增值的平台，更是传承弘扬中国传统文化的重要基地。通过培训，开启员工慧性，将贤文化的思想智慧融入事业、家庭、生活之中，使身心和悦，家庭和谐，工作和顺，生活和美，企业和乐，使中盐金坛人的共同事业在"敬天尊道，尚贤慧物"的路上走向更高境界，走得更加久远。要言之，中盐金坛贤文化培训的宗旨为："博学厚德，修心养身，知行合一，成贤合道"。

（2）培训内容。贤文化专题培训的内容分"贤文化与儒家智慧、贤文化与道家智慧、贤文化与佛家智慧、贤文化与易学智慧、贤文化与西方文明智慧、先贤王阳明及其心学"六大专题板块，全方位展示贤文化的思想渊源与现实品格，同时辅之以诗、书、礼、乐、艺、茶、养、武之教，修身调心，

---

① 麻婷、马建军."贤文化"培训带给我们什么？[N]. 中盐人,2013-6-25(3).
② 郑明阳. 中盐金坛公司贤文化培训手册 [Z]. 2013. 第 1 页。

厚实人文素养，提升职业境界，深化对贤文化的理解，建立"志贤"的主流价值观。

担任培训教学的老师主要来自南京大学相关学科的名师或教授、博士，他们从讲解国学经典《大学》《中庸》《老子》《坛经》《周易》《传习录》的思想精华入手，引领学员体悟国学智慧与贤文化之渊源关系；介绍中国古代圣贤修身处世、建功立业的经典案例，开启良知，润养智慧；同时，展示贤文化之礼、乐、艺、茶、养、武的独特魅力，净化身心，澡雪精神，在学习新知识的同时，打开视野，别具慧眼看待工作与人生，修身养性，道术兼通，助益员工的职业境界上一个新层次。

培训期间，结合不同阶段学习、研讨主题，组织参访优秀企业和国学圣地，践行古代贤者"读万卷书，行万里路"的参学精神。

（3）培训效果。中盐金坛公司组织的三次贤文化专题培训，无论是课程设计还是师资力量配备上，都可谓是精心备至。培训均在著名高等学府南京大学举行，先后邀请了近50位知名教授、博士授课60余次，三期共安排26天脱产学习，培训了近150名管理干部，在企业内外引起了不小的反响，受到了广泛的关注与好评。《中盐人》对培训的效果作了专题采访报道，有兴趣者可以参阅。

（二）以《中盐人》为主体的媒介传播

除了培训，由中盐金坛公司和中盐常化公司共同主办的纸媒《中盐人》，是贤文化传播的主阵地。

1.《中盐人》概况

《中盐人》的前身为《盐化人》，创办于1998年10月，主办单位为金坛市盐业化学工业总公司有限公司，A4纸黑白印刷，主要起公司信息的上传下达作用，实为一份公司内部的工作简讯。2003年2月更名为《中盐人》，由中盐金坛盐化有限责任公司主办，A4纸黑白印刷。2005年改为小四开铜版纸彩色印刷，开始有了新闻版面意识，文章内容注重多样化。2010年7月，中盐金坛公司成立企业文化部，专职从事企业文化建设，《中盐人》转由该部门编辑出版。8月，《中盐人》实施改版工程，主办单位增加中盐常州化工股份有限公司，版式由小四开铜版纸彩印，改为对开彩印大报，月刊，在中盐金坛公司网站上同时发行《中盐人》PDF数字版。2013年10月，出版周期改为半月刊。

随着公司"敬天尊道，尚贤慧物"的贤文化确立，《中盐人》在贤文化的引领下，开启了新的办刊之路。采编人员把贤文化贯穿在整个报纸的编辑策划流程中，版面的栏目设置充分体现贤文化的精气神，通过营造浓厚的贤文化氛围，增加贤文化对读者的渗透力和凝聚力，使贤文化成为推动公司"创新发展，转型发展"的强大精神动力。

2.《中盐人》版面内容

《中盐人》以企业内部员工为主要目标受众，努力把这份内刊建设成中盐人共同的思想家园。为此，编辑部确立了"传播先进文化，报道发展动态，反映员工心声，助推改革创新"的办刊理念，形成"要闻言论、动态新闻、专题报道、文艺副刊"的版面布局，一方面及时报道生产经营的重点、热点、亮点新闻，满足员工的信息需求，另一方面对企业重点新闻进行深度解读，引导员工理解新闻背后的"新闻"，用新闻事实来诠释贤文化，使新闻报道在"见人见事"基础上更要"见心"——贤文化精神。同时，在文艺副刊这个平台上，用读者喜闻乐见的文艺形式传递企业的人文精神和人文关怀，交流对贤文化的理解。

3.《中盐人》对贤文化的传播

《中盐人》以贤文化理念统领新闻报道，通过具体、生动的新闻故事揭示抽象的贤文化理念或精神，文艺副刊重点抒发员工的"贤悟"，使贤文化变得可触、可感、可亲。为了准确、生动、深入地传播贤文化，《中盐人》采取了如下措施：

一是公开宣告以"宣传贤文化、解读贤文化、融入贤文化"为办刊方针，并围绕这一方针从报道的选题、新闻价值的解读等方方面面传递贤文化，以此增强贤文化的辐射力。

二是开设"贤文化培训""新员工培训""贤德贤才""一线风采""中盐人素描"等贤文化专题或专栏，对贤文化主题活动、员工的志贤故事作深度报道，并配发评论，以此增强贤文化的感染力。

三是在副刊推出"经典丰饶贤文化""朴素的道德""诚者天下行""育英才，修贤德""《传习录》中的人生智慧""孔子与《论语》"等专题或专版，从多种角度诠释、传播贤文化，以提升贤文化的影响力。

（三）行知班传播

中盐金坛为推进公司学习型组织建设，践行"知行合一"的贤文化精神，使贤文化真正成为员工的价值观、思维方式和生活方式，从 2014 年起，在全公司开展"行知班"建设活动。

1."行知班"建设的提出

以贤文化为指导，实践"知行合一"精神，确保公司生产经营的计划、部署和企业管理的规章制度，在班组和员工层面贯彻落实，加强 5S 现场管理，进一步提高工作效率，并造就一支可爱可敬的员工队伍。通过"行知班"建设，在全体员工和管理人员中树立尊重劳动、热爱劳动的职业观念，养成亲力亲为、严谨细致的工作作风，培育发现问题、解决问题的实践能力，形成团结合作、共同进步的职场氛围。同时，通过"行知班"建设，开辟上下沟通的新路径，提高管理效率和执行力。

2.传播贤文化是行知班的重点

"行知班"建设的重点是员工如何将应知应会的业务知识、岗位技能、管理能力、职业道德等事项逐一落实到行动上，使"行"为真行，"知"为真知。为此，2014 年"行知班"建设活动的重点内容为：从寻找存在的具体问题入手，通过研讨性学习提出解决方案并一一落实到行为中，使工作中的短板得以不断改善；发现"知"的不足并在"行"中完善，进而改善"行"的效果，从岗位操作员变成合格的工厂工程师；发现对贤文化"知"与"行"的不足，按照"知行合一"的要求做到"日日新"；在"行知班"建设过程中，结合具体工作、具体问题、具体案例学习、理解贤文化。①

3."行知班"的活动内容。

"行知班"是一种没有先例可循的探索性班组建设措施，如何开展此项活动，活动内容是什么，从《中盐人》等公开报道的案例看，主要有以下方面：一是综合管理部门与生产单位的班组结对子联合开展劳动。如公司生产部全体员工到金赛盐厂盐硝车间擦拭设备、清洁门窗地面，以形成尊重劳动、亲力亲为的职业精神；金东公司深入市场部了解市场动态，灵活组织生产。二是组织生产单位之间的学习交流，解决生产中的现实问题。如金东公司由厂长带领各班班长、中控至金赛盐厂学习热压缩工艺和工序操作，通过现场跟踪操作，采集大量工艺参数比对分析后，找到了蒸发罐频繁堵塞的根本原因，初步提出了解决方案。三是班组每个月拿出一天休息时间组织集中学习和劳动。如电厂由班组技术骨干授课，参与的员工讨论交流生产操作中遇到的问

---

① 中盐金坛公司关于开展"行知班"建设活动的通知（2014 年 2 月 14 日）[Z].

题，各自提出意见与建议，同时加强现场设备管理，清扫现场卫生，以培养员工爱厂爱劳动的主人翁意识，尽快成长为全能值班员；矿区组织员工学习贤文化、增强道德意识、提升操作技能、加强生产协调及 5S 现场管理。四是将 QC 小组活动纳入行知班建设，提高员工发现问题和解决问题的能力，激发员工的主动性和创造性，把班组建成学习型组织。五是将行知班建设与党建活动相结合。如公司党政办公室深入盐厂学习观摩，与生产单位共同研究解决党建中的实际问题，提高党建水平。

（四）贤文化研究会传播

2013 年 11 月 12 日，由金坛盐盆经济共同体的四家企业——中盐金坛、江苏盐道物流、金坛金恒基安装公司、金坛金赛物流公司联合发起成立的贤文化研究会举行第一次会员大会，讨论通过了章程，选举产生了组织机构，发布了 2014 年工作计划。这标志着，金坛盐盆经济共同体诞生了自己的人文建设平台，共同体的文化——贤文化建设进入一个新阶段。

1. 贤文化研究会的宗旨

《贤文化研究会章程》规定，本会宗旨为：在金坛盐盆经济共同体中推动形成学习、研究、宣传、践行贤文化的良好环境，为贤文化体系的构建和丰富完善提供智力支持，为贤文化的传播积聚力量。[①]

在研究会的成立大会上，名誉会长、中盐金坛公司总经理、党委书记管国兴把贤文化研究会的宗旨概括为"培育道德资本"，他说："道德是一种无形价值，道德也是企业资本。作为学习、研究中国盐文化和传统文化的人文高地，贤文化研究会要秉承传统文化之独立研究精神，以成就贤德贤才为价值取向，把中国传统文化的义利之辨落实到个人实践中。"[②]

2. 贤文化研究会的传播职能

根据《贤文化研究会章程》，该会的职能是：组织开展主题鲜明的贤文化学习、研讨、参观、考察、调研等活动；邀请专家、学者为会员作学习辅导报告或专题讲座，指导会员学习研究贤文化和中国传统文化；组织会员与高校师生开展学习交流活动，帮助会员获得相关资源和信息；为金坛盐盆经济共同体的企业文化建设提供支持和服务。

---

① 贤文化研究会章程 [Z].2013.
② 麻婷.金坛盐盆经济共同体有了人文建设的高端平台 [N]. 中盐人 ,2013-11-15(1).

贤文化研究会会长在接受《中盐人》的采访时说，研究会的定位虽然比较高，但设计和开展的活动会脚踏实地，使员工易于接受，乐于参与，通过高品味的活动享受贤文化的美感和乐感，实现自我提升。①

3.贤文化研究会的传播活动

贤文化研究会成立后，即在金坛盐盆经济共同体中开展"贤文杯"有奖征文大赛，首届"贤文杯"活动期间共收到参赛作品 50 篇（部），其中微电影 1 部，相声剧本 2 部，诗歌 1 首，小小说 1 篇，散文及其他体裁作品 45 篇。评选出特别奖 1 部，一等奖 3 篇，二等奖 5 篇，三等奖 10 篇，优秀奖 11 篇，共计 30 篇（部），由大赛组委会给予物质和荣誉奖励。这是金坛盐盆经济共同体职工学习研究贤文化成果的一次集中展示和检阅。

2015 年 7 月，贤文化研究会组织了"讲述贤的故事"专题活动，深挖员工在生产经营中创造的文化成果，提炼为贤文化建设的素材，并生动地展现蕴藏在员工身边体现贤文化精神的典型事例。此次活动收到 28 篇（部）作品，评出获奖作品 16 篇（部），其中微电影 1 部，相声 1 部，摄影作品 1 幅，诗歌散文演讲辞 7 篇，水墨配诗作品 1 幅，书法作品 3 幅，刻纸作品 1 幅，贺卡 1 张。

研究会开展贤文化传播的主要活动形式是成立读书会，组织和指导员工阅读经典。研究会在《中盐人》发布的《读经典倡议书》中说："阅读经典，就是与经典对话，在对话中理解先贤的人生，理解先贤的思想与感情，从而反观自身，体味自我的生命状态，反思自我的生命历程，回归自我生命的本质。一句话，在经典中重新发现自己。贤文化研究会乐于搭建平台，使您零距离地亲近中外文化经典，吸取经典的智慧，成就智慧的人生。"②读书活动分为平时自主阅读和集体研读两种形式。参加者需平时自主阅读相应经典，养成良好的阅读习惯；集体研读时，由贤文化研究会将相关经典的重点章节印制成单页供集体研读，并设计若干问题以供讨论，贤文化研究会将邀请相关学科的博士，以志愿者的方式指导会员阅读和讨论。

贤文化研究会推荐的首批阅读书目为十二部中外经典：《论语》《孟子》《道德经》《庄子》《易经》《六祖坛经》《传习录》《圣经故事》《古希腊神话与传说》《古罗马神话》《全球通史》《新教伦理与资本主义精神》。

① 麻婷·金坛盐盆经济共同体有了人文建设的高端平台 [N].中盐人，2013-11-15(1).
② 贤文化研究会.读经典倡议书 [N].中盐人,2014-9-15(4).

贤文化研究会成立至 2015 年，已组织十多次读经典活动，研读了《传习录》《论语》《周易》，加上其他的一系列活动，该会已在员工中产生了较大的影响，这是中盐金坛探索贤文化传播的一种鲜活有效的形式。

四、贤文化建设与传播的效果

如果从正式发布《贤文化纲要》算起，中盐金坛公司的贤文化建设与传播迄今已进行六年。六年来，贤文化建设与传播取得了什么样的成效呢？

（一）员工的价值观得到提升和统一

众所周知，文化建设的最高目标是形成精神信仰，这一目标位于企业文化金字塔的顶端，规范和引领着企业的行为方向与员工的价值追求，使文化的力量逐级逐层地渗透于企业的方方面面，给企业打上鲜明的文化标识，培育出独特文化风貌的员工队伍。

中盐金坛经过多年的贤文化建设，虽然还未达到形成精神信仰的层次，但在统一员工的精神追求和价值观方面，已有了明显的效果。走进企业，贤文化已成为主流意识，修贤育贤、尚贤志贤的风气在各厂矿得到倡导，润物细无声地影响着企业的生产经营和员工的文化修养，在这方天地，"贤故事"随处可遇，可感可触。

盐矿老员工仲贵喜认为，"人不能延长自己生命的长度，但可以拓展生命的宽度。通过贤文化建设，几年后，员工的气质肯定会有变化，素养肯定会有提高。"[1] 盐矿老员工冯连庚认为，"一个没有文化的企业，难以让人尊重，贤文化主要体现在道德层面，提得很及时。如果要受人尊重，就必须做到贤。"[2] 公司厂矿领导认为，《贤文化纲要》是吸收优秀传统文化、结合公司实际提出来的企业文化，其核心在于重德，使我们的工作有了努力的方向。贤文化不但统一了员工的价值观，而且员工们已经在自觉地将贤文化贯彻到工作和生活当中。加怡热电厂副厂长王国华说："从要我工作，向我要工作转变，就是在接近贤。"[3] 加怡热电厂安全主管陆胜认为，当我们以敬畏自然的心态开发资源，并保护好一方碧水蓝天，就做到了贤文化倡导的"敬天"[4]。

① 麻婷. 信心、感动、方向——贤文化调研纪实 [N]. 中盐人 ,2013-1-25(2).
② 麻婷. 信心、感动、方向——贤文化调研纪实 [N]. 中盐人 ,2013-1-25(2).
③ 麻婷. 信心、感动、方向——贤文化调研纪实 [N]. 中盐人 ,2013-1-25(2).
④ 麻婷. 信心、感动、方向——贤文化调研纪实 [N]. 中盐人 ,2013-1-25(2).

自 2013 年始，公司设立"贤德""贤才"奖，获奖员工达 122 人，接近公司总人数的三分之一。公司在每年举行的总结表彰大会上对获奖员工颁奖，以此引导和激励员工确立向贤之志，员工也以获得贤德贤才奖为至高的荣誉。

据《中盐人》报道，获得 2014 年度"贤才奖"的加怡热电厂员工黄轶震对工作非常有激情，在电厂十多年，不仅上班的 8 小时全身心投入，下了班也一样爱动脑筋钻研工作上的事。他的经验是：下了班把上班时遇到的问题在脑子里过一遍，不仅让自己的知识更加牢固了，有时还能发现一些生产上的小缺陷。有人问他为什么这么有激情，他说："这都是很自然的事情，干一行爱一行嘛，我热爱这份工作，工作起来自然有激情。"①

获得 2014 年度"贤德奖"的金东公司员工陈华虎肯吃苦，不服输，什么脏活、累活他都抢着干，他说："我就是一个平平凡凡的人，干着平凡的工作，过着平凡的生活，不求有功，只求做好工作，无愧于心。"②

这种扎根基层、在平凡的岗位上全身心坚守着一份责任的贤文化精神，在今日的中盐金坛已成为常态。在贤文化的熏陶下，员工们用朴实的方式——兢兢业业地做好岗位工作，实践着他们对贤的"知"。

员工的价值观统一了，管理中的"内耗"减少了，企业的生产经营效益自然而然地提高了。自 2005 至今，中盐金坛在利税方面对中盐总公司的贡献一直位居前列，连续 10 多年成为金坛市纳税大户前三名，仅以 2011—2014 五年为例，累计向国家纳税达 7.85 亿元，并于 2011 年起进入江苏常州地区五星级企业行列。此外，2009 年被国务院国资委评为"中央企业先进集体"，2012 年，中国盐业总公司授予中盐金坛公司"特别贡献奖"，2012、2013 年被中国轻工业协会评为"中国制盐十强企业"。中盐金坛人以无可争辩的事实，证明了企业的发展是员工的发展之自然结果，同时向世人昭示了其企业文化——贤文化的力量。

（二）经济转型和回归盐业本质的进程提速

中盐金坛公司的领导人认为，中国文化的最大特征是一种道德实践智慧型的文化，在经济和社会生活中，明辨义利是这种文化关注和讨论的主题，也是个体向君子、贤人乃至圣人提升的要津③。2015 年 3 月 15 日的《中盐人》

---

① 张花等.闪光在一线的"贤德贤才"[N].中盐人,2015-3-30(3).
② 张花等.闪光在一线的"贤德贤才"[N].中盐人,2015-3-30(3).
③ 麻婷.金坛盐盆经济共同体有了人文建设的高端平台[N].中盐人,2013-11-15(1).

发表了评论员的文章《明辨义利，回归本质》，系统地表达了中盐金坛人从"义利之辨"的角度对贤文化的诠释，以及对盐行业本质的理解。

先说"明辨义利"。道义为先，还是利益为先，是每一个企业或行业在改革过程中将面对的选择，我们探索调结构促转型之路，选择的是道义为先。中国盐业有着两千多年的专营历史，这一制度在给盐行业和历代封建王朝财政经济带来丰厚收益的同时，也导致盐行业长期局限在产品结构单一的圈中，缺乏改革与创新的动力，成为既传统又落后的产业，至今在世界盐业同行中依然是大而不强，振兴中国盐业成为当代盐业人应担的道义。而要担当起这份道义和历史责任，就必须顺应国际盐业发展大势，借助改革之力，走出依赖专营的模式，调整盐产品的结构，打破小圈子，融入大市场，为古老的盐行业找到新出路。

次言"回归本质"。我们是井矿盐生产企业，与海盐相比，我们认为井矿盐是盐中的"贵族"，它和大自然赐予人类的其它矿产资源一样，其定位在于服务民生，提高百姓的生活品质，而食盐只是其中的一种，生活中的诸多领域如交通、医药、畜牧、水处理等，都有盐的用武之地，欧美盐业同行在生活用盐领域先后开发出成百上千的品种，在这方面走在了我们的前面。因此，研发特种盐，取之于大自然，用之于改善民生，这是传承盐宗宿沙之精神，回归盐的日用常行之本质的应有之义。

要言之，通过研发生产特种盐以调结构促转型，是基于"明辨义利，回归本质"的选择，也是贤文化"明本顺性"的应然之举；这个选择也是以修贤成贤为志向的金盐人的必然选择。

评论员上述的文章提出，通过调整产品结构以融入国际大市场，推动中国盐行业的振兴是中盐金坛人选择的"大义"，推动盐行业向本质的回归，是中盐金坛人"明辨义利"的应然之举。他们这样说，也在这样做着。

2014 年 10 月 31 日，中盐盐业技术转化与应用中心正式落户中盐金坛。中盐金坛公司总经理、党委书记管国兴表示，中盐金坛将借助中心这一高层次平台，承担起三大任务：一是推动制盐行业的节能，二是推动制盐行业的减排，三是推动制盐业向本质的回归。[①]

研发特种盐，在民生领域推广特种盐，提高百姓的生活品质，这是中盐金坛在探索制盐业"回归本质"过程中迈出的重要一步。公司总工程师兼技

---

① 麻婷. 勇担三大责任，引领"科技兴盐"[N]. 中盐人,2014-11-15(3).

术部部长陈留平对此作了如下的解读：

无论从经济效益，还是环保效益考虑，散湿盐都应当退出市场舞台。这两年，我们的技术团队就在着力研发特种盐产品，目的就是使公司的产业结构实现大调整，让金坛的精制盐应用于更适合的领域。

为此，我们必须不断加大科研投入，增强自身的科研能力。通过引进和培养人才，做大技术团队，做细研发项目，做深研究课题，确保每个产品的关键成分都能自主研发。以创新产品来创造市场，比如环保型防冻除冰剂、果蔬洗涤盐、畜牧盐都是靠技术推动市场需求的形成。[1]

走在"回归本质"的发展之路上的中盐金坛，"在大工业盐方面，未来将不再使用精制盐，而是进行盐水革命，推广全卤制碱；精制盐的发展之路是开发特种盐市场，回归盐的本质，为提升大众的生活品质服务，为中国上亿吨级的制盐产能寻找到市场"[2]。

2014 年 6 月，中盐金坛成立特种盐市场部，与公司技术中心的博士团队联手，研制六大类特种盐新品种，积极开发特种盐市场，改变国人的用盐观念，使盐这个再平凡不过的物品，以更丰富的种类进入生活日用领域，提高大众的生活品质。中盐金坛目前开发出的环保型防冻除冰剂，在原料选用、加工工艺、技术指标等方面具有较强优势，尤其是低碳钢腐蚀率的性能使其具有良好的环保特性。另外，公司还建立了除冰剂的使用规范，能够做到科学合理的使用，使其对环境的影响很小。资料显示，世界盐业机构将目光投向生活用盐，以提高人的生活品质为追求，在引领盐的利用上，对资源重在循环利用，对环境加以保护，对生命予以关照[3]。中盐金坛的特种盐事业与世界盐业发展方向不谋而合。

如今，中盐金坛首提的"特种盐"及其产品结构调整思路已得到中国盐业总公司的认可，要求"加大投入，加快特种盐的产业化步伐"[4]。中盐金坛公司研制的防冻除冰剂已在江苏多地投入使用，同时打入日本市场，在东京、长野、丰桥和佐井等地区得到推广使用。谈到特种盐的未来规划，中盐金坛公司总工程师兼技术部部长陈留平说："公司将走绿色环保之路，培育特种盐产业群，为进一步满足市场需求，还将建医药用盐、畜牧盐、果蔬洗涤盐等

① 传统制盐业如何发展？看中盐金坛的转型之路 [N]. 今日中国,2014-7-18.
② 麻婷.勇担三大责任，引领"科技兴盐"[N]. 中盐人,2014-11-15(3).
③ 传统制盐业如何发展？看中盐金坛的转型之路 [N]. 今日中国,2014-7-18.
④ 传统制盐业如何发展？看中盐金坛的转型之路 [N]. 今日中国,2014-7-18.

一系列高端特种盐项目。"①此外,江苏盐道物流公司还为特种盐打开市场搭建"绿色通道",负责特种盐的运输、仓储和包装等项目。为满足特种盐市场,将投资 4.9 亿元,建设占地面积 145 亩,总建设面积 53420 平方米的绿色物流园区,届时物流配送特种食用盐的能力可达 80 万吨。

"我们这代盐业人还怀揣着一个伟大梦想,要让中国成为世界盐业强国。""中国早已是世界第一产盐和用盐大国,目前年产能近 1 亿吨,但盐的品种还不够丰富,在世界盐行业仍缺乏话语权,我们这代盐业人应主动挑起振兴中国盐业的大梁,这是我们的责任与使命。"②中盐金坛人如是说。

"回归本质"的另一层含义是平衡好企业作为"社会人"与"经济人"的双重责任,在"义"与"利"的关系上,毫无疑问地选择生财有道、义在利先,主动担当起企业的社会责任,使企业的行为和影响惠及民生。在这方面,中盐金坛公司投入大量的资金,做了令许多业界人士一时无法理解的履行社会责任的科技革新项目:引进 MVR 制盐技术以降低真空制盐的能耗;持续推动盐水"革命"以带动氯碱企业全卤制碱、节约能耗、减少排放③;对加怡热电厂全面实施环保改造并取得显著成效④;不断推进盐穴综合利用,把隐患变成资源;制定不合格产品召回制度,并进行不合格产品召回演练⑤等等。

付出和回报虽然不会立竿见影地取得平衡,但从一定时期或从长远来看,付出必然收获回报。2014 年 8 月 18—19 日,由中国矿业联合会、江苏省国土资源厅、江苏省矿业协会、江苏省地质调查研究院、常州市国土资源局组成专家组,对中盐金坛盐化有限责任公司金坛盐矿国家级绿色矿山建设进行验收。在验收意见中专家们评价道,金坛盐矿在建设国家级绿色矿山过程中,"构建了内外和谐的企业文化理念体系,发布了《贤文化纲要》,把'敬天尊道,尚贤慧物'作为公司'贤文化'的核心价值观,编辑出版《人文管理》、《中盐人》等刊物,设立'贤德奖'、'贤才奖',激励员工向'贤'看齐;成立贤文化研究会,培养贤文化中贤力量;职工收入年增长达 10%。经综合评定,中盐金坛盐化有限责任公司金坛盐矿达到了国家级绿色矿山标准,专家组一致同意通过国家级绿色矿山建设验收"。⑥

① 万斯琴.盐改谋变中盐金坛率先培育特种盐产业群 [N].中国企业报,2014-12-23(34).
② 万斯琴、麻婷.中盐金坛:转型改革打造百年老店 [N],中国企业报,2014-1-21(24).
③ 马建军、麻婷.氯碱行业全卤制碱或成可能 [N].中盐人,2014-4-30(1).
④ 高良俊.改造后,电厂环保水平又有提高 [N].中盐人,2014-12-15(1).
⑤ 姚静、麻婷.中盐金坛举行不合格产品召回演练 [N].中盐人,2014-5-30(1).
⑥ 中国矿业联合会.江苏省绿色矿山调研及金坛盐矿核查验收情况报告 [Z].2014.

2013 年 2 月，中盐金坛通过中国制造网审核，入驻国际电子商务平台[①]，2014 年通过联合利华等第三方社会责任审核，审核周期由一年一次延长为两年一次[②]；多次获得常州市、金坛市"重合同，守信用企业"荣誉；自 2010 年始至今，连续六年获得"企业资信等级 3A 级"殊荣。这是政府、社会、用户、消费者对中盐金坛人在成长之路上明辨义利，坚守贤文化"明本顺性"的理念，推动盐业回归服务民生之本质的高度认可。

（三）管理的人文特色和精细化水平明显提升

毋庸讳言，中国企业的管理，主要采用的是源自西方的科学管理模式，这种管理模式建立在西方科学理性主义思想文化的基础上，从工业革命时期开始发轫、成熟、发展，其优点在实践中已得到了充分的彰显。与此同时，其人文关怀的不足，也日益暴露出来。进入二十一世纪，唯经济效益之马首是瞻的发展模式及相应的管理模式，受到了越来越多的质疑和批评，以人为本的观念进入发展和管理的主题。如何在管理的提升和转型升级中更多地体现人文因素，使人本身成为发展的目的并享受发展的成果，而不是成为赚钱的工具，是一个具有挑战性和迫切的现实性的课题。中盐金坛公司提出贤文化、建设贤文化，将贤文化融入管理的提升中，积极推行人文管理，促进现代企业管理向人文方向转型升级，不但带动了管理思维方式的转变，更带动了对管理目标和管理本质认识的转变。

一是贤文化"反求诸己"的思维方式，使自我管理与管理他人变得同样重要，从而打破管理与被管理的界限，推动了以自我管理为特色的"工厂工程师"制度的设计和实施。特别值得一提的是，"工厂工程师"制度运行三年来，员工从"要我学"转为"我要学"，系统驾驭能力大大提升，并能主动思考改进生产工艺，"在生产管理上实现了较大的创新和突破，在增产不增人的情况下，各生产单位成功推行五班三运转和年休假制度，大大提升了管理的效率和效益"[③]。

二是贤文化"尚贤慧物"的思想，突出了管理的教育职能，使管理的人文精神得到更加全面的贯彻。管理从本质上说到底是何种活动？中山大学著名管理哲学教授黎红雷先生应邀在中盐金坛"宿沙讲坛"作《无为智慧与现

① 姚桂霞、马建军. 金坛盐入驻国际电子商务平台 [N]. 中盐人 ,2013-2-25(1).

② 姚桂霞. 中盐金坛通过联合利华社会责任审核 [N]. 中盐人 ,2014-9-30(2).

③ 周小丽. 实施效果如何？ 员工有何评价？ 未来如何完善？ [N]. 中盐人 ,2014-12-30(3).

代企业管理》的报告时说："管理就是教育，管理者就是教育者，管理的过程就是教育的过程。"① 这与贤文化管理的特点一致。

三是贤文化"明本顺性"的要求，使管理向"以人为本"的本质回归，人在管理的实施过程中，从工具回归到目标和价值取向。中盐金坛公司总经理管国兴说："管理既是一门科学，更是一门艺术。自从有了科学的管理，企业发展步入快车道。因此，我们首先要承认管理是一门科学，有它的内在科学性；同时管理中有很多微妙的东西，更需要提升管理者自身素养，使管理成为一种艺术。"② 要使管理成为艺术必须用人文来提升管理的境界。中盐金坛成立 16 年来，已经从原有的粗放式经营进入转型升级阶段。

贤文化的提出，拓展了管理人员的视野，促进了管理水平的提高。中盐金坛公司总经理管国兴说："近年来，公司在计划管理、品质管理、设备管理、信息化管理等方面取得了明显的进步，企业管控能力和执行力不断提升，科技和人文建设快速向前推进，同时也进一步提升了公司员工的凝聚力和企业形象。"③ 特别是通过把贤文化精神融入到公司管理中，使公司的精细化管理水平得到显著的提高。据《中盐人》报道：

"2013 年，ERP 系统由 U8 平台升级为 NC 平台，VMI 代管业务得到深化应用，集团仓库五金超市体系建立完善，增强了公司在销售、物流、计量、质检、领料等方面的集团管控能力，实现公司内部各业务、母子公司之间信息的无缝对接。全年散湿盐的损耗率由 2102 年的 1.12% 下降至 2103 年的 0.75%，由此可产生 180 万元的经济效益，仓库库存资金占用同比下降 4.9%。信息化的深入推进，也使财务结账时间从 2012 年平均 3 天缩短为现阶段子公司 1 天、本部 2 天。年底，OA 系统正式上线，实现办公电子化。正在实施的项目管理、资产设备管理、成本管理、质量管理等一系列管理提升板块，将于 2014 年陆续上线。届时，将真正实现人人参与成本管理，达到生产效益的最大化。"④

已跟进中盐金坛信息化建设三年时间的用友软件股份有限公司常州分公司代表说，"这三年我看见中盐金坛的管理水平一直在提升，内控能力在不断

① 郑明阳.著名管理学专家黎红雷、葛荣晋为中盐金坛管理提升传道解惑 [N].中盐人,2013-11-30(1).
② 管国兴.管理是一门艺术 [N].中盐人,2013-10-30(1).
③ 麻婷.2013,中盐金坛转型升级步伐稳健 [N].中盐人,2014-1-15(1).
④ 麻婷.中盐金坛：三措并举提升自主研发水平 [N].中盐人,2013-1-25(2).

加强，且速度很快。在信息化构建过程中，公司领导积极推进，员工的支持配合力度也很大，说明信息化在公司内部的认知度越来越高"①。

自 2012 年启动管理提升活动以来，在贤文化的引领下，中盐金坛的专业化、精细化、理性化的管理思路在公司内部逐步落地，并取得了"实现同质化集中供卤、计划管理到班组批次、仓库物资周转率提高、基本实现全年无大修"的管理提升效果，基本做到了"新增项目不增人、岗位增加不增人、班次增加不增人"②的管理目标。

（四）市场"贤商"团队建设成绩斐然

中盐金坛贤文化提出以后，很快辐射到了公司销售部门，培育一批"贤商"成为市场部门人才队伍建设的目标。中盐金坛公司副总经理兼特种盐市场部长江一舟说："在特种盐营销队伍的培养壮大上，我们重视营销人员'术'的提升，但更关注营销人员'德'的储备，这是特种盐市场建设的一个重要任务。员工只有具备担当精神，对家庭、企业、社会和国家负责，才会拿捏好心中的那杆秤，也才会认同我们企业的发展方向。"③

在中盐金坛领导人的心目中，"贤商"队伍的"贤"，"不单指个人的文化素养，还包含个人的技术素养。只有对社会具有良好的洞察力，才能算是一位'贤商'。营销员不仅要重视对业务技能和贤文化的学习，更要注重在技术方面的学习提升。"④

中盐金坛的"贤商"培育从构建和谐的客户关系着手。《贤文化纲要》说："诚为人之本性，亦为企业之本性，故顺性者必明诚，不诚则无以成己成物。"市场营销人员以"明诚"的态度获得客户的信任，与客户建立和谐的关系。如：外贸营销人员面对美元走低、远洋船运费用提高的严峻形势，通过精心安排生产和发货，努力为客户争取最优质的海运服务、最优质的海运价、最实惠的目的港服务，使得出口量不减反增。一次盐水市场下滑时，客户对质量的要求比平时苛刻，营销人员始终把客户的要求放在第一位，真诚地对待客户提出的各种要求，多次赴客户单位进行沟通协商，进一步优化一次盐水的工艺和检验标准，同时采取提质保价的销售策略，用诚信打动客户，维护

① 麻婷.中盐金坛：三措并举提升自主研发水平 [N].中盐人,2013-1-25(2).
② 万斯琴、麻婷.中盐金坛：转型改革打造百年老店 [N].中国企业报,2014-1-21(24).
③ 麻婷.特种盐市场需要培育和引导 [N].中盐人,2014-10-30(1).
④ 江一舟.我们需要怎样的"市场工程"师 [N].中盐人,2015-1-30(1).

了市场份额。①

包装盐销售团队坚持走高端市场路线，找准市场，精心培育忠诚度高的客户群，重视和有一定市场影响力、精通盐行业且关注产品品质的规模企业开展合作。2013 年中盐金坛出口量增加了 30%，澳大利亚和中国台湾地区出口量实现了翻一番②，开拓了希腊、毛里求斯、菲律宾、联合利华马来西亚等新市场。对中盐金坛来说，这不仅是量的扩大，更重要的是数据后面是客户对中盐金坛的信任和产品质量的肯定，和谐的客户关系将因此更加长久、坚实。

在贤文化的熏陶下，市场营销人员应对市场变化的"定力"不断提升，心态也变得更为平和，综合素质朝着"贤商"的目标靠近。2013 年 9 月，盐行业恶性竞争加剧、上下游化工企业开工不足、市场持续萎缩，产品的积压又造成了价格战和无序竞争，在一段时间内公司市场销售人员被浮躁的情绪所左右。市场部销售科长任辉回忆说："那段时间，我们想起了去年在南京大学举行的贤文化培训开班仪式上领导的讲话，'追求智慧，放眼视界'。只有心定了，才能生慧。我们决心让心静下来。"③于是，在市场部领导的带领下，销售人员调整心态，积极走访市场，拓展销售半径，开发出两个地区的新用户，最终销售市场恢复了以往有序发运的状态，销售价格也逐渐稳步提升。通过迎接逆境的考验，公司主管市场的领导更加体会到了培育"贤商"的重要。他说，市场部提出培育"贤商"，我们希望用贤文化来培养和提升人员素质，使员工队伍朝着贤的方向前行④。特种盐市场部副部长金柳表示，特种盐市场部将加强业务培训，提高专业技能；加强经销商管理，努力探索销售方法的转变；发挥好团队的力量，助推销售人员向"贤商"转型，为迎接"后专营时代"做准备⑤。

可以预期，贤文化将对中盐金坛的市场工程建设和"贤商"队伍的培育发挥越来越大的影响。

① 韩雪.关注销售细节[N].中盐人,2013-11-5(3).
② 马建军.中盐金坛十大新闻[N].中盐人,2014-1-15(3).
③ 任辉.定心跑市场[N].中盐人,2013-11-15(3).
④ 蒋红翠、荀美子.20 句话读懂中盐金坛的 2014·2015[N].中盐人,2015-1-15(3).
⑤ 蒋红翠、荀美子.20 句话读懂中盐金坛的 2014·2015[N].中盐人,2015-1-15(3).

（五）员工的组织公民行为更加自觉

中盐金坛公司开展贤文化建设以来，员工们积极践行贤文化，除了兢兢业业地做好岗位工作，还在业余时间主动参与和完成本职工作以外的社会公益活动，赢得了社会的称誉，树立了可敬可爱的志贤者形象。

盐厂硝包装车间班长杨洪财，连续五年在车间度过春节。更让人感动的是，他不但自己过年上班不回家，在公司电厂做保洁的妻子、在盐厂码头工作的儿子也都在岗位上过春节，一家人把对公司的热爱融入了平凡的工作中，心中想的是："公司养育了我们这么一大家子，我们怎么能不以认真工作来回报呢？"①

"金盐之星"陆明军，为了让外地员工能回家过年，春节他代了不少班。他的话特别的朴实："外地员工难得回家一趟，我家就在金坛，无所谓啊。"②

2013年10月26日，研究生毕业的中盐金坛技术部工程师李娜，为当地的中小学第二届科学节开设"崛起中的新盐都"讲座，受到了师生们极大的欢迎。"从来不知道，我们每天吃的盐原来是这样开采出来的！""也从来不知道，被开采完的盐穴居然还有这么多的用途，可以存储天然气，可以储油，甚至还可以用来发电！""身为金坛人，为家乡能拥有这样的盐矿、这样先进的制盐装置、这样与国际接轨的企业，真是深感自豪！"③

盐厂青年员工林峰、孟各拾金不昧的行为，更是在公司传为佳话④，公司员工参与当地无偿献血活动已成为常态。

近几年来，公司400多名员工先后向2008年汶川地震捐款32450元、2009年台湾"莫拉克"台风捐款21794元、2010年玉树地震捐款31531元和舟曲泥石流捐款26280元。一份捐款一份关爱，涓涓细流表达了中盐金坛公司全体员工对灾区同胞的真情关爱，为灾区的抗灾救灾、重建家园尽一些微薄之力。⑤

2013年4月20日四川省雅安发生7.0级地震，许多生命瞬间消逝，美好家园沦为废墟。中盐金坛公司领导和员工及时伸出友爱之手，支援灾区亲人，共计募得善款46300元，此外市场部外贸科在第一时间采用淘宝救援的方式

① 曹建明、徐文婷、马建军.蛇年春节，一线员工怎么样过？[N].中盐人,2013-2-25(1).
② 高良俊等.在班组过年：春节坚守岗位的故事[N].中盐人,2015-3-15(2).
③ 李娜.金坛盐盆知识讲座受当地中小学生欢迎[N].中盐人,2013-11-15(2).
④ 麻婷.盐厂青年员工林峰、孟各拾金不昧受称赞[N].中盐人,2011-7-25(2).
⑤ 郑明阳.中盐金坛公司社会责任案例汇编（2010-2014）[Z].

进行了援助，用他们的实际行动履行企业人的社会责任，践行贤文化的博爱精神。①

金赛盐厂的仲俊翔是电仪主管，电仪工作压力大、任务艰巨，但是他从来不抱怨，而是怀着一颗挚爱的心来对待工作。仲俊翔常挂在嘴边的一句话就是："我们要学的东西还有很多很多，学习是没有止境的。"② 为了实践他所学习的理论，他总是在车间加班研究操作。就这样仲俊翔通过多学多做多试，持之以恒，终于通过自学搞定了仪表，由门外汉变成了干盐车间的仪表大师。在同事们看来，无论什么问题，身在何处，他都会在第一时间赶来解决。仲俊翔的徒弟陆军对师傅毫无保留的传授感触颇多，"师傅很有耐心，在我们学习之初，都是到现场手把手教我们，给我们讲机器的原理，如何调试，如何修理，不厌其烦。在我们逐渐能上手的时候就会放手让我们做，让我们学着慢慢独立。"③ 在仲俊翔的字典里，"责任"是一个神圣而坚定的词。刻苦钻研，勤奋好学，无私传授的仲俊翔，他的青春之歌充满贤韵。

① 郑明阳. 中盐金坛公司社会责任案例汇编（2010-2014）[Z].

② 徐文婷. 激扬贤韵的青春之歌——干盐车间电仪主管仲俊翔素描 [N]. 中盐人，2014-8-30(1).

③ 徐文婷. 激扬贤韵的青春之歌——干盐车间电仪主管仲俊翔素描. 中盐人. 2014-8-30(1).

传统文化与现代管理结合的可能性与现实性

——访苏州大学周可真教授

周可真　郑明阳 *

摘　要： 2016 年 12 月 9 日，苏州大学政治与公共管理学院管理哲学学科带头人周可真教授参观调研中盐金坛公司，接受了公司内刊《中盐人》的专访。访谈中，周可真教授通过梳理顾炎武修己治人思想中关于"众治"和"教化"问题的独到论述，分析了传统文化与现代管理结合的可能性在于其主体都是人、结合的现实性在于创造使传统之人向现代之人转变的条件、结合的切入点在于开展中西方组织关系史研究。周可真教授还对中国管理学的性质和是否可成为一门科学提出了自己的看法。

关键词： 顾炎武；众治与教化；传统文化与现代管理的结合；中国管理学的性质

《中盐人》：周教授您好，您是国内研究顾炎武的大家，请问顾炎武有哪些"治理思想"？有什么现代价值？

周可真：顾炎武的"治道"是"修己治人之道"。他认为，"治人"必先"修己"；而"修己"之要在"行己有耻"。"耻之于人大矣！不耻恶衣恶食，而耻匹夫匹妇之不被其泽……士而不先言耻，则为无本之人"。（《亭林文集·与友人论学书》）也就是说，士人之耻莫过于对天下百姓没有做过任何贡献。在他看来，明朝亡国的根本原因即由于明朝"士大夫"（主要指政府长官）普遍只求个人名利，贪图物质享受，全然不顾为天下百姓谋利益，即所

---

* 周可真（1958—），江苏宜兴人，博士，苏州大学政治与公共管理学院教授，博士生导师，研究方向：中国古典哲学、管理哲学。郑明阳，文学硕士，《中盐人》副主编。

谓“不廉”“不耻”。“盖不廉则无所不取，不耻则无所不为。人为如此，则祸败乱亡亦无所不至，况为大臣而无所不取，无所不为，则天下其有不乱，国家其有不亡者乎？”而“人之不廉而至于悖礼犯义，其原皆生于无耻也。故士大夫之无耻，是谓国耻”。(《日知录·廉耻》)

坚持“行己有耻”，关键是要做到“先义后利”，把他人和社会的利益放在第一位来考虑，而非倒过来将自己个人的利益看得高于一切。顾炎武说:“君子得位，欲行其道；小人得位，欲济其私。欲行道者，心存于天下国家；欲济私者，心存于伤人害物。”(《日知录·言利之臣》)“心存于天下国家”而“行道”，就是“义”。“苟非返普天率土之人心，使之先义而后利，终不可以致太平。”(《日知录·河渠》)其次，为人当如屈原般“耿介”“刚方”“中立守道”“直言危行”，决不“同乎流俗”“合乎污世”。“尧舜所以行出乎人者，以其耿介。同乎流俗，合乎污世，则不可与入尧舜之道矣。”(《日知录·耿介》)与“耿介”相反的行为，被顾炎武称作“夸毗”，主要表现是“寡交”“善身”“怯言”“弱断”“拱默保位”“柔顺安身”“无所可否”“与世浮沉”。他认为，明末“丧乱之所从生”乃至于最终“召天祸”，与其士大夫崇尚“夸毗”的为人处世方式也有密不可分的关系，它不仅直接导致“朝多沓沓之流，士保容容之福”，其流风所至，更使国民亦皆化为“巧言令色”之辈。(参见《日知录·夸毗》)鉴于这一沉痛的历史教训，他告诫“后王”道：“圣王重特立之人而远苟同之士，保邦于未危，必自此始。”(《日知录·不醉反耻》)

顾炎武的“治人”之道，包括“众治”和“教化”两个方面的基本内容。

所谓“众治”，首先是指“分权”，即推行“寓封建之意于郡县之中”的政治经济体制。这是顾炎武鉴于当时国家中央权力过大而地方权力太小而提出的改革方案，其要点是“改知县为五品官，正其名曰县令”，“予之以生财治人之权”，其实质在于推行经济上的县令承包制和政治上的县令负责制。在这种制度下，县里大小行政事务全由县令负责支配和管理，不受中央干扰；中央的权力主要在于任命县令，并每隔三年对其进行一次考核，如考核及格，他可以连任；考核不及格，则罢其官，并视其情节轻重，或流放之，或杀之。顾炎武认为，其改革方案的主要特点是充分利用了人皆有之的私心，使县令不得不“为其私”而尽心尽职。自县令言之，其所以“效死”努力，固“非为天子也，为其私也”；自天子言之，则“(县令)为其私，所以为天子也”。如此，县令与天子双方的利益皆能得到满足。(参见《亭林文集·郡县论五》)

　　其次，"众治"是指发挥天下宗教和家庭的作用，以辅助政府治理国家。这是顾炎武针对当时国家采取"独治"方式即政府包办一切的治理状况而提出的改革方案，其实质在于限制政府行政活动范围，将政府治理与社会治理结合起来，以克服由政府"独治"所带来的种种弊端。他认为，"独治"势必导致"刑繁"（政令繁多），其危害性极大：一是造成文繁而官多："今也文书日以繁，狱讼日以多，而为之上者主于裁省，则天下之事必将丛脞而不胜，不胜之极必复增官，而事不可为矣"；（《日知录·省官》）"官多则乱，将多则败"；（《日知录·医师》）二是导致人情巧伪奸诈："天下之纲尝密矣，然奸伪萌起其极也，上下相遁，至于不振。然则，法禁之多乃所以为趣亡之具"；（《日知录·法制》三是导致人才不振："法令日繁，治具日密，禁防束缚至不可动，而人之智虑自不能出于绳约之内，故人材亦以不振"。（《日知录·法制》）顾炎武认为，要从根本上扭转"刑繁"的局面，必须改变政府包办一切的"独治"方式，使"一家之中父兄治之，一族之间宗子治之。其有不善之萌，莫不自化于闺门之内"，如此"众治"，政府"所治者约矣"。（详见《日知录·爱百姓故刑罚中》）

　　在力主推行"众治"的同时，顾炎武针对当时国家"君臣上下怀利以相接，遂成风流"以致"无官不赂遗""无守不盗窃"的黑暗情况，主张"以名为教"，即利用人们的自私自利心，采取考核"名行"的取士之法（优先提拔那些有道德声望的人出来做官）及与之相配套的"清议"（根据公众舆论对某人品行的褒贬来决定其政治前途，或提拔之，或罢免之）"奖廉"（对"能洁己爱民"的政府官员，到其退休时予以经济重奖，并免除其赋徭）等措施，由此将人们的私欲引向与"利"密切相关的"名"（道德名声或道德声望），让其追求能同时给他带来"利"的"忠信廉洁"之名。由于其"名"反映着国家的利益和需要，故人们对"名"的求取，虽然主观上是出自其私欲，为了实现其私利，客观上却也能使国家的利益和需要在一定程度上得以满足。"名"在这里充当了联系"公"（国家利益）与"私"（私人利益）的纽带，借助于这根纽带，"私"遂转化为"公"。（参见《日知录·名教》《清议》《直言》）

　　顾炎武关于"修己治人"的治理思想仍具有重要的现代价值，即它对当代治国理政者具有如是启示意义：国家治理应当实现"两个结合"——制度建设与道德建设的结合和政府治理与社会治理的结合。

《中盐人》：请问中国传统文化与现代管理结合的可能性、现实性和切入点何在？

周可真：传统文化与现代管理的结合当然是可能的，因为从文化与管理的主体看，其主体都是人！但作为文化主体的人又并非是个体之人，而是群体之人，即许多个人以某种方式相互合作所形成的社会关系，这种社会关系作为一个系统而存在，就是管理学上所讲的组织。所谓组织，就是作为一个社会系统而存在的人。以社会系统形式存在的人的文化，就是组织文化。按其基本内容来说，组织文化包括组织观念、组织制度、组织规范、组织行为。组织观念是组织文化的核心，组织制度是组织观念的外化形式，组织规范是组织观念的具体化，是组织行为的具体准则，组织行为是受组织规范约束并受组织制度奖惩的行为。所谓组织观念，就是关于组织制度、组织规范和组织行为的思想。将组织观念付诸行动而使之转变为现实的过程就是所谓"管理"。易言之，管理就是受某种组织观念支配、驱使和指导的人事活动。因此，作为管理主体的人，其实就是具有组织观念的人，即处于一定的组织文化环境之中并由这种文化塑造而成的人。就传统文化与现代管理的关系而言，一方面所谓传统文化，也就是世代相传、从历史言传下来的中华组织文化，其实质和核心是对中华民族作为一个社会系统而存在的人所提出关于这个社会系统的构想；另一方面，所谓现代管理，按照通常的解释，就是把管理科学、行为科学及电子计算机结合起来应用，并注重企业经营战略、经营决策，进行全面、系统管理的一套理论和方法。

故相对说来，传统文化是以人为中心的一套组织观念，现代管理则是以事为中心的一套行动理论和方法，其关系可以被本质地抽象为人与事的关系。如此再来看传统文化与现代管理的关系，那么，显而易见，他们当然具有不可分割的关系，因为从理论上讲，人与事之间是必然统一的：事固然离不开人，若离开了人，事便不成其为事，而是成为物了，而人也离不开事，若离开了事，人便也成为无所事事者了，也就不成其为现实的人，作为确定的人，现实的人，你就有规定，就有使命，就有任务，至于你是否意识到这一点那都是无所谓的。无所事事就不是有使命，有任务，而是没有使命，没有任务，也就不是确定的人，现实的人了。

然而，传统文化与现代管理的统一是有条件的，相对的，而不是无条件的，绝对的。我们所要探讨的问题和应该做的事情，就是弄清楚他们互相统一的条件，进而创造这个条件来促其统一，使他们现实的结合起来。那么这个条件是什么呢？

　　要弄清楚这个问题，可以从理论上将传统文化与现代管理的关系转换成为"传统之人"与"现代之事"的关系，如此则分明可见，"传统之人"只有变为"现代之人"，才能和"现代之事"相匹配，从而才能和现代之事相结合，否则传统之人如何能直接办现代之事呢？所以，据实而言我们应当创造的条件，无非就是促成传统之人变成现代之人的条件，也即实现人的现代化的条件。在传统文化与现代管理结合的语境下，所谓人的现代化也就是传统组织观念的现代化，其实质和核心是传统组织观念的现代化。在全球化的时代，传统组织观念的现代化主要是通过中西方之间的文化对话来进行的，这种对话中实现中西组织观念的交流、碰撞、冲突、互渗，直至最后相互融合而形成一种新的组织观念，这个过程作为一种自觉的文化创造活动，就是对现代西方组织观念和中国传统组织观念综合创新过程。这个过程的开展必然要求同时进行中西方组织观念史研究，偏废任何一个方面都无法使这个过程顺利开展。

　　要而言之，传统文化与现代管理结合的可能性在于它们的主体都是人；传统文化与现代管理相结合的现实性在于实际地创造使传统之人向现代之人转变的条件；传统文化与现代管理结合的切入点在于开展中西方组织关系史研究。

　　《中盐人》：目前"中国管理学"是一门科学了吗？

　　周可真：至少到目前为止，管理学被普遍承认是一门科学。如果"管理学是一门科学"在理论上能够成立，那么，"中国管理学"的提法就是不适宜的，因为"科学无国界"。（俄国科学家巴甫洛夫说："科学没有国界，科学家却有国界。"法国科学家巴斯德说："科学无国界，科学家有祖国。"）在"管理学是一门科学"的前提下，由"科学无国界"，当然可以逻辑地引申出"管理学无国界"的结论，或者说，"科学无国界，"当然可以在逻辑上是蕴含"管理学无国界"的。

　　"科学无国界"是指无论某种科学发现或技术发明最初是在东方做出的还是在西方做出的，其成果都可以为一切国家的人们所分享，亦即可以为全人类所学习和应用。这是因为科学真理所揭示的规律是客观的，即这种规律固然必须在一定条件下才能表现出来和发生作用。科学真理在内容上的这种客观性，决定了科学真理对于人类的普适性，这种普适性意味着科学真理所解释的规律是全人类都必须遵守的。科技成果之所以为全人类所学习和应用，不过是意味着在客观规律面前人人平等，意味着任何人都必须遵守客观规律办事，否则就无法成事，如是而已。

管理学作为一门科学，他所解释的规律同样是客观的，这个规律也不会因人而异地表现出来和发生作用，所以管理学对于人类同样具有普适性，即管理规律也是全人类都必须遵守的，任何人只要是从事管理活动，他就必须遵守规律办事，否则就无法取得管理的成功。正是在这个意义上，应该是，并且不得不说，管理学是无国界的。也正是在"管理学无国界"的意义上，应该说，并且不得不说，"中国管理学"的提法是不能成立的。

但是，科学探索的客观规律偶是普遍与特殊之分。作为一门科学的管理学当然如此，他说探索的客观规律——管理规律，同样有普遍与特殊之分。由于管理是人类生命活动的一种具体形式，是人类生活的一个方面，故管理规律的普遍性在于：有人群就必有管理，管理是人类活动和人类生活的一种普遍现象。管理的特殊性在于：不同的人群——同一时代不同地域的部落或民族或国家，或同一地域不同发展阶段的部落或民族或国家，因其活动和生活的具体条件不同，其管理活动和管理生活也必有相应的差异。正是由于管理活动和管理生活本身存在着这种普遍和特殊的关系，管理规律才有普遍和特殊之分。所谓普遍的管理规律，是指存在与一切人群（组织）之管理活动和管理生活中的规律；所谓特殊的管理规律，是指存在与特定人群（组织）之管理活动和管理生活中的规律。按照辩证法关于共性与个性、普遍性与特殊性之间相互关系的原理，共性寓于个性之中并通过个性表现出来，普遍性寓于特殊性之中并通过特殊性表现出来，科学的认识路线应当是起始于探索特殊规律，进而从种种特殊规律中抽象和概括出一个普遍规律。管理学作为一门科学，其认识路线也应当是其实于探索特殊的管理规律，进而从种种特殊的管理规律中抽象和概括出一个普遍的管理规律。众所周知，作为一门科学的管理学，即现代管理学，是诞生于二十世纪初叶的美国，以美国工程师泰勒所著《科学管理原理》的出版为其诞生的标志，并且现代管理学也主要是在美国等西方国家发展的。这意味着，现代管理学所探索的管理规律本质上是处于现代资本主义发展阶段的西方国家的管理活动和管理生活之特殊规律，这个规律是且仅仅是在现代资本主义条件下才表现出来和发生作用，故现代管理学的成果并不具有适用于全人类的普适性，而适用于且仅仅适用于生活在现代资本主义条件下的人们的管理实践。普适性适用于全人类的管理学成果，尚有待于进一步探索世界上处于其他条件下的国家和地区的人们的管理活动和管理生活的规律。当管理学不但掌握了现代资本主义的管理规律，还掌握了其他社会的管理规律时，其抽象和概括出现代管理世界的普遍规律才具有现实的可能性。为此，现代管理学除了要继续探索尚在进一步发展之中的现代资本主义的管理规律，还有必有探索现代世界中非西方国家的特殊管理规律，对于从事现代管理学研究的当代中国学者来说，尤其应当探索具有中国特色社会主义的管理规律，为此，建立一门专门研究具有中国特色社会主义管理规律的学问，是完全应该和有必要的。如果"中国管理学"是被用来指称且仅仅是指称这样一门学问的话，那么，"中国管理学"的提法是适当的，是可以成立的。但是，这门学问似乎至今尚未建立起来，所以至少现在还不能说，"中国管理学"是一门科学，而之多只能说，"中国管理学"是正在建立中的一门科学，更谨慎或很保守地说，"中国管理学"还是尚待建立的一门科学。

从文化地理角度看昆嵛山地区早期道教传播的优势

胡士颖[*]

（中国社会科学院哲学所博士后，北京，100732）

摘　要： 采用某种宗教理论应用于中国文化研究能够加深历史梳理、理解，但也不免有顾及不周之处。其中一个原因，是由于中华文化区域经历了漫长的历史演变，某些地方带有极强的文化地理个性。本文试图从人文地理、考古、神话的角度，论述山东半岛昆嵛山地区的道教文化及其传统的早期存在形式与传播，以期从文化地理之角度增加对中国道教内容丰富性、区域特殊性及其历史意义的认识。

关键词： 文化地理；昆嵛山；早期道教；传播

中国道教史的叙述多从东汉时期张道陵、"五斗米道"等活动开始，之前的诸如方仙道、黄老等大都被视为道教的前史。持此所见者，或依从于某些历史记载，亦或受到近现代以西方宗教学说提出的宗教概念、标准所影响，出于宗教经典、理念、教主、教团组织、活动形式等综合因素的考虑，有着深厚的文献基础和理论依托。但，除此之外，亦有学者指出，根据与之相同的标准，道教形成仍然只能在张道陵之前，而非其后。[①] 这一分歧说明这样一种事实，即采用某种宗教理论应用于中国文化研究能够加深历史梳理、理解，但也不免有顾及不周之处。其中一个原因，是由于中华文化区域经历了漫长

---

　　* 作者简介：胡士颖，哲学博士，中国社会科学院哲学所博士后。

　　① 目前学术界对道教的历史及形成关注面更广，思考越发深入，从历史、考古、神话等多种角度展开探讨。其实就道教史的书写，在中国文化区域内，已然有着不同的声音，如台湾学者萧登福认为应该破除历史上囿于佛道相争，尤其佛教人士对于道教一派的攻讦，因为"由种种方向来探讨、思维，都可以看出道教不出三张"，在张道陵之前的方士道已经是早期道教或初期道教。参见萧登福. 周秦两汉早期道教·自序 [M]. 台北：文津出版社，1998 年版. 第 5 页。

的历史演变，某些地方带有极强的文化地理个性。本文试图从人文地理、考古、神话的角度，论述山东半岛昆嵛山地区的道教文化及其传统的早期存在形式与传播，以期从文化地理之角度增加对中国道教内容丰富性、区域特殊性及其历史意义的认识。

一、形胜冠东方的地理优势

昆嵛山雄踞山东半岛，金代《玉虚观碑》称之"诸山绵亘相属，秀异峭拔，为东方冠"，以淬炼之语道尽昆嵛山川形势之独绝。《易传》曰："坤厚载物，德合无疆"（《彖传·坤》），但凡人类能够含弘光大，创造累累文明者，古人言非天地人三才兼备而不能，今人认为乃具足充分而必要的自然人文地理条件。

古代天学、地学中，昆嵛区位绰约可见。中国先祖观天地之道、执天地之行，留下许多珍贵的史料，李思聪之《洞渊集》所载"周天二十八溯星君降灵"将星宿与人间邦国区域有所对应，认为虚宿天府星君应元明文举天、危宿天钱星君上应玄胎平育天，二宿皆照临齐国分野；在中国古代大地理构成中，《淮南子·地形训》认为"齐之海隅"构成"九薮"之一，《尚书·禹贡》之天下九州的"青州"则囊括昆嵛山在内；给古人印象比较突出的是滨海东陲，日出之地，夏商时期属"嵎夷"，《尚书》载"分命羲仲宅嵎夷，曰旸谷，寅宾日出，平秩东作"，即在旸谷隆重迎接日出，按节令开展农事活动。这些记载虽然分散，但保留到今天，已殊为不易，依然能够反映在数千年以前，人们测天地之机、晓造化之体，试图把握自然地理环境与所能观测的宇宙空间有密切之关系；羲仲宾日一事，说明昆嵛地区的人们在上古时期就开始因时之宜、因地之利，开展生产活动，写入中华文明创造的源头历史。

实际上，人们很早就发现，昆嵛山具有独特的陆海地理系统与空间联系。从山东半岛整体地形地貌而言，"泰山之脉东行者，荟于栖霞之艾山；由艾山东北至铎山；折而北为鹊山；又折而东北至鹰嘴石，为宁海州；又折而东，峰峦矗矗，望之若旌旗，若棨戟，若奔马游龙，青黛一色，南北绵亘二百里，外障东海，内蔽三齐，是为昆嵛山"（《文登县志·山川》），昆嵛山作为胶东半岛主峰，足蹈渤海、黄海，地控鹊山、铎山、艾山、棋山、铁槎山诸多险要，虽有万峰巇岏莫不以昆嵛为祖，故有众山之根"根余山"之称。昆嵛山及其支脉，决定了人们生产、生活、定居的地理空间分布，即便以今时之烟台、威海及所辖区域划分，也可以看出所依据的山脉走势、河流分布、谷地平原等特征；更值得注意的是，胶东南北有异，昆嵛仙道文化在中国文化中独具特色，也得益于其特定的经纬区位与地理特征，这一人文与地理历史发生问题有待识之者深切关注与探讨。

根据现代测绘、勘探技术，具体而言，昆嵛山区位于胶东半岛东部，北纬37度、东经121度附近，主峰泰礴顶海拔922.8米，自西而东包括莱阳市至成山角。不过，由于行政区位划分发生变化，当前所指昆嵛山范围，习惯上以泰礴顶等主峰及其附近区域为主，即《昆嵛山志》所言：南北最大长度60.6千米，东西最大宽度33.8千米，总面积1846.63千米，地跨今烟台（牟平区）、威海（乳山、文登、环翠）两地；气候则属于暖温带东亚季风大陆性气候，受海洋影响，雨水丰沛，春冷夏凉，秋暖冬温；山峻水清，有多处优质矿泉水出露，为母猪河、黄垒河、沁水河、汉河等重要河流发源地；山区物产丰富，既有丰富且特有之动植物资源，同时又盛产品类众多的岩石、金属矿藏。[①]昆嵛山区外缘，北自莱州湾，东经荣成成山头，南至胶州湾，三面环海，全长三千余里，占中国大陆海岸线六分之一。[②]因此，昆嵛山区虽为偏陬，却富集地质、地貌、气候、水文、海域、土壤、矿产、生物等等众多资源，是人类进行生产生活的风水宝地。

胶东一首民谣，总体概况了昆嵛山为东方形胜之地，辞曰："巍峨昆嵛山，千峰万道巅。头冠日月帽，身着白云衫。脚踏东海浪，怀揣渤海湾。自古神仙在，修攀可登天"。其中"巍峨昆嵛山，千峰万道巅"体现昆嵛山裙带千峰，提供了丰富的山地物产资源；"头冠日月帽，身着白云衫"形容昆嵛山峰插天际，作为"半岛屋脊"在地理上成为胶东半岛南北水系的分水岭；"脚踏东海浪，怀揣渤海湾"说明胶东半岛襟山带洋，昆嵛山为海陆之屏障，同时也是长白山山系与泰山山脉沟通枢机之地；在物华、天宝、地灵之"自古神仙在，修攀可登天"昆嵛山，较有可能蓄成独特形式的文明、人物，为"东方之冠"。

二、神仙传说丰富的地域文化优势

胶东半岛襟山带洋，在久远的上古时期就是人类的家园，从考古发现可以最早上溯至旧石器晚期，从历史文献可以看到夏商即有明确、重要的记录，

① 具体参见：昆嵛山志[M].济南：山东省地图出版社.2012年版.第1—4页。
② 王钦法、王涛.昆嵛紫气——全真道始于胶东历史探秘[M].济南：齐鲁书社，2007年版.第9页。

构成了神秘的"东夷文化"，自此便被写入中华历史和人类文明的辉煌画卷之中。

考古资料显示，在胶东半岛海阳、长岛等地出土了约为旧石器时代的打制石器，但这反映远古时期先民在此开展生产生活的历史可能还更早。位于烟台、渤海之中的庙岛群岛，北于辽东半岛老铁山对峙，南与蓬莱相望，在距今15000万年以前，群岛附近还是巨象出没，赤鹿群集的陆地。近几十年来，考古人员在庙山群岛陆续发现了长岛龙山遗址、北城遗址、大黑山岛北庄原始社会村落居住等遗址，除了这些远古遗址，还有古墓群、故城址、墩台、摩崖石刻等等。其中距今约五六千年的北庄村落遗址，已挖掘出46座房屋和2座三四十人合葬墓，出土了陶器、石器、骨器等大量器物，是我国东部发掘的唯一大村落

庙岛群岛示意图

遗址，对研究渤海、胶东、辽宁南部及邻近地区原始社会历史有重大价值。此外，在长岛、大竹岛、大钦岛出土了新时期时代的渔猎工具，在大黑山岛出土了距今约四千多年的古船，说明先民至少在新时期晚期即已开始海洋渔猎生活和开始造船航海。这些材料弥足珍贵，一者说明胶东人类文化的重要开端与海洋密不可分，属于海洋文明的一部分；二者，胶东半岛的仙道文化中，传说、神话及历史记载的最早、最集中之地，即蓬莱、三神山等，除了与海市蜃楼等自然景象的想象、自然神秘性有关外，可能也与在庙岛群岛的人类活动有密切联系。

根据一般历史叙事，昆嵛山地区的先秦历史显得比较简要、单薄——夏

商时期，属于"嵎夷"之地，称之"莱夷"；周代，曾在此出现"莱子国"，至今还有"不夜城"遗址；春秋时期，为齐国莱地，然而比较多的金文铭器、出土材料表明这里也曾经产生了辉煌的莱文化，发生过波澜壮阔的事件。莱文化区域主要集中在今淄博、潍坊及其以东至山东半岛，也是莱夷主要聚集区。结合前文羲仲宅嵎夷宾日开展生产，和《尚书·禹贡》载"莱夷作牧，厥篚檿丝"，可知早在三代时期，昆嵛山周边胶莱平原一带的人民已经开始从事有组织的生产，很早就发展桑蚕，并出产比较优秀的蚕丝作为贡赋。周朝初年，姜太公受封到达营丘欲立齐国时，营丘附近的莱国莱侯带兵来伐，说明莱地与营丘及附近人们已经有所来往，利益攸关。太公抵御莱侯，立国修政，因俗而治，简化礼制，通商工之业，便鱼盐之利，引来民众附归，齐国逐渐成为东方大国。其实，姜太公也是莱夷地区的人，《史记·姜太公世家》说他"本性姜氏"，是"东海上人"，为"东夷之士"。然而直到齐灵公十五年（前567年），齐国才灭掉莱国，逐渐统一山东半岛。齐国金铜器中铭文最长的叔夷钟及叔夷镈，铭辞都与齐候灭莱国等历史有关。另外，齐国东部还有"东莱"，直到齐景公时期才被灭国。因此，山东半岛长期存在莱国、东莱、齐等大小多个国家，他们之间长期逐鹿，直至被后来居上的齐国统一。

莱文化与同时期中原文化有所不同，已经出现较高的制陶及磨光、纹理技术，并普遍应用快轮工具制作陶器。随着一系列考古成果出现，说明距今四千年前，莱文化已经形成，并且是不同于中原文化的文化类型。该地区与中原地区文化也一直保持较多交往，有史可考的即贯穿于西周成王、昭王、穆王、孝王、夷王等时代，而文化类型也可以在中原考古发现中有所呈现。虽然后来山东半岛大都尽属齐国，但是从文化类型上，齐国之始即属于莱夷文化，所以统一后的大部分区域仍然保留了原有文化内容；不过，随着姜太公及后任者大力发展齐国，周代的政治、文化、礼制等也不可避免地进入莱地，外来文化与地方文化形成交互影响、融合。即便如此，考古材料表明齐国与鲁国比较成熟的周文化特质差异仍然十分明显，具有突出的齐地色彩。

从上古至春秋、战国，山东半岛自古有先民生于斯长于斯，出现了莱国和日后称霸的齐国，与政治、经济、战争、社会变迁同时出现的是独特的东夷文化、齐文化，兼具滨海文化与内陆文化风格，融合农业文化、畜牧文化、渔猎文化、工商业文化等物质文化类型为一炉。在这些文化思想的背后，齐地人民还有一种特别的信仰与追求，如《史记》所书"自威、宣、燕、昭，使人入海求蓬莱、方丈、瀛洲。此三神山者，其传在渤海中，去人不远；患且至，则船风引而去。盖尝有至者"，其所描述即昭显于后世的神仙信仰、仙道文化。

　　经过考古专家的发掘与研究，山东半岛比较典型的新时期时代文化大致经历的序列是后李文化、北辛文化、大汶口文化、龙山文化、岳石文化。早中期文化具有比较大的独立性，与其他地区鲜有联系，直到大汶口文化时期半岛文化才与内陆联系密切起来。从半岛文化面貌、年代分期、地方类型、文化渊源、部落构成及其与夏商等文化关系分析，山东半岛也是中华文化发祥地之一。此后，姜太公经营齐国，加剧了山东半岛诸多部落国家的联系、兼并、融合，而随着齐与鲁、燕、淮夷、周王室的种种互动，产生更大范围的文化交流与影响，逐步形成特有的"齐文化"。而齐地繁盛的社会文化、发达的工农商业、影响日重之大国政治地位的背后，还有齐文化中由来已久、迥异于中原内陆的神仙文化或精神信仰。

　　"神仙"一词是"神"与"仙"两个概念经过历史文化发展结合而成。"神"是"天神引出万物者"（《说文解字》），指超越人类的力量、事物，对人类有产生、启示之能；"仙"（佡）是"人在山上貌"（《说文解字》），表示人在山上的样子，或者含有人高举上升之意；此外，"仙"还写作"僊"，指"长生仙去"（《说文解字》）。虽然古文字产生过程总有难明之处，但基本勾勒出早起神、仙信仰的大致轮廓。人类对于"神"的观念大体比较普遍；关于"仙"，或许因为人类生活在繁密的森林，面对仰不可攀的高山、变幻莫测的云雾，经历其他所见、所想后，在视觉基础、观念想象、生活经验的种种综合因素作用下，产生了关于"仙"的观念。《山海经·海内北经》载："蓬莱山在海中，大人之市在海中"，后世郭璞注曰："上有仙人宫室，皆以金玉为之，鸟兽尽白，望之如云，在渤海中也"，与此相关的是流传久远的山东半岛海外仙山崇拜，有蓬莱、方丈、瀛洲"三神山"与包括此三山在内的"五神山"之说，《列子·汤问》记曰"渤海之东，不知几亿里，有大壑焉，实惟无底之谷；其下无底，名曰归虚，八九野之水，天汉之流莫不注之，而无增减焉；其中有五山焉；一曰岱舆，二曰员峤，三曰方壶，四曰瀛洲，五曰蓬莱；其山高下周旋三万里，其顶平处九千里，山之中间相去七万里，以为邻居焉；其上台观皆金玉，其上禽兽皆纯缟，珠玕之树皆丛生；华实皆有滋味，食之皆不老不死；所居之人，皆仙圣之种，一日一夕飞相往来者，不可数焉。"这些关于"渤海仙人"的传说，学者们认为与高山森林、海市蜃楼有关，但也并非没有现实基础，因为自古渤海庙岛群岛中就有先民生活，对于习惯陆地生活的居民会产生某种震撼和想象。

人类的神话传说固然以想象成分居多，却也与生活经验、生产活动、思维方式、元初体验有密切关系。昆嵛山及其附近海域有关的神话传说，和昆仑山系的神仙信仰有所不同，主要在于来自海洋文化的影响。据历史文献和先秦典籍记载，半岛自东夷文化、齐文化就有频繁的海上活动记录。《韩非子·外储说右上》记载"太公望东封于齐，齐东海上有居士曰狂商、华士昆弟二人者，立议曰'吾不臣天子，不友诸侯，耕作而食之，掘井而饮之，吾无求于人也，无上之名，无君之禄，不事仕而事力。'太公望至于营丘，使吏执杀之，以为首诛。"这则故事较为清晰地反映出，在姜太公之前海上、陆地已有居民往来，而后双方产生矛盾，太公施以威慑手段。齐国之初，治理的重要方式就是"因其俗而简其礼"，不得不保留了半岛当地的风俗习惯，这就包括神仙文化，如与《孟子·梁惠王下》类似，《晏子春秋》中记载齐景公曾有一个出游计划"吾欲观于转附、朝舞，遵海而南，至于琅琊"。他的出游线路即是从芝罘到成山，沿山东半岛而行，到达琅琊；而"寡人何修，则夫先王之游"一语则说明在齐景公以前，这一路线就开辟了，齐王已经去过；《说苑·正谏》记载"齐景公游于海上而乐之，六月不归，令左右曰：'敢有先言归者致死不赦！'"，《韩非子·十过》则以为田成子事："昔者田成子游于海而乐之，号令诸大夫曰：'言归者死！'"，《韩非子·外储说左上》则说"齐景公游少海"，《外储说右上》作"景公与晏子游于少海"，这些历史虽有出入，但说明当时人们普遍相信或流传齐人泛舟海上，作长时间、远途的旅行。

《史记·封禅书》的记载更能说明齐地自古就有海外求仙的历史，但这一传统并非仅仅是精神信仰，还带有人类延长、完善自身生命的强烈现实追求。其文曰："自齐威、宣、燕昭使人入海求蓬莱、方丈、瀛洲。此三神山者，其传在勃海中，去人不远，患且至，则船风引而去；盖尝有至者，诸仙人及不死之药皆在焉；其物禽兽尽白，而黄金银为宫阙；未至，望之如云；及到，三神山反居水下；临之，风辄引去，终莫能至云；世主莫不甘心焉"，这段话值得注意，不光是对于齐地神仙信仰、航海能力的说明，更为重要的是与求仙行为密切相关的是其活动的目的——不死之药。厌弃、恐惧死亡，寻求生命之延续与长久，是被人类尤其是重视现世生命的中国人所注重，《尚书·洪范》即有"五福"（寿、富、康宁、修好德、考终命）观念，其中寿、康宁、考终命直接与生命健康、长久有关，而与"五福"相对的"六极"（凶短折、疾、忧、贫、恶、弱）则以短命夭亡为人生之最大不幸、祸患。寻求不死之药，固然为虚妄之求，却也说明先民并没有完全沉溺于对神仙的崇拜，祈求降福免灾，而是相信可以通过医药的手段疗疾续命。侧面反映中华先民在极早时期，人文精神、实用理性已经开始觉醒，而在长寿愿望驱使下的求仙问药也是对医药之术的探索，并且也确实因此而有了修炼、服食以养生成仙的各种技术、生活方式。

历史上广为流传的蓬莱仙境、三神山、五神山等等传说，和关于海外求仙之扑朔迷离的文献记载，显示中华神仙文化之悠久、多元、神秘；自西王母、昆仑山以至于东海之滨的遇仙、求仙，既是先民的想象，也是古人生活经历、生产实践、自然探索、思维方式等等或直接或间接之表现；更为重要的是，这种求仙活动的内在性，原发自人类生命本能及其欲以克服生命局限的主动性，并由此生发出瑰丽神奇的神仙信仰结构和客观生命实践活动，甚至演变为一种极强的社会文化、精神信念、价值体系，进而自下慑服普罗大众，自上影响到国家统治、权力链条的最顶端——皇帝。

三、求仙活动形成的信仰优势

秦国统一六国后，昆嵛山区隶属齐郡腄县地。西汉，属于青州东莱郡东牟、昌阳县地。王莽代汉，改东牟为弘德县，改昌阳县为"夙敬亭"。东汉建武八年（公元 29 年），恢复东牟、昌明二县，昆嵛山区分属二县治下。晋初，撤东牟县并入牟平县，昆嵛山区分属青州长广郡昌阳县、东莱国牟平县。至后魏，分属光州东牟郡观阳、牟平二县。北齐天统四年（568 年），析牟平、观阳地置文登县，隶于光州长广郡，昆嵛山区为其属。周，因之。隋时，属青州东莱郡。唐时，属河南道登州，治所在文登。唐麟德二年（665 年），分文登县地置牟平县。唐如意元年（692 年），与牟平置登州；神龙三年（707 年），移登州治于蓬莱。五代因之。在此千余年里，齐地神仙文化从诸侯国进入第一个大一统帝国的核心阶层，同时与老庄思想融合，东汉时进一步发酵、扩散至民间世俗信仰，产生了中国的道教，并在唐代成为国教而盛极一时。神仙文化从区域文化走向全国、从一般神仙信仰转变为重要的仙道思想意识形态的重要推手、转折点，当属于秦始皇和汉武帝多次巡游昆嵛山地区、山东半岛，支持寻仙求不死药等一些列国家重要活动和政治事件。

公元前 221 年，秦国收降六国中仅存的东方大国齐国，建立秦帝国，秦王嬴政号称始皇帝。此前，秦国采用远交近攻外交政策与齐国交好，两国之间的战争较少，故齐国内部保持了相对和平的环境，既有利于人才培养，也有利于进入秦国统治阶层。秦始皇结束分封制度的周朝，亟需有说服力的理论稳定人心、巩固政权，除了延续固有的法家思想外，秦始皇也广泛征召各国人才、设立博士制度，如来自齐国邹衍的"五德终始"论便受到重视。邹衍的学说是将齐地的阴阳说与五行说结合，建立阴阳五行思想体系，并根据五行生克来解释社会历史、王朝政治的发展变化、盛衰更替，秦国采用之前，他在齐国、燕国、赵国等国家中已声名极大，常为国君上宾，秦始皇也极为欣赏，据《史记·封禅书》载："自齐威、宣之时，邹子之徒论著终始五德之传，及秦帝而齐人奏之，故始皇采用之。"同样受到齐地重大影响的还有神仙信仰，秦始皇曾在十二年的皇帝期间一次西巡、四次东巡，其中有三次巡游到达琅琊，数次派方士出海寻求能够长生的仙药。第一次发生在公元前219年，秦始皇东巡至海，派齐人徐市（徐福）多次入海求取仙药；第二次，公元前215年，秦始皇到碣石，派燕人卢生寻找仙人；第三次，公元前211年，秦始皇让博士作《仙真人诗》，于巡游时演奏，希冀遇仙；第四次，公元前210年，徐市入海求仙药，称"为大鲛鱼所苦"而不得。秦始皇派人携带渔具和连弩出海，在芝罘射杀一鱼。秦始皇虽然屡次掀起大规模求仙活动，自然无法达到求药目的，却产生了强烈的社会影响，以至于燕齐之人争相到咸阳宣说仙异、求取功名。神仙信仰进入秦国核心统治集团，客观上加强了秦帝国中央与原属于各诸侯国地方之间的联系，丰富了秦国思想意识形态内容，缓和了作为主要治国思想的法家文化与其他文化的紧张关系；秦始皇对神仙信仰的推崇是其巡游、封禅、刻石、祭祀山川神灵系列活动之一，有利于移风易俗、思想引导，巩固秦国对东方各地区的统治。故而，秦始皇求仙寻药活动应该纳入政治、文化、社会等多种视野下予以分析，看到齐地半岛地区与秦帝国之间的政治、经济、文化、思想、人才等多方面的联系、互动及其产生的历史影响。

汉武帝是继秦始皇以后，又一个十分推崇神仙信仰、热衷海外求仙寻不死药的皇帝。公元前133年，方士李少君拜谒汉武帝，称自己见过仙人安期生，吃仙人所赠巨枣，告诉汉武帝祭祀灶神就能招致神物，使丹砂变黄金，用黄金制造的饮食器具可以益寿，长寿即可于海上获得仙遇，然后再封禅祭祀，最终长生不死。武帝信从，于是亲自参加祠灶活动，遣方士入海求蓬莱安期生之类的仙人；此后汉武帝依然蓄养大量方士，所崇信的有少翁、栾大、公孙卿等人，元封元年，武帝在公孙卿等人进言下，带着"欲放黄帝以接神人蓬莱，高世比德于九皇"重要目的，到泰山隆重举行了汉朝建立以来的首次封禅大典，此后，从元封元年（前 110 年）到征和四年（前 89 年），汉武帝泰山封禅有六次之多，而亲自巡海求仙则多达七次。第一次发生在公元前 110 年春，武帝首次东巡海上。在东莱（今山东掖县），听闻齐人言海上故事者不下万人。于是派出大船队出海寻仙，甚至要亲自入海到蓬莱访求仙人。而后武帝沿渤海巡行至碣石、辽西等地；第二年春正月，武帝第二次巡游，在东莱居数月，求神仙但无所见。秋，派兵水陆夹攻朝鲜；第三次巡海为元封五年（前 106 年）冬，武帝先南巡江西、湖南，从浔阳、安庆顺江而下，出长江，入东海，沿海北上至琅琊；第四次巡海为元封六年（前 105 年）十月，武帝东巡至海上，调查元封元年寻仙船的下落，因未见返航，于是再次派出船队出海寻仙；第五次巡海时间为太初三年（前 102 年）正月，武帝东巡海上，未见求神仙船队返回；第六次巡海为太始三年（前 94 年）二月，武帝东巡求仙，至琅琊，然后渡海到成山、芝罘等地；第七次巡海为征和四年（前 89 年）正月，武帝最后一次到东莱，亲自率船出海，适逢十余日大风，海船不能出港。三月，武帝追悔，采纳田千秋建议，取消了访求神仙之事。后来，武帝也曾反省，说自己愚惑而为方士所欺，所谓仙人都是妖妄之说，还是节食服药少得疾病比较可行。汉武帝访仙、求取长生的种种行为，和秦始皇一样，除了个人欲望之外，都受到当时社会中普遍的神仙鬼怪信仰大环境影响，以及他们特殊的政治条件和统治需要。武帝时期，社会文化已经发生了巨大变化，他改变了之前治国理政推崇黄老道家的传统，罢黜百家，独尊儒术，但是原有的道家思想及其支持者仍有较大影响力，武帝对神仙思想的推崇一方面不能不说是受到道家思想的影响，一方面能够进一步沟通方仙道与黄老道的思想并继续笼络信奉黄老、神仙思想之人。自武帝轰轰烈烈地访仙求药之后，人们渐渐认识到此举之难成、虚妄实质，此后神仙信仰虽然并未消失，但神仙、不死药逐步符号化，人们转向对于比较现实的起居习惯、饮食生活、养生活动等等方面的探索，另外神仙信仰得以大肆传播，逐步和道家思想、世俗信仰相结合形成道教，这些转变对中国文化有着深远而持久的影响。

　　秦始皇和汉武帝的求仙活动是齐文化、蓬莱地区神仙信仰的持续化和扩大化，提供信仰理论、主导求访活动的方士主要来自齐地，求仙活动的主场也在半岛、渤海、黄海等区域；两位皇帝的盛大之举，吸收和推动了齐文化扩散至帝国势力所及的地区、融入上层思想文化与价值体系、渗透到广大百姓生活的各个方面；与此同时，神仙信仰在与齐地阴阳五行、老庄、黄老、儒家等等不同思想学说互相借鉴、影响下，自身也得以丰富、深化、大众化，进而从民间信仰演变成有组织、纲领、信仰体系、价值理念的宗教信仰。

四、余论

虽然在《尚书》等文献的记载中，已经显示"海外仙山"很早就被纳入到中华文明历史的主流，但是通过海洋考古、生物考古、文化考古的发现，证明此前的较早时期已经有人类活动的遗迹。此后，山东半岛在先秦时期也一直偏离中原地区，远离文化腹地，其生活方式、文化信仰虽然在齐国建立后受到中央文化的改造，但民俗民风仍然有很大生命力、活跃性，故而姜太公采取的是因俗而变，尽量友善应对，加固立国之基础。因此，背负高山、三面临海的山东半岛，以其自身独特的地理环境，孕育出独特的海神信仰、仙道文化。

就昆嵛山、崂山地区而言，它既有鲜明的海洋文化特点，又受到了陆地文化因素的影响。如《山海经·大荒东经》云："东海之渚中，有神，人面鸟神，珥两黄蛇，践两黄蛇，名曰禺䝞；黄帝生禺䝞，禺䝞生禺京；禺京处北海，禺䝞处东海，是惟海神"，这样的叙述虽然神异，但其中陆、海文明交汇的踪迹已经非常明显。而《山海经》中大量保留了各种对于蓬莱、瀛洲、方丈等神仙地域、动植物、人类活动的记叙，很大程度上不同于昆仑山、西王母等另外一种道教源流的传说。神话叙事，尽管在今时看来是充满了想象力和虚构性的描述，不过仍然保留者古代先民对世界的好奇和探索，尤其保存了来自口耳相传的人类生存记忆。如果神话内容与早期对这一地区的考古成果结合，或许能够为我们打开更为深邃的历史文化视野，理解其背后的生存意志和实用理性，而不总是将之归为巫术、荒诞和迷信。

秦始皇、汉武帝对于山东半岛地区的关注、巡视和期待，对齐地仙道文化而言具有重要的象征意义。它的意义不在于成为后来道教史源头的重要内容，而在于自此半岛文化已经突破了地域的限制而渗入中原腹地，从边缘的地方文化进入中央核心文化，进而获取了一定的文化权力。同时体现了中原文化的包容性和齐地文化的活跃性。如果撇开皇帝求仙之举对于国家政治的负面影响，从个人生命的角度来看，续命长生不仅仅是核心统治阶层的观念，同时也具有广泛的民间性，可以说健康长寿是绝大多数人存在于世的本能需要。基于这一点，或许可以让我们进一步理解人类宗教信仰的出发点和归宿，在于对人自身某种需求与价值的执着追求，或许这也是文化形成的核心动力与深层内涵。基于此，以昆嵛山、崂山地区为主的半岛的早期神仙信仰及其方士文化具有理论和实践的双重性，而它的组织形式是通过与政治权力、组织的某种融合而进行活动、运转；它的历史意义，不仅在于为道教提供了丰富的内容，而是昭显出在秦汉两代，中国文化进行了一次史无前例的东西方观念的空前融合，进而经受了魏晋南北朝的政治动荡与文化混乱的考验，并为宋代道教新形式——全真教的发展提供了极其良好的文化氛围与信仰基础。

七、盐文化研究与传播

　　中国盐业历史悠久，盐文化是中华文化的重要组成部分。从经济、政治、民俗、宗教、考古、传播等学科领域切入，有助于探究因盐而生的各种社会现象及文化形态，阐释盐文化的传播机制。本期，中国盐文化研究的青年学者、自贡市盐业历史博物馆程龙刚副研究员，通过实地考察、深度访谈、地方文献资料查阅等方式，对川盐入黔、入滇、入鄂、入湘等运输线路作了一次深入的学术考察，获得了丰富多样的盐运文化资料，揭示了古代川盐走向川外的真实过程。郑明阳、葛瑞的《浅论当代盐文化的建构与传播》，通过分析当代盐企的文化创新实践，对现代盐企汲取传统文化精华、创新现代盐文化的现实形态与传播方式作了概述和提炼，为当代盐文化的构建与传播提供了有益的样本。

郑明阳（《中盐人》副主编，文学硕士）

古代西南盐文化向中原传播的路径考察

——以川盐古道为个案的分析

程龙刚 *

（自贡市盐业历史博物馆，四川自贡，643000）

摘　要： 历史悠久的四川优质井盐及其历史文化，在中国古代是如何走出雄险的巴山蜀水，辗转流向云贵高原和中原大地，惠及川外的芸芸众生呢？2014 年 4 月至 7 月，"寻访川盐古道"大型学术考察举行，目的是用"文化线路"视野联合"五省一市"（四川、贵州、云南、湖北、湖南及重庆市），将川盐古道打捆申报为国家级文物保护单位，积极保护和合理开发利用川盐运销所衍生出的文化遗产，推动跨区域线性文化遗产的有效保护。

关键词： 川盐；川盐古道；文化线路；文化遗产

自古道："蜀道难，难于上青天"。那么，历史悠久的四川优质井盐及其历史文化，在中国古代是如何走出雄险的巴山蜀水，辗转流向云贵高原和中原大地，惠及川外的芸芸众生呢？2014 年 4 月至 7 月，自贡市组织开展了"寻访川盐古道"大型学术考察，考察路线为川盐入黔、川盐入滇、川盐入鄂、川盐入湘等运输线，考察方式为实地考察、深度访谈、地方文献资料查阅等。本次考察目的是用"文化线路"视野联合"五省一市"（四川、贵州、云南、湖北、湖南及重庆市），将川盐古道打捆申报为国家级文物保护单位，积极保护和合理开发利用川盐运销所衍生出的文化遗产，推动跨区域线性文化遗产的有效保护。

＊ 程龙刚，四川省自贡市盐业历史博物馆副馆长，副研究员，《盐业史研究》杂志社执行主编。

一、调查川盐古道收获丰硕

自 2008 年国际古迹遗址理事会通过了《文化线路宪章》后，文化线路、线性文化遗产便受到了各国的高度重视，成为各国文化遗产保护的"宠儿"。川盐古道作为我国特有的盐运文化线路，由于缺乏系统的调查、梳理、研究，处于濒临消失的危机状态。

云南盐津豆沙关

川盐，是指四川地区（含今重庆市）所生产的井盐。清同治至光绪初年，自贡盐场年产盐近 20 万吨，占川盐产量一半以上。1941 年川盐产量突破 50 万吨大关——51.36 万吨，占全国盐产量的 52.49%，其中自贡盐场产盐 26.32 万吨，占四川盐产量的 51.25%。

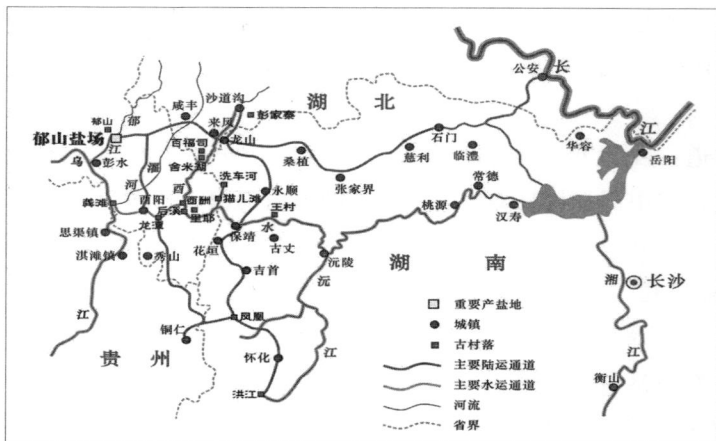

川湘古道示意图

川盐古道的特征：1. 主体是官方的国家道路，即官道或国家驿道；2. 不是一条单一的运输通道；3. 存续时间长、分布范围广，文化影响持久而深远。

　　为了抢救这一珍贵的文化遗产，2014 年 4—11 月间，由北京大学、中国人民大学、四川省文物历史考古研究院、重庆市文化遗产研究院、自贡市盐业历史博物馆等单位联合发起，展开"寻访川盐古道"大型学术考察活动，第一次对川盐古道作了全面考察。专家们调查时间累计 85 天，行程 2.5 万公里，拍摄图片 7 万余张，录像 996 分钟，访谈录音 90 小时，拓片 7 张，发现反映盐运历史文化的重要实物 40 件，可谓硕果累累。

川鄂古道示意图

二、盐运群体的创造成果令人惊叹

　　实地调查内容丰富，共分五个方面：一、盐运线路；二、运盐群体、工具和组织；三、盐运与地方社会的互动关系；四、物质文化遗产：码头、古道、古桥、关隘、驿站、古村落、古街、古镇、盐号、祠堂、庙宇、会馆、碑刻、运盐工具等；五、非物质文化遗产：与盐运有关的仪式活动、船工号子、背（挑）盐习俗、禁忌、谚语、民间歌曲、戏曲、饮食文化等。

　　考察中，专家们发现，川盐古道是由多条水路和陆路组成的，源于四川（含今重庆市）产盐区，通过食盐的运销辐射到四川、重庆、湖北、湖南、贵州、云南、陕西、甘肃乃至河南等地的运盐古道，可分为官盐大道和私盐小道，具有存续时间长、分布范围广、文化影响持久而深远的特征。川盐古道的运输线路主要有川黔、川鄂、川湘、川滇古盐道，在历史上承载着上述地区盐运以及相关贸易往来的重任。与盐运相伴而生的运输群体有"背夫、挑夫、马帮、骡子客及船工"等，盐运工具有"扁背、背架、翘扁担、簸箕船、歪脑壳船、大艄船、牯牛船、茅村船"等，特别是盐运工创造的"歪脑壳船"，船尾向右倾、船头向左倾，巧妙地解决了河窄、船多情况下的挤撞难题，不愧是盐运先民的独创。而"盐商、盐号、船帮、马帮"等盐运组织，更是诞生于盐的璀璨文化风景。

湖北利川穿心店遗址

扁背

三、川盐古道为我们留下多彩的文化遗产

透过考察中拍摄的珍贵的照片可知,行走在绵延千里的川盐古道上的盐运前辈,在留下艰难足迹的同时,也为我们留下了古城、古镇、驿站、会馆、关隘、村落、街道、庙宇、码头、古桥等遗迹,踩踏出茶马古道、润盐古道、虞坂古盐道、五里坡古盐道、穿风坳古盐道、七星关古盐道等。而埋藏在川盐古道旁的碑刻、摩崖石刻,以及随着盐运发达而带来的酿酒、腌制行业的兴旺,这些历史遗存令人惊叹。

川盐古道的历史作用明显,他不仅带动了相关行业的大力发展,促进了人们的就业机会,推动了商业的空前繁荣,促进了文化教育的发展,还留下了厚重的盐运文化。

川盐古道的价值是多方面的,它既有遗产价值——沿线及周边地域厚重而多样的文化积淀及文化景观,还有考古价值——众多的文物点,如僰人悬棺、摩崖石刻、古墓葬、古建筑和碑刻等,更有旅游价值——自然风光优美,独具个性的生态旅游和文化旅游双重价值,同时还有建筑学价值——数量可观的吊脚楼、庙宇、会馆、祠堂等民居建筑和古建筑。

歪脑壳船

目前,川盐古道的考察收获正在转化为现实成果。除了已召开"川盐古道与区域发展学术研讨会",将出版《古道遗韵——寻访川盐古道图录》《川盐古道与区域发展学术研讨会论文集》等书刊,还将建设"川盐古道历史文化博物馆",申报全国重点文物保护单位等工作也正在进行。

浅论当代盐文化的建构与传播

郑明阳　葛　瑞*

（中盐金坛盐化有限责任公司，江苏常州，213200）

摘　要：盐文化在中国历史发展进程中占据了重要的地位，然而，当代的盐文化如何进行建构，又如何与古代盐文化进行对接？本文以中盐金坛盐化有限责任公司为考察中心，探究他们在提高经济效益的同时，如何保持清醒的文化自觉，在对传统文化和盐文化的继承和发扬上，别出心裁，创造性地建构和传播当代盐文化。

关键词：盐文化建构与传播；道家水文化；儒家贤文化

盐，是一种广义的文化产品，具有丰富的文化内涵。盐是人们生产生活实用的生活资料、生产资料，属于物质产品，但不同历史时期、不同盐种类（井盐、海盐、岩盐、湖盐）产品往往又是人类社会生产力发展的标志之一，它标志着人类创造力的发展水平；而盐的系列产品和各自功能又具有时代性、民族性和区域性特征。从这个意义上讲，盐属于广义文化产品。作为一种纯粹的物质产品，也具有深厚的人文特征，即文化内涵。其实，盐除了其生活属性、工业属性、保健属性外，各类盐产品的生产有其自身的历史背景，有着与各民族科学技术发展的适应性，更为重要的是，盐的政治、经济特征在中国历史发展中的作用尤为突出，而与盐相关的传说、故事、驿道、场馆、戏曲、小说、诗歌等，又赋予了其人文精神的范畴，也就是盐的文化内涵。[①]

从这个意义上说，古代盐文化可谓蔚为大观。那么，当代盐文化又是怎

---

* 郑明阳，文学硕士，中盐金坛公司《中盐人》副主编。葛瑞，2012 年到中盐金坛公司实习调研，当时为南京大学哲学系中国哲学专业硕士研究生。

① 曾凡英. 论盐文化的内涵与特征 [J]. 四川理工学院学报，2006（1）.

么呈现、建构与传播的呢？

笔者认为，除了当代研究者对盐文化的研究之外，当代社会中涉盐的文化产业、涉盐科技研究是对当代盐文化构建的重要力量。同时，现代盐业企业的物质、制度及精神文化也是当代盐文化的有力建构者。本文以考察中盐金坛盐化有限责任公司为中心，揭示当代盐业企业如何充实盐文化的内容与内涵。

一、当代盐业企业的文化使命

中国盐文化源远流长，形成了盐工文化、盐商文化、盐政文化等三个主脉，并有海盐文化、井盐文化、池盐文化三大形态与之交叉。[①] 而所有都与中国传统文化紧密结合，可以说，盐文化在继承和丰富中国传统文化。

因此，构建当代盐文化，盐业企业必须根植于传统文化，并有文化自觉和文化创新，同时又要有文化传承。

费孝通先生 1997 年发表《反思·对话·文化自觉》一文，强调文化自觉就是要对自觉的文化有"自知之明"，即"首先要认识自己的文化"，这是一个基础。[②]

从考察看，中盐金坛公司首先就具备了这种文化自觉。

中盐金坛公司位于江苏省常州市金坛区，是由中国盐业股份有限公司控股的国有中央二级企业，国家食盐定点生产企业，是经国务院国资委和中国盐业总公司认可的行业标杆，中国优秀井矿盐生产企业之一。公司拥有世界先进水平的制盐工艺技术和生产装置，建立了"盐碱一体化、盐电一体化、盐穴一体化"的产业布局，全年生产各类盐产品 500 万吨，其中：工业盐在长三角市场的占有率达 45%，加碘食用盐广受上海、浙江市民的欢迎，高端盐远销日本、新加坡、奥地利、澳大利亚、巴西、秘鲁、越南、安哥拉和中国台湾等 20 多个国家和地区。[③]

中盐金坛公司自觉将企业置身于传统文化与盐文化之中，其实，以中国传统文化的精神作为引导，这在当今社会是罕见的。但是，这并不表示这种理念缺乏可行性，恰恰相反，依托于中国传统文化和盐文化，企业的管理精

---

① 黄俶成.中国盐文化的弘扬与研究趋向 [J].扬州大学学报（人文社会科学版），2015 (1).

② 费孝通.反思·对话·文化自觉 [J].北京大学学报（哲学社会科学版），1997（3）.

③ 简介来自中盐金坛公司网站 [EB/OL].http://www.chinasalt-jt.com/.

神更加容易被员工们吸收。

二、道家"水文化"的传承

中国传统文化与盐文化博大精深，将此引入企业，是一个崭新的尝试。

中盐金坛公司一直致力于构建现代企业伦理精神和企业信仰。他们认为，作为一个生命体，信仰是不可或缺的，是维持个体生命的内在动力。企业是一个拟人化的生命体，企业不仅仅要维持自身的发展，更肩负着社会的使命和责任。在这种状态下，树立企业信仰尤其重要。他们吸收了中国传统文化中的道家思想，提出"水"的治企理论。一方面公司以盐业生产为主导，而盐又来自于水（海盐来自海水；井盐多为水溶开采，也首先以水的形态被提取出来。）；另一方面，水又是中国传统思想中的核心理念之一。《道德经》第八章云："上善若水。水善利万物而不争，处众人之所恶，故几于道。居善地，心善渊，与善仁，言善信，正善治，事善能，动善时。夫唯不争，故无尤。"最善的事物莫过于水，水是万物发展的根本动力之一。没有水，芸芸众生将不复存在；没有水，任何生物都不能生存。水生育万物，滋润群生，但是，水与物无争，不求回报。它的特性是柔弱温顺，总是会顺势而下，处于为人们所鄙弃的最低下的地方。所以，水也最相似于"道"，是"道"雌柔的表现。

人心总是被七情六欲所烦扰，而水静则清澈湛然，无色透明，无混无浊，这好比心灵之善渊。水善养万物，施恩不求报，同时，水诚实和顺，无假无妄，表里如一，水不偏不倚，对万物一视同仁，最为公平。水理万物，去污洗浊，攻坚克固。水的向前行进，并不是将其他物质摧毁，而是一种兼容并进的精神。它将前方的坑陷填满，又把其他的物质带动到自己的生命中去，从而形成本身的发展模式。

中盐金坛公司正是秉承着"水"的精神，以诚实和顺，湛然清澈为基本精神，并将这种"无为而治"的思想贯彻到企业中去，形成了独特的管理模式。企业坚持"以人为本"的理念，致力于实现个体的存在价值。同时，中盐金坛公司十分看重员工的意见，将这些建议整合，上升为宝贵的精神财富。员工们在工作中不断总结经验，创造出一系列行之有效的管理方法，企业再将这种思想上升到理论的高度，贯彻到整个企业文化中。这种情况下，职工得到了进一步的尊重，也实现了他们的存在价值，这是企业重视人的价值的体现。另外，电厂职工不断地引进先进的科学技术，先进的机器大大降低了人的劳动强度，这样他们就有了更加充足的时间来进行学习，再将这些知识运用到工作中，从而提高工作效率。这样就形成了良性循环，企业也就会不断地进步。员工们在各自的岗位上发挥自己的力量，这可谓是谋得其政，体现出了其主人翁的价值。

三、儒家"内贤外王"理念的实践

中国传统文化中讲求"内圣外王"，即人不仅要不断地加强自身素质的修行，也要将这种修行推及开来。重视道德修养，是中国古代的传统精神，仁、义、礼、智、信等道德规范应该内化到个体的生命中去，而不是周流于外。通过对自身品德的完善，可以而且应该影响社会。这已经不是单纯的对主体生存境界的要求，更是一种社会责任感，是人的社会性的表征。中盐金坛公司在创办自己《中盐人》内刊，就将"贤于内，王于外"的标题放在了最显眼的位置。如果说"贤于外"是企业员工的素养追求，那么，"王于外"就是公司外显于社会的最明显特征。

中盐金坛公司曾被江苏省住建厅授予 2010 年度"节水型企业"荣誉称号。公司一贯重视节水工作，循环利用各类水资源，其中盐厂高温蒸汽冷凝水供给电厂锅炉和热水公司循环使用，冷却塔冷却水经反渗透处理后作为工业用水使用，含盐冷凝水回矿采卤，等等，公司形成了盐厂、电厂、矿区水资源循环利用的网络。中盐金坛公司还致力于"盐穴综合利用"等工程。这些工作表明，中盐金坛公司已经不单单是一个经济的个体，而是更多地参与到社会建设中，他的肩上承担了重要的社会责任。企业承担社会责任，就意味着自己的利益可能会受到威胁，然而中盐金坛公司秉承其特有的人文精神，甘于服务社会，并且将这种境界不断提升。

中盐金坛公司的产品很多是销往国外的，因此，在进行贸易的时候，盐产品并不单单代表着企业的形象，而是肩负着整个中华民族的使命。在与国外客户交流的过程中，企业并不是直接告诉他们产品的各项性能，而是首先向他们介绍中国的盐文化，宣传中国的文化精神，这已经不仅仅是一种经济活动了。中盐金坛公司践行着"王于外"的使命，将中国文化传播到其他国家，提高了中华民族的文化影响力，这是他作为一个经济个体所值得尊敬的。

人文与科技是一个永恒的话题。企业在面对现代化机械普及的情况下，也充分引进了高新技术。但是，除了依靠工具外，还必须特别重视善于使用工具的人。重视劳动者，加强文化的修养，才能寻求企业与人的共同发展。

　　企业作为经济运行者，不能机械地使用科学技术，而应该重视思想层次的培养，着力于将实践的成果转化为一种精神营养，再将这种精神营养贯彻到企业与员工的发展中，这也就使得企业能够在具有一定思想基础的前提下，得到更好地发展。在这种状态下，企业员工与企业本身可以树立一种共同的价值观，在此价值观的引导下，员工与企业得到共同发展，共同进步，这种发展模式，正如"鸟的双翼"和"车的两轮"，是一种同步的关系。

　　余论：当代盐文化的构建与传播

　　当代盐文化是什么？

　　依然是盐业物质文化、制度文化和精神文化的总和。近年来，中盐金坛公司的生产技术、市场建设等方面都取得了优秀的成绩，加之对企业创造性地将中国传统文化引入企业，形成了别具一格的贤文化，这些都是当代盐文化的一种呈现方式。

　　随着科学技术的日新月异，国家之间的交流越来越频繁，世界也成为一个更加紧密的"地球村"。企业在这种情况下，如果一味地追求科学技术，单纯改进科技，只会将企业淹没在机械化的浪潮中，这就异化了企业作为经济主体的主观性。故而，我们需要重视人的修养，人才是企业的主体，是企业发展的最终目标，是企业的归宿。一切社会活动归根到底是服务于人的，并不能成为主体存在。因此企业累积形成的文化，才是对外最好的展示，也为丰富盐文化选择了一条可行之路。

　　所以，中盐金坛公司以中国传统文化精髓为基础，汲取其中适合于企业发展的思想，这不仅仅给公司的发展带来了空前广阔的空间，而且也传承了中国文化，扩大了中华民族的影响力。她不再作为单一化的经济主体而存在，她是一个富有生命，富有使命的主体，这才是企业的价值所在。

八、国学新知

时下的中国正兴起一股"国学热"，为反映和积极参与中华传统文化复兴的伟大实践，特设"国学新知"专栏以管窥当代学人对传统经典研究的新见解、新方法、新传承，从而促进中华优秀传统文化的创新性发展。

谢清果（厦门大学新闻传播学院教授）

《周易参同契》的宇宙观初探

陈龄慧 *

（台南艺术大学，台湾台南）

摘　要： 成书于公元 160 年的《周易参同契》，两千年以来一直被视为道家个人身体修丹之作。以全息论而言，身体是小宇宙，是宇宙本体的微型，因此以对待小宇宙 (身体) 来看待《参同契》义理，亦显合理，但是如果一直停留在此层面，实在有所谓"抱玉赴火，以金棺葬狗" (真诰卷之二，正统道藏) 之疑。在此，尝试以广义大道探览《周易参同契》，通过描绘天体运行和古马雅文明在神奇历法上的共通处，盼从这部最早以专书形态出现的道家经典，窥见汉代之前先民的宇宙天体观。

关键词： 周易参同契；天体秩序；炼丹；丹道

　　《周易参同契》相传是由魏伯阳先生所撰，成书于东汉桓帝时期（大约公元 160 年），在中国文化史上有重要地位。全书大约 5 千余字，在活版印刷术还未发明之前的年代，业已属于不小篇幅。有人怀疑此书是否真是原作；亦或是中年所作到晚年再度修纂。[①] 无论如何，此书是中国在汉朝暨其之前的重要思想集录，也是现今可及道学中最早最完整的之一。

　　在今日来看，成书于汉朝，是有其历史意义的。此时中国文化，历经三皇五帝；周文王则易画卦；孔子演绎易经，至当时的汉代，以"易"为道的发展已经有相当一段历史，而且相当程度地落实在政治和生活之中。从汉朝淮南王刘安组织当代文人撰写思想论着《淮南子》便可见一斑。《淮南子》中

---

　　* 陈龄慧，法国巴黎第二大学新闻传播学院博士，台南艺术大学动画艺术与影像美学研究所副教授。

　　①　相传禅宗希迁（700-790AC）著有《参同契》。

有 20 卷，从《原道》；《椒真》谈天地万物皆出同源；《天文》的天体秩序；《坠形》的地方风土；《时则》的寒暑历法等等，整部书从天地开始，逐卷展开人文、事理（政治、军事）的要领与法则。

随之汉朝末年和魏晋南北朝，中国经历长达 390 年更迭，在隋唐时代，身体丹道的修仙之学成为代表道学的主流论述。《周易参同契》也变成"中国古代人体科学的瑰宝"；"对人体进行整体考察"① 的炼气还神，化学粉药配方之学。如果真为如此，实在难以看出它在中国思想与未来文明进步上是否有积极的重要性。

也不知是否因为长期社会动乱，深怕人心不古，于是将天地道学掩盖成炼丹修仙的个人之学，意在避免重要讯息太过曝光，反遭窜改或湮灭，因此故意让传统智慧在"世人好小道"中载浮载沉，反而能够流传至几千年之后的现在。②

因此，尝试通过描绘天体运行、东方时间观与古马雅文明在神奇历法上的共通处，予以广义探览《周易参同契》，盼从这部最早道家经典，窥现汉代之前先民的宇宙天体观。

一、天体秩序：八卦布列曜

包括中国在内的古文明国家或民族，皆具备一套对"天"的认知系统。此系统并非盲目信仰，而是透过对"天体"中星辰运移的观察与记录，联结为人与天的相互感应。其完整和准确的程度，在现代科技发展的时代，依然叹为观止。古代中央政府编制有"天官"公职，进行天体活动的观察纪录和诠释。重要历史文献，如司马迁的《史纪》有《天官书》；班固的《汉书》有《天文志》；《淮南子》有《天文》卷等等。可见古代认为"天"与我们人类有重要关联。

对天的具体观察，是来自天体中运行移动的日月星辰。在中国的传统知识中，将与地球最相关的，同为太阳系的太阳、月亮、木星、火星、土星、金星和水星称为"七曜"。在《周易参同契》中，特别对月亮与地球相对关系有以下记载：

---

① 魏伯阳. 周易参同契 [M]. 台北：三民书局,1999. 导读 24 页。

② 宋朝学者："丹经万卷，妙在《参同契》"；元代《周易参同契解》中序文指出："《参同契》乃万古丹经之祖"，"丹经鼻祖、诸经命脉"。

复卦建始萌，三日出为爽，震庚受西方。八日兑受丁，上弦平如绳，十五干体就，盛满甲东方。十六转受统，巽辛见平明。艮值于丙南，下弦二十三。坤乙三十日，东北丧其明。[①]

这是指以地球为主体而言，月亮在地球天空中呈现的晦望盈亏的现象，以及这个现象在天空中出现的方位。在传统五行八卦中，用八卦"纳甲"来统筹这个资讯。月亮的晦朔弦望，套入八卦阴阳盈亏变化的卦象，加上天干表示在天空出现的方位，"甲"是用天干的第一个字，代表天干的运用。

将"纳甲"整理表列如下：

纳甲表

日	月象	方位
初3	震 ☳	庚
初8	兑 ☱	丁
15	乾 ☰	甲壬
16	巽 ☴	辛
23	艮 ☶	丙
30	坤 ☷	乙癸

以上是月亮从新月、月圆至晦没，以及每个不同阶段在天空中出现的方位。以八卦阴阳消长的卦象，象征月亮的晦朔盈亏的变化。这种月亮对应在地球天空，配合卦象描述的盈亏特征，同时也发展成为表达人间事物消长变化的一套示意系统。纳甲与天空方位如下：

---

① 《周易参同契》原文。

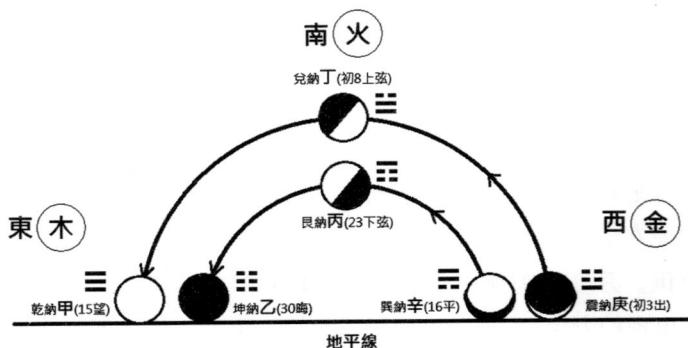

纳甲月象图

资料来源:《周易参同契》陈龄慧 制表

与地球最接近的星体是月亮，虽然月球自己不发光，但是反应而来天体光源与引力，确是对地球最直接的作用。因为环绕地球旋转，同时也是地球与宇宙天体的一个对应物，是地球与整个天体关系的一种互动指标。此即书中所谓"居则观其象，准拟其形容"，不需透过高倍望眼镜，每天都能出现在天空之中，长久以来与人类一起生活。从上图可看出月亮在天空出现的轨迹，对地球而言形成半圆范畴，所谓"坎离匡郭"，月亮与地球互动的意义所在。

二、东方与西方：时间观的统一

从纳甲来看东方传统学问的特性，人类不断地从对应天地来定义人的位置。对人类世界而言,天体往往起的是指导性的根本作用。这也符合老子《道德经》开宗明义的"人法天、法地、法自然"。

人在天和地之间纳甲的这套学问是月亮与地球，运用卦与天干符号，阐释"天体"与"地球"的互动关系。有着日期（时间）、运动性（动态；消长）和空间（此以天干表示）三方面元素融构一起，成为一套属于五行八卦学中，诠释人文地理事物的应用范式 --- 纳甲法。

从纳甲法也看到对时间的观念，在古代知识体系中，是以一种非线性、循环、方位的方式存在。五行八卦这套中国传统学问，时间第一特性并非是线性，而比较是方位的概念，这与现代西方观念中对时间的理解很不一样。

中国对时间以 10 天干相配 12 地支，以文字构成六十年循环的示意体系。①如此，上一个 60 甲子的某一干支，与下一个循环重复出现。这套知识体系，强调出来的是时间的某部份总是一致的，那个相同特性的元素，似乎从这些趋于一致性的展现中，才可能进一步掌握与洞悉"时间"本质为何。

纳甲法中所运用的天干、地支是传统知识表示时间，同时也是表达方位的符号体系；描述时间的方式本身同时也是空间的方式；对时间的理解，同时也是对空间的（或是方位的）。

这与西方以数字呈现线性时间的观念不同，东方时间观念并非是时间与空间的分化，而且是在一个结构中呈现"运动性"，时间并不存在对空间的分化而来。西方施以"数量化"以及"等均化"而建构的"时间"观念，其实是一种外在设定，构筑了人类对宇宙和自身认知的偏限框架。

西方当代思想中，也出现重新思考时间原理。近代法国思想家柏格森（Henri Bergson, 1859—1941）提出"绵延"（La Duree）取代线性量化时间观，是心理、知觉和记忆互相作用；是精神与物质（身体）交会融合的"绵延"。通过对于时间本质的撼动，被称为新哲学的西方典范转移，却是与非线性时间观的东方思想相当一致。中国传统知识与西方当代思想两个体系，从对待"时间"的议题上，开始有了相同的趋向。

三、马雅历法相通趋向

公元 2012 是特殊的一年，是古文明马雅文化的历法传说中的世界末日。公元 2012 是马雅天文运算的最后一年，与其认为是世界末日，毋宁认为是天体运行轨道和宇宙力量的某种转换，人类世界因而将面临大转变。马雅文明遗留下来的蛛丝马迹，是在公元前建立、位于中美洲的庞大建筑群，集合天文、历法、神灵和科学的具体实践，到现在还有很多值得我们进一步探究和解谜。本文尝试提出马雅历法与中国古代文献互为指涉，天马行空略窥古老文明共通的宇宙观。

（一）有关 20 的哲学

马雅历法运算之中最特别的是 20 进位法的运用，马雅人的"月"(Uinal)

---

① 10 天干与 12 地支的同阴同阳配对，形成 60 对干支。中国人就以 60 为单位的模式，代表年月日时，整个时间的表达方式。

是 20 的循环，有别于现在通用的 30 日为一个月。为何是 20，到现在还是不解其理。虽然有人提出来源是由于人类的手指和脚趾的数目皆为 20，但这还是无法真正解释。^①此数字的重要性直接关系着马雅的历算，也就是说马雅文明的时间观念，并不存在于现代文明惯用的逻辑中，因此，本文试图从更原始的古典文献找寻解读 20 的道理。

《周易参同契》这部集结汉朝（含以前）天体知识的专著中，特别对月亮与地球的关系有特别记载，月亮的盈亏与方位，影响地球（磁）力场的变化，延引上述《纳甲月象图》，可见月亮盈亏与方位，不只是时光计量的依据，且是月亮对地球作用力的关键。在《周易参同契》中如此描述：

上弦兑数八，下弦艮亦八。两弦合其精，乾坤体乃成。

文中所述，初三的新月出现在地球的西方天空，初 8 时的上弦半月在南方，月圆则在东方；月缺从 16 日开始，到了 23 日下弦半月出现，与初三的上弦半月同样位在南方，上半弦月与下弦半月的重叠，形似阴阳互补的太极图案，这可能是所谓"两弦合其精"。同时，月亮从上弦半月到下弦半月期间或过程，即每月初 3 至 23 日，是月亮对地球形成重要力场的 20 日，这可能是马雅历法中采用 20 为基数的道理，是 20 个"月亮作用日"，称为"月"（Uinal），与现代人对"月"的概念不同，不是为了计算一个月有多少天，而是能够真正掌握和阐释月亮影响地球的作用力，这才是马雅历法的主要目的和意义。

（二）神奇的 260

在马雅历法中最特别的"卓尔金历"（Tzolkin），又称为"神历"，就是以月亮力场作用日为基数，同时也以 20 个神祇的形像图腾化。到目前为止，在公开的资料当中尚未对马雅历法的"卓尔金历"有完整解答，对它的描述通常是"马雅人还有一个令我们莫名其妙的历法——卓尔金历。它由 20 个神明图像和 1 至 13 这些数位不断组合循环。但在太阳系中，并不存在适用此历的行星，那马雅人究竟是为了甚么才编制卓尔金历"。^②

① 法国对于数的概念有着 20 进位式的思维。
② 丁朝阳编．揭开神秘的马雅文化 [M]．台北：采竹文化，2011．第 173 页。

　　上述"但在太阳系中，并不存在适用此历的行星"指出了马雅卓尔金历不同于当代西方人的逻辑，它所表达的也不只是太阳系或某单一行星运转的历算。这套由 20 神祇图像，轮流和 1 至 13 数字搭配组合，是 20 种月亮引力状态和另一套 13 种（天体）状态的结合而成的体系，犹如中国 10 天干和 12 地支配合而成 60 甲子的表意系统。

　　至于数字 13，在一元美金纸币上，有座著名的金字塔图案，此塔有 13 层。然而，此处指涉的应该是影响地球有关的天体，其中最直接的莫过于"七曜"：太阳、月亮、木星、火星、土星、金星和水星，这些地球在太阳系中息息相关的同伴。如果将太阳系视为一种"场"的概念，则七曜的分布与相对位置，就会出现犹如"阵势"的特性。假定这种七曜的变化阵势可能是 13 种，则 20×13 = 260 等于是地球处于月亮作用力场 × 七曜 13 种阵势力场，互相组合出 260 种状态。

　　至于所谓七曜或七星 13 图，虽然尚属推测，但在道教科仪中，常出现在步罡踏斗或七星元辰的仪轨之中。

　　虽然 20×13 得到 260 种组合到底是什么，现在似乎没有定论，但是在《周易参同契》内文中却有 260 个神奇数字出现。在《周易参同契》鼎器歌之中有：

圆三五　寸一分　口四八　两寸唇　长尺二　厚薄匀　腹齐正
坐垂温　阴在上　阳下奔　首尾武　中间文　始七十　终三旬
二百六　善调匀

　　古老神奇迷样的马雅卓尔金历的 260，与成书于公元 160 年之前的《周易参同契》的"二百六"有何关联。依据上文，如果将地球视为一座卓立天体中的鼎器，则宇宙天体日月星辰的作用，就可比喻成地球鼎器所承受的炉火，意即地球时时刻刻受力于天体的能量或力场。天体对地球的施力有一套 260 天的进程（或 260 种状态），这个进程在《周易参同契》中是称为"文火"，是用来调匀地球（"善调匀"）。

　　如此可知，古老文明的历法远比现代文明的历法还要全面与完整，它不只是时间计时，更是地球与天体关系的描述；不仅是物理科学，是地球存有的总体本体知识。

（三）中国"奇门历"的展现

马雅人除了上述卓尔金历之外，还有另一种名为太阳历（又名马雅历）的历算。它是将卓尔金历的月亮作用日 20，乘以 18，加上 5 天禁忌日，成为 365 天为一年。此处的 18，与中国奇门遁甲法的地盘 18 局有相当关联。

中国的奇门遁甲法，或称为"奇门历"，是将"九宫"的空间＋时间的"24 节气、72 候"＋天干地支"60 甲子"组合起来，成为一种空间和时间统一的动态历算，在 360 周天（时间）或 360 维度（空间方位）里面，总共可以排列组合出多达 4320 或 1800 个图局。

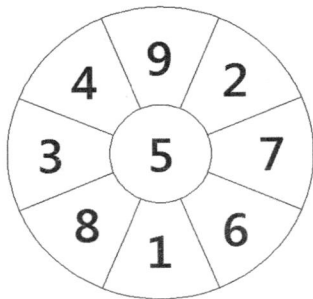

九宫洛书数（陈龄慧制）

九宫与 24 节气 72 候图（陈龄慧制）

但是，无论是 4320 或 1800，归结到最后，皆是九宫正转和反转各 9 所产生的 18 种局，这就是中国古籍《烟波钓叟歌》："一千八百当时制，太公删成七十二，逮于汉代张子房，一十八局为精艺"所说的"一十八局"。这个

18 局是根据洛书数和节气分成两大区块进行，九宫阳遁 9 局从冬至到芒种，阴遁 9 局从夏至到大雪。

这 18 局排宫在 360 时间 (24 节气、72 候) 或 360 维度的空间 (东西南北八方) 成为"地盘"，是奇门遁甲法的基础。在这地盘上加上"八门""九星"和"八神"，根据洛书在正转和逆转之间，编排出一套同时在时间上和空间上皆能展现吉凶祸福的指示盘。

马雅历也将 18 神祇图腾化，与 20 月亮作用日循环对应 = 360。不仅有奇门历的祸福吉凶特性，还有月亮作用力场状态，如果再加上 13 七曜图，卓尔金历和马雅历的结合，可以说是三套天体现象交织的复杂而又有秩序的"天象世界"，在此认知之下，地球与天体的互动具备了比较全面的描述。因此，古老历算是一种天地互动历法，让地球的存有有着比较全面性的向度，包括人类应如何"敬事顺天"的知识体系，同时也让时间的概念有了"深描"的特性，而不只是数字计算。

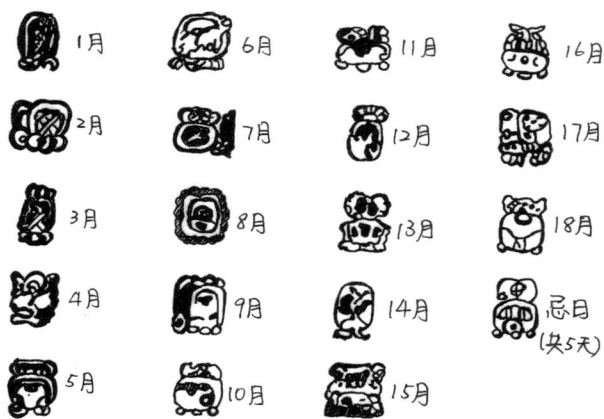

马雅 18 月神祇图腾 (资料来源：马雅文化历史教育网)

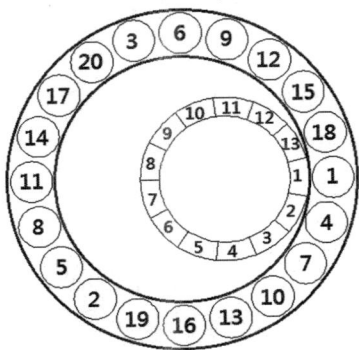

马雅卓尔金历 20×13（资料来源：陈龄慧制表）

结论：天地可治否?

从《周易参同契》中看到，人类依据天体运动，在"天"的大架构下，时间并不是像现代知识那样界定或认知的，是人类与地球如何受到天体强大影响的一套知识论。

对天体结构和秩序相当深度的掌握，才能理解地球、了解自己，这就是古代先民的智慧。"上察河图文，下序地形流"①；"天之所覆、地之所载"：② 要了解地球必须先从理解宇宙天体对地球的影响开始，这是《周易参同契》应该被研究的面向。如果事与愿违，书中也早预言"世人好小术、不审道浅深"，缘木如何求鱼。

再者，观察近年来地球天灾频繁，虽然还不至于"隆冬大暑、盛夏霜雪"，但是已经是面临"风雨不节、水旱相伐"，这些括号中的情境都是《参同契》中的讯息，谈的都是我们现在，甚至将来会面临的困境。"邪道险阻，倾危国家"的情形发生的时候，我们应该如何而为。宇宙混沌，天机渺渺，大道难以全知。《周易参同契》带给我们的是最接近汉代之前的讯息资料。

书中提出除了"上察天文，以序地形"的重点之外，也必须"中稽于人心，参合考三才"。"人心"是天文地理的汇集处，也是书中所谓"或以招祸，或以致福，或兴太平，或造兵革，四者之来，由乎胸臆"③ 中的"胸臆"。

到底人类希望的是"招祸"、"致福"、"兴太平"或"造兵革"，这四种结

---

① 见《周易参同契》。
② 见《淮南子·俶真篇》。
③ 见《周易参同契》。

果的由来都来自"人心"。《周易参同契》应该称为"三同契",天道、地理与人心的配合。由此而言,《周易参同契》的"三同契"——"天""地""人"的相互配合和感应是人类文明的未来学。

从马雅历算和《周易参同契》的互为指涉,我们隐约可以窥见传统文玥对天体的知识是如此丰富全面,具体落实在日常生活,这种认知方式,在现代文明的逻辑中,是天方夜谭,是神话迷信,是被"理性和科学"排斥在外,不会是以一套完整的知识体系展现于世人,利益世人,教导世人与天地互动的道理,深刻"在世为人"生命本体。

进入千禧年之后,依据传说人类即将迎接新时代典范的来临,其契机便是解开侷限的认知框架,延展人类宇宙观,开启"科学"与"传统智慧"的再度对话,让人类的科学进入另一种境界,同时也落实传统的实践,犹如每个崭新文明展开之前,那些科学家和哲学家所作的贡献一样——科学的极致与传统智慧融合与升化。

九、学术动态

　　本栏旨在刊载中华文化传播与新闻传播各领域的新作书评、会议综述以及重要研究文献编目，以促进同行掌握研究动态，增进彼此了解与交流。

　　　　　　　　　　赵晟（厦门大学新闻传播学院博士研究生）

广告专门史研究的新贡献

——评《广告折射台湾社会价值观的变迁》

张　丹*

（厦门大学新闻传播学院，福建厦门，361005）

摘　要：《广告折射台湾社会价值观的变迁》的出版，有七大亮点：一是为报业解禁之后台湾广告价值观变迁提供了科学的阶段划分角度，肯定了广告表层内容也是反映社会价值观念变迁的重要变量；二是拓宽并深化了广告社会学的研究范畴和思考维度，肯定了广告对社会价值观念的影响；三是报业解禁之后台湾广告价值观每个阶段的演变过程与历史经验对正在走向世界的中国大陆广告来说，具有重要的借鉴意义和实践价值；四是台湾文化显示出与大陆文化不同的特点，从广告学角度先行先试研究有利于促进两岸相互了解与祖国统一；五是大量原创数据和资料的积累为广告专门史领域的研究提供了新的土壤和原料；六是完善了广告专门史的研究方法；七是为未来其他媒介广告价值观变迁的研究起到了抛砖引玉的作用。

关键词：广告专门史；价值观；变迁

法国广告评论家罗贝尔·拉兰说过，我们呼吸着的空气，是由氧气、氮气和广告组成的。的确，广告不仅是社会发展的一面镜子，而且是社会发展的一张晴雨表。考察广告在社会发展过程中的地位和作用，不能仅仅停留在经济行为的表层，还应从文化角度予以考察并揭示广告发生发展的哲学基础以及蕴涵其后的政治、经济、文化等背景。

---

* 张丹，厦门大学新闻传播学院传播学博士研究生，主要研究方向：华夏传播研究、两岸传媒研究。

　　福建师范大学传播学院林升梁副教授出版的专著《广告折射台湾社会价值观的变迁》（社会科学文献出版社，2015年）[①]，正是从广告专门史研究的视角出发，将报业解禁以来台湾地区《中国时报》《联合报》和《自由时报》三大报纸广告表层内容（版面形式）和深层内容（价值诉求）作为研究对象，比较分析报业解禁以来三大报纸广告表层内容和深层内容的变迁规律，从中管窥台湾社会价值观念的变迁。总结起来，该著作有七大亮点：

　　第一，对于台湾广告的发展阶段，学者集中在分析战后六十多年，多以报业解禁时间点为界限，把报业解禁之后的台湾广告发展归之为国际化时期（如王德馨、刘毅志、刘会梁、郑自隆、叶凤琴等人）。这种粗线条的归类忽视了报业解禁之后台湾广告分阶段急剧发展的社会现实，林升梁的著作详细描述了台湾三大主流报纸广告价值观的变迁，包含表层和深层两方面的内容变迁，首先肯定了广告数量、广告类别、企业性质等广告表层内容也是反映社会价值观念变迁的重要变量。在阶段划分上，在广告价值观变迁研究中解决了广告发展阶段划分过于主观性的传统难题，并归纳出"显著性最多原则"的科学方法加以甄别前人哪种阶段划分法更为适合，为报业解禁之后台湾广告价值观变迁提供一个细致、合理、科学的阶段划分角度，具有重要的理论意义。

　　第二，社会经济状态的变化是现代广告发生、发展、变化的原动力。广告作为意识形态的一种形式是与经济基础相适应的，它能更敏锐地感受、反映出社会经济状况的细微波动。因此，任何广告都不可能仅仅是商业运作，它在传达商品信息的时候，同时也肩负着文化传播的使命。林升梁出版的该专著正是站在这个视角上，对台湾三大报纸广告进行内容分析，为后人提供了极为清晰的广告折射出来的台湾社会价值观变迁的立体影象，拓宽并深化了广告社会学的研究范畴和思考维度，肯定了广告对社会价值观念的影响，这是又一个突出的理论创新点。

　　第三，二战后台湾广告发展至今，其广告量及从业数随经济增长逐年攀升，但比较正式及快速发展是在报业解禁之后的二十几年而已，报业解禁之后台湾广告价值观每个阶段的演变过程与历史经验对正在走向世界的中国大陆广告来说，具有重要的借鉴意义和实践价值。

　　第四，台湾当局宣布，2011年12月30日起，已投资台湾的大陆企业，

---

　　①　林升梁.广告折射台湾社会价值观的变迁[M].社会科学文献出版社,2015.

以及已销往台湾的 8000 多项大陆农工业商品，可以在台湾媒体投放广告，这意味着海峡两岸广告融合度势必进一步加大。由于殖民主义的长期统治以及经济发展水平的差异，台湾文化显示出与大陆文化不同的特点。在此背景下，先行先试从广告学角度研究台湾广告折射当地社会价值观念的变迁，有利于扩大两岸交流，促进两岸相互了解与祖国统一，具有重要的政治意义。

第五，以内容分析法研究跨度长达 26 年台湾三大报纸广告的变迁，庞大的工作量是前人类似主题没有做过的。著作中数据统计可靠，分析客观，为三大报纸广告价值观变迁的进一步研究提供了不可多得的一手原始数据和资料。三大报刊发行量大，受众面广，据台湾"行政院新闻局"《出版年鉴2008》披露，《中国时报》《联合报》《自由时报》和《苹果日报》四大报纸占台湾报纸广告总收入的 78.3%。①《中国时报》《联合报》和《自由时报》三大报纸（台湾《苹果日报》因创刊于 2003 年太晚被排除）是报业解禁以来广告的"见证人"和"亲历者"，采集的样本代表性和典型性足以支撑著作的研究。这些原创数据和资料，蕴涵了大量有价值的信息，为广告专门史领域的研究提供了新的土壤和原料。

第六，完善了广告专门史的研究方法。就当前广告专门史的研究而言，以地区为界限研究广告史已渐成气候，这来源于前辈学者的引导和积累，也来源于青年学者的追求与热情。但在广告史研究著作中，定量成果很少触及，该著作的出版，添加了广告史定量研究领域的一道亮丽风景线。该著作还同时开拓了广告与消费文化的研究路径，从媒介层面分析广告与消费文化之间的互动关系，这个切入点也是对广告专门史研究的丰富。

第七，广告价值观的变迁无法只从某种媒介上的广告中获悉，报纸广告的变迁不仅与社会时代背景有关，它是办刊特点、读者群、主编喜好、版面改革等诸多因素合力作用的结果，因此，研究广告价值观的变迁应从多角度、多对象入手，在比较中逐渐丰满并不断清晰广告价值观变迁的一点影象。林升梁博士的著作选择较具代表性的《中国时报》《联合报》与《自由时报》三大报纸广告作为研究对象进行内容分析，其研究路径、研究方法和研究结论，对于未来拓展台湾期刊、电视、广播、网络、户外等媒介的广告价值观变迁研究也起到了抛砖引玉的作用。

_____

① 胡沈明. 台湾传媒业生态掠影 [J]. 新闻记者,2010(5).

　　综合看来，林升梁副教授专著《广告折射台湾社会价值观的变迁》的出版，不仅拓展了广告专门史研究的视野，而且在体例上有所创新，给国内广告专门史研究带来了新的启迪与借鉴。

杨玉英教授对中国文化在西方的传播
与接受系列研究

郝　雨[*]

　　2016 年的 11 月末，我国的北方已是秋风萧瑟，万木凋零。所以我把计划之中的一场国际学术研讨会特意安排在美丽的厦门举办。一方面希望我们提倡的"新子学"能够像厦门的气候和环境一样，永远欣欣向荣、充满绿色生机。另一方面也主要是为了便于海峡两岸的学者共同参加会议。研讨会的主题是——《"新子学"深化：传统文化价值重构与传播》。海内外的近百名专家学者云集白鹭洲头的筼筜书院，参加了此次盛会。我就是在这个研讨会上认识杨玉英博士的。她向这个研讨会提交的论文是《〈道德经〉在英语世界的传播与接受研究》。

　　既然说到了研讨会这个背景，而也许，很多人对于"新子学"这个概念还比较陌生，那就先简单交代一下"新子学"是怎么一回事了！进入 21 世纪以来，面对全球化以及新媒体泡沫化传播现象的巨大冲击，积极发掘传统文化中的元典精神，解决当代文化发展中的矛盾冲突，越来越成为社会关注的焦点。而"新子学"的现代发现、倡导与构建，无疑是中国文化史上的一件大事。2012 年 10 月，方勇教授在《光明日报》发表《"新子学"构想》，全面论述了对当代诸子学发展的全新观点。2013 年 9 月，又通过《再论"新子学"》集中探讨了"子学精神"。2016 年 3 月，又发表《三论"新子学"》，进一步认为，从"新子学"角度观照传统文化创新，具有其独特的可行性与挑战性，并关联到当代中国学术发展的一系列重要问题。于是，近五年以来，《光明日报》《文汇报》《中国社会科学报》等各大媒体连发专版，连刊数文，大力倡导"新子学"的研究以及"子学精神"的构建，上海等地陆续召开大

---

* 郝雨，原名郝一民，上海大学教授，博士生导师。

型学术研讨会，"新子学"概念及相关学说得到各路专家充分肯定和积极响应。在此基础上，《诸子学刊》《探索与争鸣》《河北学刊》《江淮论坛》《中州学刊》等学术杂志也开辟专栏和专刊，发表了许多更加具有学术深度的论文，积极推动新子学的学术进展。这样的一场颇具声势的学术思潮，又在现代媒体的传播与推波助澜之下，越来越广为人知，越来越深入人心。有学者认为，这将引发21世纪中国的新一轮文艺复兴。而我和厦门大学新闻学院等单位在厦门联合举办的这次研讨会，已经是第四届这一主题的国际研讨会了。也正是这样的机缘，使我得以认识了这位美女博士和教授。

现在的学术研讨会，其实有一个很重要的功能，就是会下和会后的深入交流。我对杨玉英博士的更加深入的了解，也是通过会下的个别的话题讨论。

一开始的话题居然是从讨论郭沫若的研究引起来的。随意的聊天中我说到第二天的会议上将会发表新观点，指出中国文化实际上经历了三次断裂，而非学界普遍认为的只有两次。第一次断裂是在秦代焚书坑儒和汉代罢黜百家之后，第二次和第三次断裂则是"五四"运动和"文革"，这些都对传统文化造成了破坏性的影响。实际上，传统文化并不等同于儒家文化，中国真正的传统文化是百家之学。然后又谈到，我之前是研究中国现当代文学的，说起郭沫若的时候，我们更是有很多共同语言，其中谈到我的一个新的观点。那就是，我认为对郭沫若这位中国新诗领军人物的解读应该回到他的诗歌文本本身，而非纠缠于对其政治身份和道德的质疑。杨博士对我的观点立即产生了共鸣，告诉我她的博士论文做的恰巧就是"英语世界的郭沫若研究"。她那篇三十五万字的论文和后来以此为基础的同名专著《英语世界的郭沫若研究》全面、系统地收集整理了郭沫若及其作品在英语世界传播与接受的研究成果，为国内外的郭沫若研究和现当代文学研究学者提供了翔实的资料参考。

后来就进一步了解到，她是著名学者曹顺庆教授的博士，到今天其科研成果已是相当惊人。从2008年开始，她即在曹教授的引导下，利用其同为英语语言文学专业和比较文学专业学者的学科优势和爱好开始了"中国经典在英语世界的传播与接受"系列研究。至今，她已主持了系列课题八个，出版了系列学术专著七本，并发表了系列学术论文四十多篇。研究涉及的对象包括英语世界的郭沫若研究、英语世界的苏轼研究、英语世界的毛泽东诗词与文艺理论研究、英语世界的《孙子兵法》研究、英语世界的《道德经》研究、国际著名汉学家马立安·高利克的汉学研究等，并汉译了马立安·高利克的第一本专著也是欧洲第一本茅盾研究英文著述《茅盾与中国现代文学批评》和英译了杜学元教授的《中国女子教育通史》的古代部分。

然后就谈到了她正在校对并即将于三月出版的这本《〈孙子兵法〉在英语世界的传播与接受研究》，并希望我从中国经典在海外的传播这个角度为她的这本书写一个序。虽然我确实不是"孙子"研究这个领域的专家，但是，因为有了以上的那些关系，也就只能是勉为其难，因为实在却之不恭了！

读《〈孙子兵法〉在英语世界的传播与接受研究》这部书稿首先对我来说是一个很好的学习过程。我原本的专业就是研究中国现当代文学的，尤其是对于 20 世纪初的中国新文化运动有过一些研究，曾经出版了一本《中国现代文化的发生与传播》。所以，对于 19 世纪中叶以来的西风东渐的历史现象比较了解。但是，对于中国传统文化对外输出的过程和史实，实在是所知甚少。通过对杨博士的这部书稿以及她的另外几部大著的阅读，现在确实有了比较清晰的一些脉络的把握。杨博士在这方面的研究功底深厚，尤其是文献资料的收集整理极其翔实，的确让我很好地补上了一课。

这部《〈孙子兵法〉在英语世界的传播与接受研究》的最大特征就是其研究课题的创新和研究方法的创新。《孙子兵法》在英语世界的传播与接受研究一直是国内外孙子学研究、汉学研究和传播学研究的弱项，该研究所关注的内容长久以来并没有受到国内外广大孙子学研究者、汉学研究者和传播学研究者的足够重视，甚至尚未有国内外学者对《孙子兵法》在英语世界传播与接受的研究成果进行系统的搜集和整理。杨玉英教授的书稿广泛搜集了《孙子兵法》在英语世界的英译文本和应用研究成果，特别是通过日本学者的帮助找到了现已绝版的 1905 年在东京出版的英语世界第一个《孙子兵法》英译本，在文献材料上具备了原创性、稀缺性、完整性与权威性，为国内外的孙子学、汉学和传播学研究者提供了大量珍贵的第一手材料，并为其搭建了一座汇通之桥。在研究方法上，著者借鉴了比较文学的研究范式，从系统、整合研究的角度出发，在大量阅读第一手英文资料的基础上，采用文本细读法、微观分析法、变异性研究以及跨文化比较研究的理论与方法，对《孙子兵法》在英语世界的传播与接受研究成果作了系统的介绍与梳理，从异质文化的视角以及异质文化间的差异与互补作用方面，分析探讨了《孙子兵法》在英语世界传播与接受研究过程中的发生、发展与变异。

书中的主要内容是对文本的细读和解析，如在"《孙子兵法》在英语世界的应用研究"一部分，杨博士从六个方面展示了《孙子兵法》在各个领域的应用研究情况：（一）《孙子兵法》与现代战争；（二）《孙子兵法》与反恐和国家安全；（三）《孙子兵法》与网络信息安全；（四）《孙子兵法》与经营管理；（五）《孙子兵法》与体育；（六）《孙子兵法》与日常生活。又如在"比较视野下英语世界的《孙子兵法》接受研究"一部分，杨博士分六个小节从比较的视野梳理了《孙子兵法》与其他西方军事战略经典的相似性，或是《孙子兵法》对其他西方军事经典的影响，或是《孙子兵法》与其他西方军事战略经典对后世各个方面的影响：（一）《孙子兵法》与克劳塞维茨的《战争论》；（二）《孙子兵法》与约米尼的《战略学原理》；（三）《孙子兵法》与马基雅弗利的《君主论》；（四）《孙子兵法》与朱利安·科贝特的《海上战略若干原则》；（五）《孙子兵法》与弗朗蒂努斯的《谋略》；（六）《孙子兵法》与修昔底斯的《伯罗奔尼撒战争》等，而且，也不乏对研究成果的地毯式扫描，如在"《孙子兵法》在英语世界的英译研究"一部分，杨博士分别对二十世纪前半期英语世界的《孙子兵法》英译研究、二十世纪后半期英语世界的《孙子兵法》英译研究和二十一世纪英语世界的《孙子兵法》英译研究情况作了翔实的梳理，并对每个时期具有典型特征和重要影响的译本中的重要内容作了译介。

在后记"找寻孙子"中杨博士向读者交代了该研究的缘起和找寻《孙子兵法》英文研究资料的艰难过程，特别是 1905 年在东京出版且已经绝版的英语世界第一本《孙子兵法》英译本的获得。应该说，记录了所有她的系列研究中所遭遇到的文本收集与英译整理的艰辛和不易。但是，她却将研究当成了一种苦中作乐的精神之旅，读来令人佩服和感动。

近年来，习近平总书记多次提出，优秀传统文化中包含着中华民族"最深沉的精神追求""最深厚的文化软实力"，可以凝聚和打造强大的中国精神和中国力量。不仅如此，习近平还将中华优秀传统文化视作解决人类共同难题的思想库。复兴传统文化，并且让优秀的中国文化走出去，已成为我国的重要国策和根本战略。那么，我们的文化要在今天走出去，就更需要了解我们的文化曾经如何走出去？从这一点上来说，杨玉英博士的研究真的是非常基础性的工作，而且有着极为重要的现实意义。

非常希望杨博士的这个成系列的研究能一直持续下去，让我们的国人都能明白，中国的传统文化，并不是今天才开始走向世界，从而更加增强文化自信。尤其是，我们今天也更加需要把我们的文化曾经走向世界的历史过程整体地梳理清楚，以便更好地总结历史的经验，更好地制定今天的走出去战略，真正实现总书记提出的凝聚和打造强大的中国精神和中国力量的国策。杨博士未来的工作，还任重道远！

"新媒体 新思维 新格局"：融合时代的传播新思考

——2016 年福建省传播学会年会综述

金珊　黄林静[*]

（福建商学院 新闻传播系，福州 350012）

摘　要：本文通过对 2016 年福建省传播学会年会入围论文进行文献分析，从新媒体环境下媒介融合转型研究、新闻传播话语与实践、新媒体赋权研究以及新媒体与影视、广告发展研究等方面综述了年会的主要研究进展。文章认为，本次年会从多个方面深入剖析了融合时代新媒体带来的新思维与新格局，描摹出新媒体时代的信息传播在形态、要素、特征以及效果各方面的丰富变化图景及其动因，为当下社会媒介变迁提供了一种新的观察路径。

关键词：媒介融合　新闻实践　新媒体赋权　影像传播

2016 年 6 月 25 日，由福建省传播学会主办、福建商学院承办的 2016 年福建省传播学会年会在福州举行，近百位来自省内各大高校的参会代表及专家学者济济一堂，通过主题报告、学术论坛专题讨论等多种形式，围绕着新媒体的发展对信息传播及人类文化、社会各方面带来的新思路展开深入而广泛的探讨。

本次年会主题为"新媒体、新思维、新格局"，来自省内著名院校及业内标杆的新媒体研究领域的专家学者如大闽网总编林涛、福建师范大学副教授连水兴、厦门大学助理教授乐媛、华侨大学副教授朱丹红等做了年会主题报告。

---

* 金珊，福建商学院新闻传播系讲师；黄林静，福建商学院新闻传播系助教。

一、新媒体环境下媒介融合转型探究

面对来势汹汹的新媒体，对传统媒体的转型研究已持续多年。移动设备、社交媒体、大数据、传感器和定位系统等产生的联合态势，不仅引发了新媒体技术的大变革，同时也给受众的心理及传统的传播格局产生了重要的影响，因此，传统媒体从业者可以说自从新媒体诞生之初就不断思考发展转型及应用之路。

福建江夏学院贾雯霞将著名社交媒体 Facebook 推出的站内新闻阅读器"Instant Article"作为"互联网＋"时代背景下媒介融合与数字平台创新的新探索进行研究，从"边界消融、权力迁移、场景出版"三个维度探讨了传统媒体的内容与社交媒体的平台之间进行充分联合产生的新形态媒介对用户行为的改变以及权力关系的重新定义。他认为"场景出版时代"已呼之欲出，这将重新塑造出版形式，使之表现出数字形态与场景导向的相结合，最终让受众体验到实时的内容产品。这对于新媒介衍进同内容传播的关系，将会是一个全新的研究视角。

近些年，以内容为核心的传统媒体受到巨大的挤压，积极融合亦或是主动"触网"均成为传统媒体亟待解决的困境。福建商学院程艳华在阐述传统期刊面临的挑战基础上，从创新传播渠道、创新传播方式、创新机制、细分受众等途径，为期刊在新媒体时代的发展提供思路；闽南师范大学汪曙华则将目光聚焦于出版企业的转型与发展，认为我国出版企业应当大方拥抱新媒体、自觉顺应媒介融合的大趋势，以数字化转型、集团化转型自信面对竞争；对于传统媒体如何重构渠道与内容，莆田学院的刘志提出，互联网的结构性力量应当被传统媒体加以利用，在重新认识信息传受方式、用户关系的前提下，用"用户至上、渠道再造、跨界融合"的方式实现自身突围；在媒介融合平台的具体形式上，福建商学院的黄林静针对喻国明教授提出的"平台型媒体"，分析此平台得以顺利运行各方面必须具备的媒介素养。

二、新媒体环境下新闻传播话语与实践的反思和探究

"互联网之父"蒂姆·伯纳思·李爵士曾经预言："新闻的未来，是分析数据。"① 数据化新闻随时代而生，在叙事形态上呈现出新的特点与突出优势。厦大嘉庚学院的何加晋通过对国内外媒体的数据新闻事件展开研究，总结出

---

① 蒋畈. 新闻的未来，是分析数据 [J]. 新闻实践 . 2013（9）

数据新闻的叙事特点，并认为"数据新闻创新了新闻叙事"，我国媒体人只有通过提升专业素养，才能更好迎接大数据时代。

新媒体时代虽然大大拓展了信息的传播范围，增加了信息的传播量，但在新闻报道领域却暴露了更多的误区。闽南师范大学沈艺虹系统分析了新媒体时代新闻报道中的问题，并提出良性建构的路径，她从新闻专业主义和伦理学角度做出了深入的分析。从新闻生产的角度，闽南师范大学王强以"符号双轴"理论考察数字新媒介环境下新闻的"杂交叙述"，并对其进行辨析，认为"杂交叙述"也面临着"选择悖论"，需要加以反思。厦门大学嘉庚学院的易欣将全媒体时代的儿童灾难报道作为研究对象，从悲剧美学的角度点出儿童灾难新闻在报道中存在的"暴露隐私、粗暴采访、博人眼球、过度消费"等问题，呼吁弘扬悲壮大义，对儿童灾难新闻传播坚持应有的度。

与会者还探讨了国家层面的热门话题——国家形象传播，这一方向的研究对于中国提升国际影响力是极其重要的。厦门大学罗慧采取内容分析和文本分析的方法，深入探讨越南浏览量最大的电子报《VnExpress》中的涉华报道，对于中国以及不同国别的国家形象的跨文化建构和传播具有重要的借鉴意义。而福建师范大学的谢小红则选取了日本 NHK NEWS WEB 的国际新闻版块作为研究对象，采用连续观察法截取其中一百天发布的 394 篇对华报道作为样本，分析了日本网络新媒体中的中国形象，并且认为日本在对华报道上存在较大的偏向。

西方传播思想是奠定中国传播学理论的研究基础，但并不代表可以不经过筛选扬弃而全盘接受，必须结合中国的特点进行理论层面上的分析。来自厦门大学的徐思凡博士对于法国学者雷吉斯·德布雷所提出来的"媒介学"进行了深入的辨析。郑天博士从哲学、社会心理学、社会学等相关理论视角对"身份认同"展开了具有理论含量的思辨性研究。福建师范大学的孙景鹏博士对于"文化研究"这一学派是否在当代还具有生命力做出学理性探究。

除此之外，年会上还探讨了目前研究较少但值得关注的"华夏传播"的问题。福建工程学院的曹丹对于民国时期以"树立科学的文化"、"致力于地方的文化"的《福建文化》进行了深描，系统地发掘《福建文化》传播的思想、途径、学术的诉求以及历史的经验，具有借鉴意义。厦门大学的谢清果独特地从内向传播的视角，去解读中国儒家经典中"慎独"的观点，运用现代传播理论比如詹姆斯的"物质的自我"、"社会自我"和精神自我，以及米德的"主我"和"客我"等理论进行观照，来发现中华传统文化、传统思想与现代传播学中的内在联系。

三、新媒体赋权研究

新媒体的产生除了在内容与形式上塑造受众的日常信息接收行为与习惯，更重要的是通过日常接触产生出权力关系的变化，对社会发展进程施加更为深远的影响。闽南师范大学朱秀凌通过实证调研，展现手机对于青少年"私人场域"的建构与入侵，进一步阐明以手机为中介的控制与反控制、入侵与协商成为新时期亲子关系的重要特征，从而通过传播隐私管理与家庭协商式民主，促进家庭内部新型代际关系的建构。

媒介在新时期的舆论监督方式与特征也为学者所关注，莆田学院帅志强以西部民族地区环境污染的舆论监督机制为切入点，通过总结新时期舆论监督的主体、对象、方式上产生的新变化，提出构建监督机制的重要性与具体路径；泉州师范学院吴孟轩引入前世界银行首席 Joseph Stiglitz 的"网络效应"概念，借此讲述网络作为技术力量带来的网络民主实践的新发展与公民权的转变，肯定网络使公民抛开传统公民权的束缚，得以在虚空之间畅所欲言，达到网络效应在网络社会的最佳成果。

四、新媒体与影视、广告发展研究

影视、广告发展研究板块体现出研究内容和视角的多元和创意性特点，充分反映了媒介发展的过程。面对新媒体的崛起，影视、广告创作与研究又将如何乘风破浪，找准自己的方向，这是当前研究不可回避的问题。

有人说，"电影是遗憾的艺术"。但在新媒体时代，电影的出产之日，预示着它将不再属于作者。厦门大学的黄裕峯以 BiliBili 弹幕网站用户为研究对象，通过扎实的深度访谈，从受众的观看效果、主动参与度和小众群体的认知度进行调查，从而探究弹幕视频的观影效果，最终对 BliBli 网站所呈现出的形态进行梳理，找到传统视频网站和弹幕视频网站的共通点，更好地为"读者视频"服务。福建师范大学的高淑敏借鉴了电影艺术中的"主观镜头"、"电影结构"以及"银幕的分割"，分析了田沁鑫戏剧如何实现将时空从银幕到舞台的置换。戏剧和电影的成功联姻，收获了新时代观众和市场的喜爱。福建江夏学院的贾雯霞重点关注了福州本土的微电影，本土微电影所展示的城市景观、城市群体形象以及城市的现代性，推动了"中国新类型电影的未来"，为城市与外界的联系搭建了桥梁，很具启发意义。

媒介融合语境下，电视节目的发展态势以及改革路径也成为各位专家学者探讨的重点。福建商学院的金珊以最新互联网自制的明星角色扮演推理真人秀《明星大侦探》为依据，对其结合游戏化思维和借助"网生代"的特点进行创作的成功动因做了细致分析。同是福建商学院的林默澜则以 2016 年春晚为实例，梳理了其在媒介融合方向所做的努力和发展趋势。宁德师范学院的崔柳给自己选择了一个难题，当传统的电视受到新媒体的冲击，省级卫视如何吸引受众。他选择了收视的亚黄金时段（22:00—24:00）进行受众的分析，指出在环境的影响下应该让节目更有个性，增加互动性，并且在运作和包装上体现出新的特点。

法国著名媒介学家雷吉斯·德布雷在《普通媒介学教程》指出上世纪的七八十年代以来，正在经历文字媒介域向图像媒介域转化，人们对时间上（成本／效率比）的经济考量，成为获取信息的重要考量，这就重新定义了信息渠道，泉州师范学院洪丹阳恰好选了这样一个划时代的话题。随着图片使用的广泛性，普利策获奖影像中主打的"战争和死亡"的母题被打破，也开始出现去战争中心化的情况。这一变化指明了当代人类传播的走向，极具启发意义。而同时泉州师院的王美清和厦门工学院的林明娟则从多媒体摄影和VR 视域的角度，展开了新的媒介域的创新和传播上的梳理。

福建是一个具有深厚文化积淀的地方，包括了许多小传统的地域性乡土文化。如何在新媒体时代更好地传承和保护，不至于在全球化的潮流中消失，这是中华文明古国的重要课题。黎明职业大学的陈连锦探讨安海"嗳啰嗹"的传承，他认为应该建设起"嗳啰嗹"的特色网站，并且通过微信等社交媒体增强传播效果。这种将国家及省非物质文化遗产的保护和新媒体的使用结合起来的个案经验很值得进行普遍推广。闽南师范大学的沈毅玲针对传统艺术在大众媒体和同质化信息的冲击下步入萎缩这一问题，着眼于台湾霹雳布袋戏的产业发展，对剧本的创作、市场的开拓、如何打造数字平台均提出有针对性的策略。

当今，大数据时代和动荡不安的行业激变给了广告产业求新求变的动力。如何跟上多媒介多终端的趋势，做好平台和资源的整合，一个品牌整合营销的时代正在开启。福建工程学院的张建凤从"受"众到"用"户这一角度，来探讨网络小说在自媒体平台上的品牌经营。当传统的文字从工业化印刷进入新媒体的视野后，闽南师范大学的方静从笔划妙用、字形的建构和编排创意上，研究了广告文案视觉化设计的重要性和策略。而泉州师范学院的彭锦遂巧妙地展示了反向思维——新媒体对于内容生产的重视以及如何有技巧地在批判语境中使用"性"元素这一广告创意。针对品牌的传播和构建，武夷学院的杨芝宁采用新闻调查的方法探讨了武夷岩茶大红袍品牌的渊源和品牌推广的路径。厦门大学的赵晟巧妙地将中庸和美学思想植入游戏设计中，他结合最受欢迎的两款电子游戏《部落冲突》及《万物生长》，指出巧妙地运用东方哲思和中庸之美进行游戏设计，能增强文化产品的影响力，进而树立中国文化自身的话语权。

十、文艺园地

　　本栏目设置的用意是为青年学子提供一个发表作品的园地，或许他们的作品尚透露出几分稚嫩，但是，我们从他们的字里行间能够感受到青春跳动的音符，青年一代有着独特的时代境遇，自然有着他们可以与这个世界分享的宝贵心得。本栏目作品的形式也不拘一格，可以是诗歌，可以是散文，也可以是学术论文，希望能够营造出一派百花齐放春满园的美好景象。本期刊发游学美利坚合众国的苏白的一组诗篇，以飨读者。

　　　　　　　　　　主持人：谢清果（厦门大学新闻传播学院教授）

《独居》等

苏　白[*]

独居

急雪般驰走
问号？

有时屋顶仿佛要崩塌，然而又没有
光从九个方向变换速度
"秋天。"雨珠
亢奋地嚷。匕首
刻下门牌号；脉搏
击落瘦弱的花，骏马
弛入天际

咆哮！大河漫过巍峨的群山
车厢。收容豆子似的油灯
哐当；那病人沉睡在内
桦树，沿着铁轨苏醒
信纸被烧焦
"砰
砰砰"

---

* 苏白，女，1992 年，美国南加州大学东亚语言文化系学士，现居美国洛杉矶。

流浪汉

流浪汉迎向黄昏
看见他的全部情感
像街灯一盏一盏亮起

以不可思议杂技
在身上挂满铃铛似的小桶
大风起兮
桶中家当齐声吟唱

肤色更深的同行
拽着半满沃尔玛手推车
他俩像两本卷边的老小说擦肩而过

更多故事中
人踪闪灭不定

夜来时主角们阅读冷风
模仿大学生
在咖啡座里阅读教科书
成群结队寻找
纯真的字眼

河流热切奔腾在
黑色迷宫的僵局
一个，两个，一万个，两万个
灵魂像破鞋底把地面踩得啪啪作响

（美国城市街道时见无家可归的褴褛之人，
偷盗超级市场的手推车或在破衣上缀满布袋、
小桶，携全身家当四处蹒跚流浪）

爱情故事

他是野生她是野生吼叫被压入喉咙
牙齿是野生眼睛是野生

两面对置的镜子
映射出千万个历史和未来
在一瞬间
刺穿胸膛的冬青树枝
晶莹。
坚硬。

两条交缠的河流
互相赠予春床上的树种
白色的一月灌溉
以寒风，树林悄悄长成
宽阔。
真实。

汗水滴落高耸的前额；闪闪发光
淙淙作响。白昼欲望和夜间野马
阅读对方，共同
啜饮自由之水。

"比起爱"
"我们洞察——光芒"

飞越安息的肉体
两颗燃烧的流弹
滚
作
一
堆

流星

两颗头颅，既不纯洁，也不高贵，就只是
两颗头颅而已，"看流星"，你说
两颗头颅，高高扬起，看
一些碎玻璃，明亮粗暴，
绿鬓下耳坠，滴里当啷地
被抛出另一种人类统治的皇宫，水仙花
将嫩黄花蕊好奇探入这一种人类的小盒子
（女人向纳西索斯求爱的回声依然可闻吗）
病人熟睡，梦见闪光的沙子
这么样的光，布莱克煌煌的老虎之眼
鞘上刻着"太白遗风"的破铜剑被斩成了
百八十块，嘻嘻哈哈地飘下。两颗头颅
既不纯洁，也不高贵，就只是
高高扬起，许下一些
淳朴得像大青石头一样的心愿

书房

房间如此狭小
狭小本身却在无限生长
阴翳了钟，椅子，花
慢慢爬向窗外

我坐在书的葡萄园里
与阴翳的爪子下棋
句群累累芳香的阴影
使战局变换不清

一颗沉甸甸露水
从意志中央悬着的棉线上
凝结、坠落、涨大
成星罗棋布的水道
我划着书页从一个墙角
赶往下一个墙角

稿约

　　1993 年，厦门大学新闻传播学系庆祝建系 10 周年时，见证并为之倾注巨大心血的余也鲁先生提议举办了首届"海峡两岸中国传统文化中传播的探索座谈会"，会后出版了《从零开始》的论文集。此后，厦门大学成立传播研究所作为推动两岸暨香港华夏传播研究的基地，并顺利地出版《华夏传播研究丛书》和《华夏传播论》，成为传播学中国化进程中的一个标志性成果。2013 年，厦门大学新闻传播学院迎来了 30 周年庆典，厦门大学的华夏传播研究在黄星民教授等前辈学者的苦心经营下，已然成为我院教学科研的一大亮点。薪火相传是我们的使命，为将华夏传播研究事业不断发扬光大，我们在广大热爱中华文化，关注中华文化研究与传播的众多学者和社会贤达的大力支持下，将以"厦门大学传播研究所"这一校级机构为平台，以传播学系为依托，以广大中华文化研究学者和新闻传播研究学者作为我们的强大后盾，创办《中华文化与传播研究》，搭建文史哲与新闻传播对话交流的平台，以更多惠及学林。2017 年 1 月 25 日，中共中央办公厅、国务院办公厅印发了《关于实施中华优秀传统文化传承发展工程的意见》，《意见》指出："文化是民族的血脉，是人民的精神家园。文化自信是更基本、更深层、更持久的力量。中华文化独一无二的理念、智慧、气度、神韵，增添了中国人民和中华民族内心深处的自信和自豪。"可见，传承与发展中华优秀传统文化是时代的使命，也是学者的责任。

　　为了发掘中华文化中的传播智慧，提炼中华传播理论，推动传播学"中华学派"的早日形成。我们希望以本刊为平台，继续集聚海内外有志于传播华夏文明，展现中华博大精深的沟通智慧的各方人士，彼此分享研究成果，提供学术动态，推进中华文化的社会传播与国际传播，同时兼及新闻学与传播学各领域的新成果。栏目主要方向有：（1）基础理论，研究中华文化的传播思想、传播制度与传播方法等；（2）历史发展，研究不同时代传播观念与传播技术等方面的变迁；（3）新闻理论与新闻业务；（4）传播理论，含组织传播、健康传播、公共传播、政治传播、科技传播、跨文化传播、情感传播、新媒体传播等各领域，（5）古今融通，注重中外传播智慧的比较研究和中国传播观念的古今传承；（6）新书评论，介绍中华文化与传播研究领域中的新作；（7）经典发微，注重挖掘中华文化经典作品中的传播智慧；（8）学术动态，介绍海内外学者对华夏传播研究的新成果，刊发相关的学术会议综述和研究著作的书评；（9）传播实践，着重推介那些致力于国学运用的新观点和新做法，推进中华文化传承与发展的实践经验；（10）国学新知，国学领域有创见的论文，等等。此外，由中盐金坛公司企业文化部专设"盐文化研究与传播"与"贤文化管理与组织传播"特色专栏。

本刊前 5 期为国际刊号出版，可从以下网址下载：http://comm.xmu.edu.cn/ics/zz.html。从 2017 年起，我们与中盐金坛盐化有限责任公司合作联合出版，半年一辑，力邀海内外学者担任专栏主持人，兼行盲审制，以当前国际流行的开本印刷。本书注重学术性、知识性兼顾普及性，力求雅俗共赏。欢迎专家学者赐稿，中英文均可，来稿一经录用刊登，即赠样书两本，并酌付稿费。本书所有文章均为作者研究成果，文责自负，不代表编辑部观点。

来稿规范：论文题目、内容提要、关键词、作者简介、通讯地址（含邮箱和手机号码）、参考文献等项内容均应书写清楚，论文字数一般控制在8000—15000 字以内为宜。引文务必核对原书。格式为自动生成的脚注，以①②为系列标记，每页重新编号。若有"参考文献"可放文末，以 [1][2] 标识序号，格式同于引文。引文中已有的，不再罗列。

正文中引文格式如下：

1. 著作

[序号]　作者.书名 [标识码].出版地：出版社，出版年.页码

①吴予敏.无形的网格 [M].北京：国际文化出版公司，1988.第 123 页。

①马克思恩格斯全集（第 1 卷）[M].北京：人民出版社，1956.第 7 页。

说明：马克思恩格斯全集、毛选、邓选以及《鲁迅全集》《朱光潜全集》

等每一卷设一个序号。

2. 译著

[序号] 国名或地区（用圆括号）原作者 . 书名 [标识码]. 译者 . 出版地：出版社，出版年 . 页码

① [英] 霭理士 . 性心理学 [M]. 潘光旦译 . 北京：商务印务馆，1997. 第 4 页。

3. 古典文献

文史古籍类引文后加序号，再加圆括号，内加注书名、篇名。例如：

文中"……孔子独立郭东门。"①（《史记·孔子世家》）

脚注 ① 司马迁 . 史记 [M]. 北京：中华书局，1959. 页码。

文中 圣人是"百世之师"[1]（《孟之·尽心下》）

脚注 ① 杨伯峻 . 孟子译注 [M]. 北京：中华书局，1960. 页码。

文中 韦应物的诗秀丽警策，如"南亭草心绿，春塘泉脉动"①（《春游南亭》）

脚注 ①书江州集 [A]. 四库全书 [C]. 上海：上海古籍出版社，1987. 页码。

文中"视其户口和课之多寡，增减之"①（《金史·选举志》）

脚注 ① 金史 [M]. 北京：中华书局，1975. 页码。

4. 论文集

[序号] 编者 . 书名 [标识码]. 出版地：出版社，出版年 . 页码。

① 伍蠡甫 . 西方论文选（下册）[C]. 上海：上海译文出版社，1979. 第 8 页。

论文集中特别标出其中某一文献

[序号] 其中某一文献的著者 . 某一文献题名 [A]. 论文集编者 . 论文集题名 [C]. 出版地：出版单

位，出版年 . 页码。

① 别林斯基 . 论俄国中篇小说和果戈理君的中篇小说 [A]. 伍蠡甫 . 西方文论选：下册 [C]. 上海：

上海译文出版社，1979. 第 9 页。

5. 期刊文章

[序号] 作者 . 篇名 [标识码]. 刊名，年，（期）.

①黄星民 . 华夏传播研究刍议 [J]. 新闻与传播研究，2002 (4).

6. 报纸文章

[序号] 作者 . 篇名 [标识码]. 报纸名，出版日期 (版次).

① 谢希德 . 创造学习的新思路 [N]. 人民日报，1998-12-25(10).

7. 外文文献

要求外文文献所表达的信息和中文文献一样多，但文献类型标识码可以不标出。

① Mansfeld,R.S.&Busse.T.V.The Psychology of creativity and discovery, Chinago: NelsonHall, 1981.

① Setrnberg,R.T.The nature of creativity,New York:Cambridge University Press,1988.

① Yong,L.S.Managing creative people. Journal of Create Behavior, 1994, 28(1).

说明：1. 外文文献一定要用外文原文，切忌用中文叙述外文，如"牛津大学出版社，某某书，

多少页"等等。2. 英文书名、杂志名用斜体，或画线标出。

8. 参考文献类型标识

参考文献类型	专著	论文集	报纸文章	期刊文章	学位论文	报告	标准	专利	词典资料
文献类型标识	M	C	N	J	D	R	S	P	Z

赐稿请使用电脑文本，通过电子邮件发送 word 文稿。编辑部联系地址及主要联系人：福建省厦门市思明区思明南路 422 号厦门大学新闻传播学院传播研究所；邮政编码：361005；联系人：谢清果先生，赐稿邮箱：weirai2002@163.com。联系人：郑明阳先生，赐稿邮箱：myzheng@chinasalt-jt.com。

《中华文化与传播研究》编辑部
2017 年 5 月 12 日